나는 죽을지라도
신보는 영생케 하여
한국동포를 구하라

나는 죽을지라도
신보는 영생케 하여
한국동포를 구하라

지은이 정진석
펴낸이 안병훈
디자인 Degsin Heal
발행일 2013년 4월 8일

펴낸곳 도서출판 기파랑
등 록 2004년 12월 27일 제300-2004-204호
주 소 서울시 종로구 동숭동 1-49 동숭빌딩 301호
전 화 763-8996(편집부) 3288-0077(영업마케팅부)
팩 스 763-8936
이메일 info@guiparang.com
www.guiparang.com

* 이 도서는 방일영문화재단의 저술 지원, 한국언론진흥재단의 제작 지원으로 출판되었습니다.

ISBN 978-89-6523-912-3 03990

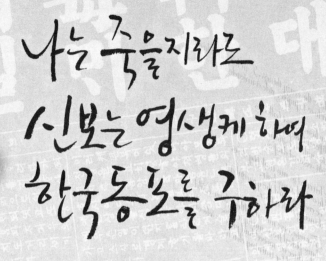

나는 죽을지라도
신보는 영생케 하여
한국동포를 구하라

민족지 대한매일신보를 창간하여
직필(直筆)로 일제에 대항하다
37세의 생을 마감한 영국인 배설의 삶!

정진석 저

기파랑

신화(神話)를 걷어내고 역사를 복원

개와 일본인은 출입금지

대한매일신보사 정문에는 '개와 일본인은 출입금지'라는 경고문이 붙어 있었다는 말이 떠돌았다. 영국인 사장 배설(裵說, Ernest Thomas Bethell)이 소유주였던 신문사였기에 일본경찰이 들어갈 수 없는 치외법권 지역이었던 것은 사실이다. 그렇다고 해서 일본인(일본 순사)을 개에 비유한 모욕적인 글을 신문사 정문에 걸었을까. 그렇게 하지는 않았다. 하지만 일제의 침략을 거리낌 없이 폭로하면서 한국의 독립을 위해 투쟁하는 신문에 감동하고 쾌감을 느꼈던 독자들은 이런 소문을 사실로 믿고 싶었다.

영국의 〈데일리 미러〉는 "유니언 잭이 한국인 편집장 양기탁에게 피신처를 제공하고 있다"고 보도했다. 신문사 밖으로 나오지 않고 항일 지면을 제작하던 양기탁의 신병 인도를 둘러싸고 영국과 동맹국 일본의 서울 주재 외교관들이 감정대결을 벌이던 때의 일이었다. 2007년 12월에는 영국의 고급지 〈인디펜던트〉가 100년 전의 정황을 다룬 특집 기사를 실었다. 「헨리의 전쟁−강제인도를 거부한 외로운 투쟁(Henry's War, One man's fight against rendition)」 5 페이지에 걸치는 특집 기사를 쓴 패트릭 코번은 양기탁 인도를 둘러싸고 영·일 두 동맹국이 분쟁을 벌이던 당시 주한 영국 총영사였던 헨리 코번의 손자인 패트릭 코번(Patrik Cockburn)이었다. 신화와 역사의 만남이었다.

〈대한매일신보〉는 한반도의 하늘에 망국의 먹구름이 드리웠던 민족 수난기를 밝힌 횃불이었다. 러일전쟁 후 일본 헌병대는 한국인이 발행하는 모든 신문과 잡지를 사전검열 하여 항일적인 기사는 모조리 삭제를 명하였다. '벽돌신문'이 검열에 깎인 상처를 그대로 드러내고 있던 시기였다. 삭제한 기사가 실렸던 자리가 검은 벽돌을 쌓아둔 것 같다하여 붙인 이름이었다.

배설은 일제 침략에 최대 걸림돌이었다. 고종의 밀서를 사진판으로 보도하고, 전국에서 봉기한 의병들의 무장투쟁도 신보는 널리 알렸다. 침략의 원흉 이등박문은 자신의 백 마디 말보다 신문 기사 한 줄이 더 힘이 있다고 탄식했을 정도였다. 의병 항쟁으로 수많은 사상자가 나오는 것은 신보가 폭동을 선동하기 때문이라고 통감부는 주장했다. 일본의 친일 영어신문 〈재팬 메일〉은 신보의 논설은 의병대의 창의문(倡義文: 의병 봉기를 널리 호소하는 글)으로 사용되고 있을 정도로 선동적이라고 비난했다.

구국투쟁의 선봉에 선 영국인

배설은 원래 한국과는 아무런 인연이 없던 사람이다. 러일전쟁 취재를 위해 한국에 처음 발을 들여놓은 그는 곧 서울에서 신문을 발행하기 시작했다. 국한문판과 한글판 두 개의 〈대한매일신보〉와 영문판 〈코리아 데일리 뉴스〉를 합쳐 3개 신문 발행인이었다. 그는 항일 투쟁의 선봉에 섰다. 군대해산 때에는 일본군에 저항하다가 총검에 찔려죽고 부상한 구한국 군인을 병영까지 들어가서 치료했던 일도 있었다. 헤이그 밀사사건, 고종이 황제의 자리에서 물러났던 사건은 호외를 발행하여 긴박한 사태를 알렸다.

신보사는 국채보상운동 의연금을 거두는 총합소였고, 항일 비밀 결사 신민회(新民會)의 본거지였다. 통감부도 배설의 반일 행동을 그대로 보고만 있지 않았다. 배설을 추방하고 신보를 폐간시키라고 영국에 강력하게 요구했다. 배설 문제를 둘러싼 외교교섭은 서울, 동경, 런던에서 신중하게 논의·검토되고 때로는 긴박하게 전개되었다. 언론인 한 사람을 처리하기 위해 영국과 일본이 이처럼 복잡한 교섭을 벌인 적은 없었다.

일본의 끈질긴 요구로 배설은 두 차례나 재판을 받았다. 첫 번째 재판은 서울 주재 영국 총영사가 진행한 영사재판이었고, 두 번째 재판에는 상해 주재 영국 고등법원 판사와 검사, 통감부 소속 일본인 서기관과 증인들, 고베에서 온 영국인 변호사, 피고 배설과 한국인 증인들이 참여했다. 우리 사법사상 처음 보는 국제재판이었다. 배설은 3주일간의 금고형(禁錮刑)을 받았다. 배설이 상해에서 복역하는 동안 통감부는 신보사의 총무 양기탁을 구속했다. 양기탁 구속은 영일 두 나라의 심각한 외교분쟁을 불러일으켰다. 재판에는 일본인과 한국인 판사가 재판을 맡았고, 피고는 한국인 양기탁이었다. 증인으로는 영국인 배설과 미국인, 프랑스인이 등장했다.

신보를 둘러싸고 배설, 양기탁이 관련된 복잡한 내용을 이 책에서 어떻게 알기 쉽게 재구성할 것인가. 언론의 역사인 동시에 한국 근대사의 핵심 테마이자 외교사, 국제 사법사의 사례가 될 수 있는 주제에 한국, 영국, 일본, 중국을 비롯하여 때로는 멀리 태국, 미국과도 관련이 있는 사건들이 실타래처럼 엉켜 있었다.

영국의 국립문서보관소, 서울의 국사편찬위원회가 소장한 일본공사관과 통감부 문서, 일본 외교문서, 그리고 대한매일신보의 전체 지면이 기본적인 연구의 대상이었다. 일본 아시아역사자료센터 소장 문서도 뒤져보지 않을 수 없었다. 방대한 자료를 찾아 헤매는 길고 긴 연구 여정이었다. 너무도 벅찬 과제였다.

세 나라의 방대한 사료와 신문

나는 대한매일신보 국한문판과 한글판 전체 지면을 영인하는 작업을 맡았다. 국립중앙도서관, 서울대 도서관, 고려대 도서관, 서대문 한국연구원에 소장된 신보를 한 장씩 넘기면서 발행 날짜, 소장상황, 보존상태 등을 카드에 기록했다. 그 카드에 담긴 자료는 금년에 문화재청이 『개화 계몽 독립 항일의 문화유산』이라는 책으로 출간하였다. 문화재청은 2012년에 한성순보, 독립신문, 대한매일신보 등 8종의 신문 잡지를 등록문화재로 지정하였는데 그 연관 자료집으로 발행한 것이다.

영국에서 박사과정을 밟던 시기에 열람하고 수집한 수많은 자료를 돌이켜 보니 나름대로 혼신을 기울였다는 자긍심을 가지게 된다. 젊은 나이였기에 가능했던 연구였다. 배설이라는 인물에 매료되고, 신보를 둘러싼 역사적 사건들이 너무도 흥미로웠기에 정열을 바칠 수 있었다는 생각이 든다. 그 때의 고생은 이제 행복한 시절의 아련한 추억으로 되살아난다.

나는 1987년에 『대한매일신보와 배설』을 출간한 바 있었다. 벌써 26년의 세월이 흘렀다. 그 책은 세밀한 각주를 달아서 연구의 객관성을 빈틈없이 담보하려 했다. 그러다 보니 일반인들이 읽기에는 딱딱한 인상을 줄 수밖에 없었다. 배설, 대한매일신보, 양기탁, 영일 두 나라의 외교교섭과 재판 같은 주제는 많은 에피소드와 역사 드라마 못지않은 극적인 장면을 풍부하게 담고 있는 데도 읽기에 부담스러운 책이 된 것이다. 일반인들도 쉽게 읽을 수 있는 책으로 다시 써야겠다는 생각이 마음속에 늘 무겁게 자리잡고 있었다.

나와 대한매일신보의 인연은 40년 가까운 세월이 쌓였다. 그동안 변화도 많았다. 1976년과 그 이듬해에 걸쳐서 내 손으로 영인했던 대한매일신보 국한문판과 1984년에 영인한 한글판은 한국언론진흥재단에서 데이터베이스로 구축해서 이제는 컴퓨터 화면을 보고 누구나 쉽게 활용할 수 있는 자료로 가공되어 있다. 2011년에는 문화재청이 배설의 유품을 등록문화재로 지정했다. 신문사에 걸었던 영국기와 태극기, 배설의 죽음을 애도하여 전국 각지에서 보내온 만사집이 그것이다. 내가 영국의 유족을 만나 한국으로 가지고 왔던 유품이었다. 작년에는 대한매일신보 지면을 등록문화재로 지정했다. 앞으로 37세 젊은 나이에 생을 마치고 한강변 양화진 외국인 묘지에 잠들어 있는 그의 묘소를 등록문화재로 지정하는 날도 오기를 기대한다.

이런 상황에서 마침 서재필기념회가 배설을 '올해의 민족 언론인'으로 선정하여 그의 업적을 현창할 목적으로 내게 책을 써 달라고 부탁했다. 나의 오랜 숙원을 풀 기회는 왔지만 시간이 너무 촉박했다. 더구나 이제 나는 26년 전에 비해서 글 쓰는 속도, 기억력, 문장을 엮는 능력이 모두 훨씬 떨어진다는 사실을 깨달았다. 그래서 새로 쓴 이 책의 내용은 1987년의 첫 저서를 거의 옮겨 적는 수준에 머물고 말았다. 당초 계획에서 상당히 퇴보했지만, 첫 저서 그대로는 아니다.

배설의 죽음을 첫 머리에 서술하여 그의 항일 투쟁이 당시 한국인들에게 어떤 영향을 주었는지 현장감 주는 장면을 묘사했다. 새로운 내용과 자료를 삽입하고 문장도 손질했다. 각주는 대폭 줄였다. 자료와 사진을 더 많이 넣어서 읽지 않고도 내용을 짐작할 수 있도록 했다. 그래서 더욱 친근하고 읽기 편한

책이 되도록 해 보았다.

　이 책은 항일투쟁의 구심점이었던 대한매일신보와 그 신문을 발행하면서 일제와 싸우다가 37세 젊은 나이에 생을 마치고 이 땅에 뼈를 묻은 배설과 대한매일신보의 총무였고, 중국으로 망명하여 일생을 마친 양기탁의 언론활동을 아울러 이해하는 지침서가 되기를 바란다. 다급한 일정에서 책을 만들어 주신 기파랑의 안병훈 사장께 깊이 감사드린다.

2013년 3월

저자 　鄭晋錫

목차

Ⅰ 서장

항일 언론투사의 죽음

I. 서장 항일 언론투사의 죽음

양화진에 뼈를 묻은 항일 영국 언론인

〈대한매일신보〉사장 배설(裴說, Ernest Thomas Bethell)은 1909년 5월 1일 서울 정동의 아스토 하우스 호텔에서 숨을 거두었다. 서른일곱 살의 영국인. 이 국땅에서 극적인 짧은 일생을 마친 배설은 항일언론 운동의 동지 양기탁(梁起鐸)의 손을 잡고 한 맺힌 유언을 남겼다.

"나는 죽을지라도 신보는 영생(永生)케 하여 한국 동포를 구하라"

배설은 외국인이지만 한국의 독립을 위한 항일투쟁의 선봉에 서서 목숨을 던졌다. 그는 일본의 침략을 비판하고 한국인의 억울한 심정을 대변했다. 그가 창간한 신문의 항일정신은 찬란한 금자탑이 되어 영원히 빛을 발한다. 그가 언론을 통해 펼친 항일 독립 투쟁은 한국인의 가슴에 깊이 아로새겨졌다.

배설은 한국 근대사에 큰 발자취를 남겼다. 그는 한국의 독립을 위해서 짧고도 정열적인 일생을 불살랐다. 박은식(朴殷植)은 탄식했다.

> 하늘이 공을 보내고는 또다시 데려갔구나
> 구주의 의혈남아가 조선의 어둠을 씻어내었네
> 삼천리 방방곡곡에 신문지를 흩뿌렸으니
> 꽃다운 이름이 남아서 다함없이 비추리*

---

* 원문은 다음과 같다. 天遣公來又奪公 歐洲義血灑溟東 翩翩壹紙三千里 留得芳名照不窮

〈대한매일신보〉 사장 배설. 국한문, 한글, 영문 3개 신문을 발행하면서 일제와 싸운 항일언론투사.

배설과 함께 신보를 만들던 동지 양기탁은 그의 공적을 기리면서 애도했다.

> 대영 남자가 대한에 와서
>
> 한 신문으로 캄캄한 밤중을 밝게 비추었네
>
> 온 것도 우연이 아니건만 어찌도 급히 빼앗아갔나
>
> 하늘에 이 뜻을 묻고자 하노라*

사망 소식이 전해지자 전국 각지에서 죽음을 애도하는 글[輓詞]과 조위금이 답지했다. 전국 수많은 사람들의 애도 속에 배설의 장례식은 5월 2일 오후 3시 30분 서대문 밖 자택에서 거행되었다. 서울 주재 구미 여러 나라 외교관을 비롯하여 선교사, 신문사 대표, 민족진영의 유지들이 그의 죽음을 애도했다. 서울 평창동 언덕 위 배설이 살던 집 근처 성곽 아래위와 도로 양쪽에는 운집한 조문객으로 인산인해를 이루었다.

시신은 한강변의 양화진(楊花津) 외국인 묘지를 향했다. 운구(運柩) 행렬에는 흰옷 입은 사람들이 구름처럼 뒤를 따랐다. 재배하며 곡하는 한국인도 있었고 부녀자들 가운데는 배설의 집 근처에서 통곡하는 이도 많았다(〈대한매일신보〉, 이하 '신보'. 1909년 5월 5일). 외국인의 죽음을 애도하여 이처럼 많은 군중이 모인 일은 일찍이 없었다.

5월 5일 오후 4시 30분 동대문 밖 영도사에서 열린 추도회에는 양기탁 안창호, 심의성, 여병현, 영국 총영사관 직원, 선교사, 기독교 신자, 경신학교 생도 등 합쳐서 약 400여 명이 참석했다. 안창호와 양기탁은 추도하는 연설을

---

* 원문 大英男子大韓衷 一紙光明黑夜中 來不偶然何遽奪 欲將此意問蒼窮

했다. 안창호의 연설은 청중을 감동시켜 눈물을 흘리는 사람도 있었다.

전국에서 만사(輓詞)를 보낸 사람은 251명이었는데 이 중 8명은 2편씩을 썼기 때문에 총 259편의 만사가 모였다. 박은식, 양기탁, 박용규, 임치정과 같은 정치적 사회적으로 이름이 알려진 인물을 비롯하여 교사, 군인, 유학자, 종교인 등이 실명 또는 아명, 출신지, 본관으로 글을 보냈다. 만사집은 2011년에 문화재청이 등록문화재 제482호로 지정하였다.

6일에는 양기탁 등 10여 인이 종로 기독교회관에 모여 종로 부근에 배설의 동상을 세우자는 논의와 함께 즉석에 모금이 시작되었다. 조위금도 답지했다. 5개월이 지난 뒤인 9월에도 평안북도 희천에 있는 대명학교에서 조위금 일환을 신보사로 보내왔을 정도로 그의 죽음을 안타까워하는 마음은 식을

배설의 죽음을 애도하는 박은식의 만사. 등록문화재 482호. 첫 장에 편철되어 있다.

양화진 외국인 묘지 배설의 묘소. 1910년 한일 강제합방 직전에 성금으로 건립되었다. 왼쪽에 배설과 가까웠던 미국인 헐버트의 작은 묘비가 희게 보인다.

줄 몰랐다.

배설은 한강을 내려다보는 서울 마포구 양화진의 외국인 묘지에 잠들어 있다.

국한문, 한글, 영문 3개 신문으로 항일

배설이 발행한 〈대한매일신보〉는 처음에는 영문 4페이지에 한글 2페이지의 두 나라 언어로 편집되었다. 영문판의 제호는 〈코리아 데일리 뉴스(*Korea Daily News*)〉였다. 창간 이후 이듬 해 3월 9일까지 약 8개월 간은 영문과 한글판을 함께 편집하였으나 이듬해 8월부터는 영문판과 국문판을 분리하여 2개의 신문을 발행했다.

〈대한매일신보〉· Korea Deily News 발행상황

	1904	1905	1906	1907	1908	19091910
국한문						
한글						
영문						

① ② ③ ④ ⑤ ⑥⑦ ⑧

① 1904.7.18 창간, 한글판과 영문판이 하나의 신문으로 편집

② 1905.3.11 일시 휴간

③ 1905.8.11 속간하면서 국한문판, 영문판 분리시킴

④ 1907.5.23 한글판 새로 창간

⑤ 1908.5.27 발행인을 배설에서 만함으로 변경. 6.1 영문판 휴간

⑥ 1909.1.30 영문판 속간

⑦ 1909.5.1 배설 사망, 영문판 중단

⑧ 1910.8.30 한일 합방으로 총독부 기관지가 됨, 每日申報로 改題

　창간 당시의 국문판은 한글 전용이었으나 영문판과 분리한 뒤에는 국한문으로 발행했다. 그러다가 1907년 5월에는 또 다른 한글 전용신문을 창간하여 배설은 ①국한문판, ②한글전용 국문판, ③영문판의 3개 신문을 발행하게 되었다. 한국 언론사상 3개의 신문을 발행한 경우는 배설이 처음이었다. 19세기 말에 서재필은 한글전용 독립신문과 영문판(〈The Independent〉)을 함께 발행한 적이 있지만 3개 신문을 발행한 사람은 배설이 처음이었다. 신문 3개를 함께 발행할 수 있었던 것은 배설의 〈대한매일신보〉가 독자들에게 얼마나 큰 호응을 받았는지 말 해 주는 증거였다.

　신보 국문판-한글판과 KDN 세 신문의 발행상황을 표로 정리하면 다음과 같다.

〈대한매일신보〉 발행상황

발행시기	신문수	비 고
1904.7.18~1905.3.9	한-영	영문판 4면, 한글판 2면을 합쳐 6면 발행.
1905.3.10~1905.8.10		6개월 휴간.
1905.8.11~1905.5.22	국한, 영	속간하면서 국한문판 창간. 영문판과 분리 2개의 신문 발행.
1907.5.23~1910.8.28	국한, 한, 영	한글판 창간. 국한문, 영문, 한글판 3개의 신문 발행.
1908.6.1*	국한, 한	영문판 *Korea Daily News* 발행 중단. 국한문, 한글판 발행.
1910.8.30~ 1945.11.10		『每日申報』로 제호 변경. 총독부 기관지로 발행. 1938.4.1 『每日新報』로 개제.
1945.11.23		서울신문으로 개제. 매일신보의 지령 계승 13738호부터 시작.

* 영문판은 1908년 6월 1일에 발행을 중단하였다가 1909년 1월 30일에 주간으로 속간하였으나 5월 1일에 배설이 죽자 다시 발행이 중단되었다.

영국인은 한국에서 '치외법권'의 보호를 받았다. 따라서 배설이 발행인이었던 신보는 일본군의 검열을 받지 않았기 때문에 일본의 한국 침략을 통렬히 비판할 수 있었다. 신보는 의병의 무장투쟁을 격려 성원하여 항일무장 투쟁이 치열하게 전개되도록 하였고, 전국에서 국채보상운동의 불길이 널리 퍼져나갔던 것도 신보의 영향이 컸다. 신보가 민족진영의 항일 투쟁을 지원하는 논조로 발행되자 많은 사람들이 그를 열렬히 성원했다.

배설이 발행한 신문으로 말미암아 한국의 민족진영은 크게 고무되었고, 일본과 영국은 난처한 입장이 되었다. 이리하여 배설은 통감부의 고소로 두 차례나 재판을 받았고, 총무 양기탁도 국채보상운동 의연금을 횡령하였다는 혐의를 씌워 재판에 회부했다. 배설은 상해에서 영국인들이 발행하던 〈노스 차이나 데일리 뉴스(*North China Daily News*)〉가 자신의 명예를 훼손하였다는 이유로 소송을 제기하여 배설과 양기탁의 이름은 당시 한국은 물론이고 일본, 중국 그리고 영국에서 발행되는 신문들에 빈번히 보도되었다.

최대의 민족지 〈대한매일신보〉

러일전쟁이 일어난 1904년부터 한일합방이 되던 1910년까지, 한반도를 둘러싼 나라 안팎의 정세가 몹시 복잡하던 시기에 발행된 대표적인 신문이 〈대한매일신보〉와 〈코리아 데일리 뉴스〉였다. 이 신문이 한국 현대사에 차지하는 위치는 특이하고도 중요하다. 요약해 보면 대략 다음과 같다.

① **이등박문이 두려워했던 신문** : 신보는 러일전쟁이 일어난 직후부터 한일합방이 공포되던 날까지 약 6년 동안 발행되었다. 이 시기는 일본이 러일전쟁을 기점으로 해서 한반도에서의 독점적인 우위를 확보하고 침략정책을 노골적으로 추진하던 때였다. 이에 대응하여 한국 안에서는 일본세력에 대한 저항이 여러 갈래로 거세게 전개되고 있었다. 고종황제는 헤이그에서 열리는 만국평화회의에 밀사를 파견하여 일본에게 빼앗긴 외교권을 도로 찾으려 했으나, 이로 인해 황제의 자리에서 물러나야 했으며, 전국 각처에서는 의병이 일어나 무력으로 일본에 대항했는가 하면, 또 한편으로는 민족의식을 고취하는 애국계몽운동과 문화운동도 활발히 전개되었다. 지방도시 대구에서 시작되어 전국적으로 확산된 국채보상운동은 일본의 경제적 예속으로부터 벗어나 자립과 독립을 기하자는 자발적인 범국민운동이었다. 신보는 이와 같은 민족사적 전환기에 발간되었고, 한국민의 입장을 대변하는 가장 영향력 있는 신문이었다. 이등박문은 자신의 수백 마디 말보다도 한 줄의 신문기사가 한국인들에게 더 위력이 크다고 토로했을 정도였다. 그 신문이 바로 〈대한매일신보〉였다.

② **한국 · 영국 · 일본 외교사의 쟁점** : 이 신문은 한국 · 영국 · 일본 세 나라의

각기 다른 입장이 한반도의 정치적인 문제와 연관되어 미묘하게 얽혀 있었다. 이 신문은 소유주가 영국인이었으나 한국의 황실과 민족진영이 뒷받침하고 있었으며, 논조는 항일적이었다. 일본의 입장에서 볼 때에는 이 신문이 침략정책에 가장 큰 장애요인이었다. 그렇기 때문에 일본은 여러 가지 방법을 동원하여 배설을 한국으로부터 추방하거나 신문을 발행하지 못하게 만들려 했고, 그 교섭 상대국은 영국이었다. 당시 영국인은 한국에서 치외법권을 누리고 있었으므로 영·일 간의 교섭과정에서는 외교정책상의 문제와 사법절차상의 문제 등 여러 가지 미묘하고도 복잡한 문제들이 야기되었다.

한반도 문제를 다루는 데 있어서 영국과 일본의 기본적인 입장과 양측의 외교정책을 구체적으로 보여주는 가장 대표적인 사례들을 이 신문은 제공하고 있다. 일본은 영국이 영일동맹으로 맺어진 우호관계라는 점을 내세워 일본의 한국 침략정책에 방해가 되는 영국시민 배설에 대해 만족할 만한 제재를 가해 달라고 영국에 요구했다. 그러나 영국 측이 볼 때에는 배설의 신문이 과연 영국의 법률에 저촉되느냐 하는 것이 우선적으로 검토되어야 할 문제였다. 말하자면 실정법의 원칙을 고수해야 하느냐, 국가적인 외교정책의 기본방향에 따라 이 문제를 정치적으로 다루어야 하느냐 라는 입장이었다. 때문에 영국 정부 자체에서도 이 문제의 처리에 고심했다.

③ 초유의 국제사법재판(國際司法裁判) : 처음에는 영국과 일본이 다 같이 배설을 한국의 법률 또는 일본의 군율(軍律) 등으로 간단히 처리해 보려 했지만, 결국은 영국의 재판에 회부하게 되었다. 절차상으로는 통감부의 고소에 따라 영국 측이 배설을 1907년과 1908년 두 번에 걸쳐 재판에 회부한 것이다. 신보사의 총무인 양기탁을 통감부가 체포하여 재판에 회부했을 때에는 그 적법성 여부를 가지고 영국 측이 외교문제를 제기했고, 양기탁의 재판은 형식상으

로 일본과 한국의 연합재판부가 다루었다. 증인으로는 영국인, 프랑스인 등이 출두하는 재판이었다. 이러한 재판과는 별도로 배설은 상해에서 발행되던 〈*North China Daily News*〉와 〈*North China Herald*〉를 상대로 명예훼손으로 고소하여 이 신문과 관련된 재판은 다섯 차례나 되었고, 한국·영국·일본의 법관이 이를 다루었으며, 재판의 장소도 서울과 상해에까지 걸치게 되었다.

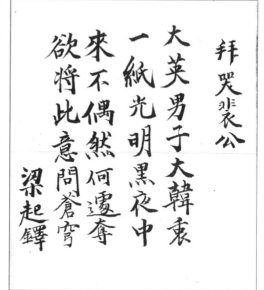

양기탁의 만사. 배설의 만사집에 들어 있다.

④ 항일 민족운동의 견인차 역할 : 이 신문은 영국인 소유의 치외법권 아래 발행되었으므로 일본군의 검열을 피할 수 있었다. 이로 인해 일본의 한국 침략 정책을 가장 신랄하게 비판하고, 한국 국민들의 저항운동을 자유롭게 보도할 수 있었다. 많은 의병들이 이 신문의 영향을 받아 무장 항일투쟁에 가담했음을 증언한 바 있듯이 이 신문은 한국 민족독립운동의 정신적인 구심점이 되었다. 그뿐 아니라 신보사는 국채보상운동의 총합소가 되기도 했고, 양기탁·박은식·신채호 등은 논설로써 일제의 침략에 항거하는 한편으로는 비밀결사 신민회(新民會)를 결성하여 항일독립운동을 조직적으로 전개했다. 따라서 이 신문은 신문에 나타난 당시의 역사적 사실과 시대상을 연구하는 데도 중요한 사료

적 가치를 지니는 것이지만, 더 나아가서 이 신문의 발간 경위와 자금문제, 그리고 신문에 참여한 제작진과 경영진의 구성 등을 살펴봄으로써 민족 독립운동사 연구에 중요한 부분을 규명할 수 있다.

⑤ **일제 언론 홍보정책 연구** : 신문이 발행되는 동안 가장 큰 영향력을 지닌 최대의 민족지였다는 점만으로도 연구의 필요성은 크다. 신문의 발행부수도 당시로서는 최고였지만 국한문·한글·영문의 3종을 동시에 발행한 신문은 한국 언론사상 처음이었다. 그런데 이 신문은 그 자체만을 연구대상으로 삼을 것이 아니라 입체적·비교사적인 관점에서 다루어야 할 필요가 있다.

통감부는 신보에 대한 외교적인 압력과 사법적인 탄압을 병행하는 한편으로 친일언론에 보조금을 지급했다. 또한 통감부 기관지 〈경성일보〉(일어)와 〈*Seoul Press*〉(영어)를 발행하여 신보에 대항케 하고 신보의 논조를 무력화시키려는 전략을 병행했다. 그러므로 신보는 일본의 한국침략 과정에 있어서 언론·홍보정책이라는 관점에서도 중요한 의미와 비중을 지니는 것이다.

제 Ⅱ장

배설의 어린 시절과 일본 생활

제 Ⅱ장 배설의 어린 시절과 일본 생활

1. 집안 내력과 학력

러일전쟁 특파원이 되어

배설은 러일전쟁 직후인 1904년 3월 10일 한국에 첫 발을 들여놓았다. 한국은 국제무대에 거의 알려지지 않은 나라였다. 일본 고베에서 동생과 함께 무역업을 하던 배설은 러일전쟁이 터지자 런던의 〈데일리 크로니클(*Daily Chronicle*)〉 특파원에 임명되어 한국에 왔다. 유럽과 미국에서 많은 기자들이 러일전쟁 취재를 위해 몰려오고 있었다. 비행기로 세계 어느 곳이나 하루에 찾아갈 수 있는 오늘날과는 달리 교통이 불편했던 20세기 초반에 벌어진 전쟁이었다. 태평양을 건너 일본을 거쳐 한국으로 왔거나, 시베리아 철도를 타고 만주 쪽에서 접근한 기자도 있었다. 어느 쪽으로 왔건 쉽지 않은 여행이었다. 그런 어려움을 겪으면서 미국 및 유럽 기자 적어도 200여 명이 일본군을 따라 종군하고 있을 정도로 러일전쟁은 국제적인 관심이 집중되었다.

한국에 몰려온 종군기자(war correspondents) 가운데는 유럽과 미국의 신문 통신 본사에서 특파된 기자도 있었고, 일본과 중국 등지에서 발행되던 영어신문에 종사하고 있었거나, 종사한 경력이 있는 언론인들이 특별통신원(special correspondent)에 임명된 경우도 있었다.

장차 대한매일신보를 창간하여 항일 투쟁의 선봉에 섰다가 한국 땅에 뼈를 묻는 영국인 배설은 런던의 데일리 크로니클 신문의 종군 특파원으로 한국에 처음으로 왔다가 곧 영국 신문의 특파원을 그만두었다. 서울에서 자신의 신문

러일전쟁 종군 특파원들. 영국과 미국 특파원들이 1904년 1월 8일 샌프란시스코를 출항하여 25일 요코하마에 도착했다. 왼쪽에서 다섯 번째(중앙)가 〈샌프란시스코 이그재미너〉의 잭 런던이다.

을 발간하기로 결심한 것이다. 4개월 뒤인 7월 18일에 창간한 신문이 한말 최대의 민족지 대한매일신보였다.

〈대한매일신보〉와 〈코리아 데일리 뉴스(*Korea Daily News*)〉를 발행한 배설은 어떤 사람인가. 그가 한국에 온 뒤에 신문을 발행하면서 일본의 침략에 대항하다가 통감부의 고소로 재판까지 받으면서 투쟁한 사실은 널리 알려져 있었다. 하지만 한국에 오기 전의 행적은 거의 알려진 것이 없었다. 그는 어떤 계기로 자신과는 아무런 인연이 없던 약소국이자 망할 운명에 처한 한국을 위해서 목숨을 바쳐 싸웠던가.

한국에 오기 전의 간단한 약력은 그가 죽은 후 신보 국한문판과 한글판에 실린 「배설공의 약전(略傳)」(신보 1909년 5월 7~8일자 국한문판, 「裴說公의 略傳」, 한글판은 「비셜공의 힝장」이 있다) 출생과 한국에 오기 전까지의 경력을 말해 주는 유일한 자료이다. 기존의 배설과 대한매일신보 연구는 이 「약전」에 의존할 수밖에 없었다. 그러나 영국의 기록을 추적해 보면 약전은 상당히 중요한 부분을 잘 못 알고 기록한 오류가 발견된다. 배설 사후 그가 평소에 한 말을 근거로 기록했을 것이기 때문에 불가피하게 사실과 다른 내용이 있었던 것이다.

항구도시 브리스톨 출생

「약전」을 토대로 영국의 출생, 결혼, 사망을 기록한 등기소(General Register Office)의 기록을 비롯하여 배설이 어린 시절을 보낸 「브리스톨 인명록(*J. Wright & Co's Bristol & Clifton Directory*)」, 배설의 학적부, 동생들의 출생신고서 등에 기재된 내용을 연결해 보면 배설 집안의 내력과 행적을 복원할 수 있다.

배설의 아버지 토마스 핸콕(Thomas Hancock Bethell)은 결혼 전까지 브리스톨 근처 클리브던(Clevedon)에 살았다. 영국 지도를 보면 런던이 영국 남부지방의 동쪽(지도상으로는 오른쪽)에 위치하고 있는 것과는 대조적으로 거의 수평선상에 놓인 동일한 위도의 서쪽(왼쪽)에서 약간 아래로 자리 잡고 있는 도시가 브리스톨이다. 브리스톨에서 가까우면서 바다 쪽으로 면하고 있는 도시가 클리브던이다.

배설의 할아버지 토마스 베셀의 직업은 바지선 소유자(barge owner)였다. 바지선은 운하 또는 강에서 사람과 화물을 싣고 다니는 바닥이 납작한 배를 말한다. 바지선을 소유할 정도라면 가난한 서민은 아니고, 중류 정도의 생활은 할 수 있었을 것이다. 그는 클리브던에서 바지선을 운행하던 중 배설의 아버지 토마스 핸콕 베셀이 일곱 살 때에 죽었다. 토마스 핸콕은 20살이었던 1870년 9월 14일 한 살 연상의 처녀 마서 제인 홀름(Martha Jane Hollom)과 결혼했다.

토마스 핸콕은 결혼 당시에는 회계원(accountant)이었고, 그 후로는 양조장 직원(brewers clerk), 또는 상업서기(commercial clerk)로 직업란에 기재되어 있는 것을 보면 양조회사의 경리담당 사무원이었음을 알 수 있다(토마스 핸콕의 직업은 그의 결혼신고서와 세 아들의 출생신고서 등에 기재된 직업란에 기재된 것을 종합했다). 1881년에 실시된 전국인구조사(Census Return)의 기록(배설 일가의 1881년도 인구조사 기록번호는 RG11/2487, pp.112/3~4. 같은 기록은 브리스톨 시립도서관에도 마이크로필름으로 보관되어 있다)과 1885년 9월에 작성된 배설의 학적부에는 토마스 핸콕의 직업이 양조회사의 지방순회 외무원(brewer's commercial traveller)으로 되어 있어서, 이 무렵에는 사무실에 앉아 있던 사무원이 아니라, 브리스톨 이외의 지역에도 업무상 자주 여행을 다녔을 것으로 짐작된다. 그는 마침내 1886년부터는 월급 받는 직장을 그만두고 일본까지 건너가서 무역업에 손을 대게 되었고, 극동지방을 상대로 스스로 무역상을 경영하기에 이르렀다.

토마스 핸콕의 아내인 마서 제인의 아버지이자 배설의 외할아버지인 존 홀름(John Hollom)은 영국교회의 전도사(city missionary)였다. 토마스 핸콕과 마서 제인은 네 명의 자녀를 두었다. 당시의 여러 영국 공공기록을 조사해서 배설의 형제와 가족관계를 밝혀보면 다음과 같다.

딸 마니(Minnie) 1871. 9. 10~
장남 배설(裵說: Ernest Thomas) 1872. 11. 3~1909. 5. 1
차남 허버트(Herbert) 1875. 6. 15~1939. 10. 18
삼남 아서 퍼시(Arther Percy) 1877. 4. 10~1947. 1. 29

배설의 가계

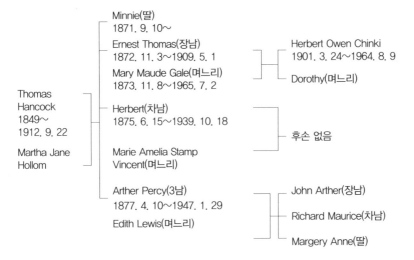

배설은 자라면서 회사원 또는 상인이었던 아버지와 전도사 가정에서 자란 어머니의 영향을 받았을 것이다. 토마스 핸콕은 결혼 후 곧 브리스톨로 이사했다. 배설은 태어나서 학교를 마치고 일본으로 건너갈 때까지 유년기와 소년기를 북부 브리스톨의 비숍스턴(Bishopston) 지역에서 보냈다.

브리스톨 명문학교 졸업

배설은 브리스톨의 명문 머천트 벤처러스 스쿨(Merchant Venturers School)에서 공부했다. 이 학교는 1856년 3월 28일에 브리스톨 상업·광업학교(Bristol Trade and Mining School)로 개교했다. 원래는 성인 주간반, 성인 야간반, 중등반의 3개 과정이 있었는데, 1885년 벤처상업협회(Society of Merchant Venturers)가 학교를 인수하여 시설과 교육내용을 대폭적으로 개혁하는 동시에 교명을 머천트 벤처러스 스쿨로 바꾼 것이다. 벤처상업협회는 브리스톨의 유일한 상인조

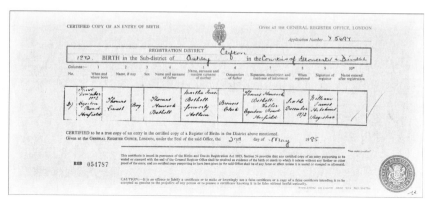

배설 출생 증명. 1872년 11월 3일 브리스톨에서 태어났다.

합이었다. 1551년 12월 에드워드 6세의 특허를 얻어 그 이듬해에 법인조직이 된 이래 영국의 무역과 상업이 세계를 무대로 뻗어나가는 동안, 이 조합은 브리스톨의 복지와 상업 및 무역 발전에 큰 역할을 담당하면서 많은 재산을 축적하기에 이르렀다.

이 조합은 학교를 인수한 후 시청 맞은편 유니티 스트리트(Unity Street)에 교사를 신축하여 1885년 9월 신학기부터 수업을 시작하게 되었다. 학교 신축과 교육시설을 위해서는 영국과 유럽에 있는 학교 가운데 우수한 시설과 최신 건물에 관한 자료를 수집하여 이를 참고로 하여 지었다 한다.

교육과정도 확장하여 초등부(primery), 중등부(secondary), 광업기술부(mining and technical), 화학 야금부(冶金部, chemical and metal lurgical), 공예부(art), 야간부 등 여섯 과정이 있었다. 산업 및 상업분야에 종사할 기술인력 양성을 목적으로 한 전문대학 수준의 교육기관이었던 것이다.

배설은 이 학교 고등부 이과과정(science in the higher part)에서 공부했다. 중등부의 교육과목은 수학, 대수, 기하, 화학, 물리 등과 함께, 불어, 독어, 역사가 있었고, 고등부에는 수학 및 과학과목이 스무 개 이상 개설되어 있었다. 이

학교는 당시 브리스톨의 편람(directory)에도 대학 수준의(collegiate school) 학교로 분류되어 있고, 배설이 졸업한 지 6년 뒤인 1894년에는 머천트 벤처러스 기술대학(Merchant Venturers Technical College)으로 학교 명칭을 바꾸었다. 교과 내용이 초급대학 또는 전문대학 수준이었던 것이다. 1906년에는 브리스톨 대학에 합병되었다.

학생들의 학업성취도는 시교육위원회(Science and Art Department of the Committee of Council on Education)가 실시하는 시험결과로 결정되었는데, 배설은 1885~1886년 학기의 시험에서 수학을 비롯한 3개 과목에 합격했다. 배설이 고등학교 출신으로 신문기자가 될 자질이 부족했을 것이라는 추측은 당시 영국의 교육제도를 잘 이해하지 못한 탓이다. 영국은 20세기가 될 때까지 대학 교육이 보편화 되지 않은 나라였다. 오랜 역사를 지닌 옥스퍼드, 케임브리지, 에딘버러와 같은 대학 외에는 고등학교에서 교육을 받은 후에 직업을 택하는 제도였다. 배설이 다닌 것과 같은 사립학교에서는 지식을 주입하는 교육이 아니라 폭넓은 교양과 예능 체육활동을 할 수 있도록 하였다. 오늘날에도 영국의 사립학교는 수학, 영어와 같은 기본교육과 함께 여러 악기를 다루는 음악, 다양한 스포츠 활동을 익히도록 교육하고 있다. 신문기자도 대학을 졸업해야 하는 직업이 아니었다. 배설이 다닌 머천트 벤처러스 스쿨은 지금 기준으로는 대학에 해당하는 학력이었다. 브리스톨은 활기 넘친 항구도시였지만 영국의 다른 도시와 마찬가지로 대학이 없던 시절이었다.

배설의 가정 형편도 중산층에 속했다. 할아버지는 브리스톨에서 바지선을 운영했고, 아버지는 주조회사의 경리직원이었다가 런던에 진출하여 일본과 동양을 대상으로 무역상을 경영했다. 배설은 당시로서는 교양을 갖춘 인물이었고, 성장 배경도 중류층 가정에서 성장했다. 아버지와 형제들이 동양을 상대

로 무역상을 경영하면서 배설은 모험심
과 개척정신이 있는 집안의 장남으로 가
업의 중심에서 활동했다. 서울에서 신문
을 창간하고 운영하는 과정도 그의 타고
난 성격과 정의감, 성장환경을 종합적으
로 이해하고 살펴보아야 한다.

23살 때의 배설.

토마스 핸콕의 무역회사

배설의 아버지 토마스 핸콕은 1886
년까지 브리스톨에 살다가 월급쟁이 양
조회사 서기직을 청산하고 완전히 새로
운 사업을 시작했다. 극동상대의 무역업
에 손댄 것이다. 그는 1886년에 일본으로 건너가 니콜(P. A. Nicolle)이라는 사
람과 함께 고베시 42번지에 니콜 앤드 컴퍼니(Nicolle & Co) 라는 무역상을 차
렸다. 이 무역상은 니콜, 토마스 핸콕, 그리고 커(W. Kerr) 세 사람이 운영하
는 소규모 무역상이었다. 그러나 토마스 핸콕은 오래지 않아 영국으로 돌아가
1888년부터는 런던 중심가에 베셀 앤드 니콜(Bethell & Nicolle)이라는 무역상을
차렸다. 고베의 니콜 앤드 컴퍼니와 런던의 베셀 앤드 니콜은 동일한 회사였던
셈이다. 토마스 핸콕은 런던에서 일하고 있었고, 니콜은 고베에 있으면서 오
사카에도 연락사무소를 두고 일본으로부터 골동품, 도자기, 칠기, 장신구 등
동양의 여러 가지 상품들을 수입했다.

배설은 아버지 토마스 핸콕이 고베에서 돌아와 런던에 무역상을 차렸던 1888
년에 일본으로 건너갔다. 만 16살이고 한국식 나이로는 열일곱 살이 된다. 배설이 한국에 오기 전 경력에 관해서 주한 영국총영사 레이(Arther Hyde Lay)는 1909년 5월 5일자로 본국에 보낸 보고에서 다음과 같이 간단히 언급하였다.

> 1872년 11월에 태어난 배설은 소년 시절에 동양에 와서 고베에 있는 아저씨의 사무실에 들어갔다. 그 후 골동품을 수출하는 무역상 베셀 브라더스를 공동운영하면서 1904년 전쟁이 일어난 직후까지 고베에 머물다가 〈데일리 크로니클(*Daily Chronicle*)〉의 특별통신원으로 임명되어 한국에 파견되었다.

19세기에는 오늘날에 비해서 소년이 상당히 조숙했지만, 16살 소년 배설이 일본에 올 때에는 독자적인 사업을 할 나이는 아니었다. 일본에는 그에게 장사를 가르치고, 그를 보호할 사람이 있었을 것이다. 레이는 막연히 "고베에 있는 아저씨의 사무실에 들어갔다(entered the office of an uncle in Kobe)"라고만 쓰고 있어서 일본에 있던 배설의 아저씨가 누구였는지 알 수 없도록 되어 있다. 배설과 관련된 다른 기록도 '아저씨'에 관한 언급은 보이지 않는다. 아마 배설의 아버지 토마스 핸콕의 동업자로 되어 있던 P. A. 니콜이라는 사람이 배설과 함께 일본에 왔던 아저씨였던 것 같다. 처음에는 누구 밑에서 일을 배웠거나 간에 배설은 성인이 되면서 독자적인 사업의 기반을 닦아 나가는 한편으로 고베의 외국인 사회에서 적극적인 활동을 벌이기 시작했다. 고베에는 외국인을 상대로 골동품(옛날 그림, 칠기 및 유기제품, 옛날 동전, 옛날 옷, 갑옷, 칼 등), 대나무 공예품, 병풍, 장난감, 인형 등을 파는 상점들이 있었다.

한편 베셀 앤드 니콜(Bethell & Nicolle)은 처음에는 토마스 핸콕과 니콜이 동업으로 시작한 사업이었으나 3년 뒤인 1891년부터는 토마스 핸콕의 단독사업이 되었다. 니콜도 이때부터는 고베에서 니콜 앤드 컴퍼니(Nicolle & Co)를 단독

Priest, Marians, Bethell, Moss & Co. Limited, japan & china merchants, importers of bamboos, carpets, mats & matting, fancy goods & general oriental merchandise, 27, 28, 29, 30 & 31 Bevis Marks EC & 56, 58 & 60 St. Mary Axe EC ; & at Yokohama & Kobe, Japan—T A "Kynlim" ; T N 2064

배설 아버지의 회사 마크. 일본과 중국을 대상으로 무역업을 하던 합자회사.

으로 운영하기 시작했다. 그런데 토마스 핸콕은 4년 뒤인 1896년에는 단독사업이던 무역상을 또 다른 세 개의 무역상과 합쳐서 규모를 키워 하나의 회사를 만들어 등록하는 데 참여했다. 이번에는 프리스트 마리안스 베셀 모스합자회사(Priest, Marians, Bethell, Moss & Co. Limited)라는 긴 이름의 회사였다. 토마스 핸콕을 비롯해서 4개의 무역상이 합자한 회사였다. 중국과 일본으로부터 대나무, 카펫, 방석, 기타 동양의 상품들을 주로 수입하는 무역 회사였다. 같은 영업을 하는 소규모 무역상들이 대외적으로는 하나의 회사체를 구성해서 운영하는 회사(The Private Limited Liability Company)였다.

이들 네 개 무역상은 일본을 중심으로 동양의 상품들을 수입 또는 수출하는 사람들로서 같은 곳에 사무실이 몰려 있다는 공통점이 있었다. 이 합자회사는 1896년 10월 26일에 법적 절차를 마치고 정식으로 출범했다. 전체 주식은 17만 5천 주였는데 그 가운데 10만 주는 일반주(ordinary share), 7만 5천 주는 우선주(preference share)였는데, 주당 액면 가격은 1파운드였다. 토마스 핸콕이 소유한 주식은 29,680주(일반주 21,350, 우선주 8,330)로 네 사람 전체 주식

115,904의 26% 정도를 차지하는 비율이었다.

그러나 네 개 무역상이 설립한 회사의 운영은 원활하지 못했다. 3년 후인 1899년 3월 6일에 열린 특별총회는 '이사들 사이에 야기된 의견 차이에 주목하면서' 이사진의 변동이 있어야 한다고 결의했다. 토마스 핸콕이 의장으로 선출되어 진행한 이날 총회는 다섯 명의 이사가 물러나기로 했다. 분쟁의 원인은 각자의 고유사업을 회사가 받아들이되, 경쟁은 피하기로 했던 협약과는 달리 사업상 이해관계가 엇갈린 이유였다. 이날 총회는 정관에 2명 이상 7명 이하로 되어 있던 이사의 수(제85조)를 '8명 이하'로 고치고 회사 창립 시에 주주들이었던 이사 다섯 명이 물러나는 대신 새로 이사 6명을 선출했다. 초대 이사진 가운데 헨리 조지 프리스트만 유임되었다. 이로써 토마스 핸콕은 이 회사에서 실질적으로 손을 뗀 것이다. 1년 뒤인 1900년 3월 28일에 열린 특별총회는 회사 명칭 가운데 베셀(Bethell)이란 이름을 빼고 프리스트 마리안스 합자회사(Priest Marians & Co. Limited)가 되었다.

2. 일본에서의 생활

고베에서 무역업 종사

배설의 큰 동생 허버트는 일찍부터 일본으로 건너가 배설과 함께 베셀 브라더스(Bethell Brothers)라는 무역상을 경영했다. 그가 언제 일본에 갔던지는 알 수 없지만, 적어도 1899년 이전이었을 것은 확실하다. 배설은 성질이 급해서 동생과도 동업을 하기가 어려웠다. 배설은 고베에 살았지만, 허버트는 배설이 한국으로 온 뒤 요코하마에서 배설과 공동으로 설립했던 개인회사 베셀 브라더스를 영국에 있던 동생 퍼시와 경영하다가 1933년 11월 27일에는 유한책임 회사(Bethell Brothers Limited)로 등록했다.

허버트는 1910년 12월 10일 35살의 노총각으로 마리(Marie Amelia Stamp Vincent)라는 처녀와 요코하마에서 결혼식을 올렸는데 자식을 낳지 못했고, 1939년 10월 18일 런던에서 죽었다. 그는 1909년 5월 배설이 죽었을 때에는 요코하마에서 서울로 와서 형의 장례식과 유산 정리 등을 도왔는데, 1912년 9월 토마스 핸콕이 죽었을 때까지는 일본에 살고 있다가 그 후 런던으로 돌아가서 베셀 브라더스를 경영했다. 1917년의 기록에 의하면 베셀 브라더스는 고베와 요코하마 두 곳에 사무소를 두고 고베에는 일본 담당 전무 길바드(Gillbard)라는 사람과 또 다른 두 사람의 사무원이 있었으나 대표인 허버트와 그의 동생 퍼시는 런던에 거주하는 것으로 되어 있었다. 이로 미루어 허버트는 1916년 이전에 일본에서 영국으로 돌아가 동생과 함께 사업을 계속 했던 것이다.

둘째 동생 퍼시는 일본에 가서 살지는 않았다. 그는 둘째형보다 5년 앞서 1904년 5월 런던 남부 크로이든에서 에디스 루이스(Edith Lewis)와 결혼해서, 두 아들 존 아서(John Arther)와 리처드 모리스(Richard Maurice) 그리고 딸 마저리 앤(Margery Anne)을 낳았다. 존 아서는 원래 사업에 흥미가 없었기 때문에 그의 가족회사인 베셀 브라더스에 참여하지 않았고, 둘째 아들 리처드가 베셀 브라더스의 대표직을 맡은 적도 있는데, 그 후로 이 회사에 배설의 가족은 모두 손을 떼었다.

배설은 아버지 토마스 핸콕이 프리스트라는 동업회사를 설립한 뒤 고베의 외국인 거류지 69번지에서 프리스트 회사의 일본 지점에 근무하다가 토마스 핸콕이 동업회사에서 손을 떼자 동생들과 함께 독자적인 무역상 베셀 브라더스를 설립했다. 아버지의 영업을 두 아들이 새로운 무역상을 설립해서 이어받은 셈이다. 이 무렵의 사정에 대해서 「약전」은 아버지의 명을 받들어 배설이 일본에서 큰 자산을 모으고 자신의 수중에도 6~7만환의 자본이 있었다고 썼다. 배설의 사업은 '완호물(玩好物, 좋아하는 취미의 물품) 장사'였다는데, 일본인들이 좋아하는 영국 물품을 일본으로 들여오거나 일본의 골동품 등을 영국에 수출하는 업종이었다.

배설이 두 동생들과 베셀 브라더스를 설립했던 1899년에 토마스 핸콕은 50살이었고, 배설은 27살이었다. 토마스 핸콕은 이때부터는 아들들에게 완전히 사업을 맡기고 자신은 사업일선에서 물러났다. 그는 1895년부터는 런던 중심부에 있는 빅토리아 로드의 팔러먼트 맨션에 살다가, 1898년부터는 런던 남쪽 크로이든으로 옮겨 죽을 때까지 여기서 살았다. 크로이든에 살고 있던 때인 1908년 6월 배설이 서울에서 두 번째로 기소되어 재판에 회부되었다는 소식을 듣고 외상 에드워드 그레이에게 아들의 권리를 지켜 줄 어떤 조치가 취해지고 있느냐고 묻는 편지를 보냈다. 그러나 런던에 있던 그가 배설의 재판에 아무런 도움을 주지는 못했고, 배설이 죽은 지 3년 뒤인 1912년 9월 22일 63세로 죽었다. 그가 남긴 유언장에는 이 때 자가용차를 소유할 정도의 상당한 자산가였다.

배설 형제들이 설립한 무역상 베셀 브라더스 런던사무소는 「우편주소록」(*London Post Office Directory*) 1900년판부터 등재되어 있는데 일본을 상대로 하는 무역상으로 기재되어 있다. 런던 사무소에는 셋째인 퍼시가 지켰던 것 같다. 배설은 이 무역상 설립을 준비하기 위함이었던지 이 해 영국에 한 번 다녀왔는데 그때 26 살이던 마리 모드 게일(Mary Maude Gale, 1873. 11. 8~1965. 7. 2)을 만나 이듬해 고베에서 결혼식을 올리게 된다. 이때 설립된 베셀 브라더스는 배설이 무역업에서 손을 떼고 한국에 온 뒤로도 두 동생 허버트와 퍼시가 그대로 운영하다가 배설이 죽은 뒤인 1939년에 유한회사로 등록하였음은 앞에서 살펴보았다.

번창했던 국제도시 고베

배설은 1888년부터 1904년 2월까지, 나이로는 열여섯 살에서 32살까지 16년간 일본 고베에서 살았다. 고베는 요코하마에 이어 일본에서 두 번째로 개항한 도시였다. 1859년에 요코하마가 개항된 지 9년 뒤인 1868년 1월에 고베가 개항할 때에는 요코하마에서 그다지 재미를 보지 못한 외국인들과 극동의 다른 항구에 와 있던 서양 상인들이 기대를 가지고 몰려들었다.

고베는 지리적으로 오사카만(大阪灣)을 바라보면서 북쪽으로는 록코산(六甲山)이 둘러싸고 있어서 기후는 온화하고 건조한 지방으로 15~16세기 무렵부터 명나라와 무역이 이루어지던 곳이다. 개항할 때에 외국인들에게 지정된 거류지는 탐탁치 못한 모랫바닥인 불모의 황무지에 불과했다. 그러나 날이 갈수록 인구가 늘고 여기 정착한 외국인들이 이 땅을 극동의 외국인 거류지로는 모델이라 일컬을 만큼 잘 다듬어서 30년 후 1899년 7월 17일 일본에 되돌려 줄 때에는 공원과 유희 및 운동시설 등이 조성되어 있었다.

배설은 고베 개항 만 20년이 지난 때에 일본에 도착했다. 당시 한국과 비교한다면 고베는 국제성을 띤 상당히 번화한 도시였다. 서울의 인구가 20세기 초반까지 20만 명 정도였으므로 고베는 서울보다 더 크고 활기에 넘쳤다. 1895년의 고베 인구는 153,382명이었는데(*General View of Commerce in the Empire of Japan*, Tokyo: The Bureau of Commerce Department of Agriculture and Commerce, 1897, p.190), 1901년 말에는 259,040명으로 늘어났고, 배설이 한국에 오기 직전인 1903년 말에는 295,599명, 그리고 1910년에는 387,915명으로 상당히 빠른 증가를 보였다. 이는 고베가 개항 이래 급속히 성장하는 도시였음을 나타내는 수치로 산업과 무역도 번창하고 있었음을 짐작하게 한다. 전체 인구의 증가에 비례해서 외국인 거주자들도 늘어나고 있었다.

1898년에 고베에 거주하던 외국인은 2,491명이었는데, 10년 후인 1908년 말에는 3,977명이 되었다. 연평균 148명씩 늘어났다는 계산이다. 외국인 가운데 영국인이 가장 많아서 1898년에 471명이었고 1906년에는 625명으로 증가했다("Kobe's Foreign Population", *JWC*, 30 Jan. 1906; *The Seoul Press*, 3 Feb. 1909). 그러나 외국인 거주자의 통계는 자료에 따라 차이가 있어서 정확히 일치하지는 않는다. 배설이 베셀 브라더스를 설립하여 독자적인 사업을 벌이던 무렵인 1900년에서 1903년까지의 고베 거주 외국인의 숫자를 〈재팬 크로니클(*Japan Chronicle*)〉은 다음과 같이 보도했다("Kobe's Foreign Population", *JWC*, 18 Mar. 1903, p.238).

1900~1903 고베거주 외국인

연도	남	여	계
1900	345	200	545
1901	366	223	589
1902	373	240	613
1903	377	263	640

1914년에 일본 철도국이 발행한 자료에 의하면 1910년 무렵 고베에 거주하던 서양인은 1,350명이었다. 거주 인원이 많은 순서로 국적을 살펴보면 영국 625(남 366, 여 259), 독일 222(남 151명, 여 71), 미국 134명(남 76, 여 58)이 100명이 넘는 거주자가 있었고, 이어서 덴마크(27), 네덜란드(18), 이태리(15), 스페인(15), 스위스(15), 오스트리아-헝가리(14), 노르웨이(9), 벨기에(7), 터키(4), 멕시

코(3), 러시아(3), 스웨덴(2), 그리스(1)였다. 서양의 주요 국가 사람들이 거의 거주하는 국제도시였다. 중국인도 2천 명 가까운 1,966명(남 1,490, 여 476)에 태국인 9명이 있었다(*An Official Guide to Eastern Asia*, p.108).

배설은 고베가 일본의 국력신장과 경제발전에 힘입어 호황을 누리는 시기에 무역업에 종사했다. 그는 고베의 경제적 성장기에 본국에 있는 아버지 토마스 핸콕을 도와 적지 않은 돈을 벌 수 있었고, 자기 수중에 6~7만 엔의 자본을 축적할 수 있었다. 그러나 1899년에는 동생과 함께 베셀 브라더스를 설립하였지만 어려움을 겪게 되는 경과는 다음에 살펴보기로 하겠다.

활발용장한 배설의 성격

배설은 천성이 외향적이고 활발했다. 그가 사망한 후에 실린 「약전」은 배설의 성격을 '의협강의(義俠剛毅)' 네 글자로 요약할 수 있다면서, 그에게는 백절불굴의 정신과 신의가 있다고 평했다. 재물을 가볍게 여기고 의리를 좋아하는 기개가 있으며 분투하고 일을 좋아하는 용맹이 있어서 대영국 사람의 기질이 구비하였다고 칭찬했다. 신보의 「약전」은 죽은 사람을 추모하는 성격이므로 장점만 강조한 글이기는 하다. 하지만 '각종 유회를 좋아 하야 활발용장한 풍이 발현하더라'는 표현은 막연한 칭찬의 말이 아니라 배설의 다양한 취미와 성격을 묘사한 것이라 할 수 있다.

배설은 운동과 음악을 좋아했고, 체스(서양장기)도 잘 두었다. 술과 담배를 즐겼다. 그는 고베의 레가타(요트, 競漕會)와 체육클럽(Kobe Regatta & Athletic Club: KR&AC)의 사무국장 재임 때인 1901년 6월 새 보트 하우스를 낙성하고 대대적인 레가타 대회를 열기도 했다. 배설은 음악에 타고난 재능이 있었다. 체계적인 음악교육을 받지는 못했지만 청중들 앞에서 노래를 부를 만한 실력이 있었다. 특히 코믹송을 잘 불렀고, 모임이 있을 때면 노래를 선창하여 많은 사람들의 흥을 돋우는 일이 자주 있었다.

〈고베 크로니클(Kobe Weekly Chronicle)〉 신문은 1901년 10월 30일 고베의 체육관에서 열린 자선음악회에서 배설은 'Miss Daisy Chayne'등 그가 즐겨 부르는 두 가지 코믹 송을 열창했다고 보도하면서 이전에도 고베의 청중 앞에 선 적이 몇 번 있었다는 것이다. 이보다 1년 전인 1900년 10월 30일에도 고베에서 열린 콘서트에서 노래를 불렀는데, 신문은 그를 독특한 스타일을 지닌 타고난 코미디언(born comedian with a unique style)이라고 말하고 그에게 알맞은 장소였다면 훌륭한 노래였을 것이지만 심각한 프로그램에는 부적당하다고 평했다("Singor Di Lorenzo's Concert", JWC, 31 Oct. 1900, p.387). 고베 크로니클은 배설의 노래하는 모습을 기분이 좋아서(with great spirit)라거나 훌륭한 태도, 또는 원기 충만하여(in excellent form) 등으로 표현하고 있어서 그가 '활발 용장한' 성격이었음을 엿볼 수 있다.

배설은 정식 콘서트가 아니라도 사람들이 모인 곳에서는 노래를 선창하여 흥을 돋웠다. 1902년 6월 2일 고베 오리엔탈 호텔에서 상업회의소가 주최한 모임에서 노래를 선창한 일이라든지, 1903년 2월 28일 KR&AC가 주최한 흡연 자유의 콘서트(Smoking Concert)에서 코믹한 역을 맡았다는 기사도 찾아볼 수 있다.

배설은 고베의 사교와 스포츠 클럽인 KR&AC의 운영위원과 사무국장을 지내기도 했지만 실지로 스포츠를 즐겨서 레가타, 수영, 크리켓 등의 경기에 출전한 적이 여러 번 있었다. 당시 신문에 보도된 기사에서만 찾아보아도 1901년 6월 KR&AC가 새로 준공한 보트 하우스 개관 기념으로 개최한 레가타 경기 출전을 비롯해서 1902년 11월 3일에 보트 하우스 잔디밭에서 여흥으로 벌

어릿광대 차림의 배설. 고베에 살던 때에 코믹송을 부르는 모습이다.

인 크리켓 게임에는 배설이 주장으로 참가했다. 1903년 9월 5일에 열린 수영 대회에서는 잠영에서 2위, 하이다이빙에서 3위를 차지하여 운동을 즐기는 배설의 면모를 확인할 수 있다. 그는 서양장기에도 취미를 가졌던지 1902년 1월 20일에 고베 지역 영국인들이 벌인 체스 토너먼트에 참가한 일도 있었다.

배설이 스포츠, 음악, 체스 등 다재다능하고 활발한 성격은 영국의 교육제도와도 관련이 있었다. 그가 졸업한 머천트 벤처러스 스쿨은 브리스톨에서 가장 좋은 사립학교였다. 영국의 사립학교는 전통적으로 전인교육에 중점을 두고 있으며 특히 각종 스포츠와 음악을 배울 수 있는 분위기와 기회를 충분히 제공한다. 배설의 다재다능한 성품은 영국 사립학교의 교육환경에서 자랐기 때문에 받은 영향으로 볼 수 있다.

배설의 이야기하는 태도는 솔직하고 활달했으며, 술과 담배도 남달리 좋아했다. 배설이 죽은 후 주한 영국총영사 레이는 배설을 가리켜 심장이 약한 사람으로서는 전혀 적당하지 못한 생활방식으로 살았다면서, 인천에서 발행되던 일인(日人) 경영 〈朝鮮新聞〉이 "'배설은 자신의 죄악에 브랜디의 해독이 겹쳐서 죽은 것(he was poisoned by the joint effects of his own villainy and brandy)"이라고 의기양양한 투로 보도했다고 인용하여 배설이 술을 과음했음을 암시하였다.

장지연은 1908년 7월 상해에서 복역한 배설을 만나 밤새도록 술을 마시며 비장한 노래를 불렀다고 비문에 썼다. 배설이 술을 즐기게 된 것은 원래 일본에 있을 때부터였는지, 한국에 온 뒤 신문을 발행하면서 통감부의 위협과 영국측의 압력과 과로를 견디기 어려워 시작한 버릇인지는 알 수 없다. 술을 즐긴 것은 그의 호방한 성격과도 연관이 있었을 것이다. 그는 또한 줄담배를 피우는 사람이었다.

1908년 6월 열린 두 번째 재판에서 3주일간의 금고형(禁錮刑)을 언도받아 상해로 가서 복역하게 되었을 때 배설은 감방 입구에 붙은 절대 금연이라는 말을 보고 느꼈던 곤혹스러웠던 감정을 적으면서 다음과 같이 쓰고 있다

> 나는 다른 일은 지속적으로 할 수 있는 것이 없지만, 적어도 담배만은 계속해서 피
> 우는 사람이다. 격렬한 뱃멀미가 한동안 계속되는 사이에 피우는 한 대의 파이프 담
> 배가 나를 진정시켜 주었다. 시간이 있을 때면 나는 술을 마시는 사이사이로 담배
> (오사카)에 탐닉하곤 했었다(Ernest T. Bethell, "*My Sentence of Three Weeks' Imprisonment,*
> Ⅲ The British Jail in Shanghai", *JWC*, 17 Sept. 1908, p.437).

배설은 성질이 급했다. 배설의 며느리 도로시는 배설의 아내 마리모드와 남편 허버트 오웬으로부터 배설은 성질이 급한 사람이었음을 들었다고 증언했다. 배설의 급한 성질을 드러낸 사건이 일본에 살던 때인 1901년 8월에 있었다.

KR&AC의 사무국장이었던 배설은 1901년 8월 7일 고베의 스미요시(住吉) 정거장에서 기차를 내려 KR&AC의 보트 하우스를 건축 중이었던 미루메로 가기 위해 인력거를 불러 탔다. 그런데 몇 발자국도 가지 않아서 인력거꾼은 멈춰 서더니 배설에게 요금으로 25전을 받아야 하겠다고 말했다. 정거장에서 미루메까지 규정된 요금은 18전에 지나지 않았지만 배설도 그 전에 25전을 주고 탄 적이 있기 때문에 요금에 대해서 이의는 없었다. 배설이 화가 난 것은 그렇게 요구하는 태도였다. 배설은 인력거를 내려 역으로 되돌아가서는 다른 인력거를 잡으려 해 보았다. 그러나 처음부터 그 광경을 지켜보고 있던 인력거꾼들은 배설을 태워주려 하지 않았다. 배설은 당국에다 이를 알려야겠다고 말하고 그를 태웠던 인력거꾼에게로 가서 좌석 아래에 있던 번호판을 벗겨내어 가지고는 경찰에 가서 따지자고 요구했다.

일은 여기서부터 커졌다. 역 근처에 있던 일인 열서너 명이 몽둥이를 들고 덤벼들었다. 배설은 주먹으로 대항했지만 결국 몽둥이에 머리를 얻어맞아 잠시 정신을 잃은 동시에 오른쪽 관자놀이가 찢어져 피가 쏟아져 나왔다. 상처는 머리만이 아니었다. 팔과 손, 어깨 등에도 타박상을 입었고, 왼쪽 다리는 며칠을 걷지 못할 정도로 심한 부상을 입었다. 폭행을 가한 사람들 가운데 2명은 체포되어 조사를 받았으나 배설이 고소를 철회해서 사건은 확대되지 않았다.

고베 크로니클은 이 사건을 보도하면서 외국인을 집단폭행한 사람들을 비난하고 배설은 그들의 처벌을 당국에 요구하고 고소해야 한다고 주장했다. 그러나 이 신문은 인력거에 붙은 면허 번호를 떼어내는 것은 인력거꾼의 화를 크게 돋우는 일인데 그런 행동을 취한 배설도 지각없는 행동을 했다고 지적했다. 부당한 요구를 하는 인력거꾼에게는 달라는 요금을 주고 나서 인력거꾼의 기모노 뒷등이나 인력거에 붙어 있는 번호판을 보고 경찰에 신고했어야 했다는 것이다(KWC, 14 Aug. 1901, p.156; KWC, 21 Aug. 1901, p.176). 어느 쪽의 잘잘못은 판단할 수는 없지만 이 사건에서 배설의 급한 성격은 짐작할 수가 있다.

3. 사업의 성공과 실패

베셀 브라더스 피소사건

배설과 허버트가 베셀 브라더스를 설립했던 1899년에 요코하마에서 발행된 주간신문 〈이스턴 월드(Eastern World)〉에는 이들 형제가 고베에서 요코하마까지 자주 내왕했던 기록이 남아 있다. 이 신문에는 요코하마의 클럽 호텔과 인터내셔널 호텔의 투숙객 명단이 매호 게재되어 있는데, 1899년 7월 8일자를

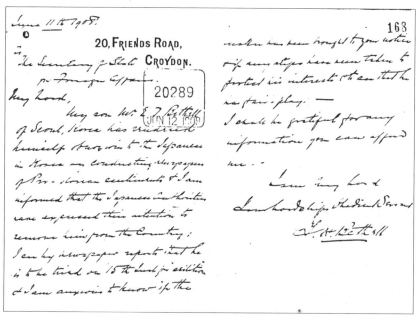

배설의 아버지 토마스 핸콕의 친필. 1908년에 배설이 재판 받을 때에 외무성에 보낸 편지.

비롯해서 10월 28일, 12월 16일, 12월 30일 그리고 1900년 1월 6일자 등의 클럽 호텔 투숙자 명단에 배설의 이름이 올라 있고 허버트의 이름도 12월 9일 자에 한번 실려 있어 배설 형제가 고베에 살면서 요코하마에도 자주 드나들었음을 확인할 수 있다.

배설은 베셀 브라더스를 설립한 후 의욕적으로 사업을 확장하려 했으나 아직 경험이 부족했던 때문인지 몇 차례나 일인들로부터 고소를 당하게 된다. 배설의 피소사건은 고베에 거주하는 외국인들과 일인들 사이에는 흔히 일어났던 분규였다. 당시 신문에는 납품에 관련된 클레임을 비롯해서 임금문제 등 갖가지 소송사건이 많이 보도되었는데, 이것은 외국인들의 치외법권(治外法權)이 1899년 여름에 끝났기 때문에 외국인과 일인 간에 잦은 마찰이 발생하기 시작했던 사건과도 연관이 있을 것으로 볼 수 있다. 치외법권을 누렸던 외국인들의 부당행위가 원인인지, 일본인들이 외국인과 사이에 작은 마찰만 있어도 물고 늘어져 소송으로 끌고 갔던 때문인지 가늠하기는 어렵다. 그러나 외국인과 일인 간에 빈번했던 소송사건을 반영하여 그 무렵의 〈고베 크로니클〉에는 영어를 할 줄 아는 일본인 변호사의 광고가 흔히 실려 있다.

배설도 베셀 브라더스를 설립한 지 얼마 되지 않은 때부터 소송사건에 걸려들어 무역에서 손을 떼고 한국에 와서 신문을 만들고 있던 때까지도 일본의 법정에서 시비를 가리는 일에 시달려야 했다. 배설이 일인들로부터 고소당한 민사사건은 3건이 〈재팬 크로니클〉에 보도되었다.

첫 번째 사건은 수세미 납품업자와의 분쟁이었다. 이 소송은 첫 번째 공판이 1902년 2월 13일에 열렸는데, 1905년 7월까지도 결말이 나지 않은 사건이다. 두 번째 재판은 고베에 사는 히로시마 수마라는 여자가 1903년 초에 배설과 그 아내를 상대로 제기한 소송이었다. 원고의 주장에 의하면 배설의 아내 마리 모드가 1902년 아들 허버트 오웬을 데리고 영국에 가게 되었을 때 수행하면서 이들을 돌봐준 대가로 임금 96.91엔을 받아야 하는데, 40엔밖에 받지 못했다는 주장이었다. 두 사건 재판은 신문에 여러 차례 보도 되었지만 결말이 어떻게 났는지는 밝혀지지 않았다.

세 번째 사건은 배설이 차린 러그(rug)공장에 관련된 재판이었다. 배설 공의 약전에서 특히 주목을 끄는 대목은 배설이 십여 년을 열심히 노력하여 약간의 자본을 마련해서 '디젼장사'를 하다가 일인의 방해를 만나 다시 가련한 신세가 되었다는 부분이다. 한글판에는 '디젼장사'라 했고 국한문판에는 '전석업(氈席業)'이라 했는데, 고베의 재팬 크로니클은 이를 'rug'라고 보도했다. '러그'는 마루나 방바닥에 까는 거칠게 짠 직물제품을 지칭하기도 하지만 무릎을 덮는 담요도 러그라고 부른다. 그러나 바닥 전체에 꽉 차도록 하는 카펫과는 달리 카펫 위에 부분적으로 덧대어 까는 것으로 눈에 잘 뜨이는 부분 또는 거실의 의자 밑 발이 닿는 곳 등에 까는 것이다.

러그(rug) 공장을 차렸다가

배설은 1901년 7월경에 오사카 근처 항구도시 사카이[堺]에 이 러그 공장을 차렸다. 지금까지 물건을 사서 파는 중개상 성격의 소규모 무역업에서 탈피하여 직접 물건을 생산하여 영국으로 보내려는 의욕적인 사업이었다. 젊은 배설이 자신의 전 자본을 투자하여 시작한 사업이었는데 일인들의 방해를 받아 실패로 돌아가 '신세가 가련한 지경'에 이르게 되었으니 한국에 와서까지 못내 아쉬워했을 것이고, 따라서 그가 죽은 뒤의 「약전」에도 그 사실이 기록되었던 것이다.

배설이 공장을 차렸을 때에는 결혼한 지 1년 후였고, 아들 허버트 오웬을 낳은 직후였다. 나이는 29살이었고, KR&AC의 사무국장을 지낸 적도 있어서 왕성한 의욕으로 사업을 확장해 볼 수 있는 조건이 갖추어진 시기였다. 그의 아내 마리 모드가 아들 허버트를 데리고 영국으로 갔던 것이 1902년 9월이었으므로 배설이 생산하는 러그를 영국에 공급하는 일과 관계가 있지나 않았을까 추측도 해 볼 수 있다. 배설 형제는 사카이와 그 근방에 소규모 러그 공장 9개를 차렸다. 사카이는 고베가 개항되던 해인 1868년 3월 프랑스인 11명이 일본인들에게 집단 살해당한 '사카이 사건'이 일어난 곳이었다. 배설이 공장을 차리던 때에는 칼붙이, 면방적기, 그리고 러그 등을 만드는 여러 종류의 공장들이 자리 잡고 있었다. 사카이는 오늘날에도 양질의 식칼 생산으로 유명하며 식칼 생산은 이 도시의 주요산업이다. 러그 제조는 여러 해 전부터 이곳의 주산업의 하나로 한창 생산이 번창하던 무렵에는 전체 주민의 70%가 여기 매달려 있을 정도였다. 배설 형제가 공장을 차릴 무렵에는 생산이 감소되었던 시기지만, 그들은 이곳에서 러그 생산에 참여한 첫 외국인이었다. 배설의 공장을 직접 취재하고 돌아온 〈재팬 크로니클〉 기자는 배설의 공장에서 생산하는 제품이 터키의 최고급품과 외견상 차이가 없을 정도라고 평했다. 또한 원료를 준비하는 단계에서부터 염색, 짜기, 마무리 손질 그리고 포장 등의 과정에 이르기까지 바삐 움직이는 종업원들이 모두 그들이 하는 일에 자부심을 가지고 있는 모습이 인상적이었다고 보도했다.

그러나 겉모습과는 달리 배설 형제의 러그 사업은 큰 애로에 직면해 있었다. 그들은 흩어져 있던 공장을 한 곳에 옮겨 세우려 했으나 일인들은 강력히 반대했다. 〈오사카 마이니치(大阪每日)〉 같은 신문은 배설 형제를 가리켜 러그 사업에 손댄 영국 회사가 조합(Rug Guild)에 가입하기를 거절했다고 보도하면서, 이들이 임금을 더 주고 다른 공장 직공을 빼내어 간다고 비난했다. 조합에 가입한 업자들끼리는 고용주의 승낙 없이는 다른 공장 직공을 빼 갈 수 없도록 되어 있었다. 배설 형제가 조합의 구속에 얽매이지 않고 사업을 확장하려 하자 군소업자들이 크게 반발하고 일어난 것이다. 조합원들 가운데는 배설 형제를 사카이에서 축출해야 한다고도 주장했고, 집회를 열어서 사카이 전체 주민으로부터 조합이 지지를 얻도록 해야 된다는 의견을 내놓는 사람도 있었다.

배설은 이 사업에 손댄 주요한 동기가 조합원들이 만든 제품을 본국에 보내면 본국으로부터는 늦게 도착했다거나, 질이 나쁘고 디자인이 단조롭다는 등의 불평을 들어왔기 때문이라고 말하고, 자신이 만드는 제품은 훨씬 질이 좋아졌다고 주장했다. 그는 오사카 마이니치 신문이 자신들을 비난한 기사는 지금까지 수없이 받아온 방해 가운데 하나일 뿐이라고 말했다. 결국 배설은 조합

측의 압력을 더 견딜 수 없어서 공장 문을 닫고 말았다.

배설은 러그 제조업에 실패했을 뿐 아니라, 러그 판매업자들로부터 피소까지 당하는 2중의 곤경에 처했다. 배설이 한국으로 왔던 1904년 12월 러그 판매업자 도이 젠노스케는 배설을 걸어 5,026.73엔의 러그 대금을 지불하라는 소송을 청구했는데, 재판은 배설이 한국에서 신문을 발행하고 있을 때에 열렸다. 피고가 나타나지 않자 재판부는 원고의 신청을 기각했다. 그러나 원고는 액수를 높여 이번에는 5,795.07엔의 배상을 청구했다. 재판 결과는 알려지지 않았다.

이와 같이 배설은 한국에 와서 신문을 발행하고 있는 동안에도 앞서 말한 수세미 사건과 러그 사건의 두 가지 소송에 계류되어 있었다. 신문을 창간한 뒤에까지 일본에서 진행되던 재판은 그의 일본에 대한 감정을 악화시킨 요인의 하나로 작용했을 것이다.

KR&AC 사무국장

배설은 일본에서 한때는 돈도 벌었고, 러그 제조업을 의욕적으로 시작해 보기도 했지만 사업가로서 크게 성공하지는 못했다. 한국에 오던 때의 나이가 32살이었으므로 아직 청년이었던 그는 사업가가 되기에는 경력도 충분하지는 못했던 편이었다. 그는 나이도 젊었고, 사업가들의 모임에 명사자격으로 참석할 정도의 거물은 못되었기 때문에 신문에 실린 고베의 상업회의소 같은 기사에 이름을 찾아보기는 어렵다. 그러나 31살이 되었던 1903년 무렵부터는 그도 상업계 인사들의 모임에 이름이 가끔 나오기 시작했다. 1903년 2월 10일에 열린 효고오사카상업회의소(兵庫大阪商業會議所: Hyogo and Osaka General Chamber of Commerce) 연례총회와 이 무렵 상업회의소가 주최한 디너에 참석한 사람들 가운데도 그의 이름이 들어 있어 차차 그가 고베에서 명사들 측에 들기 시작했음을 보여주고 있다.

그렇지만 고베에서 배설이 가장 적극적으로 활약했던 모임은 고베 레가타 애슬레틱 클럽(KR&AC)이었다. 1870년 9월 23일에 결성된 이 클럽은 고베 거주 외국 거류민들이 이룩한 가장 훌륭한 결실의 하나였다. 이 단체는 외국 거류민들에게도 중요했지만 일본 사람들에게 스포츠의 도입과 보급에 중요한 창구 역할을 했다. 마치 일본에 있던 외국인 조차지(租借地)가 봉건 일본에 서양 문물과 아이디어를 도입하는 창구역할을 했던 것처럼 KR&AC와 일본에 있던 외국인 스포츠 클럽들은 일본 사람들에게 보트 경기를 비롯해서 수영, 럭비, 축구, 하키, 필드와 트랙에서 하는 경기와 같은 서양 스포츠 지식을 가져다주는 원천이 되었던 것이다.

당시 고베에는 KR&AC 외에도 고베 클럽(Kobe Club), 고베 콘코르디아(Club Concordia), 크리켓 클럽(Cricket Club), 요트클럽(Yacht Club) 등이 있었지만 역사로 보나 사업 내용과 규모에 있어서나 KR&AC는 스포츠와 사교의 대명사였다. 배설이 KR&AC의 사무국장이 된 정확한 시기는 확실하지 않은데 1900년 5월에 결혼식을 올리던 때에는 이미 그 자리를 맡아 많을 사람들과 폭 넓은 교제를 하고 있었다. 배설의 결혼식 때에 그가 클럽을 위해 여러 방면으로 노력했다 하여 회원들이 축의금을 거두어 금줄 달린 시계를 선사했다는 기사가 실렸는데 그는 전부터 이 클럽에 관계하고 있었음을 알 수 있다.

매년 1월에 열리는 연례 정기총회 때의 보고에 의하면 KR&AC의 회원은 1901년 296명, 1902년 307명, 1903년에는 431명으로 해마다 늘어나고 있었다. 이 클럽은 체육관과 보트 등을 소유하고 바와 식당, 도서실을 운영하면서 연례 사업으로 카누, 레가타, 축구, 운동경기 등 스포츠를 비롯해서 당구 등의 오락 그리고 콘서트와 댄스와 같은 사교 모임도 개최했다.

배설이 사무국장으로 있는 동안에 KR&AC는 고베 근처 미루메에 새로운 보트 하우스를 지어 1901년 6월에 개판하면서 7일과 8일 이틀 동안 대규모의 레가타 경기를 개최했다. 배설은 보트하우스 개관 무렵에 사무국장직을 물러났지만, 그 후에도 한국에 올 때까지 매년 8명의 운영위원 가운데 한사람으로 선출되었다. KR&AC는 현재도 고베의 중심지 산노미야(三宮)역에서 5분 거리에 위치해 있다.

배설은 일본에서 러그 사업에 실패한 뒤, 러일전쟁이 일어나자 영국 〈데일리 크로니클(*Daily Chronicle*)〉의 특별 통신원이 되어 한국에 왔다. 이는 배설 스스로가 두 차례에 걸친 재판 때에 자신의 경력을 말하는 가운데에도 밝힌 바있는 경력이다. 그러나 한국에 온 지 얼마 지나지 않아서 데일리 크로니클을 그만두고 〈대한매일신보〉와 〈코리아 데일리 뉴스〉 창간을 준비하기 시작했다.

언론인으로서의 재능

여기서 한 가지 석연치 못한 대목이 있다. 배설은 한국에 오기 전의 경력으로 보면 언론과는 아무런 인연이 없는 장사꾼이었는데 어떻게 하여 한국에 오자 신문을 만들 생각을 하게 되었으며, 또 그렇게도 빨리 신문을 창간할 수가 있었겠느냐 하는 사실이다. 신문을 발행한 동기는 무엇이며, 한국과 아무런 관계도 없던 그가 무슨 이유로 그렇게 강경한 항일논조를 펴게 되었는가 하는 점도 의문이 아닐 수 없다. 이러한 의문은 다음 장에서 다시 생각해 보기로 하고, 우선 그가 한국에 오기 전에 언론과 어떤 관계를 가졌던가를 알아보는 것이 순서일 것 같다. 언론이란 전문지식과 자금, 인적 자원 등이 있어야 손댈 수 있는 사업인데 배설은 한국에 오기 전까지는 언론인이 될 수 있는 길을 걸

고베 시절의 배설. KR&AC 사무국장에 선출되어 활동하면서 사업도 활발히 벌였다.

었다고 보기가 어렵기 때문이다.

배설의 소년 시절인 19세기 말 영국에는 대학교육이 보편화되기 전이었다. 신문기자에게 대학 졸업의 학력이 필요한 시대가 아니었다. 배설은 브리스톨의 명문 사립학교 머천트 벤처러스 스쿨을 졸업했다. 그는 노래를 잘 부르는 감수성을 지녔고, 스포츠, 체스 게임 등을 즐기는 다재다능한 자질을 지녔다. 언론인에게 필수적인 글 쓰는 재능을 지니고 있었으며, 성격은 격정적인 면이 있었다. 이러한 그의 타고난 재능과 성격이 언론인으로서의 잠재력이었다.

배설은 글 쓰는 재능을 지녔기 때문에 일본에 있는 동안 여러 차례 신문의 투고란에다 자신의 주장을 게재했다. 배설의 신문투고는 1901년 초부터 찾아볼 수가 있다. 그가 KR&AC 사무국장으로 있던 1900년 말경부터 KR&AC의 운영 및 보트 하우스 건립문제로 회원들 사이에 여러 가지 논란이 일어난 적이 있었다. 회원들의 불평은 〈고베 크로니클〉의 독자투고란(Correspondence)에 게재되었다. 이에 대해서 배설은 사무국장 자격으로 글을 보내어 비판하는 사람들을 반박했다. 또 1901년 8월 스미요시(住吉) 역전에서 배설과 인력거꾼들 사이에 시비가 붙어 집단구타를 당했을 때에도 그는 자신에게 폭행을 가한 인력거꾼들의 처벌 요청을 철회했다는 내용의 글을 게재했다.

이러한 투고들은 배설이 일본에 있을 때부터 글로써 논전을 벌일 능력을 지닌 인물임을 보여준다. 그가 신문을 창간한 뒤에는 기명으로 된 글은 없지만 〈코리아 데일리 뉴스〉의 논설 가운데는 그가 썼을 것이 틀림없다고 생각되는 글들이 많다. 1908년 양기탁이 국채보상 의연금사건으로 구속되었을 때 자신이 한국에서 발행되는 친일 신문과 일본 언론의 집중공격을 당하자 9월 10일자 〈재팬 위클리 크로니클〉에 편집자에게 보내는 공개편지 형식으로 자신의 무고함을 밝히는 글을 실었고, 또한 같은 신문 9월 3일자부터 4회에 걸쳐(3

고베 시절 17세 때의 배설.

일, 10일, 17일, 24일) 「내게 내려진 3주간의 금고형(禁錮刑: My Sentence of Three Weeks' Imprisonment)」이라는 제목으로 인천을 출발하여 상해에서 금고형을 마칠 때까지의 옥중생황을 기록한 수기를 실었다. 이러한 글에서 배설이 신문기자가 갖추어야 할 문장력과 함께 사태에 대응하여 자신의 주장을 펴고 논리를 전개할 줄 아는 사람이었다는 사실을 확인할 수 있다.

배설은 다재다능했고 활동적이었으며 많은 사람들과 사귈 수 있는 성격이었기에 KR&AC의 사무국장으로 선출되었을 것이다. 그는 치밀하고 냉정하며 타산적이라야 하는 무역업보다는 타고난 성격과 재능으로 보아 언론인으로 활동하는 것이 천직이라고 느꼈을 것이다. 더구나 한국의 정세는 바로 배설과 같은 언론인을 절실히 필요로 했다. 그는 한국에 오자 자신을 기다리고 있는 활동무대에 올라섰음을 깨달았을 것이다.

이상에서 살펴본 배설의 성격과 재능 외에도 또 한 가지 중요한 사실은 배설이 한국에 오기 전에도 언론과도 관련을 맺고 있었다는 점이다. 배설은 법정에서 자신의 경력을 다음과 같이 진술했다.

나는 서울에 가기 전에는 일본에서 내 형제들과 동업으로 장사를 했는데 1904년 3월 런던의 〈데일리 크로니클〉지 특별통신원으로 임명되어 처음으로 서울에 가게 되었다. 나는 그 이후부터 본국 신문과 〈Associated Press〉를 위해 일했고, 〈코리아 데일리 뉴스〉와 두 가지 한국신문의 편집인 겸 소유자로서 언론에 종사해 오고 있다.

1908년 12월 9일 상해의 영국청한고등법원 재판정에서 배설이 한 말이다. 그는 이보다 6개월 전인 같은 해 6월 16일 서울에서 열린 재판 때에도 같은 말을 했다. 배설 자신의 진술에서 주목되는 부분은 그가 〈데일리 크로니클〉만이 아니라 AP통신을 위해서도 일했다는 사실이다. 그런데 그는 그 다음 진술에서 자신의 변호인 모건 필립스(Morgan Philips)가 묻는 말에 다음과 같이 대답했다.

언론인으로 얼마나 일했는가

 -1904년 3월부터다.

그 이전에도 신문에 잠시 손댄 적이 있는가(You have dabbled in it before)

 -그렇다.

어디서

 -일본에서다.

내가 알기로는 그대는 일본에서 동생들과 동업을 했다고 말하지 않았는가

 -그렇다.

무슨 사업인가

 -주로 수출업이다.

어디서인가

－고베와 요코하마에서다.

그리고 그대는 신문을 위해 사업관계를 포기했는가

－그렇다.

여기서도 또 한 가지 흘러 넘길 수 없는 대목이 있다. 그것은 배설이 한국에 오기 전에도 주업은 아니지만 어느 신문엔가 관계한 일이 있다고 말한 부분이다. 이것이 어느 신문인지, 또는 통신인지는 알 수가 없다. 어쨌건 그는 일본에 있을 때부터 언론에 관련을 맺고 있었던 것이다. 그리고 한국에 온 후에는 잠시 데일리 크로니클 기자로 일하다가 그만두고 영문 코리아 데일리 뉴스와 한글판 대한매일신보를 창간했음은 잘 알려진 일이다. 그는 그러는 한편으로 AP통신과도 관련을 맺고 있었으며, 또 1908년 제2차 재판 무렵에는 바로 데일리 크로니클의 편집인 도널드가 특파원 자리를 주겠다고 제의한 적도 있었다는 것이다(앞의 N–C Herald, p.662; *JWC*, p.967). 이러한 사실들은 배설이 언론과는 인연이 없는 무역업자가 아니라 스스로 신문을 창간한 경영자였고, 자기 신문의 편집인이기도 했지만, 그의 언론인으로서의 능력은 영국, 미국의 일류 신문과 통신사에서도 인정받고 있었음을 입증한다.

제 Ⅲ장

신보의 운영 자금

제 Ⅲ장 신보의 운영 자금

1. 배설 한국에 오다

서양 특파원들의 러일전쟁 취재

고베에서 무역상을 경영하면서 러그공장을 설립하였다가 실패하여 우울한 나날을 보내던 배설이 한국에 첫발을 디딘 날은 1904년 3월 10일이었다. 영국 〈데일리 크로니클〉의 특별통신원에 임명되어 러일전쟁을 취재하기 위해 한국에 온 것이다. 그는 이보다 앞서 1월 25일 고베 체육관에서 열린 KR&AC 연례정기총회에 운영위원의 한 사람으로 참석하여 연임되었고, 2월 8일에는 고베에 오래 살다 죽은 로버트 휴즈(Robert Hughes)라는 사람의 장례식에도 나오는 등 일본에서 평상시대로 지내고 있었다.

러일전쟁이 일어나기 전후해서 영국과 미국을 비롯한 서방 각 나라에서는 많은 기자들이 전황을 취재하기 위해 일본과 한국에 몰려 왔다. 러일전쟁은 미국 언론사에서는 이른바 옐로 저널리즘의 마지막 단계가 되는 때에 일어났다. 그러므로 서양 언론들은 풍부한 읽을거리를 만들어 낼 수 있었던 또 하나의 스페인 전쟁(Spain–American War)을 예상하고 수많은 특파원들을 전장으로 파견했다. 전쟁발발 후 4월 29일자 〈뉴욕 이브닝 포스트〉에 의하면 이때 벌써 적어도 200여 명의 미국 및 유럽 기자들이 일본군을 따라 종군하고 있었다 ("Journalism and the Russo–Japanese War," Sell's Dictionary of the World Press, 1905, pp.31~47). 이들 '전쟁터의 무서운 개들(those terrible dogs of war, the war correspondents)' 가운데는 유럽이나 미국 신문통신사 본사에서 극동까지 특파되어 온 기자도 있었고, 일본과 중국 등지에서 발행되던 영어신문에 종사하고 있었거나, 종사한 경력이 있는 언론인 가운데 특별통신원(Special correspondent)에 임명된 사람도 있었다. 이때 일본과 중국에는 여러 종류의 영어신문이 발행되고 있었기 때문에 극동에서 신문에 종사한 경험을 가진 서구인들은 적지 않았다.

한국과 관련을 가진 사람으로는 〈서울 프레스(Seoul Press)〉를 창간하는 영국인 하지(J. W. Hodge)는 이때 영국 〈데일리 텔레그라프(Daily Telegraph)〉지의 특별통신원에 임명되었고, 을사늑약 후 고종의 밀서를 받아가지고 나갔던 더글러스 스토리(Douglas Story)도 중국에 상주하던 언론인이었는데 러일전쟁 후 런던의 〈트리뷴(Tribune)〉지 특별통신원으로 임명되었다. 이등박문의 개인비서였고 후에 서울 프레스의 발행인이 되는 일본인 즈모토(頭本元貞)도 러일전쟁이 나자 영국의 〈스탠다드(Standard)〉 신문 특별통신원으로 임명되었다.

그러나 일본군은 아주 경직된 검열을 실시하고 외국 특파원들의 종군 취재를 막아서 적지 않은 불평을 샀다. 〈재팬 크로니클〉 같은 신문은 일본 검열 당국이 취하는 어리석고도 근시안적인 정책(foolish and shortsighted policy) 때문에 여러 가지 루머를 만들어 내어 오히려 완전하고 솔직하게 사실을 밝힘으로써 잃을 지도 모르는 손실보다 훨씬 큰 해를 끼칠 것이라고 지적하기까지 했다.

일본을 거쳐 한국으로 오려 했던 잭 런던(Jack London)이 겪은 곤욕은 일본이 외국 특파원들에게 어떤 태도를 가지고 대했던가를 보여준 좋은 사례였다. 소설가이자 〈샌프란시스코 이그재미너(San Francisco Examiner)〉 특파원이었던 런던은 전쟁이 일어나기 전인 1월 31일 동경에서 모지(門司)로 와서 이튿날 한국 제물포(인천)로 떠나는 배표를 예약해 놓고 있었다. 그는 배를 타기 전에 남는 시간 동안 거리를 거닐다가 노무자들이 일하는 모습을 보고 카메라에 담기 위해 셔터를 눌렀다. 그러나 막 그 순간에 그는 경찰에 얻어맞고는 경찰서로 연

65

잭 런던. 러일전쟁 취재를 위해 방한했던 기자 소설가.

행 당했다. 모지는 전략지역이므로 사진 촬영이 금지되어 있었는데 런던이 이를 위반했다는 것이었다. 런던은 그곳이 전략지역이라는 사실도 몰랐고, 법을 어길 생각도 전혀 없었다고 변명했지만 경찰은 그를 재판소로 넘겼다. 배가 떠난 뒤인 2월 2일에야 법원은 그에게 5엔의 벌금을 물게 하는 동시에 카메라는 압수해 버렸다.

그보다는 뒤의 일이지만 전세가 일본 측에 결정적으로 유리하게 전개되고 있던 이해 7월에 영국 주재 특명전권공사 하야시(林董)를 비롯해서 주미 일본공사 다카히라(高平小五郎) 등이 본국 외무성에 보고한 내용 가운데는 외국 종군 특파원들의 불평이 크다는 보고가 여러 차례 나온다. 하야시는 군사상 기밀에 해당되는 것은 검열을 하는 것이 당연하겠지만, 일체의 통신에 대해 군 당국이 너무 엄혹한 검열을 실시하기 때문에 외국 언론의 감정을 해하고 여론의 동정을 잃어버린다고 우려하고 있다. 이밖에도 잭 런던의 경우처럼 모지나 시모노세키(下關) 같은 항구에서는 카메라 가진 외국인들이 경찰서로 붙들려 가는 일이 흔히 있었고, 취재 편의를 고려해 주지 않고 경직된 검열을 실시했기 때문에 외국 특파원들의 불평이 많았다.

일본 검열 당국은 외국 특파원들을 반박하면서 다음과 같이 설명했다. 일본 신문은 그 문자가 대부분의 서양인들에게 그 내용을 알 수 없도록 되어 있는 반면에 외국 특파원들이 써 보내는 기사는 한국과 중국에 있는 외국인들이 쉽게 읽을 수 있기 때문에 외국 특파원들의 기사에 더욱 엄한 검열을 가하는 것이다. 군의 움직임을 보도해서는 안 되는 범위는 현재의 상황에만 그치는 것이 아니라 과거의 작전에도 해당된다. 이를 신문에 게재하는 경우 적들이 일본 사령관의 전술 내용을 알게 되고 이를 근거로 장래의 움직임까지 예측할 수 있기 때문에 과거의 작전도 보도해서는 안 되는 것이다.

이와 같이 엄격한 언론통제와 검열지침은 한국 안에서도 마찬가지였다. 1904년 3월 1일 주한 일본공사 하야시 곤스케(林權助)가 한국 신문이 일본군의 움직임을 보도하지 못하도록 하라고 한국 정부에 요청한 이후로 일본군 헌병 사령부는 '군사경찰훈령'(1904년 7월 20일)을 발표하여 신문의 사전 검열을 실시하고 있었다. 배설은 이같은 상황이 전개되던 때에 한국에 왔다.

데일리 메일 특파원 맥켄지

영국의 〈데일리 크로니클〉은 러일전쟁 취재를 위해 일본에 있던 토마스 코웬(Thomas Clark Cowen)과 배설을 각각 2월과 3월에 한국에 파견했고 나중에는 본사에서 조지 린치(George Lynch)라는 전쟁취재 전문기자를 동경으로 보냈는데, 이들이 현지에 도착하기 전인 이해 정월 초부터 러일전쟁에 관한 예측기사는 연일 지면을 크게 장식하기 시작했다. 전쟁이 터지기 한 달 전인 1월 9일자에는 「전쟁의 먹구름/ 심상치 않은 징조(The War Cloud, Grave Indications)」 등의 제목으로 일본과 러시아 함대가 움직이고 있음을 상세히 보도하면서 중국·러시아·일본에 둘러싸인 한반도의 지도를 그려 넣는 등 이 전쟁에 큰 관심을 보이고 있다. 제물포와 서울 풍경을 스케치한 그림도 실리고(2월 11일, 12일) 전황을 그린 지도를 연달아 게재하여 평이한 편집에 입체감과 활력을 불어넣고 있다.

서울발 기사에 '본지 특별통신원'이라고 밝힌 기사는 2월 17일자에 처음

맥켄지

실렸다. 처음에는 본사 통신원(from our correspondent)이라고 했다가, 2월 22일부터는 명칭을 약간 변경하여 본사 특별통신원(from our special correspondent)라는 직책을 붙였다. 토마스 코웬은 데일리 크로니클 통신원 자격으로 2월에 한국에 왔기 때문에 처음에 기사를 보낸 사람은 코웬이었을 것이다. 데일리 크로니클은 그 후로도 러일전쟁 기사를 계속 상세히 보도했지만 서울이 큰 기사가 나오는 취재 중심지가 될 수는 없었다. 중요한 기사들은 대부분 동경, 상해, 페테르부르크 등지에서 보내는 것이었다. 서울서 특파원이 보내는 기사는 작은 것들뿐이었다.

배설은 코웬보다 좀 늦게 3월 10일에 한국으로 왔는데 일선까지 따라가서 전황을 취재하기 위해 군 당국의 허가를 신청해 놓고 동경에서 대기하고 있던 서양 기자들과는 다른 입장이었다. 서방 기자들은 통역을 필요로 했던 데 비해서 배설은 일본말을 할 줄 알았으므로 코웬보다는 늦었지만 본사에서 온 다른 서방 기자들보다 먼저 서울에 올 수 있었다. 서방 기자들이 몇 달 동안이나 동경에서 발이 묶인 채 기다린 끝에 일본 당국의 종군취재 허가를 받아 한국에 올 수 있었던 것은 4월 초순이었다. 동경에서 지루하게 시간을 허비하고 있던 서방 기자들은 스스로를 '동경의 포로들'이라고 부를 지경이었는데도, 이 첫 번째 취재진에 끼지 못한 사람들도 있을 지경이었다. 첫 번째 취재진에 든 특파원들은 각기 통역자를 데리고 4월 11일 진남포에 상륙하여 평양으로 향했다.

〈로이터〉, 〈센트럴 뉴스 에이전시〉, 영국의 유명한 〈더 타임스〉, 〈데일리 텔레그라프〉, 화보잡지 〈일러스트레이티드 런던 뉴스〉, 미국의 주간지 〈콜리어스 위클리〉, 그리고 미국과 영국에서 발행되는 주요 신문과 잡지는 거의 기자를 파견했을 정도였다. 한국에 이처럼 많은 서양 기자가 몰려온 일은 처음이었다. 이제 한국은 은둔의 왕국이 아니었다.

영국 〈데일리 메일(Daily Mail)〉의 맥켄지(F. A. McKenzie) 기자는 다른 신문 기자들보다 먼저 전쟁이 터지기 전인 1월에 한국에 도착할 수는 있었지만 취재는 할 수 없었다. 그는 서울에서 조랑말을 타고 평양을 거쳐 진남포로 갔다. 그러나 일본군은 그를 도로 서울로 되돌아가게 했고, 할 일 없이 시간만 보내다가 4월에 일본에서 온 첫 번째 취재진과 합류해야 했다. 맥켄지는 후에 다시 한국을 방문하여 『한국의 비극(The Tragedy of Korea)』과 같은 친한적인 내용의 책을 썼던 언론인이다. 그 책은 1907년에 있었던 배설의 1차 재판을 한 장(章)으로 기록했고, 배설의 인물 사진과 〈대한매일신보〉의 편집국과 공무국 사진도 그 책에 실려 있었다. 한복 입은 편집진 가운데는 양기탁의 모습도 들어 있다.

경운궁 화재 특종

배설은 이들 서방 여러 신문의 본사에서 파견된 쟁쟁한 특파원들과는 별도로 서울에 왔기 때문에 먼저 와 있던 토마스 코웬과 합류하여 취재 했을 것이다. 그런데 배설은 짧은 기간 〈데일리 크로니클〉 통신원으로 근무하면서 특종 한 건을 기록했다. 4월 16일자 제5면 톱기사로 실린 「한국 황궁의 화재(Korean Emperor's Palace in Ruins)」라는 기사다. 4월 14일 저녁 경운궁(慶運宮)의

화재 사건을 다룬 기사는 머리에는 from our special correspondent라고 쓰고, 끝에다 'ERNEST BETHELL'이라고 이름을 밝히고 있어서 배설이 신문기자로는 첫 특종기사를 보냈음을 확인할 수 있다. 데일리 크로니클은 배설의 이 꽤 긴 기사를 5면 톱으로 다루는 동시에 같은 날짜 8면에는 고종의 초상과 서울 풍경을 스케치한 그림을 게재했다. 경운궁은 오늘날의 덕수궁인데 1904년에 화재로 소실된 뒤에 중건하였고, 1907년에 오늘의 명칭인 덕수궁으로 바꾸었다. 데일리 크로니클은 곧 배설과 코웬을 해임했다. 배설은 당시의 사정을 이렇게 밝혔다.

> 나는 전쟁이 일어난 직후 런던의 데일리 크로니클 신문 특별통신원으로 한국에 왔다. 내가 크로니클로부터 받은 지시는 그 신문의 정책이 친 일본적인 것이므로 내가 보내는 기사도 그 정책에 맞도록 해야 한다는 것이었다. 당시 나는 사정을 살핀 끝에 양심에 따라 이 직책을 받아들일 수 있었다. 그 후 크로니클은 나를 해고했는데 그들은 내게 보낸 편지에서 동양에 있는 특파원들이 보내는 기사보다도 런던에 있는 일본 대사관으로부터 더 많고도 새로운 정보를 얻을 수 있기 때문이라고 이유를 밝혔다.(*Foreign Journalism in Korea*, p.19)

현지에 있는 특별 통신원들이 보내는 기사보다는 런던에 있는 본사에서 일본 대사관으로부터 더 많고도 새로운 기사를 얻을 수 있었다는 말은 일본 당국의 검열로 기사 송고가 어려웠던 데 가장 큰 원인이 있었을 것이다. 값비싼 송고 경비와 통신원들에 대한 인건비 등을 줄이려는 것도 이유였다. 그러나 배설의 능력을 인정했던 크로니클은 후에도 그에게 특파원으로 임명할 것을 제의했던 사실은 앞에서 배설이 밝힌 바와 같다.

배설은 데일리 크로니클 특별통신원을 그만두게 되자 곧바로 〈대한매일신보〉의 창간준비에 착수했다. 신문 발간을 서두를 수 있었던 것은 주한 일본공사관으로부터 자금지원을 약속받았기 때문이다. 또한 양기탁 등 민족진영 인사들과의 접촉도 결정적인 작용을 했을 것이고, 고종으로부터 보조금이 나올 것으로 기대했다. 일본과 중국에서는 여러 종류의 영어신문이 발간되고 있었는데 국제적으로 관심이 쏠려 있는 한국에는 영어신문이 하나도 없었다는 것은 신문 발간을 착안하게 만든 가장 중요하고 결정적인 요인이었다.

서울에는 1896년에 서재필이 한글판 〈독립신문〉과 영문판 〈인디펜던트(*The Independent*)〉를 창간하였으나 1899년 12월에 폐간된 뒤로는 영어신문이 없었다. 다만 미국인 헐버트(Homer B. Hulbert)가 발행하던 빈약한 분량의 월간지 〈코리아 리뷰(*Korea Review*)〉가 유일한 영어 정기간행물이었다.

2. 신보와 코리아 데일리 뉴스 창간

어려운 신문 경영 여건

배설이 처음에 신문 창간을 함께 준비했던 인물은 토마스 코웬이었다. 배설과 코웬, 양기탁 등이 견본판[樣子新聞]을 만든 날은 1904년 6월 29일이었고 신문의 창간은 20일 뒤인 7월 18일이었다. 견본판은 배설이 한국에 도착한 지 3개월 20일 뒤에 나왔고, 실제 창간은 4개월하고 1주일 만이다. 배설의 특종 기사가 〈데일리 크로니클〉에 실린 날짜가 4월 16일이었는데, 이때 또는 이전부터 신문 창간을 준비하고 있었을 가능성도 있다. 사무실에 앉아 업무나 취재에 종사하는 직책이 아닌 임시 특파원이기 때문에 신문 창간 준비 시간을 내기는 어렵지 않았을 것이다. 하지만 5월에 이 신문을 그만 둔 뒤에 본격적인 준비에 돌입했다면 2개월 반 정도의 짧은 기간에 신문을 창간한 셈이다. 배설이 신문 창간을 준비하고 있을 때인 6월 중순에 그의 아내 마리 모드가 아들 허버트 오웬을 데리고 제물포를 거쳐 서울에 온 것을 보면 이때 배설은 한국에 정착할 생각을 굳힌 상태였다.

그러면 배설은 어떻게 하여 서울에 온 지 4개월 1주일밖에 안 되는 짧은 기간에 신문을 창간할 수 있었을까. 신문 창간의 준비 기간에 관해 비교해 볼 수 있는 대상으로는 서재필(徐載弼)의 〈독립신문〉이 있다. 서재필은 오히려 배설보다도 더 빨라서 3개월 10일 정도의 준비기간 만으로도 우리나라 최초의 민간신문인 독립신문을 창간할 수 있었다. 그는 1895년 12월 말에 서울에 도착하여 1896년 4월 7일에 신문을 창간했는데, 배설과 마찬가지로 오기 전까지는 신문 발간에 관해서는 아무런 준비가 없었다. 〈독립신문〉과 신보는 비슷한 점이 많다. 그 중에도 처음 창간할 때에 한글전용과 영어 두 가지 언어를 한 신문에 편집한 2중 언어 신문이라는 공통점이 있다. 두 신문이 다 얼마 후에는 한글판과 영문판을 분리시켜 두 가지 신문으로 만들었던 점도 비슷하고, 처음에는 인쇄시설 없이 남의 공장을 빌어 신문을 제작했던 점도 같다.

그러나 서재필에 비해서 배설은 좀 더 나은 여건 하에서 신문을 만들었다. 가장 중요한 여건상의 차이점은 서재필은 아직 한국 사회가 민간신문을 발행해 본 적이 없는 시기에 신문을 처음 시작했던 데 비해서, 배설은 이미 여러 종류의 신문이 발행되고 있던 때에 신문을 창간했다는 점이었다. 신문을 만들 수 있는 인쇄 시설이나 동원 가능한 인적 자원, 통신과 교통체계 그리고 신문을 수용할 수 있는 사회적 여건 등이 훨씬 좋아져 있었다. 독립신문에 비해서 코리아 데일리 뉴스에는 몇 배나 많은 광고가 게재되었다.

이렇게 보면 배설이 짧은 기간 동안에 신문을 창간했다는 한 가지 사실만을 가지고 고종과 민족진영 또는 일본 측의 지원에만 의존하여 신문을 창간했을 것이라는 추측은 무리가 있다. 신문 창간에 관련되는 상황을 살펴보려면 좀 더 신중한 사실(史實)의 규명이 있어야 할 것이다. 이 문제는 뒤에서 상세히 고찰해 보기로 하고, 당시 신문 경영의 여건을 먼저 살펴보는 것도 도움이 될 것 같다.

배설 부인. 마리 모드 게일.

극동지방에서 신문발행은 별로 수지맞는 사업이 못 되었다. 서울에서는 수년 동안 기반을 닦은 한국어 신문들도 경영난으로 휴간하는 사례가 흔히 있었다. 한글 전용으로 발행되던 〈뎨국신문〉과 국한문 혼용이던 〈황성신문〉은 다 같이 경영난을 겪고 있었다. 경영이 어려워 신문 발행을 중단할 지경이 되면 고종이 내탕금을 지급하여 겨우 명맥을 이어가는 경우가 자주 있었다. 을사늑약을 반대하는 명논설「시일야방성대곡」(이날에 목을 놓아 통곡하노라)의 장지연이 1903년 2월 5일자 신문에 쓴 「대호척필」(大呼擲筆, 크게 소리 지르며 붓을 던진다)은 신문 경영의 어려움을 탄식하면서 더 이상 신문을 계속할 수 없다는 글이었다. 배설이 신문을 창간하기 1년 전이었다. 장지연은 1902년 8월에 황성신문의 사장을 맡아 여러 방법으로 경영난을 타개해 보려 애썼지만 어쩔 수 없는 지경에 이르자 감연히 붓을 던지고 신문발간을 중단하겠다고 선언한 것이다.

경영난의 주된 이유는 독자들이 구독료를 내지 않기 때문이었다. 황성신문이 폐간지경이라는 논설이 나가자 구출운동이 전개되었다. 주영공사 민영돈(閔泳敦)이 영국 돈 20파운드(한화로는 191원 40전. 황성신문 1903. 3. 11, 4. 2)를 보내왔고, 각지에서 신문발간에 보태 쓰도록 10원, 20원, 또는 2백 원까지 동봉한 성금과 신문 발간을 격려하는 글이 신문사에 답지했다. 이리하여 황성신문은 근근이 이어갈 수 있었으나 구독료 수금은 여전히 부진했다. 1년 후인 1904년 1월 25일 황성신문은 자진 휴간에 들어가면서 또한번 독자들의 무성의를 질타하는 사설을 실었다. 기생집, 골패·화투판에는 돈을 물 쓰듯 하면서도 신문 값을 독촉하면 미루기만 하니 어찌 문명국가의 독자라 할 수 있겠는가 라고 질책했다. 경영난은 만성적이었다. 황성신문은 1909년 11월 11일부터 12월 16일까지 한 달 이상 1면 머리에 구독료의 납부를 호소하는 「사고」 실었다. "본사 신문을 구독하는 제씨여, 지루하게 청구하는 자가 싫겠습니까, 청구를 독촉 받는 사람이 싫겠습니까." 평범하게 말하자면 청구를 받는 자가 싫겠지만 실정은 오히려 청구하는 자가 훨씬 힘들다는 것이었다. '읍소' 투의 이 '사고'는 한국 독자들이 얼마나 가난한지를 보여주는 것이라고 일본인 발행 〈경성신보〉(일어)가 비아냥거렸을 정도였다.

경성일보 기자 우스다 장운(薄田斬雲)은 한국에서는 구독료를 지불하지 않는 버릇은 조금도 이상하지 않은 관행이라고 당시의 실정을 묘사했다. 지방장관인 관찰사가 상경하면 "관찰사가 서울에 출장 중이므로 돌려보낸다"는 쪽지를 붙여 신문을 본사로 반송하는 일이 잦았다. 일반 독자는 물론이고 관찰사, 군수도 구독료를 지불하지 않으니 신문사가 경영난에 시달리지 않을 수 없다는 것이다(『暗黑なる朝鮮』, 1908). 황성신문의 경영난은 배설이 매우 열악한 경영환경에서 신문을 발행했음을 짐작할 수 있는 사례였다.

중국과 일본의 영어신문

중국과 일본은 한국에 비해 신문 사업이 훨씬 안정되어 있었지만 그렇다고 해서 그다지 수지맞는 상황은 아니었다. 〈코리아 데일리 뉴스〉보다는 훨씬 먼 저였지만 1875년에 〈홍콩 타임스(Hongkong Times)〉의 발행부수는 겨우 303부 였는데, 그것도 243부만 유료로 판매되고 있었다. 500부만 넘어서면 극동에서 는 최고 발행부수가 된다고 생각될 정도였다. 물론 발행부수가 적다고 해서 그 영향력도 비례했던 것은 아니고, 부수에 비해 영향력이 비교적 컸던 것은 사실 이다. 중국어 신문으로는 가장 발행부수가 많은 신문이었던 신보(申報)의 발행 부수는 1895년에 1만 5천부였다.

사정은 일본도 비슷했다. 1870년대에 요코하마에서 대표적인 신문이 인쇄 하는 부수는 450부가 최고였다. 경영난으로 실패하는 신문이 많았다. 〈도쿄 타임스(Tokio Times)〉, 〈고베 크로니클(Kobe Chronicle)〉 같은 대표적 영어신문의 발행부수도 고작 300여 부에 불과했다. 도쿄 타임스의 경우 1877년 5월과 6 월에 약 350부가 팔리는 가운데 약 15부가 일본 외무성에 들어가는 것이었다. 〈재팬 메일(Japan Mail)〉은 창간 직후인 1870년대 초에 일본정부가 500부씩이 나 구독해서 큰 도움을 주다가 후에는 150부씩으로 줄였다. 이와 같이 일본의 영어신문은 대부분 초기에는 일본 정부의 직접 또는 간접적인 지원을 받는 입 장이었다.

경영이 어려웠기 때문에 신문사는 해가 지날수록 값이 떨어지는 것이 예 사였다. 〈재팬 타임스(Japan Times)〉는 1870년에 1만 5천 달러에 팔렸는데 1877년에 다시 팔렸을 때의 가격은 1만 4천 달러로 떨어졌다. 또 〈재팬 헤 럴드(Japan Herald)〉는 1871년의 가격이 5천 2백 달러였는데 1905년에 팔 때 에는 8천 엔을 받아내었을 뿐이었다. 발행부수나 판매 가격은 대개 1870년대 이후의 숫자이므로 배설이 신문을 창간하던 무렵에는 상황이 상당히 달라지기는 했지만 경영면에서 볼 때 신문이 수지 안 맞는다는 점에서는 크게 변한 것도 없었다. 대한매일신보보다 한해 먼저인 1903년 2월에 창간된 〈사우스 차이나 모닝 포스트(South China Morning Post)〉는 1년 이내에 홍콩에서 최고부수를 발행하는 신문으로 성공을 거두었지만, 경영면에서는 어려움을 겪었다. 창간 당시에 15만 달러의 자본으로 한 주 가격이 25달러씩이었으나 배당금을 한 푼도 주지 못한 것은 고사하고 3년 후인 1906년에는 회사의 부채가 4만 1천 934달러였고 주가는 액면 가격을 밑도는 18달러로 떨어졌다. 극동지방에서는 싱가포르에서 요코하마에 이르기까지 영어신문의 숫자는 벌써 과잉상태였다. 그러나 신문 경영의 내막을 자세히 모르는 사람들 사이에서는 신문이 수지 타산이 꽤 맞는 사업으로 알려져 있었던 것도 사실이었다.

배설이 서울에서 신문을 창간하려 했던 시기 한국, 중국, 일본의 신문 경영 여건은 대략 이상과 같았다. 고베에서 무역업을 하면서 KR&AC의 사무국장을 지내기도 하는 동안 업무상으로 신문과 접촉할 기회도 있었고, 또 스스로 신문과 어떤 관계를 가진 적이 있었던 배설은 신문경영에 대한 전망을 자기 나름으로 점칠 수 있었을 것이다.

배설은 처음에는 한국과 일본 양측의 지원을 다 같이 기대하면서 신문 사업을 시작했다. 신문이 어떤 형태로든 외부의 지원을 받는 것은 당시로서는 그다지 이상스러운 일도 아니었다. 일본에서 영국인들이 발행하는 영어신문도 일본 정부의 지원을 받는 경우가 있었고, 한국에서도 고종이 신문에 보조금을 지급하는 일은 가끔 있었다.

신보 창간 직후인 1904년 10월 5일 일인 경영 한국어 신문 〈대한일보(大韓

日報)〉가 배설이 궁중으로부터 보조금을 받아 신문의 명맥을 유지하고 있다고 비난했을 때 *JWC*가 다음과 같이 반문한 것이 이와 같은 사정을 말해 주는 예가 될 것이었다.

우리는 대한일보에 묻노니, 우호적이면서도 편견 없는 태도를 지닌 외국 언론에 한국 정부가 보조금을 지급해서는 안 될 이유는 무엇인가.("Local and General", *JWC*, 20 Oct. 1904, p.472)

언론인 집안 출신 토마스 코웬

신문 발행에 필요한 조건은 자금과 함께 인적 자원, 즉 편집진과 업무진의 확보다. 처음에 배설과 함께 신문을 만들기로 했던 토마스 코웬(1869. 7. 17~1906. 5. 2)은 일본과 극동 지방에서는 널리 알려진 언론인이었다.

코웬은 영국 요크셔 주에서 태어났다. 한국에 오기 전에는 오랫동안 상해와 일본에서 신문기자로 일했고, 특히 아버지와 그의 두 형들이 모두 신문기자였던 언론인 가문의 출신이었다. 그의 아버지 존 리처드 코웬(John Richard Cowen)은 〈요크셔 포스트(*Yorkshire Post*)〉지 부국장을 지낸 사람이었고, 그의 형들인 윌리엄 찰스 베이커(William Charles Baker, 1865년생)와 존은 리즈(Leeds) 그래마 스쿨에서 교육을 받았다. 큰 형 윌리엄 찰스 베이커는 1883년 영국 중부 헐(Hull)의 〈이스턴 모닝 뉴스(*Eastern Morning News*)〉 기자로 출발하여 뉴 카슬의 〈데일리 크로니클(*Daily Chronicle*)〉과 〈랭커셔 데일리 포스트 앤드 프레스턴 가디언(*Lancashire Daily Post and Preston Guardian*)〉등의 기자로 있다가 1905년부터는 상해로 가서 동생 존이 경영하던 〈차이나 타임스(*China Times*, 益聞西報)〉 그룹에 근무했다.

존 코웬(1867년생)은 극동에서 가장 유명한 언론인의 한 사람이었다. 영국의 지방신문에서 일하다가 1895년부터는 런던의 최고 권위지 〈더 타임스(The Times)〉 기자가 되었고, 1901년 중국의 의화단운동[義和團運動 1900년 중국 화북 일대에서 일어난 배외적 농민투쟁. 북청사변(北淸事變), 단비(團匪)의 난, 권비(拳匪)의 난으로도 부른다]을 취재하러 왔다가 1901년 봄 북경에서 〈차이나 타임스〉를 창간했다. 이 신문은 북경에서 발행된 최초의 서양신문으로 친다. 1902년에는 신문의 주 발행 장소를 천진(天津)으로 옮기고, 새로 〈이브닝 프레스(Evening Express)〉를 창간해서 북경과 천진에서 일간지를 동시에 발행하고 홍콩에도 사무실을 두었다. 러일전쟁 때의 논조는 러시아 측 입장이었는데, 1904년 러일전쟁 기사관계로 중국에서 추방당했다가 이듬해에 되돌아왔다(존 코웬 사건은 제 VIII장 참조). 그를 추방했던 법률은 배설이 재판받던 때에 적용된 추밀원령(The China & Japan Order in Council)이었다.

배설과 함께 〈코리아 타임스〉 발간을 추진했던 토마스 코웬도 화려한 언론 경력을 지녔다. 코웬은 극동에서는 제1급에 속하는 기자였다. 1890년대 초에 〈홍콩 텔레그라프(Hongkong Telegraph)〉 기자가 되어 동양으로 와서는 청일전쟁 때인 1894년과 이듬해에는 〈더 타임스(The Times)〉 특파원으로 종군 취재하면서 명성을 얻었고, 1891년에는 일본에서 이등박문과 계태랑(桂太郎) 같은 거물 정객들을 만난 적이 있었다.

스모토(頭本元貞)가 〈재팬 타임스(Japan Times)〉를 창간할 때는 그 신문의 편집에 참여했고 〈마닐라 타임스(Manila Times)〉를 창간 경영하기도 했다한다.* 1901년에는 잠시 〈상하이 타임스(Shanghai Times)〉 주필을 지내다가 체스니 던컨(Chesney Duncan)이라는 사람의 권유로 〈상하이 프레스(Shanghai Press)〉를 〈뉴 프레스(New Press)〉로 제호를 바꾸어 공동 운영한 적도 있었다. 그러나 뉴 프레스의 경영이 여의치 못하자 동업자인 던컨을 걸어 소송을 제기했다가 패소했다. 그 후 일본으로 건너가 1903년 2월 초부터는 〈재팬 가제트(*Japan Gazette*)〉에 들어갔다. 재팬 가제트는 코웬이 자기 신문에서 일하게 된 데 사실을 이렇게 보도했다.

> From date. Mr. T. Cowen, a journalist well-known in Japan and Far East, joins forces with the editorical staff of this paper. We consider ourselves peculiarly fortunate in having secured the services of Mr. Cowen.

그는 배설 보다 한 달 먼저인 1904년 2월 〈데일리 크로니클〉 특별통신원으로 서울에 왔는데(Thomas Cowen, *The Russo-Japanese War*, "Publisher's Note"), 대단한 속필로 극동문제의 전문기자답게 6개월 남짓한 서울 체재 기간 중에『러일전쟁(*The Russo-Japanese War*)』을 집필해서 이듬해 런던에서 출판했다.

---

* "Death of Mr. Thomas Cowen", *JWC*, 31 May 1906, p.674; *Sell's World Press*, London, 1907년판에는 코웬이 죽은 뒤 그의 경력을 다음과 같이 적고 있다("Newspaper Happening", p.156) "Mr. Thomas Clark Cowen, son of Mr. John Richard Cowen, formerly assistant editor of *Yorkshire Post*, died at Tokio. Mr. Cowen represented *the Times* in the China-Japan war. He founded the *China Times*, and was first editor of the Japan *Times*. He also, for a time owned a paper in Manila." *Japan Times*는 1897년에 창간된 신문으로 頭本이 1896년 8월 19일자로 일본수상 伊藤博文에게 보낸 편지에 의하면 *Japan Times*에는 '文才가 있는 외국인'을 고용해서 문장을 손질하도록 하겠다고 계획을 밝히고 있는데 문재가 있는 외국인이란 바로 Cowen이었던 것 같다.『伊藤博文關係文書』, 제6권(동경 稿書房, 1978), p.33 참조.

3. 자금문제에 대한 세 갈래 추측

코웬의 편지와 일본의 대응

신문을 발행하려면 인력, 자금, 인쇄시설 등을 갖추어야 한다. 신보의 자금 원은 세 가지의 가능성이 제기되었다. 첫째 여러 정황으로 보아 고종의 지원이 있었을 것이라는 주장, 두 번째는 배설의 단독 자본으로 창간하였다는 배설 자신의 주장이 있고, 세 번째는 러시아 측에서 자금을 대어 주었을지도 모른다는 의혹 등이다. 신문의 창간과 그 경영에 소요되는 자금출처는 이 신문의 성격을 이해하는데 중요한 대목이므로 자세히 살펴볼 필요가 있다.

신보의 창간자금이 궁중에서 나왔을 것이라는 근거는 토마스 코웬이 즈모토(頭本元貞)에게 보낸 편지가 있다. 코웬은 신보가 창간되기 직전 일본에 있는 즈모토에게 자신이 영국의 출판사로부터 러일전쟁에 관한 책을 써달라는 청탁을 받았다면서 신문 창간에 대해 다음과 같이 알리고 있다.

지금 나는 Korea Times라는 신문을 창간해 달라는 또 다른 커다란 주문을 받고 있다. 이 신문은 한국 궁정으로부터 많은 지원을 받을 것이고 편집방침은 한국인을 위한 한국, 그리고 반일적이어야 한다는 것이다. 당신도 알다시피 나는 그런 식으로 생각하는 사람이 아니라 그 반대되는 계획에 마음이 끌리는 사람이다. 궁정의 음모꾼들은 내가 있건 없건 그 계획을 밀고 나갈 것임을 나는 알고 있다. 그러므로 만일 내가 이번에 편집인직을 거절한다면 다른 사람이 임명될 것이다. 나는 내가 편집인으로 앉아 있으면서 내손으로 이를 통제하는 것이 좋다고 생각한다. 이렇게 함으로써 나는 좋은 일을 할 수 있을 것이고 다른 사람은 손을 대지 못하게 될 것이다. 서울은 두 개의 신문이 발행될 정도로 큰 곳이 아니기 때문이다. 내가 이 신문을 나의

Seoul 10/7/4

Dear Zumoto-san

Please give instructions to send the Japan Weekly Times to me, from 1st January 1904 complete up to now, & continue from now to the end of the war. Address Cowen Seoul is enough as I have a P. O. Box. It is very important, as I have received an order from a leading firm of publishers in England to write a book on the war, with comparisons with the 1894 war etc., and I need the Weekly Times for reference, to get the official correspondence, dates & names & such details corrected. Don't be afraid to send me the bill for it, as I expect there will be plenty of money for me by & by.

I have another big order on my hands, to start a paper here called the Korea Times, with a lot of support from the Korean Court, the policy to be Korea for the Koreans & anti Japanese. As you know, I am not of that way of thinking, but I was drawn into the scheme on the opposite policy, and now

I find that the palace intriguers will go on with the scheme, with or without me. So if I now decline the editorship, some other man will be put in. I think it better for me to remain as editor and get the control into my hands: I can do some good thus, and it would keep out others, for Seoul is not big enough for two papers. At any rate, either I run the paper according to my convictions or I leave it alone & the palace people will do it their way. Of course what I tell you is private.

It may be a matter of some importance. If Mr. Hayashi has not yet left Tokyo for Seoul, you might ask his opinion. If he thinks it does not matter, then there is nothing more to say. But if he thinks he would prefer to have the Korea Times support him, instead of opposing, perhaps he might do something. There is no press law in Korea; and a paper run by a foreigner can say anything, and the Korean papers can quote from it, without risk. So there may be any amount of trouble.

But the palace people might be prevented from carrying out their plan. Money is scarce here.

코웬이 즈모토에게 보낸 편지. 영어 신문 발간 계획을 알려주면서 지원을 요청했다.

신념에 따라 운영하건 또는 궁중의 도배들이 하고자 하는 대로 그냥 내버려두건 어쨌거나 내가 말한 것이 비밀임은 물론이다(駐韓日本公使館記錄, 小村이 林權助에게 보낸 기밀 제84호의 첨부물, Cowen이 頭本에게, 1904년 7월 10일).

코웬은 이 편지를 신보 창간 불과 8일 전인 7월 10일자로 즈모토에게 보냈다. 그는 편지의 끝에다가 자신이 〈코리아 타임스〉에 관해 말한 것을 극비에 붙여달라고 다시 한 번 당부하면서 이 일이 귀찮더라도 붙들고 있을 만한 가치가 있는 것인지, 그렇지 않으면 간단히 손을 떼어 버려서 한국인들이 좋을 대로 하도록 두는 것이 좋을지 의견을 듣고 싶다고 덧붙였다. 코웬은 즈모토에게 두 번씩이나 편지의 내용을 비밀에 붙여달라고 다짐하면서, 주한 일

본공사 하야시(林權助)의 의견을 물어보아 달라고 부탁하고 있다. 그는 다음과
같이 계속한다.

> 만일 그(하야시)가 이 문제를 상관치 않겠다면 더 이상 할 말은 없다. 그러나 Korea
> Times가 그에게 대항하는 대신에 그를 지지하기를 바란다면 아마 그는 무언가를
> 하는 것이 좋을 것이다. 한국에는 신문지법이 없으며, 외국인이 경영하는 신문은 무
> 슨 소리건 쓸 수가 있기 때문에 한국인 경영의 신문들은 위험을 수반하지 않고 이를
> 인용할 수가 있을 것이다. 그렇게 되면 적지 않은 성가신 문제가 일어날 것이다.

코웬의 성향과 편지를 쓰던 때의 상황, 그리고 코웬과 일본 측과의 밀착관
계 등을 고려하면서 이 편지를 읽어보면 코웬은 한국의 이익을 위해서 '궁정의
음모꾼'과 손잡고 신문을 만들 생각은 전혀 없으며, 주한 일본 공사 하야시가
어떤 대응책을 세워 줄 것을 기대하고 있는 것이다. 그는 자신이 신문 발간에
참여할 경우에 공사관이 자신에게 모종의 지원을 해 주기를 기대하고 있으며
그럴 경우 일본의 이익을 위해서 봉사하겠다는 뜻을 비치고 있다.

코웬은 앞서 잠시 살펴본 대로 〈재팬 타임스〉에 근무한 경력이 있고 이등박
문의 개인비서였던 즈모토와 친밀했다. 이등박문은 수상 재임 때인 1897년 3
월 미쓰이, 미쓰비시를 비롯한 일본의 5대 기업체로 하여금 공동출자 형식으
로 〈재팬 타임스〉를 창간케 하여 자신의 영어담당 개인비서였던 즈모토를 주
필로 앉혔다. 즈모토는 이등박문의 총애를 받았으므로 재팬 타임스의 실절적
인 사장이나 다름없었다. 이등박문이 한국통감으로 부임하자 그를 따라와서
다시 이등박문의 개인비서가 되었다가 〈서울 프레스〉를 맡게 된다(제Ⅳ장 참조).
코웬은 '한국 궁정의 음모꾼들'이 일본에 대항하는 신문을 만들고자 한다

는 사실을 즈모토를 통해 하야시의 귀에 들어가도록 함으로써 일본의 지원을 얻으려는 속셈을 보이고 있다. 그는 일본공사 하야시의 영향력으로 궁정 측이 코리아 타임스에 자금을 대지 못하게 될 경우 고종은 독일 여인 손탁(孫澤, Antoinette Sontag)을 통해서 내탕금을 지급함으로써 일본 측의 눈을 피하게 될 것이라는 사실 등을 상세히 적고 있다. 요약하면 코웬의 편지는 한국 황실의 자금제공으로 자신이 영어신문을 발간할 계획이라는 사실을 알려주고 이 신문이 발행되는 경우 일본에게 불이익이 클 것을 강조하면서 일본의 지원만 있다면 자신이 신문 발행에 참여하여 일본의 이익을 대변하겠다는 것이다.

궁중 지원은 사실무근

코웬이 즈모토에게 보낸 편지를 통해서 일본은 신보의 발간계획을 사전에 알 수 있었다. 당시 궁중에는 일본의 정보원 노릇을 하는 한국인들도 많았으므로 일본은 한국 궁정의 움직임과 고종의 동태를 거의 소상히 파악할 수 있었다. 고종의 밀서를 가지고 중국으로 갔던 〈트리뷴(The Tribune)〉지 특파원 더글러스 스토리는 고종을 감시하는 일본 정보기관은 세계에서도 가장 민완하다고 평가했을 정도였다.

코웬의 편지는 일본 외무성으로 전달되었고 외상 고무라(小村壽太郞)는 이를 다시 주한 일본공사 하야시에게 다음과 같은 훈령을 보냈다.

> 한국 궁정에서 Korea Times라는 이름으로 일본에 반대하는 한 개의 신문 발행을 계획하고 전에 *Japan Times*의 기자로서 현재 그곳에 있는 영국인 코웬에게 주필이 되어달라는 비밀 교섭을 해왔으며, 그 영국인이 頭本元貞에게 별지와 같은 서신을 보내왔다 하는데, 그 자신은 물론 그와 같은 일본 반대주의로 집필하는 것을 원치

않는다 해도, 그 사람이 이를 사양할 경우에는 궁정의 무리(徒輩)들이 다른 주필을 물색해서 그 계획을 추진할 것인즉 오히려 그 소임을 떠맡아 그 사람의 손에 실권을 장악하게 하는 편이 결국에 가서는 상책일 것이다. 다행히 귀하가 아직 서울에 머물고 있는 중이라면, 일단 귀하의 의견을 물어달라고 전해왔다는 것이다. 더 상세한 내용은 별지로 양지하시고 의견을 회신하여 주기 바란다(日公記, 《明治三七年 機密本省來》, 小村壽太郎이 林權助에게, 機密 第84號『明治三七年 機密本省來』, 小村壽太郎이 林權助에게, 機密 第84號「韓國宮廷ニ於テ機關新聞發行計劃ニ關スレ件」, 1904년 10월 7일, 일본 아시아역사자료센터, 소장 자료).

이 훈령과 함께 고무라는 코웬이 즈모토에게 보낸 편지를 동봉했다. 그러나 이때는 신보가 창간된 지 3개월이나 지난 뒤인 10월 7일이었고, 코웬은 이미 신보 발간에서 손을 떼고 난 뒤였다. 고무라의 훈령에 대해서 하야시는 약 2주일 뒤인 10월 21일자로 다음과 같이 보고했다.

앞서 제704호 전보로 간단히 보고한 바와 같이 당초에는 코웬과 배설, 양인 공동사업으로 Korea Times라는 영자신문을 발간키로 되어 있었는데, 이미 그 첫 호를 발간하였으나 두 사람 사이에 의견 충돌을 보여 코웬은 물러나고 배설 단독으로 종사케 되었으며, 동인(배설)은 그 후 Korea Daily News로 개제하여 계속 일간신문을 발행하고 있다.

〈코리아 타임스〉는 바로 배설과 코웬이 같이 시작했던 신문으로 첫 호를 낸 뒤에 두 사람의 의견 충돌로 코웬은 물러나고 배설이 단독으로 운영하면서 제호를 〈코리아 데일리 뉴스(Korea Daily News)〉로 고쳤다는 것이다. 하야시는 이

어서 코리아 데일리 뉴스의 자금 출처에 대해서는 의심을 가졌는데, 이곳에서
도 손탁이 궁중의 뜻을 받아 출자했을 것이라는 소문이 떠돌았으나 내밀히 탐
색해 본 결과 하등 확실한 사실을 발견하지 못했으며 궁중 쪽으로도 조사해 보
았으나 역시 보조금 등을 준 사실은 없었다. 결국 궁정과 배설 사이에는 아무
런 관계도 없는 것 같다고 결론지었다.

러시아 지원설

주한 영국공사 조단(J. N. Jordan)도 처음에는 배설이 고종으로부터 자금을 받
는 것으로 생각했다. 10월 3일자로 본국에 보낸 보고에서 "나는 이 신문이 손
탁이라는 여인을 통해서 황제가 지원하는 자금을 받고 있다고 믿을 수 있는 충
분한 근거를 가지고 있다. 손탁은 러시아 공사관의 전 관리인이었는데 현재는
서울의 친 러시아파 본부가 되어 있는 호텔을 운영하고 있다"고 썼다.

그러나 조단도 곧 이 같은 자신의 추측은 근거가 없는 것으로 결론지었다.
한 달쯤 지난 후인 11월 12일에는 이 신문이 주한 러시아 공사였던 파블로프
(M. Pavloff)의 보조를 받으면서 일본에 대해서는 가능한 한 추악한 모습으로
채색하도록 활용되고 있다고 보고했다. 조단은 이듬해인 1905년 1월 28일에
는 이 신문이 "러시아의 보조를 받아 발행되고 있는 것으로 믿어지고 있다"고
본국에 보고했다.

경영자금이 러시아 측으로부터 나오고 있다는 조단의 추측은 대체로 두 가
지 근거가 있을 것이다. 첫째는 배설이 손탁을 통해서 고종으로부터 지원을
받고 있다고 생각했기 때문이었다. 손탁은 프랑스 태생이었으나 독일 국적을
가진 여자로서, 주한 러시아 공사 겸 총영사였던 웨베르(Karl Weber)의 처형이
었다. 그는 고종과 명성황후, 그리고 엄비 등의 신임이 두터워 궁내부의 관리

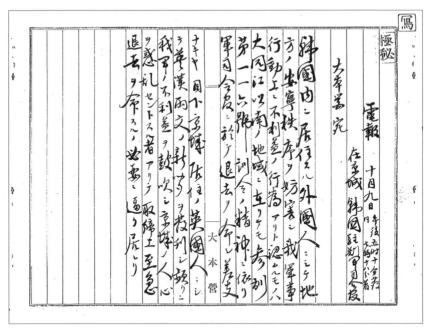
신문의 취체문제. 영국인이 발행하는 신문을 취체하고 퇴거를 명할 필요가 있다는 한국주차 일본군 사령부의 극비 전보.

로 임명된 적도 있었다. 손탁이 러시아 공사 웨베르의 처형이었으므로 조단은 신보의 경영자금이 러시아로부터 나오고 있다고 판단했을 것이다. 두 번째로 는 배설이 덴마크인 전무기사 묄렌스테트(彌綸斯, H. J. Muehlensteth)와 가깝다 는 사실이었다. 배설에게 양기탁을 처음 소개한 사람이 묄렌스테트였다. 조단 은 러일전쟁 발발 직후 서울에서 러시아 공사가 철수한 뒤에는 묄렌스테트가 실질적으로 러시아의 에이전트 역할을 해왔다고 말했다. 배설이 러시아의 보 조를 받아 신문을 발행하고 있다는 조단의 추측은 위와 같은 두 가지 이유 때 문이었을 것이다.

그런데 배설이 이해 3월 11일부터 자금난으로 신문을 휴간하고 인쇄기계 구 입을 위해 일본으로 건너가 있을 때에 조단은 다음과 같이 본국에 보고했다.

배설은 인쇄소에 지불해야 할 돈을 내지 못했기 때문에 코리아 데일리 뉴스는 한 달 이상 휴간 중에 있다. 배설은 구독자들에게 2주일 이내에 다시 발행하겠다고 공고하고는 활자와 기타 필수품들을 구하기 위해 일본으로 갔지만 신문은 아직 복간되지 않고 있다. 그는 재정적으로 어려움에 직면한 것처럼 보이며 지금까지 끌어 댄 자금도 고갈된 것 같다(Jordan이 Lansdowne에게, No.60, 19 April. 1905).

이와 같이 조단은 처음에는 배설이 손탁을 통해 고종으로부터 자금을 지원받고 있다고 했고, 다음에는 러시아 측이 지원하는 신문이라고도 했다가, 신문이 휴간하는 것을 보고는 자금을 끌어대지 못하고 있는 것 같다는 등으로 갈팡질팡하고 있다.

법정에 선 배설의 진술

배설 자신은 공판 때에 검사 윌킨슨의 심문에 대해 자신의 자본만으로 신문을 창간했으며 창간 자금으로 1천 엔 정도가 있었다고 진술했다. 배설은 한국 사람들로부터 신문 발간을 지원받을 약속은 있었지만 처음에는 자기 자본만으로 시작했으며, 러시아 측의 지원은 없었다고 해명한 것이다.

일본인들이 발행하던 〈대한일보〉는 신보가 궁중으로부터 '약간 보조금'을 받고 겨우 발행하는 명맥을 잇고 있다고 비난했는데 배설은 〈코리아 데일리 뉴스(Korea Daily News)〉와 신보를 통해서 즉각 반박했다. "우리는 궁중으로부터 돈 받은 일도 없었다"고 잘라 말하고 우리가 재력이 부족하다는 것은 조금도 수치스러운 일이 아니며, 대한일보의 풍유함을 부러워하지 아니하며 도리어 조소한다고 되받았다(A Yellow Journalism, The Korea Daily News, 6 Oct. 1904; 「흔 기막힌 신문이라」, 신보, 1904년 10월 7일, 론설).

배설은 1908년 공판 때에 검사 윌킨슨의 심문에 대해 자신의 자본만으로 신문을 창간했다고 다음과 같이 주장한다.

윌킨슨   그대는 이 신문을 자신의 자본으로 시작했는가, 또는 다른 사람의 자본으로 하였던가.

배　설   자본은 필요가 없었다. 원래 우리는 인쇄시설이 없어서 그 인쇄료를 신문 판매하는 대로 갚았다.

윌킨슨   그러면 그대는 자본 없이 시작했단 말인가

배　설   천 엔(yen) 가량은 있었다.

윌킨슨   보조받을 약속은 있었는가.

배　설   있었다.

윌킨슨   한국 사람인가

배　설   그렇다.

윌킨슨   그대는 한번이라도 친러파로부터 접근을 받아 그들의 정책을 의도적으로 지지해 줄 수 있는지의 여부를 타진 받은 적이 있는가.

배　설   없었다. *(Foreign Journalism in Korea*, p.19)

배설은 한국 사람들로부터 신문 발간을 지원받을 약속은 있었지만 처음에는 자기 자본만으로 시작했으며, 러시아 측의 지원은 없었다고 잘라 말했다. 지금까지 살펴본 자료를 종합하면 배설은 신문 발간 초기에는 궁중으로부터 거의 재정지원을 받지 못했거나 받았다 하더라도 근소한 돈 밖에는 받지 못한 것으로 보인다.

배설이 한국인의 편에 서서 철거한 항일신문을 만들다가 목숨까지 던질 것임을 당시 한국인들이 처음부터 정확히 예측할 수는 없었다. 일본에 오래 살면서 무역업에 종사했던 영국인이 러일전쟁이 일어나자 〈데일리 크로니클〉의 특별 통신원이 되어 한국에 왔다는 사실 외에 당시 한국 측에서 배설에 관해 더 알 만한 정보는 없었다. 오히려 배설과 함께 신문을 만들려 했던 토마스 코웬은 훨씬 많이 알려진 인물이었다. 그러나 두 사람이 모두 한국보다는 일본에 훨씬 많은 인연을 가진 사람들이었다. 영일동맹 관계였던 영국의 외교정책도 한국의 독립보다는 영·일 간 우호관계의 손상을 걱정하는 입장이었다.

영국공사 조단(Jordan)은 배설의 신문이 "일본의 모든 행동에 대해서 적대적이고 일본공사관 사람들을 중상모략까지 하고 있다"고 평가했다. 한국과 일본의 관계에서 영국은 중간 입장이 아니라 일본의 시각에서 한국 사태를 바라보았다. 조단은 배설이 처음에는 일본 공사관으로부터 많은 구독신청과 보조금 지원을 약속받고 다른 한편으로는 한국 측의 지원도 받아내기로 계획했는데 그 논조가 친한, 반일로 된 것은 일본 측이 지원해 주지 않았기 때문이라고 지적하고 배설을 비난했다.

배설과 함께 신문 발간을 추진했던 토마스 코웬은 배설에 비해 훨씬 노골적으로 친일적인 태도였다. 코웬은 자신의 책에서 고종의 무능함과 정부의 부패 등을 여러 가지 사례를 들어 지적하면서 심지어는 방만한 재정 관리로 말미암아 황제의 어음조차 액면대로 교환이 안 된다고 썼다. 코웬은 한국을 구제불능의 나라로 평가했고 한국인을 경멸했을 뿐 아니라 고종에 대해서도 신뢰하는 마음이 없었다. 반대로 일본을 보는 눈은 극히 호의적이고 칭찬을 아끼지 않는다. 일본이라는 나라 자체는 물론이고 정치가, 군인, 그리고 국민 개개인의 행동 하나까지도 이해하려는 태도가 역력하며 호감을 가지고 높이 평가하기에 인색하지 않는다.

특히 배설이 처음 신문을 시작했을 때에 적극적인 지원을 약속했다가 후에 배설과 사이가 나빠졌다는 주한 일본 공사관의 서기관인 하기와라(萩原守一)에 대해서는 호의에 가득 찬 우정 어린 서술이다. 하기와라의 출생과 성장 배경, 교육, 관리로서의 경력 등을 친절하게 소개하고 그가 인천 주재 일본영사였던 때에 명성황후 시해사건이 일어났으나 하기와라는 밤낮을 가리지 않고 사태 수습에 노력했다면서 지성적이고도 근면하고 품위 높은 인품이라고 묘사했다. 코웬은 하기와라와 같은 사람은 그저 무작위로 뽑아본 평균적인 타입의 일본 사람에 불과하며, 여기에 바로 일본이 성공한 비밀이 있는 것이라고 단언한다.

결국 코웬은 배설과의 의견충돌로 신문 발행을 완전히 포기해 버린 채, 배설의 코리아 데일리 뉴스 발행을 지켜보면서 서울에서 『러일전쟁(The Russo-Japanese War)』이라는 책 집필에 전념하여 9월 14일 원고를 런던으로 보낼 수 있었다. 그의 책은 이듬해인 1905년 런던에서 출판되었는데, 그는 1년 후인 1906년 5월 2일 동경의 아카사카 병원(赤坂病院)에서 36살의 젊은 나이로 죽었다.

4. 고종의 비밀 보조금 지급

초기에는 자기자본으로 시작

지금까지 살펴본 대로 배설은 신보가 창간되던 1904년 말, 또는 1905년 초까지는 고종으로부터 충분한 지원을 받지는 못한 채 신문을 발행했던 것 같다. 몇 가지 추측이 떠돌기는 했지만 일본과 영국 공사관의 보고서, 신보와 배설 자신의 주장 등을 종합해 볼 때에 지원을 받았다 하더라도 커다란 액수는 아니었을 것이다. 처음부터 전폭적인 자금 지원을 받았다면 왜 기계조차 갖추지 못한 채 다른 인쇄소에서 신문을 찍었으며, 불과 200여 호를 발행한 뒤에 휴간해야 할 만큼 자금이 빈약했겠느냐 하는 것도 이 같은 추측을 뒷받침하는 근거이다.

그러나 배설이 처음에는 궁중의 지원을 받지는 못했다 하더라도 외부의 도움 없이 신문을 계속하기는 어려운 일이었다. 영·일 양국 공사관이 의혹을 품었던 대로 가장 가능성이 높은 자금출처는 역시 고종이었다. 그러면 언제부터 어떤 방법으로 고종은 자금을 지원하기 시작했을까.

먼저 밝혀 두어야 할 일은 당시 신문에 대한 보조금 지급의 관례다. 그 무렵에 발행되던 신문은 대개가 경영난이었으므로 고종이 신문에 하사금을 내리는 일은 더러 있었다. 가령 1903년 초 고종이 내탕금(內帑金) 2천 원과 함께 광문사(廣文社)의 사옥 및 그 소유 기계 등을 〈뎨국신문〉에 하사한 일이라든지, 신보 창간 직후인 1904년 7월 26일에는 〈황성신문〉에 보조금 4천 원을 하사한 일이 있었다. 심지어는 일인들이 발행하는 친일지 〈대한일보〉가 창간될 때에도 1천 원을 보조금으로 지급했다. 대한일보는 배설이 한국에 오던 바로 그 날인 1904년 3월 10일에 창간되었는데 일본의 입장을 대변하는 논조로 일본 공사관은 이 신문에 비밀 보조금을 지급하여 신보와 대항하도록 만든 신문이었다.

신보가 창간되기 전부터 영국인 주재 하에 신문이 발간될 것이라는 사실은 비밀도 아니었고, 비밀리에 할 수도 없는 일이었다. 헐버트가 발행하던 〈코리아 리뷰(Korea Review)〉 6월호가 신보 발간 계획을 보도하면서 이런 신문이 필요하므로 적극적인 지원을 받게 될 것임을 잊지 말아야 할 것이라고 덧붙이고 있다. 그러므로 신보도 다른 신문의 경우와 마찬가지로 고종의 보조금 지급을 기대할 수는 있었을 것이다. 그러나 그 정도로써 근본적으로 경영 문제를 해결할 방책은 되지 못했다.

배설은 처음 신문을 시작했을 때에 1천 엔 정도의 자기 자본을 가지고 있었다고 법정에서 진술했다. 액수가 얼마였건 배설 쪽에서 자본을 대었기에 의견충돌로 코웬이 물러나고 배설이 단독으로 신문을 운영하게 된 것을 보면 자금을 융통한 쪽은 배설이 틀림이 없을 것이다. 창간 때부터 1905년 3월 휴간까지 약 200호를 발행하는 동안에는 자체시설 없이 다른 인쇄시설을 이용하였기 때문에 처음부터 큰 경비가 소요되지는 않았다. 그러나 소규모 자본으로 남의 인쇄시설을 이용해서 영문 위주의 일간신문을 제작하고 유지해 나가기는 매우 어려웠을 것이다. 외국인이 서울보다 훨씬 많이 살고 경제규모가 컸던 상해나 일본에서도 영어신문 경영이 어려웠음은 앞에서 살펴 본 바와 같다.

그렇기 때문에 배설과 코웬은 처음부터 신문경영의 방책으로는 외부의 지원을 염두에 두었다. 배설은 한국 궁중의 자금 지원을 약속받고, 일본 공사관으로부터도 호의적인 반응을 얻어서 신문 발간을 계획했다. 그러나 배설과 코웬이 의견충돌로 갈라지는 바람에 한국과 일본 어느 쪽으로부터도 만족할 만한 지원을 받아내기는 어려웠다. 의견충돌의 원인은 코웬의 맹목적인 친일성향을 배설이 견제한 것이 발단이었을 것이다. 한국과 일본 양측이 지원에 소극적인 태도였고, 코웬이 보기에는 서울에서 신문 발간은 승산이 없다고 느꼈기에 손을 떼고 물러났을 수도 있다.

더구나 배설이 창간 직후부터 나가모리(長森藤吉郎)의 황무지 개간권 요구를 비판하면서 일본 공사관의 지원은 완전히 틀어지고 말았다. 결국 배설은 인쇄소에 지불할 돈이 없어서 1905년 3월 11일부터 신문을 더 이상 발행할 수가 없게 된 것이다.

보조금 지급 확인

배설은 이때 근본적인 방책을 마련하지 않을 수 없었다. 일본으로 건너가서 활자와 인쇄시설을 구입해서 휴간한 지 꼭 5개월 뒤인 8월 11일부터는 신문을 다시 발행할 수 있었다. 그런데 이번에는 영문판 〈코리아 데일리 뉴스〉와 한글판 〈대한매일신보〉를 완전 분리시켜 두 개의 신문을 만들었다. 휴간하기 전까지는 영문판 4페이지와 한글판 2페이지가 함께 붙은 6페이지로 된 2국어신문(bilingual paper)이던 것을 이제부터는 한국어와 영문이 각각 4페이지씩으로 된 두 개의 신문을 발행한 것이다. 다만 한국어판은 이전까지는 한글전용이던 것을 영문판과 분리시키면서 국한문으로 체재를 바꾸었다. 이것은 1896년 서재필이 창간한 〈독립신문〉이 처음에는 한글과 영문으로 발행되다가 이듬해부터는 한글판 독립신문과 영문판(〈The Independent〉)을 분리하여 두 가지 신문을 발행하였던 것과 마찬가지였다. 배설은 이제 두 개의 신문의 발행인이 된 것이다.

그러면 두 가지 신문발행으로 사업을 확장하고 인쇄시설까지 갖출 수 있는 자금은 어디서 나온 것일까. 일본 공사관은 신경을 곤두세운 채 이를 주시하고 있었다. 우선 일본인들이 발행하던 〈한성신보〉, 〈대동신보〉, 〈대한일보〉 등은 일제히 내부협판 이봉래(李鳳來)가 배설에게 동화 1천 원을 내놓았다고 떠들었다. 그러나 신보는 10월 4일자에 이를 부인했다. 주한 일본공사 하야시는 신보가 복간된 지 45일 뒤인 1905년 9월 26일 본국 외무성에 보낸 보고에서 배설이 신문을 복간할 수 있게 된 것은 한국 궁중 또는 중국 방면에 와 있는 러시아 측으로부터 보조금을 받은 것 같다고 보았다. 일본 공사관의 보고에서 이봉래가 자금을 내놓았다는 말이 없는 것을 보면 일인 경영 신문들의 보도는 근거가 없었음이 확실하다. 일본 공사관은 그 후로 배설이 고종으로부터 보조금을 받고 있다는 증거를 여러 방면에서 찾아내기 시작했다.

1907년 1월 18일에 경무고문 마루야마(丸山重俊)가 임시통감대리 하세가와 (長谷川好道)에게 보낸 보고서는 대한매일신보의 재정은 러시아 정부로부터 지출되고, 한국 황실로부터도 매월 500원을 지급받고 있다고 액수까지 밝혔다. 고종이 배설에게 매월 일정한 금액의 보조금을 지급하고 있다는 사실을 확인한 셈이다. 1907년 10월 배설이 첫 번째 기소되어 영사재판을 받던 때에 일본 공사관은 좀 더 정확한 내막을 밝혀낼 수 있었다. 1907년 8월 27일 통감부 경부 와타나베(渡邊)가 경무총감 마루야마에게 보낸 심우택(沈雨澤)의 신문조서에는 고종의 배설에 대한 보조금 지급 사실이 담겨 있다. 마루야마는 경리원에서 배설에게 보조금을 지출하고 있는지 여부에 대해 전부터 수사했으나 확실하지 않으므로 통역관 나카무라(中村)에게 부탁하여 내탐 중이며 판명되는 대로 보고하겠다고 보고 하면서 8월 21일자로 다음 같은 심우택을 심문한 문답 조서를 첨부했다.

문　그대의 주소, 성명, 나이, 신분, 직업은 무엇인가?

답　경성 남서 장동 통호(長洞 統戶)는 미상이며, 양반 정3품, 심우택(沈雨澤), 나이는 38세, 직업은 궁내부 전무과 기사입니다.

문　그대는 대황제폐하 재임 당시 폐하께서 각 방면으로 지출되는 금전의 중계를 한 일이 있는가?

답　전후 3번 있었습니다.

문　그 사실을 말해 보라.

답　금년 음력 3월 초순경 폐하에게 금 1만원을 받아 이것을 손탁 양에게 교부한 일이 있습니다.

문　그 돈은 어떠한 용도에 충당된 것인가?

답 상해에 가있는 현상건(玄尙健)이 손탁 양을 통해 폐하께 송금을 청해왔으므로 폐하께서 지출하시게 된 것입니다.

문 그밖에 중개한 것은?

답 금년 음력 4월 중 날짜 미상 2천 원, 그리고 6월 중 날짜 미상 3천 원을 대한매일신보 주필 베셀에게 교부한 일이 있습니다.

문 어떤 사정으로 베셀에게 하사하신 것인가?

답 작년 중 날짜는 알 수 없으나 손탁 양은 폐하께 한국에서 출판되는 신문 수는 많다 하더라도 모두 일본의 압박에 의해 충분히 한국 및 황실에 유리하게 게재하지 않고 있으며 오직 대한매일신보만은 서양인이 경영에 관계하므로 항상 한국 및 황실에 유리한 기사를 게재해 왔는데, 그 회사가 유지 곤란으로 이번에 일본인에게 매각된다는 소문이 있어 폐하께 일고를 해주시도록 상주했던바, 폐하께서는 계속 출판을 원하셔서 드디어 얼마간의 내탕금을 지출하시고 또 매월 1천 원씩 하사하고 있습니다. 근래 베셀 및 손탁 양이 자유로이 폐하를 알현하지 못하게 되었으므로 매달 수당금은 저에게 하사되고 저는 다시 베셀에게 교부한 것입니다.

문 그밖에 중개한 것은?

답 금년 음력 3월 20일경 엄비(嚴妃)로부터 금 950원을 손탁 양에 교부하도록 하사하였으므로 당일 이것을 교부했습니다. 이것은 손탁 양께서 엄비께 완구류를 바친 대가라고 생각합니다.

문 그밖에 또 중개한 일은?

답 지금에 와서는 중개한 일은 없습니다.

문 이상 여러 차례 중개한 돈은 모두 현금인가?

답 현금이 아니고 모두 경제원(經濟院)에서 지출할 폐하의 수표입니다.

문 그 돈은 경제원에서 이미 지출하고 있는 것으로 생각하는가?

답 물론 지출한 것으로 믿습니다.

문 대한매일신보의 베셀과는 항상 내왕하여 교제하는가?

답 때때로 만난 일이 있습니다.

문 이번 양위문제가 생기고 나서 베셀과 면회한 일이 있었는가?

답 양력 이달 19일과 20일에 전무과 기사 서양인 코웬의 집에서 저와 비서승 박용규(朴容圭)와 베셀 세 사람이 회합한 일이 있습니다.

문 무슨 일로 회합했는가?

답 베셀이 양위에 대해 궁중의 동정을 듣기 위해 우리들을 부른 것으로 생각합니다.

문 어떠한 말들을 했는가?

답 내각대신이 폐하에게 양위를 강요하는 등은 신하로서 대단히 무례한 일이라는 등의 이야기를 했습니다.

문 18일에 대한매일신보가 호외를 발간한 일은 알고 있는가?

답 알고 있습니다.

문 그 호외는 그대들이 대황제폐하의 명을 받아 호외를 발행하도록 한 것이 아닌가?

답 저는 관계가 없습니다. 18일 아침 박용규를 면회하였는데, 동인은 어젯밤 베셀을 면회하여 신문기사에 대해 상담했다는 이야기를 했습니다. 아마 동인도 베셀과 상의해서 나온 것이라 생각합니다.

문 박용규는 물론 폐하의 명령을 받아 베셀에게 호외를 내도록 교섭한 것으로 생각하는데?

답 그 점은 잘 알지 못합니다.

문 그대가 폐하 및 엄비로부터 돈을 중개할 때는 그때마다 약간의 보수를 받지 않았는가?

답 현상건에게 송금할 금 1만원의 경우 그 1만원 중에서 저와 손탁 양이 300원씩 받

앗습니다. 또 베셀에게 3천 원 교부 때 박과 같이 150원씩 받았고 엄비의 중개를
할 때는 한 푼도 받지 못했습니다.

문 이번 양위문제에 대해 그대들은 어떤 계획을 꾸며서 상해 또는 기타 지방으로 여
행할 준비를 하고 있다고 들었는데?

답 그러한 계획을 한 적 없습니다.

문 인천에 배를 준비하고 있지 않은가?

답 그런 사실 없습니다.

여기서 명백히 드러난 대로 배설은 고종이 주는 보조금을 처음에는 손탁
(Antoinette Sontag)을 통해서, 그리고 후에는 심우택이 전달하는 금액을 받았던
것이다. 심우택은 원래 하류층 출신이었으나 어려서부터 일어와 영어를 배웠
고 어학에 재능이 있어 서울 주재 영국인, 미국인 등과 친하게 되었다. 그는 궁
중에 들어가 고종의 총애를 받았다. 곧 궁내부 주사로 승진하여 전무과 기사로
근무했는데 1906년 1월 15일에는 고종이 훈 5등을 특사하고 팔괘장(八卦章)을
내려주었다. 양기탁도 궁내부에 근무했고, 주사로 승진했는데 심우택은 배설
과도 절친한 사이가 되었다.

전무과는 국내외의 전보업무를 취급했으므로 궁중과 일본 측의 움직임을 가
장 빠르고도 상세히 접할 수 있었다. 배설은 때때로 심우택을 만나 궁중의 소
식을 듣곤 했는데 특히 1907년 7월 헤이그 밀사사건으로 고종이 양위하는 사
실을 배설에게 알려 주었고 배설은 호외로 이를 보도하자 군중들이 일본 순사
와 군대를 습격한 사건이 일어났다. 이 사건으로 인해 심우택은 같은 궁내부
기사 김철영, 원희정과 함께 보안법 위반혐의로 일인 경찰에 체포되었다. 이들
은 경위원에 구금되어 심한 고문을 당한 끝에 위와 같은 사실을 자백한 것이다.

이들은 5개월 동안 갇혀 있다가 진도로 유배되어 여섯 달 동안의 귀양살이 끝에 석방되었다. 배설은 1908년 6월에 있었던 제2차 재판 때에 심우택을 자신의 증인으로 신청했으나 그는 숨어버리고 나타나지 않았다. 배설에게 유리한 증언을 했다가는 일본 측의 보복을 당할 것이기 때문이었다.

신문 발간 편의 제공 특허장

심우택이 고종으로부터 보조금 2천 원과 3천 원을 받아 배설에게 전달하던 때에는 신보 한글판이 창간되고 국한문판은 지면이 확장되던 무렵이었다. 신보 한글판은 1907년 5월 23일에 창간되었는데 고종이 심우택을 통해 배설에게 돈을 준 것이 음력 4월과 6월이라 하므로 고종은 신보의 한글판 창간에 특별자금을 하사했던 것으로 해석된다. 신보의 지폭은 국한문판 지면을 확장하여 창간호부터 1907년 4월 6일(제479호)까지는 현재의 타블로이드판보다 약간 넓은 26.5cm× 40cm의 지폭에 6단 조판이었는데, 4월 7일자부터는 지면을 30.5cm×46cm로 약 13%를 넓히고 1단을 늘려 7단 조판으로 제작했다. 국한문판의 지면확장이나 한글판 창간은 고종의 자금 지원에 힘입었을 것이 거의 틀림이 없을 것 같다.

일본 경찰이 작성한 심우택의 조서에는 배설이 고종으로부터 정기적으로 자금 지원을 받기 시작한 때는 1906년부터였던 것으로 되어 있다. 고종이 배설의 신문발간에 필요한 편의를 제공받을 수 있도록 특허장을 준 날이 1906년 2월 10일자였으므로 적극적인 재정 지원도 이 무렵부터였을 것이다. 이때는 런던의 〈트리뷴(Tribune)〉지 특파원 더글러스 스토리가 을사늑약은 일본의 강압으로 이루어졌으며, 고종은 이에 옥쇄를 찍지 않았다는 내용이 담긴 고종의 밀서를 가지고 나갔던 직후였다는 점도 주목할 일이다.

그러나 고종이 1906년부터 배설에게 자금을 지원했다는 내용은 단지 심우택이 알고 있었던 사실에 불과했을 뿐이고, 실지로는 그 이전인 1905년 3월 신문이 휴간했다가 8월에 복간하면서 영어와 한국어 두 종류의 신문을 발행하던 무렵부터 내밀히 자금을 지원했을 수도 있다는 추론도 가능하다. 대한제국의 입장에서 생각할 때에는 배설과 코웬이 장차 어떤 신문을 만들지 그 태도를 예측할 수 없었기 때문에 고종과 민족진영은 처음에는 막연히 자금 지원 약속을 해놓고도 적극적인 태도를 보이지 않다가, 신문의 논조를 보고 난 뒤인 1905년 8월에 국한문을 발간한 이후부터 정기적으로 자금을 대주기 시작했던 것으로 추측할 수 있다.

배설 쪽에서도 처음에는 한국과 일본 양측의 도움을 가능한 대로 많이 받아낼 생각이었지만, 창간 직후부터 나가모리(長森)의 한국 황무지 개간권 요구 등을 비판하자 일본 공사관의 불만을 샀고, 반면에 한국의 신뢰는 두터워졌다. 여기서 배설이 취할 태도는 분명해졌다. 양다리를 걸치고 한국과 일본을 동시에 만족시킬 수 있는 방안은 없으며, 신보는 한국의 입장을 대변해야 한다는 결론이었다. 배설이 1907년 10월에 열린 1차 재판에서 6개월간의 근신 처분과 함께 300파운드의 보증금을 공탁하라는 판결을 받자 신보를 성원하는 독자들이 자진해서 낸 성금이 보증금을 능가할 만큼 답지했다. 배설이 주한 영국 총영사 헨리 코번(Henry Cockburn)에게 온건한 논조로는 신문이 수지를 맞출 수 없다고 말한 것은 이와 같은 한국민의 열망 때문이었다. 코번도 배설이 신문경영상 강경한 논조를 지키지 않을 수 없다고 말했으나 그의 항일운동은 단순히 돈벌이만을 위한 것은 아니라고 본국에 보고했다.

배설이 항일신문을 만들게 한 가장 강력하고도 지속적인 요인은 한국 국민의 성원과 열망이었다. 고종이 주는 보조금을 배설에게 전달했다는 손탁은 영어와 불어에다 한국어까지 할 수 있었다 하며 그가 경영하던 정동의 손탁호텔은 내

외국 외교관들이 모이는 집합장소였다. 토마스 코웬은 외국인과 황제 사이에 이루어지는 일은 모두 손탁의 손을 거쳐야 했을 정도로 손탁의 영향력은 막강했다고 쓰고 있다. 배설의 1차 재판 때에 증인으로 나왔던 통감부 외사부장 고마쓰 미도리(小松 綠)도 '손탁호텔의 밀실은 외교적 음모의 상담소'였다면서 한일합방 이전에는 외국인들의 치외법권이 인정되었기 때문에 이등박문의 위광으로도 손탁호텔의 내막을 알아낼 수 없었다고 회상했다. 고마쓰는 손탁의 손을 거쳐서 황실로부터 돈을 얻어낸 자는 수없이 많지만, 그 가운데서도 배설과 헐버트를 손꼽고 있다. 그러나 고마쓰의 회고록은 1936년에 출판된 것으로 배설이 죽은 후 거의 30년 가까이 지난 뒤였으므로 당시 사정을 이해하는 데 도움이 될 수 있는 자료이기는 하지만 세부적인 정확성은 부족한 면도 있다.

궁금령으로 유폐된 고종

그런 점에서 고종의 배설에 대한 자금 지원 문제를 가장 사실과 가깝게 보았다고 판단되는 자료는 1910년 1월 13일자로 주한 영국총영사 헨리 보나르가 외상 에드워드 그레이에게 보낸 비밀 비망록이다. 보나르는 궁내부 차관 고미야(小宮三保松)와 나눈 여러 대화 가운데 배설이 고종으로부터 보조금을 받은 사실에 관해서 들은 바를 다음과 같이 쓰고 있다.

나는 방금 궁내부 차관 고미야와 가장 흥미로운 대화를 나눌 기회를 가졌다. 고미야는 현 황제와 황후에 관련되는 모든 문제에 대해 실질적인 책임을 맡고 있는 사람이고, 전 황제 때 일어난 사건들에 관련된 다른 일에 대한 정보에도 밝은 사람이다. 또한 현지의 정치적 및 기타 정세의 내막에 대해서도 매우 빈틈없이 알고 있는 사람이다.

Very confidential.
Enclosure in letter from Mr Brown
uu 8.I.10

Conversation.

Memorandum of ~~Interview~~

with Mr Komiya, Vice-Minister

of Corean Imperial
Household.

I have just had the opportunity of having a most
interesting conversation with Mr Komiya, the Vice-Min-
ister of the Corean Imperial Household, who is practic-
ally in charge of all matters relating to the household
of the present Emperor and Empress and is besides well-
informed as to other matters relating to the Ex-Emperor's
affairs and appears to have a pretty shrewd insight into
local political and other conditions. Our conversation
being of the most friendly nature every kind of subject
was touched upon.

As to the Ex-Emperor he stated in answer to my casual
enquiry that he was about the same age as the Emperor of
Japan. That, whereas Prince Ito looked upon His Former
Corean Majesty as a clever schemer, the Ex-Emperor's
reasoning capacities did not extend beyond a certain point
and that though he could be described as clever, he had
invariably been fooled by the numerous army of loafers
who surrounded him. As to his means of existence, Mr
Komiya told me that an allowance of Yen 300,000 was paid
to the Ex-Emperor perannum but that he invariably got
short of cash and made constant demands in excess of that
sum on the Exchequer of the Imperial Household and that
it was now a 10,000 Yen and then a 20,000 Yen that he
required to pay his debts. Whenever possible these amoun
were scraped up and handed over to pay his creditors. Ask
why the Ex-Emperor was short of funds, Mr Komiya said tha
he doled out his money in regal fashion which he could no
abandon.

Seoul 14 A

고종의 신문 지원. 궁내부 차관 고미야는 배설이 많은 액수를 받지는 않았다고 말했다.

보나르는 이와 같이 고미야에 관해서 설명한 다음에, 두 사람의 대화는 참으로 우호적이었고 모든 문제를 언급할 수 있는 분위기였다고 말했다. 퇴위한 고종황제에게 해마다 30만 엔을 지급하기로 되어 있는데, 고종은 언제나 돈이 모자라 수시로 1만 엔 또는 2만 엔의 추가 지출을 요구하고 있다는 말을 듣고 고미야에게 물었다.

전 황제가 왜 그렇게 돈이 모자라느냐고 묻자 고미야는 고종이 돈을 하사하는 국왕으로서의 관습을 버리지 못하기 때문이라고 대답했다. 고미야는 그 중요성 등은 고려하지 않고, 구어체로 설명하기를 전 황제로부터 돈을 뜯어내는 외국인들 가운데는 전차, 전기 그리고 여러 가지 이권사업을 시작한 미국인 콜브란과 보스트윅이 170만 엔이나 받고도 전혀 내 보인 것이 없다고 말했다. 또 프랑스인 마르뗑은 거의 100만 엔을 받아 내었을 것이다. 다른 사람들로서는 독일군인 장교 한 사람이 수천 엔을 받았을 것이라고 말하고 덧붙이기를, 신문 소유주(그는 배설을 지칭했음이 틀림없다)가 또한 얼마간 받았을 것이지만 그다지 많은 액수는 아닐 것이라고 말했다 (Bonar가 Grey에게, 「Memorandum of Conversation with Mr. Komiya, Vice-Minister of Corean Imperial Household」, 13 Jan. 1910).

배설이 받은 돈이 그다지 많은 액수는 아니라는 고미야의 말은 콜브란, 보스트윅이나 마르뗑과 비교한 상대적인 숫자이고, 신문사 경영에는 많은 도움이 되는 액수였다고 해석할 수 있다.

배설의 신보 발행과 관련된 자금관계는 가능한 대로 살펴보았다. 보나르의 말대로 황실 주변의 정보통이자 궁내부의 재정 내용을 환히 들여다 볼 수 있었던 고미야나 황실과 행정부를 구석구석까지 장악하다시피 했던 통감부가 끝내 몰랐을 정도로 감쪽같이 고종이 장기간에 걸쳐 배설에게 보조금을 지급하기는 매우 어려웠을 것이다.

이등박문은 궁중에 드나드는 사람을 통제하고, 고종을 외부와 격리시키기 위해 강력한 제도적인 장치를 마련했다. 이등은 1906년 7월 2일 고종을 알현한 자리에서 궁중에 드나드는 사람들을 통제할 특별 병력이 궁중에 주둔해야한다고 강요했다. 궁중의 위엄과 안전을 보장하기 위해서라는 명분이었다. 고종은 거절하려 했지만 어쩔 수 없이 동의하지 않을 수 없었다.

이등박문은 그 직후인 7월 6일자로 궁금령(宮禁令)을 공포케 하여 궁중에 드나드는 사람들은 일본 경무고문부의 허가증을 얻어야 출입할 수 있도록 만들었다. 각지에서 일어나는 의병들이 고종의 내밀한 고무를 받고 있다는 사실을 알고 있던 이등박문이 고종을 고립시켜 두려는 속셈이었다. 일본 측의 이같은 조치는 한국인들만이 아니라 고종과 접촉하는 외국인을 차단하려는 목적도 있었다. 이해 1월 말 고종이 영국 기자 더글러스 스토리에게 밀서를 수교하여 영국을 비롯한 중국과 일본의 외국신문에도 그 사실이 보도되고, 이로 말미암아 이등박문은 1년여에 걸쳐 이를 부인해야 하는 곤혹스러운 입장이 된 사건이 있었다. 더구나 배설과 헐버트 같은 반일적인 외국인이 고종과 내통하고 있는 것을 막기 위해서는 이러한 조치가 긴요했던 것이다. 결국 궁금령의 공포와 엄격한 출입통제로 고종은 포로의 신세가 되고 말았다. 또한 고종은 1907년 7월에 황제의 자리에서 물러났기 때문에 그 이후로는 그가 재량권을 가지고 쓸 수 있는 내탕금(內帑金)도 제한되었을 뿐 아니라 일본의 감시 하에 놓여 있었다. 그러므로 배설이 고종의 보조금을 고정적으로 받을 수 있었던 기간은 1905년부터 1907년 7월 이전이었을 것이다.

그런데 고종이 양위한 지 7개월 뒤인 1908년 2월에 주일 영국대사관이 작성한 보고서를 보면 영국대사 맥도날드는 헐버트와 배설이 그때까지 고종으로부터 월급을 받고 있는 것 같다고 쓰고 있다(MacDonald가 Grey에게, "Japan, Annual Report, 1907", No.46, 19 Feb. 1908, paragraph 36, Corea). 그러나 이 보고서는 1907년의 정황을 요약한 것이고, 모든 상황으로 보아 1908년에는 실질적인 지원을 받기는 불가능했을 것이다.

요약하면 배설은 고종으로부터 자금 지원을 받기는 했지만 창간 때부터 보조금에 의존하지는 않았고, 1905년 3월 휴간했다가 8월에 속간할 무렵부터 정기적인 지원을 받았던 것 같다. 속간 직후인 9월 25일자로 주한 일본공사 하야시가 외상 가쓰라(桂太郎)에게 보낸 「한제(韓帝)의 동향과 궁중 숙정의 필요에 관한 건」이란 기밀보고에서도 그 무렵에 고종이 배설에게 내밀히 내탕금을 하사해서 신보와 *KDN*의 배일론(排日論)을 고취하고 있다고 쓴 것도 참고가 된다. 그러나 1907년 7월 고종이 퇴위하면서 고정적인 지원을 받기는 어려워졌다. 전체적인 규모는 알 수 없지만 필요에 따라 500원 내지 1천 원, 때로는 상당한 액수를 추가로 지급받았던 것으로 보인다.

제 IV장

우국 항일 언론인들

제 Ⅳ장 우국 항일 언론인들

1. 총무 양기탁

평양 출신, 15세까지 한학 수업

양기탁(梁起鐸, 1871. 4. 2~1938. 4. 19)은 신보 발행에 누구보다도 중요한 역할을 했던 언론인이면서 독립운동가로 항일 투쟁으로 일관한 일생을 살았다. 그는 〈대한매일신보〉의 총무로 신문을 통한 항일 운동에 진력하는 한편으로 국채보상운동과 항일 비밀결사 신민회를 이끈 핵심 인물이었다. 어려서는 한학을 공부하였는데 당시의 언론인들 가운데는 드물게도 영어와 일본어를 할 수 있었으며 일본에서 2년간 한국어를 가르쳤던 경험도 있고, 서양 사람들과도 긴밀히 접촉할 기회가 있었기에 폭넓은 견문과 식견을 갖춘 지식인이었다. 그러나 민족의 운명이 기울었던 격동의 시대를 살았던 그의 지사적인 생애가 결코 평탄할 수는 없었다. 일본과의 비타협적인 투쟁으로 몇 차례나 기소되어 재판을 받아야했고, 투옥되는 고초를 겪어야 했다.

일본 통감부가 국채보상의연금을 횡령하였다는 죄목을 씌워 양기탁을 투옥하고 재판에 회부하였을 때에는 영-일 두 나라 사이에 심각한 외교분쟁이 일어났기 때문에 그의 이름은 국내뿐 아니라 영국, 일본, 중국의 신문에도 자주 실리게 되어 외국인들에게도 널리 알려지게 되었다. 외국 언론들은 그를 대한매일신보와 영어신문 〈코리아 데일리 뉴스(*Korea Daily News*)〉의 한국인 편집인(Korean Editor)으로 호칭했고, 국내에서는 '총무'라 불렀다. 영어로는 전무를 뜻하는 '제너럴 매니저'(General Manager)라고도 했다. 지금 개념으로는 경

영을 총괄하는 역할이면서 동
시에 편집면에서 주필·편집
국장을 겸한 위치였다고 볼 수
있다. 그는 신보가 창간될 때
부터 간여하여 1910년 6월 14
일까지 근무했으므로, 대한매
일신보는 그의 분신이나 다름
이 없었다. 배설이 대한매일신
보를 지켜준 울타리였다면 양
기탁은 신보를 떠받치고 있던
대들보이자 기둥이었다. 대한
매일신보의 항일논조로 말미
암아 배설은 2차례나 재판을

양기탁 초상화.

받은 끝에 투옥되었고, 같은 때에 양기탁은 국채보상운동 의연금을 횡령하였
다 하여 재판을 받았다. 강제합방 후 일제는 양기탁에게 보안법 위반 혐의를
씌워 투옥했다가 다시 신민회(新民會) 사건으로 옥고를 치르게 했다. 이 모든
수난의 근본은 대한매일신보와 관련하여 일제가 양기탁과 그 종사자들을 탄
압한 연장이었다.

양기탁은 1871 평안남도 평양 소천(小川, 또는 西村 院場)에서 양시영(梁時英)
의 장남으로 태어났다. 본적은 평안남도 강서군(江西郡) 쌍룡면(雙龍面) 신경리
(新慶里)이다. 본관은 남원(南原), 자(字)는 자명(子明), 호는 우강(雩崗)이고 어릴
때 이름은 의종(宜鍾)이었다. 아버지 시영은 이름난 한학자였다.

양기탁은 어려서부터 총명하여 그를 한번 보는 사람이면 누구나 그 슬기에 경탄하여 칭찬을 아끼지 않았다. 어려서는 서당에 들어가 한문을 배우며 자랐는데 15살 때에는 그 지방에서 보기 드문 소년 문장가로 손꼽힐 정도가 되었다 한다. 그는 15살 때에 서울로 올라와 평북 위원(渭原)의 명망 있는 유림(儒林)이며 우국지사였던 라현태(羅鉉泰)를 알게 되었다. 스승 라현태가 어떤 사람인지 정확한 인적 사항은 알 수 없다. 15살이라면 1886년 무렵인데 이때부터 여러 우국지사들과 빈번하게 접촉하여 그들의 애국사상에 큰 감화를 받게 되었다 한다. 그는 또한 동학당과도 관계를 맺으면서 견문을 넓히고 사상을 확고히 하게 되었다. 이 시기는 후에 그가 대한매일신보를 통해 항일운동을 전개할 수 있는 사상적 기틀을 마련한 기간이었다.

15세 상경 제중원에서 영어 배워

양기탁은 1886년에 영어를 배울 수 있는 기회가 생겼다. 미국인 선교사이며 의사로 주한 미국공사로 임명되는 알렌(安連, Horace N. Allen)이 설립한 제중원(濟衆院)에서 일할 보조원을 양성하는 교육을 받게 된 것이다. 알렌의 요청에 따라 조선 정부는 전국 8도에서 2명씩 16명의 수련생을 선발하였는데 양기탁은 평안도에서 선발된 2명 가운데 들어 있었다. 제중원은 1886년 3월 29일부터 학생들을 대상으로 수업을 시작하였고, 알렌 등 3명의 외국인 교사가 교육을 담당했다. 교과과목은 영문, 화학, 제약(製藥), 의술(醫術) 등이었다. 이들에게는 식사, 숙소, 학비 등이 제공되었으며, 과정을 이수하면 정부 관리로 등용하여 주사(主事)에 임명하기로 되어 있었다.

양기탁은 제중원 근무를 위한 예비교육을 6개월 동안 이수한 것으로 짐작된다. 그가 한성외국어학교에 들어가 반 년 동안 영어를 배웠다는 것은 바로 이때의 교육을 말하는 것 같다. 양기탁은 1912년 12월 20일 법정에서 "15세까지는 한문을 배웠고, 그 후 반년 정도 영어학교에 다니다가 퇴학 후에는 독학을 하였다"고 진술했고, 1913년 7월 1일 대구복심법원에서 열린 재판에서 "15세까지 7년쯤 한문을 배웠고, 그 뒤 외부아문(外部衙門)의 명으로 반년쯤 영어를 배운 것 외에는 특별히 선생을 모시고 공부한 일은 없다"고 말하였다. "외부아문의 명으로 반년쯤 영어를 배웠다"는 말은 제중원의 교육이 외무아문과 관계가 있었기 때문인 것 같다.

이와 같은 양기탁의 경력으로 보아 그의 지식과 사상은 열다섯 살 때까지 배운 한학의 토대 위에서 서양학문과 기독교 정신이 접목된 것이었고, 동학과도 관계를 맺음으로써 민족주의 사상이 자리 잡게 되었던 셈이다.

제중원에서 영어를 공부한 양기탁은 아버지 양시영과 함께 캐나다 선교사 게일(James Scarth Gale)의 『한영자전; A Korean English Dictionary』을 편찬하는 일을 도왔다. 『한영자전』은 1897년 6월에 출판되었는데 인쇄소는 일본 요코하마에 있는 후쿠인(福音) 인쇄합자회사(印刷合資會社)였고 발행은 서울야소교서회(耶蘇教書會)였다. 그런데 자전의 판권에 나오는 발행 일자보다 앞서 4월 24일자 독립신문에는 한영자전이 출판되었음을 소개하는 기사가 실려 있다.

독립신문은 게일이 몇 해를 두고 조선말을 영어로 찾는 옥편(한영자전)을 만들었는데 1천 300여 장의 옥편을 일본서 박아 일전에 출판이 되어 서울로 보내왔다고 보도하였다. 이로 미루어보면 한영자전의 판권에는 6월 출간으로 기재되어 있지만, 실은 4월에 이미 출간되었던 것이 확실하다. 한영자전은 그보다 앞서 1880년 프랑스 신부 리델 등이 편찬한 『한불자전; Dictionnaire Coréen-franais』을 대본으로 하였으나 그보다 훨씬 방대한 것으로 3만 5천 단어가 수록되었다.

선교사 게일의 〈한영자전〉 편찬

게일은 한영자전의 초판 서문에서 사전 편찬에 소요된 기간이 6년이었다고 말하고, 편찬을 도운 한국인 8명의 이름을 밝혀 놓았다. 그 가운데 양시영과 양기탁의 어릴 적 이름인 양의종(梁宜鍾)이 들어 있다. 함께 사전 편찬을 도운 한국인은 정동명(鄭東鳴), 양시영(梁時英), 이창직(李昌稙), 이겸래(李謙來), 양의종(梁宜鍾), 조종갑(趙鍾甲), 신면휴(申冕休)였다. 사전 편찬 작업에 6년이 소요되었다면 1891년 무렵부터 시작되었을 것이고, 양기탁도 그 때부터 게일의 사전 편찬 작업에 참여했을 것이다. 사전편찬은 오랜 시간이 소요되는 까다로운 작업인데, 짧은 기간 밖에 참여하지 않았다면 게일이 양기탁의 이름을 서문에 올리지는 않았을 것이다. 한성외국어학교에서 겨우 반년 밖에 영어공부를 하지 않은 양기탁이 영어를 잘 할 수 있었던 것은 그가 몇 년 동안 게일의 사전 편찬에 참여하면서 영어를 익혔기 때문일 것이다.

양기탁의 동생 양인탁(梁寅鐸)도 영어를 잘했던지 신보사에 근무하면서 외보를 번역하는 일을 맡았다. 양인탁은 양기탁보다 13살 아래로 1906년에 작성된 한성부의 호적에는 당시 양기탁이 36세, 양인탁은 23세로 되어 있다. 양기탁의 아버지를 비롯하여 양기탁과 그의 동생 3부자가 모두 영어를 할 수 있던 것으로 보아서 그들에게는 영어를 할 수 있는 어떤 환경이 주어졌을 것이다. 그것은 기독교 선교사 게일과의 인연 때문일 것으로 짐작된다.

양기탁과 게일(1863. 2. 19~1937. 1. 31)의 관계에 관해서는 리처드 러트(Richard Rutt)의 『한국민족사(*James Scarth Gale and his History of the Korean People*)』에도 언급되어 있다. 캐나다 출신이지만 미국 선교사로 한국에 온 게일은 1888년 12월 15일 부산에 도착하여 한국에서 선교사 생활을 시작하였다. 1892년 6월부터는 원산으로 가서 선교활동을 벌이면서 한영자전의 편찬 작업을 진행하였다. 게일이 원산에 있는 동안 사전을 편찬하였다면 양기탁과 양시영이 사전 편찬 작업에 참여한 곳도 원산이었을 것이다. 당시의 교통 통신사정과 사전 편찬이라는 세밀한 작업의 성격으로 보아서 서울과 원산에 떨어진 상태로는 진행하기 어려웠을 것이기 때문이다.

대한매일신보에 근무한 적이 있었던 장도빈(張道斌)은 양기탁이 부모와 함께 원산으로 이거(移居)하여 기독교를 신앙하며 한문을 배우는 한편 서양 선교사의 도움으로 영어를 배워 통해(通解)했다는 증언을 남겼다(장도빈, 「한말 항일운동 비화」 3, 조선일보, 1957. 4. 30). 부모와 함께 원산으로 이거하였다는 것은 아버지 양시영을 비롯한 가족들이 원산에 가서 게일의 한영자전 편찬에 참여했음을 의미한다. 양기탁은 게일보다 여덟 살 아래였지만 두 사람은 친밀한 관계가 되었다. 게일은 원산에 있는 동안 사전을 편찬하는 한편 시조를 영어로 번역하는 작업도 했는데, 『남훈태평가(南薰太平歌)』에 들어 있는 시조를 번역하였다. 남훈태평가의 원본은 양기탁이 그의 아버지의 친구로부터 얻은 것으로, 게일은 이 목판본을 대본으로 삼아 34수의 시조를 영역(英譯)하였다.

게일은 1895년 12월 원산을 떠나 일본 요코하마로 가서 1897년 5월까지 그곳에 머물면서 사전의 조판과 인쇄, 제작 과정을 감독했다. 요코하마에 갈 때에 게일은 이창직(李昌稙)을 데리고 갔는데 이창직은 게일의 사전 편찬을 도운 사람일 뿐 아니라, 국내 최초의 번역 소설인 『천로역정(天路歷程, *Pilgrim's Progress*)』(1895년 출간)의 번역과 시조 영역 등을 도와주기도 했던 인물이다. 양기탁이 일본에 간 것도 바로 게일이 사전 인쇄를 위해 일본으로 갔던 바로 그 무렵이었다.

나가사키 상업학교 조선어 교사

양기탁은 나가사키(長崎)상업학교 한국어 교사로 초빙되어 일본에 갔다. 양기탁은 1912년 12월 20일 신민회 사건 공판 때에 "명치 38년 중 원산(元山) 영사관원의 소개로 나가사키상업학교에 한국어 교사로 가서 2년 정도 체류하였다"고 말했다.

원산에 있는 영사관원의 소개로 나가사키 상업학교 조선어과 교사로 초빙되었다는 양기탁의 법정 진술도 게일과의 관계를 짐작케 하는 대목이다. 게일이 원산에서 선교활동을 벌이던 시기(1892. 6~1895. 12) 원산에는 12명 미만의 서양인들이 살고 있었다. 원산의 한국 해관(海關)에 근무하는 서양인들은 대개 중국인, 또는 일본인 여자를 아내로 삼거나 동거하고 있었다. 원산에는 일본 영사관과 전신국이 있었고, 일본 상인들의 주거지도 형성되었다. 일본 기선 도쿄마루(東京丸)와 사쓰마마루(薩摩丸)가 부산과 블라디보스토크를 운항하면서 한 달에 1, 2회 정도 정박하였다.

이 같은 환경이었기에 사전 편찬을 위해 원산에 거주했던 양기탁은 원산주재 일본 영사관원의 소개를 받아 일본으로 건너갔던 것이다. 1896년 5월에 개설된 학과에 최초의 교사로 초빙되어 한 해 먼저인 1895년 말 게일이 일본으로 가던 무렵 양기탁도 일본으로 갔을 것이다. 미리 가서 일본어도 익힐 겸 수업을 준비하였을 것이다.

양기탁에 일본에 갔던 시기에 동경의 상업학교에서도 조선어를 가르치고 있었다. 1897년 8월에는 오세창(吳世昌)이 일본 문부성이 운영하는 동경상업학교의 조선어 교사로 초빙되어 일본으로 건너갔다. 오세창은 이 학교에서 1년간 조선어를 가르쳤다.

동경과 나가사키의 상업학교에서 한국어 과정을 설치한 것은 일본의 대륙 진출과도 관련이 있었다. 나가사키는 서양의 문물을 가장 먼저 받아들인 개항장(開港場)이었고, 외국과의 무역이 성행했기 때문에 중요한 이해관계가 있는 외국어를 가르쳤던 것이다. 양기탁이 나가사키에 갔던 1895년은 청일전쟁이 일어난 직후였다. 나가사키는 전쟁의 병참기지가 되어 그 전쟁의 지리적 조건에 따른 호황을 누리고 있었다. 상업학교도 위상이 높았다. 일본 정부는 1896년 「실업교육 국고보조법」에 의해 나가사키상업학교에 약 2천만 엔의 경비를 보조해주었고 이에 따라 4개 국어를 신설하였던 것이다. 학생들의 수준도 높아서 나가사키 항에 출입하는 외국인들의 통역을 맡을 정도의 실력이 있었으며, 졸업식에는 영어와 중국어로 답사를 했다. 학생들은 모직 외투에 금단추를 단 교복을 입고 다녔으며 수학여행으로 상해까지 갈 정도였다.

청일전쟁 직후 일본은 한국어 교육의 중요성을 인식하여 나가사키에 인접한 구마모토(熊本)현에서는 조선에 유학생을 파견하여 조선어를 배우도록 했다. 1896년에는 구마모토 현이 파견한 유학생 제1기생 6명이 한국에 왔고, 1899년에 온 제2기생 10명 가운데는 후에 〈경성일보〉와 〈매일신보〉의 편집국장을 지내는 나카무라 겐타로(中村健太郎)가 포함되어 있었다.

2. 투옥 후 한성전기회사와 궁내부 근무

이승만과 함께 죄수들 가르쳐

양기탁은 나가사키에서 2년간 체류한 후에 1898년 무렵에 귀국하였다. 상업학교의 한국어 과정은 1900년에 폐지되었기 때문에, 양기탁이 귀국한 뒤에 또 다른 한국인 교사가 2년간 한국어를 가르쳤을 것이다. 장차 언론계에서 활약하게 될 양기탁이 일본에서 한국어를 가르치고 있던 때인 1896년에는 서재필이 미국에서 돌아와 한글 전용의 독립신문을 창간하였고 신문의 정치적인 역할에 관해서 국민들이 더욱 널리 인식하고 있었다.

양기탁은 한문과 영어, 일어까지 구사할 수 있는 능력을 지닌 외에 동학에도 관계한 적이 있고, 기독교 신자였기 때문에 동양과 서양의 사상과 학문을 섭렵할 능력이 있었다. 일본에서 귀국한 후 1898년 무렵에는 독립협회의 총무급(都總務) 직책을 맡아 활동하였다는 설도 있지만 독립신문에는 양기탁 또는 양의종이라는 이름이 한 번도 기재되지 않은 것으로 보아 어느 정도 적극적으로 참여하였는지는 확실하지 않다.

양기탁은 1901년 무렵에 구속되어 투옥된 일이 있었다. 사전(私錢), 즉 가짜 돈을 만들려했다는 혐의였다. 그러나 양기탁이 가짜 돈을 만들려고 시도했다는 혐의는 사실이 아님이 명확하다. 필시 무슨 모함에 걸려들었거나 잘못된 재판이었을 것이다.

양기탁은 옥중에 있는 동안 먼저 수감되어 있었던 이승만(李承晚)과 함께 옥중학교를 운영했다. 이승만은 독립협회 사건으로 투옥되어 옥중에서 〈뎨국신문〉에 논설을 집필하는 한편으로 양기탁과 함께 1902년 9월부터는 감옥 안에서 죄수들을 가르치기 시작했다. 형무소의 한 칸을 치우고 한글과 『동국역사』, 『명심보감』 같은 책을 교재로 사용하다가 교육이 발전함에 따라서 영어와 일어, 지리, 문법 등으로 과목을 늘렸다. 이승만과 양기탁의 옥중교육 사실이 알려지자 영국인 선교사 벙커(D. A. Bunker) 목사가 일요일에는 감옥에 찾아와서 가르친 것을 문답도 하고 성경도 가르쳤다. 교육이 진보하자 성인반은 같은 형무소에 있던 신흥우(申興雨)가 맡고 소년들은 양의종(梁宜鍾, 양기탁의 어릴 적 이름)이 담당하였다. 형무소 안에는 한국어, 영어, 한자로 된 책 250여 권이 있었다. 양기탁과 이승만이 옥중에서 죄수들을 가르친 사실은 1903년 1월 19일자 황성신문에도 보도되었고 이승만의 자서전에도 잠시 언급되었는데, 이승만은 1899년 1월 9일에 체포되어 1904년 8월 초순에 출옥했으므로, 양기탁은 이승만보다 늦게 감옥에 들어갔다가 먼저 출옥했다. 양기탁과 이승만이 수감되었던 감옥서는 종로구 서린동 42번지로 현재의 위치는 동아일보사에서 광화문 우체국을 지나 종각 쪽으로 가다보면 조그만 검은 표석이 서 있다. 양기탁은 1908년에 국채보상의연금 사건으로 또다시 이곳 감옥서에 투옥되어 고통을 당하게 된다.

옥중 서적실의 운영에 관해서는 1903년 1월부터 이듬해 8월까지 도서 대출 상황을 상세히 기록해둔 「감옥서(監獄署) 도서대출부(圖書貸出簿)」가 남아있다. 이 자료는 이상재(李商在)의 둘째 아들 이승인(李承仁)이 보관했던 것으로 감옥에 수감되어 있던 죄수가 누구이며 어느 방에 수감되어 있었는지, 또 어떤 책을 읽었는지 정확히 기재해 두었으므로 당시 감옥의 분위기를 짐작할 수 있는 자료이다. 감옥은 '대청(大廳)'에서 시작하여 1, 2, 3, 4의 순으로 20칸(間)까지 보이며 옥중 '서적실'에는 『사민필지』, 『텬로역정』을 비롯하여 『신약전서』, 『찬송가』, 『그리스도 신문』, 〈신학월보〉 등 한글 서적과 한문서적, 영문서적이 비치되어 있었다. 처음에 250여 권의 장서로 개설했는데 1904년 8월 말에 이르러 그 수가 한문책 222종 338권, 한글책 52종 165권, 영문책 20종 20권 등, 총 294종 523권으로 불어나 있었다(유영익, 『젊은 날의 이승만』 연세대학교출판부, 2002, p.86).

서적실의 대출기록이 시작된 1903년 1월 17일부터 31일까지 15일 동안 대출된 책은 33종이었고, 같은 책을 여러 사람이 대출했기 때문에 대출자 연인

원은 165명이었다. 2월 한 달 동안에는 131명이 35종을 대출하였다. 가장 많이 읽힌 책은 『사민필지』, 『국문독본』, 『텬로역정』, 『신약전서』 등이었다. 서적실을 관리한 사람은 이승만이었고, 수감된 죄수들만이 아니라 간수들과 감옥 외의 관리, 또는 민간인들까지 책을 빌려 읽었다.

양기탁은 7칸에 수감되었는데 『사민필지』, 『경학불염정(經學不厭精)』, 영문 신약성서(New Testament)와 영영사전(Clarendon Dictionary)을 빌려 보았던 것으로 기록되어 있다. 서적대출부의 대출기록은 1904년 6월분까지 남아 있는데 양기탁의 이름은 1903년 3월 이후에는 보이지 않는다. 양기탁은 3월 6일 고종의 명에 따라 감옥에 있던 미결수 145명과 함께 출옥하였기 때문이다.

궁내부 번역관보로 관직에

양기탁은 1903년 3월경 감옥에서 출옥한 후 곧 한성전기회사에서 근무하기 시작했다. 높은 직위는 아니었지만 앞에서 살펴보았듯이 그가 억울한 옥살이를 했거나 정치적인 이유로 투옥되었기 때문에 출옥과 동시에 복권이 되었음을 나타내는 것이다.

양기탁은 한성전기회사에서 덴마크인 뮐렌스테트(彌綸斯, H. J. Mühlensteth)를 알게 되었다. 뮐렌스테트는 통신 기술자로 서울에 와서 1885년 9월 27일 청국인을 위하여 서울과 제물포 사이에 전신을 가설하였던 인물이다. 1896년 6월에는 농상공부의 전무기사(電務技師)로 고빙되었고, 1901년 11월에는 법부(法部) 교정소(校正所) 의정관(議政官)에 임명되었으며, 12월에는 한국 정부의 외무고문으로 임명된 적도 있었다.

일본인들이 쓴 두 기록인 「한말 관인(官人)의 경력일반(經歷一般)」(주한일본공사

관기록)과 『현대한성의 풍운과 명사(現代漢城の風雲と名士)』에 양기탁이 '통신기술자' 또는 '전기회사 사무원'이었다는 경력이 나오는 것은 양기탁이 한성전기회사에 근무한 적이 있기 때문이다.

양기탁과 배설은 후에 궁내부 전무과 기사들과 밀접한 관계를 유지했으므로 고종이 대한매일신보를 비밀리에 지원할 때에 전무과(電務課) 기사 심우택(沈雨澤)이 배설에게 보조금을 전달하는 역할을 맡았다. 배설의 재판에는 전무과 기사 김철영(金澈榮)과 심우택이 증인으로 채택되었다. 한성전기회사는 1904년 7월 한미전기주식회사로 개칭하면서 한미합작회사가 되었다가, 1915년 9월 회사 이름을 경성전기주식회사로 개칭하였다. 양기탁은 대한매일신보 총무로 있으면서 1906년 9월 18일 한미전기주식회사의 검찰관에 임명되었다.

양기탁은 러일전쟁 직후인 1904년 3월 9일자로 궁내부(宮內府) 예식원(禮式院)의 판임관 6등으로 9품 벼슬인 번역관보(繙譯官補)에 임명되었다. 예식원에서 양기탁이 맡은 업무는 영어와 일어를 한국어로 번역하거나, 반대로 한국어를 영어 또는 일어로 번역하는 일이었다. 1년 뒤인 1905년 3월 25일에는 주사로 승진되었다.

양기탁은 예식원에 근무하는 기간에 뮐렌스테트의 소개로 배설(裴說)을 처음 만났다. 고베(神戸)에서 무역업에 종사하던 배설은 러일전쟁이 터지자 런던의 일간지 〈데일리 크로니클(Daily Chronicle)〉의 특별 통신원이 되어 러일전쟁을 취재하기 위해 1904년 3월 10일 서울에 처음 왔다. 한국말을 몰랐던 배설은 통역이 필요했는데 뮐렌스테트가 양기탁을 추천한 것이다. 배설은 곧 〈대한매일신보〉를 창간하면서 양기탁과 더욱 긴밀한 관계를 맺게 되었다.

양기탁이 배설을 만난 경위와 대한매일신보사 내에서의 양기탁의 위치에 대해서는 배설의 다음과 같은 증언이 있다. 1908년 9월 15일 경성지방법원에서 열린 국채보상운동 재판에 양기탁의 증인으로 나와 진술한 것이다.

재판장(橫田定雄)　언제 양기탁과 알게 되었는가.

배　설　1904년 4월경 내가 막 서울에 왔을 때다.

재판장　어떤 상황 아래서 인가.

배　설　나는 통역이 필요했는데, 뮐렌스테트 씨가 양(梁)을 그 직위에 추천했다.

재판장　증인은 언제 대한매일신보를 시작했는가.

배　설　1904년 7월 혹은 8월이다.

재판장　언제 신문사에 양(梁)을 채용했는가.

배　설　처음부터였다.

재판장　양은 어떤 직무로 근무했나.

배　설　양은 총괄 업무를 맡았다. 번역을 하기도 했다. 업무 지배인으로 나를 돕기도 했다.

재판장　그렇다면 양기탁은 총업무를 맡았단 말인가.

배　설　아니다. 꼭 그런 것은 아니다. 내가 늘 신문사의 총 경영을 맡았지만 양에게도 상당한 경영을 맡겼다.

재판장　양은 자신을 신문사의 총무(general manager)라고 불렀다. 그게 옳은가.

배　설　꼭 그런 것은 아니다.

좀 더 정확히 알아보기 위해 재판장이 피고인 양기탁을 심문한 내용을 소개하면 다음과 같다.

재판장 피고는 어떻게 해서 대한매일신보에 입사했는가.

양기탁 사주(社主)와 서로 아는 친구를 통해 사주를 소개받았다.

재판장 사주란 배설을 말하는가.

양기탁 그렇다.

재판장 그 전에도 배설을 알고 있었는가.

양기탁 그렇다, 알고 있었다.

재판장 어떤 관계로….

양기탁 그가 서울에 온 직후 나는 그에게 소개되어 영어를 한국어로 번역하는 일
로 가끔 그를 도왔다.

재판장 피고가 배설을 이미 알고 있었다면 신문사에 들어갈 때에 새삼스레 소개
받을 필요가 있었는가.

양기탁 아니다, 그 당시 내가 그에게 소개받은 게 아니다. 그를 안 것은 그의 요
청으로 신문사 직원이 되기 얼마 전의 일이다.

재판장 그 신문사에서 피고의 임무는 무엇이었는가.

양기탁 처음에는 주로 영어를 번역하고 편집국의 일반 업무를 돕는 일이었다. 나
중에 업무부의 일도 맡게 되었다.

재판장 경찰에서 심문받을 때 피고는 대한매일신보사의 총무라고 말했다면서.

양기탁 배설로부터 그런 직위를 받은 것은 아니다. 다만 사람들이 일반적으로 나
를 그렇게 불렀는데, 이는 아마 내가 모든 종류의 업무를 다했기 때문인
것으로 생각한다.

재판장 피고의 권한은 무엇이었는가.

양기탁 이미 말했듯이 편집과 업무의 일을 다 했다. 배설은 흔히 여러 가지 문제
에 대해 나와 상의했다.

양기탁은 배설이 서울에 오기 전날인 3월 9일 예식원의 번역관보가 되었고, 배설은 다음날인 3월 10일 서울에 왔다. 두 사람의 진술을 종합해 보면 양기탁은 처음에는 배설의 부탁을 받고 통역과 번역 일을 해주었다. 양기탁과 배설이 만난 때는 러일전쟁이 터진지 한 달, 일본과 러시아가 전쟁을 벌이고 있던 위급한 시기였다. 많은 외국의 특파원들도 서울에 몰려와서 취재 경쟁을 벌이는 중이었다.

을사늑약에 분개, 관직 사임

배설은 한동안 〈데일리 크로니클〉의 특파원으로 근무하다가 자신이 신문을 발행할 계획으로 크로니클과 결별하고 한영 양국어로 된 신문 발행을 추진했다. 처음 계획할 때의 영문판 제호는 〈코리아 타임스〉였지만 동업이었던 코웬(Thomas Cowen)이 의견충돌로 갈라서고 난 다음 배설이 단독으로 신문을 창간하면서 제호를 〈코리아 데일리 뉴스(Korea Daily News)〉가 되었음은 앞에서 살펴보았다.

양기탁은 대한매일신보가 창간된 뒤에도 궁내부 예식원의 번역관보로 근무하고 있었다. 그리고 창간된 다음 해인 1905년 3월 25일에는 주사로 승진하였다. 이때까지는 신문사 업무보다는 관직인 궁내부에 더 많은 시간을 보냈을지도 모른다. 그러나 나라의 운명은 기울고 있던 위급한 시기에 예식원의 일에 매달려 있을 수는 없는 상황이 되었다. 1905년 11월 17일 일제의 강압으로 을사조약이 체결되자 양기탁은 예식원에 사표를 내던지고 언론투쟁에 전념하기로 단안을 내렸다. 양기탁은 1913년 7월 1일 대구복심법원에서 열린 공판에서 다음과 같이 사표를 제출한 이유를 밝혔다.

문 피고는 벼슬한 일이 있는가.

답 지금부터 10년쯤 전 예식원의 번역관이 되었으나, 명치 38[1905]년 일한협약이 체결된 다음날 그 직(職)을 사임했다.

문 왜 사직했는가.

답 관리는 국가를 위하여 진력해야 하는 것인데, 협약의 결과 한국은 일본의 보호를 받도록 되었기 때문에 나 같은 사람이 계속해서 그 직에 있어도 국가에 아무런 이익 될 것이 없고, 또 본인도 부귀영달을 구하려는 뜻이 없었으므로 그 직을 사퇴하고 그 이후로 벼슬할 생각을 끊었다.

문 피고는 대한매일신보를 경영하고 있었는가.

답 그렇다.

문 그것은 언제인가

답 관(官)을 그만두고 얼마 후 그 신문을 발행하여 명치 43[1910]년 5월까지 계속했다.

'일한협약'이란 1905년 11월 17일의 을사조약을 말한다. 원래의 조약명은 '한일협상조약'이지만 '제2차 한일협약'으로도 부르기 때문에 재판정에서 말한 '명치 38[1905]년 일한협약'은 바로 을사조약이라는 뜻이다. 양기탁은 이어서 '협약의 결과 한국은 일본의 보호를 받도록 되었기 때문에' 관직에서 물러나기로 했다고 말했다. 일본 기자 호소이 하지메(細井肇)의 인물지 『현대 한성의 풍운과 명사(現代漢城の風雲と名士)』에도 "38년 11월 17일, 5조약의 체결과 함께 일본과 한국의 보호관계가 확립되자 이튿날 분연히 사직하여 그 후 대한매일신보사에 들어가 배일사상 고취에 전력을 경주하였다"고 쓰여 있다.

양기탁은 예식원 주사직의 사표를 던지고 신문 발행에 전념하였으나 사표가 정식으로 수리된 날은 12월 25일이었다(대한제국 〈관보〉, 1905.12.28,『敍任及辭令』). 11월 18일 경에 사표를 제출했다면 수리된 날까지 약 1개월의 시차가 있는데 사표 수리에 행정적으로 시간이 걸렸기 때문인지, 양기탁의 사임을 만류하느라고 수리를 미루었는지는 확실치 않다. 어쨌건 양기탁은 을사조약 후에는 관직을 떠나 신문을 통한 항일에 전념하였다. 그는 법정에서 다음과 같이 대답하였다(*The Seoul Press*, 5 Sept. 1908).

재판장　피고가 대한매일신보 직원으로 들어간 것은 언제인가?
양기탁　3년 전이다.
재판장　어느 달인가?
양기탁　12월로 생각된다.

위의 증언은 1908년 9월 3일 국채보상의연금 횡령혐의로 재판에 회부되었을 때의 진술이다. '3년 전 12월'이라면 1905년 12월이다. 바로 궁내부 예식원의 사표가 수리된 때이다. 양기탁은 대한매일신보가 창간 될 때부터 적극적으로 참여하고 있었지만, 1905년 11월까지는 궁내부 주사신분을 유지하고 있다가 1905년 12월부터는 완전히 대한매일신보에만 전념했다는 뜻으로 위와 같이 진술했을 것이다.

양기탁이 대한매일신보 제작에 전념하기 시작한 1905년 11월 17일 이후부터 대한매일신보는 민족진영을 대변하는 신문의 성격을 더욱 확고히 하고 그 위상이 높아지게 되었다. 양기탁이 관직을 팽개치고 신문을 통한 항일투쟁에 몸을 던지면서 대한매일신보는 더욱 강경한 항일논조를 띠게 되었다. 을사조약 직후 황성신문 사장 장지연은 11월 20일자 신문에 을사조약을 반대하는 유명한 명논설 「시일야방성대곡(是日也放聲大哭)」을 실었다가 신문이 정간 당하고 장지연은 구속되었다. 이 사건 이후에 대한매일신보는 장지연의 용기를 찬양하고 구속된 장지연의 옥중 투쟁을 연일 보도하였다.

「시일야방성대곡」을 쓴 장지연.

3. 배설 사후의 양기탁과 후임 사장 만함

양기탁이 집필한 논설

대한매일신보는 일본의 탄압을 받으면서도 항일논조를 꺾지 않았다. 그러면 이 신문 제작에 있어서 양기탁의 역할은 구체적으로 어떤 정도였을까. 양기탁은 국가의 운명이 기울었던 위급한 시기에 민족지 대한매일신보의 제작을 총괄하면서 언론을 통한 항일투쟁을 전개한 인물이었음은 긴 설명을 요하지 않는다. 그러나 신보에 실린 논설을 모두 양기탁이 집필한 것으로 볼 수는 없다. 양기탁 외에도 박은식, 신채호와 당대의 우국적 논객들이 참여하였기 때문이다. 그러므로 '언론인 양기탁'의 면모를 알기 위해서는 명확히 그가 쓴 글들이 어떤 것인지를 밝히는 일이 중요하다.

1904년 7월 한글판 신보와 영문판 〈코리아 데일리 뉴스〉가 분리되지 않았을 때에는 영문 논설이 게재된 다음날 같은 내용이 한글로 번역되어 실렸다. 한글 논설이 하루 늦게 실린 이유는 영문으로 쓴 논설을 한글로 번역해서 게재했기 때문이다.

그러나 국한문판과 영문판을 분리하여 2개의 독립된 신문으로 발행되면서 영문판보다는 국한문판이 중심이 되었다. 국문판의 제작은 양기탁이 맡았다. 1908년 배설 재판 때에 배설 스스로도 자신은 한국말을 모르기 때문에 양기탁에게 중요한 문제는 자신과 상의하라고 지시했지만, 지면 제작에 있어 거의 전권을 그에게 맡기고 있다고 말했다. 증인으로 나왔던 양기탁도 이러한 사실을 시인하면서 자신은 통감부의 위협을 피하고 신변 안전을 위해 치외법권 지역인 신보사 바깥으로는 나가지 않고 그 안에서 기거하고 있다고 밝혔다. 양기탁은 또한 배설이 기소당하는 데 증거물로 제시된 문제의 논설들은 모두 자신이 집필한 것이라고 주장했다.

양기탁은 신보 창간 이후 가장 중요한 위치에서 신문 제작을 총괄하였으나 기명으로 남긴 논설은 아주 드물다. 배설은 발행인 겸 편집인이었지만 특별한 경우를 제외하고는 물어볼 필요도 없이 양기탁이 신문을 맡아서 운영하도록 하였으므로 기명으로는 쓰지 않았지만 신보는 양기탁의 주도 하에 제작되었다. 배설과 그의 뒤를 이은 발행인 만함은 한국어를 알지 못했기 때문에 양기탁이 논조를 좌우한 것이다.

양기탁은 1908년 6월 15일부터 4일 동안 주한 영국총영사관에서 진행된 배설의 제2차 재판 2일 째인 6월 16일 오후에 증인으로 출석하여 증거로 제시된 문제의 논설을 모두 자신이 집필한 것이라고 법정에서 명확하게 밝혔으므로 이 논설은 양기탁이 쓴 논설이라는 확실한 근거가 된다. 그러나 한일 강제합방 후 신채호가 국내를 떠나 망명한 후에 열린 재판에서는 이 논설들을 신채호가 쓴 것이라고 말했다. 이렇게 되면 '논설을 누가 집필했는가'를 명확히 밝히기 어렵지만 양기탁이 재판정에서 자신이 쓴 논설이라고 주장한 기개와 용기는 높이 평가할 수 있다.

배설을 기소하는 증거물로 통감부가 제시한 신보의 논설은 다음 3건이었다.

> ① 친일 외교고문 스티븐스의 암살에 관한 기사(1908. 4. 17)
> ② 일백 매특날이가 능히 이태리를 압제치 못함(「百梅特捏이 不足以壓 一 伊太利」, 1908. 4. 29, 한글판은 5. 2)
> ③ 학계의 꽃(學界의 花, 1908. 5. 16)

양기탁은 위의 논설은 모두 자신이 쓴 것이라고 말했다. 양기탁은 자신이 신보의 항일 논조를 이끌어왔음을 재판정에서 확인한 것이다. 재판정에서 당당하고 용기 있게 답변하는 양기탁의 자세에 대해서 영국의 검사도 찬사를 아끼지 않을 정도였다. 이 재판의 결과로 배설은 3주일간의 금고형을 언도 받아 상해로 가서 복역하고 돌아왔다.

양기탁은 배설이 상해에서 돌아오기 전에 국채보상의연금을 횡령하였다는 죄목으로 기소되어 재판을 받았다. 양기탁의 구속과 기소에 대해서 주한 영국총영사관은 일본 통감부에 강력히 항의하여 심각한 외교분쟁이 야기되었다. 이에 관해서는 다음 제 XI장에서 상세히 다룰 것이므로 여기서는 생략한다.

애국심과 고매한 인품

1909년 5월 1일 배설이 죽은 후 신보는 영국인 만함(Alfred Weekley Marnham)이 소유주가 되었다. 이때부터 양기탁의 비중이 상대적으로 더욱 커졌다. 한국어를 몰랐던 만함은 전적으로 양기탁에 의존하여 신문을 만들고 있으며 신문은 양기탁의 마음대로 좌우되고 있다고 주한 영국총영사 보나르(Henry Bonar)가 본국에 보내는 보고서에 지적할 정도였다. 보나르는 만함에게 양기탁이 만함을 바보 취급하고 있으니 조심하라고 말하기까지 했다.

1909년 10월 26일 안중근이 이등박문을 사살했다는 소식이 전해진 뒤, 주한 영국총영사 레이는 양기탁과 만함의 대조적인 반응을 본국에 보고했다. 만함은 레이에게 어떻게 해서 한국인들의 가장 좋은 친구인 이등을 죽이는 사건이 일어났는지를 이해할 수 없다고 말한 반면에, 양기탁은 신보사 사원들과 함께 2층에 모여 태극기를 걸어 놓고 축하연을 벌이며 만세를 불렀다는 것이다. 양기탁이 이와 같은 행동을 했다는 소문은 친일지 〈대한일보〉와 일본의 〈호치신문(報知新聞)〉, 〈아사히신문(朝日新聞)〉 등이 보도한 내용이었다. 그러나 양기탁은 신보를 통해 대한일보의 보도를 부인한 것으로 보아 이들 일본신문의 기사가 사실은 아니었던 것 같다. 하지만 설사 사실은 아니었다 하더라도 양기탁의 투철한 항일정신이 평소에 영국이나 일본 당국에 어떻게 비쳤었던가를 나타내는 사례였던 것이라 할 수 있다.

그렇기 때문에 일본 당국은 늘 양기탁을 경계의 눈으로 바라보았고, 큰 사건이 일어나면 그를 배후 인물로 지목했다. 이등박문이 암살당했을 때에도 경찰은 그의 관련여부를 수사했고, 같은 해 12월 총리 이완용의 암살미수 사건으로 임치정과 이교담이 구속되었을 때도 관련혐의를 조사했다.

이와 같이 신보의 논조를 이끌었던 사람은 양기탁이었다. 일제는 결국 배설

이 3주간의 금고형을 언도 받고
상해로 간 뒤인 1908년 7월 12
일 국채보상의연금을 횡령했다
는 혐의를 씌워 양기탁을 구속해
서 재판에 넘겼으나 일인 재판장
은 무죄를 선고했다. 통감부가
늘 신경을 썼고 외교문제화 되
기까지 했던 것은 영문판 *KDN*
보다는 한국인들에게 직접 영향
을 미치는 국한문판과 한글판 신
보였으며 그 논조를 이끈 사람은
양기탁이었다.

양기탁.

　대한의원 원장이었던 사또(佐
藤進)과 감옥의사 다카토우(高頭)는 양기탁이 4~5세 때에 천연두를 앓았고, 경
증(輕症) 만성위산과다증이 있으며 신체는 마른 편이고, 옥고에 시달리는 동안
에는 불면증도 있었다고 진단했다. 그러나 수척한 체구에도 불구하고, 우국심
과 정신적인 확신에 차 있는 그가 법정에 섰을 때에는 침착하고도 위엄이 있었
으며, 결코 꺾이지 않는 의지를 지닌 사람이라는 강력한 인상을 주었다.

　그는 영어와 일어를 읽고 쓸 수 있는 능력은 있었지만 회화는 그리 유창하
지 못했다. 1908년 배설의 재판 때에 증인으로 출두했을 때에는 스스로 영어
로 답변하기도 했지만 통역을 거치기도 했고, 1912년 12월 신민회 사건 공판
때에는 일본어로 대답했지만 서툴렀다. 그는 신민회 공판 때 한국어로 답하겠
다고 요청했지만 재판부가 들어주지 않았던 것인데, 한국 안에서 열리는 재판

에서 일본말로 답변하는 것이 싫어서 한국어를 쓰려 했다고 생각해 볼 수도 있고, 또 한편으로 그는 성격상으로 볼 때 과묵하고 심지가 굳은 사람이었기 때문에 회화에 능하지 못했던 것 같기도 하다. 그는 서양 사람들과 접촉할 기회도 많았고, 일본에서 살다 온 사람인데도 상투를 틀고 있었으며, 재판정에 나올 때에도 한복차림이었다.

양기탁의 애국심과 고매한 인품에 대해서 그를 아는 주한 영국영사관측은 물론이고, 통감부 당국에서조차도 미움과 존경심을 아울러 가지고 있었다. 통감부는 언제나 양기탁을 의혹의 눈길로 보았다. 양기탁은 체격이 마른 편이고, 옥고에 시달리는 동안에는 불면증도 있었다. 그러나 수척한 체구에도 불구하고, 우국심과 정신적인 확신에 차 있는 그가 법정에 섰을 때에는 침착하고도 위엄이 있었으며, 결코 꺾이지 않는 의지를 지닌 사람이라는 강력한 인상을 주었다. 장도빈은 양기탁의 인품을 '수염이 길고 마른 몸(長鬚瘦身)으로 안광이 형형하고 성질은 정직, 의용(義勇), 강강(强剛), 웅심(雄深)했다'고 묘사했다.

양기탁은 신보의 지면을 통해 항일 구국운동을 전개하는 한편으로 1907년 4월 초부터 미국에서 귀국한 안창호 등과 비밀결사 신민회를 조직하여 그 총감독이 되어 국권회복운동을 구체적으로 추진했다. 신민회의 조직은 언론활동은 아니었지만 조직의 기반은 신보사였다.

양기탁은 한일합방 후 신보사를 떠난 뒤에 이전의 〈대한매일신보〉와 같은 항일적인 신문을 프랑스 사람과 만들어 보려 했으나 뜻을 이루지 못했다. 서간도에 무관학교를 세우고 일제에 대항하려는 계획도 세웠다. 신보를 통해 시작한 항일운동을 합방 후에는 실력을 양성하여 전개하려 했던 것이다.

일본은 이미 신문을 발행할 수 없게 된 양기탁에 대한 탄압과 보복을 계속했다. 합방 후 양기탁 등의 2차에 걸친 기소는 대한매일신보에 대한 통감부의 탄압의 연장이었다. 합방된 지 몇 달 뒤인 1911년 1월 총독부는 양기탁, 임치정, 옥관빈 등을 보안법 위반 혐의로 구속하여 이해 7월 22일 양기탁에 징역 2년형을 선고했는데, 곧이어 9월부터는 신민회 회원의 대량 검거가 시작되었고, 양기탁은 임치정, 옥관빈과 함께 주모자로 지목되어 다시 기소된 뒤에 제1심에서는 10년형이 언도되었다가 대구 복심법원에서 진행된 공소심 공판에서 6년형이 확정되었다. 합방 후 양기탁 등의 2차에 걸친 기소는 신보에 대한 일제 탄압의 연장이었다.

양기탁은 1915년 2월 특사로 석방되자 만주로 탈출하여 독립운동을 계속하다가 1918년 12월 일본관헌에 붙들려 다시 국내로 압송되었다. 국내로 돌아온 2년 동안 전라남도 거금도에서 거주지 제한의 유배생활을 하게 되었다. 3·1운동 후인 1919년 12월 유배지에서 돌아온 양기탁은 이듬해 4월 동아일보가 창간되었을 때에는 편집감독으로 추대되었으나 이해 8월 25일 미국 의원단이 서울에 왔을 때 독립청원서를 제출했다가 체포된 후 퇴사했다. 그의 언론 활동은 여기서 끝이 난 것이다.

양기탁은 탁월한 식견에 용기와 지조를 지닌 언론인이면서 독립투사였다. 대한제국 말기에 민족 언론의 대들보 역할을 맡았고 일생을 항일로 일관한 우국지사였다.

신보의 2대 사장 만함(萬咸)

만함(Alfred Weekley Marnham)은 1908년 5월 27일부터 신보의 발행 겸 편집인이 되었다가, 배설이 죽고 나서는 실질적인 소유권을 갖게 되었던 사람이다. 배설에 이어 신보사의 두 번째 사장이 만함이다. 그는 1867년 10월 23일에 런던에서 태어났다. 아버지 알프레드(Alfred Marnham)와 할아버지 윌리엄 (William)은 시계 문자판을 그리는 직업을 가업으로 하고 있었다.

통감부는 만함이 한국에 올 때에 앞으로의 신보 논조가 어떻게 달라질 것인가를 우려하면서 신경을 곤두세워 동태를 주시했다. 만함은 배설과는 기질이 다른 사람이었다. 그는 점잖은 사람이었지만, 줏대가 없고 마음이 약했다. 1908년 9월 15일 경성재판소 제1호 법정에서 양기탁에 대한 국채보상금 횡령혐의의 재판이 열리고 있을 때였다. 공판은 9시 45분에 시작되었는데, 법정 안은 무더운 날씨에다 방청객으로 만원을 이루어 후덥지근했다. 피고 양기탁의 증인으로 소환된 배설에 대한 재판장과 검사의 심문이 오후 1시경까지 계속되었다. 국채보상금이 접수된 액수와 그 행방, 기금의 운영방법, 통감부가 조사한 혐의 내용의 사실 여부 등을 꼬치꼬치 캐물었다.

배설의 심문이 끝나자 아스토 하우스 호텔(Astor House Hotel) 소유주 프랑스인 마르뗑(Martin)이 증언할 차례였다. 바로 이때였다. 증인석에 있던 만함이 혼자 무언가 중얼중얼하더니 갑자기 혼수상태가 되어 바닥에 쓰러졌다. 바로 옆자리에 앉았던 배설과 경찰관 한 명 및 다른 사람들이 즉시 그를 일으켜 변호사 앞의 책상 위에다 뉘었다. 물을 뿜고 머리를 차게 해 주는 등 응급조치를 취한 끝에 그는 회복되어 들것에 실린 채 집으로 돌아갔고, 이로 인해 중단되었던 공판은 2시 50분경에 속개되었다. 통감부 재판장과 검사, 변호사 등은 물론이고 사건에 관심이 컸던 내·외국인들이 지켜보는 가운데 일어난 이 사건은 만함이 정신력과 육체가 결코 강인하지 못한 사람이었음을 입증하는 것이었다. 이 일이 일어난 것은 그가 신보의 발행인과 편집인이 된 뒤였다.

배설은 1908년 5월 27일부터 신보의 발행인과 편집인 명의를 만함으로 바꾸었다. 아무런 사고(社告)도 없이 제4면 맨 아래에 있던 판권의 이름만 조용히

바꾼 것이었으므로 사람들의
주의를 끌지 못했던 것은 당연
한 일이었다. 통감부의 집요한
외교 교섭으로 영국 측이 배설
을 재판하기로 결정하고 상해
고등법원의 판사와 검사가 한
국에 막 도착했던 때였다. 〈서
울 프레스〉는 배설이 법망을
피하기 위해 명의를 만함으로
바꾸었다고 주장했다. 재판정
에서 영국 법관들도 배설을 향
해 정말로 신문을 만함에게 판
것인지, 그 저의는 무엇이며
얼마를 받았는지 등을 다그쳐
물었다. 배설은 만함으로부터

배설의 후임 사장 만함.

돈을 받고 팔지는 않았으며 4개월 동안 만함에게 지불하지 못한 급료 대신 판
권을 양도한 것이라고 변명했다. 판권의 명의는 바뀌었지만 누가 보더라도 신
보는 배설의 영향 아래 있었고, 만함은 외형상으로 내세운 발행인임이 명백했
다. 그러나 내막이 어떻게 되었건 배설이 죽은 후 이 신문은 완전히 만함의 소
유가 되었다. 주한 영국총영사 헨리 보나르도 배설이 만함에게 지불해야 했던
급료 대신 소유권을 넘긴 것이라고 말했다.

배설이 죽은 후 만함은 불안한 마음으로 문제가 일어나는 것을 피하기 위해
조심조심했다. 헨리 보나르도 여러 차례 만함에게 주의하라고 경고했다. 보나

르는 우국심에 충만한 양기탁을 한편으로는 외경심(畏敬心)을 가지고 바라보면서도, 만함을 제쳐 두고 양기탁이 신문제작을 전담하고 있다는 사실이 불안했다. 보나르는 배설이 죽은 후 신문을 통감부에 넘기라고 만함을 계속 설득했다. 레이(Lay)와 보나르는 만함을 그지없이 신사다운 태도를 가진 사람이지만, 그러나 성격은 지나치게 약한 사람(who is gentlemanly enough in his manner but exceedingly weak of character)이라고 보았으며, 실지로 만함은 배설과는 달리 주한 영국영사들의 말을 다소곳이 경청했다. 그에게는 용기와 의지도 부족했고, 현실적인 문제로서 경영도 어려웠으며 무엇보다도 일본의 한국 병탄이 가까워 오는 것을 느낄 수 있었다. 이런 상황에서 통감부는 신보의 판권과 시설을 실지 가격보다 훨씬 비싼 값인 7천 엔(약 700파운드)이나 주겠다고 제의했다. 만함이 평가했던 가격은 5천 엔이었다.

마침내 만함은 주한 영국총영사관의 수차례에 걸친 권유를 받아들이기로 했고, 보나르가 통감부와의 중재에 나서서 판권 이양을 마무리 지은 것은 1910년 5월 21일이었다. 만함은 신보를 통감부에 팔아넘긴 뒤 필리핀의 세부(Cebu)로 가서 〈세부 크로니클(Cebu Chronicle)〉의 편집인이 되었다. 그리고 1938년 7월 17일 마닐라에서 죽었는데 죽기 전까지는 마닐라에서 목재 무역과 보험, 선박업 등을 하는 회사(Findlay Millor Timber Co)에 관계하고 있었다.

4. 다섯 부류의 종사자들

"한국어판은 영문판보다 훨씬 항일적"

신문의 발행에 필수적인 요소는 자금과 함께 신문을 제작하고 경영할 인력

이다. 발행겸 편집인 배설과 총무 양기탁은 편집과 경영을 총괄하면서 논설과
기사를 직접 집필하기도 했지만 국한문, 한글, 영문의 세 가지 신문을 발행하
기 위해서는 적지 않은 인원이 필요했다. 더구나 배설과 그의 후계자 만함(萬
咸, Alfred Weekley Marnham)은 한국말을 몰랐기 때문에 국한문판과 한글판 제
작은 전적으로 한국인들이 맡았다. 영문판은 외국인이 주도했겠지만 한국인들
이 참여하여 정보 획득과 정세 파악에 도움을 주었을 것이다. 발행 겸 편집인
배설은 최고 책임자로서 신문의 논조를 결정하고 일본의 탄압을 막는 역할을
맡았지만 실무적인 취재와 편집 제작은 한국인들이 담당하였던 것이다.

신문의 경영과 편집에 가장 중요한 중심인물은 당연히 사장 배설이었다. 그
다음으로 중요한 인물은 양기탁이었다. 그는 '총무'라는 직책으로 한국어와 영
문 KDN의 편집과 업무 양면을 관장했고 재직한 기간도 가장 길었기 때문에
신보사에서 그의 비중은 절대적이었다. 그는 배설과 손을 잡고 신보를 이끈 주
역이었다. 그는 신보가 최고의 발행부수와 최대의 영향력을 행사할 수 있도록
편집과 경영 양면의 업무를 실무적으로 총괄했다. 박은식(朴殷植)과 신채호(申
采浩) 같은 사학자이자 우국적인 당대의 논객들도 논설을 집필하면서 항일 논
조를 이끌었다.

통감부는 신보사가 영국인 소유이기 때문에 그 치외법권의 보호 아래 수명
의 한국인 선동자들이 현재의 정권과는 도저히 융화할 수 없을 정도로 맞서고
있다고 지적했다. 통감부 기관지 〈서울 프레스(Seoul Press)〉는 '한국인 선동자
들'이 만드는 국한문판과 한글판 신보는 영문판과 판이하게 다른 논조이며 영
문판에 비해서 '훨씬 나쁘고, 있는 그대로 못된 신문'이라고 비난했다. 그러므
로 영문판을 보고 한국어판들의 성격을 판단한다는 것은 크게 잘못되는 일이
라고 주장했다("Preface", *Incendiary Journalism in Korea*(pamphlet), 23 May 1908).

〈대한매일신보〉 편집진. 앞쪽에 앉은 인물이 양기탁.

통감부는 영문판보다는 두 개의 한국어판을 훨씬 위험하다고 판단했다. 근본적인 해결책으로는 이와 같은 신문을 만들 수 있도록 치외법권의 보호막을 마련해 주고 있는 소유주 배설을 추방하고 신문은 폐간시켜야 한다고 주장했다. 이렇게 함으로써만이 한국인 선동자들의 입을 틀어막을 수 있을 것이기 때문이었다.

우국논객, 행동파, 외국인의 합작

신보사에 종사했거나 관련되었던 사람들은 대개 다섯 부류로 나누어 볼 수 있다.

첫째는 양기탁, 박은식, 신채호 같은 사학자이며 논객이자 항일투사였던 사람

들이다. 바로 통감부가 말하는 '한국인 선동
자들'이다. 이들은 합방 전에는 필봉을 들어
민족정신을 앙양하고 국민의 독립사상을 고
취하다가 합방 후에는 망명의 길에 올라 일제
와 투쟁했다. 신보의 논조를 이끈 사람들은
이들이었다. 이들은 일제에 대한 저항의 논리
를 구축하고 민족운동의 방향을 제시했다.

〈대한매일신보〉 구독 영수증. 백시용이 구독한
구독료 30전. 1909년 5월분.

　두 번째 부류는 임치정(林蚩正), 이교담(李
交倓), 옥관빈(玉觀彬), 강문수(姜文秀) 같은
행동파들이다. 이들은 업무부문에 종사한
사람들로서 조직을 통한 투쟁으로 한국에서 일본 세력을 몰아내려 했던 사람들
이다. 이들도 어려서는 한학을 공부했겠지만 서구의 신학문을 공부했거나 외국
에도 다녀온 사람들로서 진보적인 사상을 지녔다. 종교적으로는 기독교 계통이
고 양기탁 등 첫 번째 부류의 이념을 계승하고 행동에 옮기는 사람들이었다.

　세 번째 부류는 이장훈(李章薰), 변일(卞一)과 같이 결과적으로 일제에 순응
하게 된 사람들이다. 신보가 일제의 손에 넘어갔을 때에 양기탁, 임치정, 옥관
빈 등은 결연히 물러났고, 그들의 뜻을 펼 수 있는 새로운 신문을 만들어 보려
했지만, 이들 순응파들은 그대로 남아 총독부 기관지의 기자로 변신하게 되었
다. 이 부류의 사람들도 신보가 일제의 손에 넘어가기 전까지는 친일적은 아니
었지만 대세를 바로 잡겠다는 의지가 없이 시국에 순응한 것이다.

　네 번째는 외국인들이다. 배설과 만함을 비롯해서 몇몇 사람들이 영어신문
편집과 경영에 참여했다. 배설을 제외하고는 이들 외국인들은 한국인들과는
달리 사명감에 충만해서 신문을 만들었다기보다는 직업인이라는 입장에서 신

문을 제작하는 자세였다.

이밖에도 신보에 직접 참여하지는 않고도 그 경영과 정보 수집에 깊이 간여한 사람들이 있다. 백시용(白時鏞), 박용규(朴容奎), 심우택(沈雨澤) 등이 그런 사람들이다. 이들은 고종황제의 측근들이었고 영어를 할 줄 알았다. 이들은 고종으로부터 자금을 받아 배설에게 전달하는 역할도 했고, 궁중의 정보를 제공하기도 했다. 손탁, 헐버트 같은 외국인도 이 부류에 속한다. 손탁은 고종으로부터 비밀 자금을 받아 배설에게 전달했고, 헐버트는 신보의 운영과 제작에 관해 배설과 긴밀한 관계를 가졌으며 〈코리아 데일리 뉴스〉 및 신보의 논조에도 영향을 미쳤을 것이다.

배설이 처음 신문을 준비했을 때에 토마스 클라크 코웬(Thomas Clark Cowen)과 함께 시작했음은 앞에서 살펴본 바와 같다. 그 밖에 몇 몇 서양인들도 배설을 도와 신문을 만들었다. 서양인 가운데는 만함이 가장 중요한 역할을 맡았다. 만함은 후에 배설로부터 신문의 경영권을 넘겨받게 되고, 1910년 5월에는 이 신문을 통감부에 팔게 되는 사람이다.

헐버트와 〈코리아 리뷰〉

신보와 직접적인 관계를 맺은 적은 없지만 배설과 상당히 긴밀한 사이로서 *KDN*의 논조에도 간접적인 영향을 주었던 사람이 미국인 헐버트(Homer Bezaleel Hulbert, 1863~1949)이다. 헐버트는 한때 감리교 출판사에 관계했는데, 1901년부터는 스스로 영어 월간지 〈코리아 리뷰(*Korea Review*)〉를 발행하기 시작하였고, 러일전쟁 전해인 1903년에 영국 〈더 타임스(*The Times*)〉의 한국 주재 통신원으로 임명된 적도 있었다.

헐버트는 배설이 신문 창간을 준비하고 있던 때인 1904년 6월호 코리아 리뷰에 영국인 주재 하에 일간지가 발행될 것이라고 보도하면서 이런 신문이 필요할 뿐 아니라 이 신문이 전폭적인 지지를 받게 될 것임을 한국에 있는 모든 외국인들은 기억해야 한다고 강조했다. 또 1905년 3월 11일부터 신보가 휴간했을 때에도 헐버트는 이를 보도했다.

헐버트와 배설은 각기 다른 경력을 지닌 사람들이다. 헐버트는 1863년 6월 26일 목사요, 대학 학장이었던 아버지와 선교사의 딸인 어머니 사이에서 태어나 하노버(Hanover) 대학을 나온 후 유니언 신학교(Union Theological Seminary)와 다트머스 대학(Dartmouth College)에도 다녔던 사람으로 한국과 미국에서 교편을 잡았다. 배설은 고등학교 출신이고, 상인이었다.

그러나 두 사람은 다 고종의 지원을 받으면서 잡지와 신문을 발행했고, 일본의 대한정책(對韓政策)을 공개적으로 비판했다는 공통점을 가지고 있다. 그렇기 때문에 통감부는 배설과 헐버트가 사업상으로도 긴밀한 관계가 있는 것으로 보았다.

헐버트는 조선정부가 설립한 육영공원(育英公院) 교사로 초빙되어 1886년에 한국에 처음 왔지만 그동안 몇 번 본국으로 돌아갔다 왔고 배설이 한국에 온 뒤인 1905년 10월에도 미국으로 갔다가 이듬해 6월 초에 다시 한국으로 왔다.

그는 한국에 돌아와서는 신문을 발간할 생각도 가지고 있었으나 실현되지는 않았다. 그리고 이듬해인 1907년 5월 8일 이번에는 헤이그 밀사사건의 막후교섭을 위해 다시 한국을 떠나 스위스로 향했다. 그 후 미국 매사추세츠 주의 스프링필드에 있는 자택에서 지내다가 1909년 8월에 잠시 한국을 방문하여 11월까지 머무른 적이 있었다. 그러나 이때는 배설이 죽은 뒤였다.

이와 같이 배설과 헐버트가 교류했던 기간은 그다지 길지 않았다. 1904년 3월부터 1905년 10월 사이가 제일 긴 기간이었다. 그러나 통감부는 헐버

박은식

트가 배설의 신문사업에 관련을 맺고 있다고 믿었다. 헐버트는 고종의 자금 지원과 *KDN*의 논설 집필 등으로 신보를 지원하고 있다고 보았다. 그렇기 때문에 헤이그 밀사사건이 있은 지 2년이 지난 뒤인 1909년 8월 31일 헐버트가 잠시 서울로 돌아왔을 때에 일본인 발행 신문은 헐버트가 대한매일신보를 인수할는지도 모른다는 풍문을 싣기도 했고, 다음해 봄에 서울로 돌아와 코리아 리뷰를 다시 시작할 것이라고 보는 사람도 있었다.

그러나 헐버트에게 두 번이나 중대한 임무를 맡겼던 고종은 이미 퇴위한 뒤였고 한국에서의 일본의 영향력은 크게 증대되어 한일 강제합방을 목전에 두고 있었던 당시로서 헐버트가 한국에서 반일적인 언론사업을 시작할지도 모른다는 소문은 일본과 영국 어느 쪽에서 보더라도 실현 가망이 없는 추측이었다.

5. 논객과 행동파

박은식과 신채호

신보사에 관계한 인물 가운데 널리 알려진 사람으로는 박은식과 신채호가 있

다. 이들이 신보사에 관계한 정확한 날
짜를 알 수는 없지만 박은식은 1905
년 8월부터 1907년 말까지 있었던 것
같다. 신채호는 박은식이 퇴사한 뒤인
1907년 말쯤부터 신보사에 들어와 합
방 직전인 1910년 4월 중국으로 망명할
때까지 논설을 썼던 것으로 추측된다.

박은식에 대해서는 1907년 1월 18
일 경무고문 마루야마(丸山重俊)가 임시
통감대리 하세가와(長谷川好道)에게 보
낸 보고를 보면 신보사 사원 명단에 총
무 양기탁과 박은식, 이장훈(李章薰)이
올라 있다.

신채호

박은식과 신채호는 다 같이 근대 민족사학을 정립한 사학자이자 애국계몽운
동가였고, 일제 강점기에는 해외로 망명하여 항일 독립투쟁을 전개했던 독립
투사로 널리 알려진 사람들이다. 신보의 총무였던 양기탁은 저서가 남아 있지
않고 기명으로 된 논문도 거의 없는데 비해 박은식과 신채호는 많은 논설과 역
사서를 남겼다. 세 사람이 모두 일제 강점기에는 중국으로 망명하여 조국의 광
복을 보지 못한 채 이국땅에서 죽는 철저한 항일투쟁가들이었다. 박은식과 신
채호는 행동하는 항일투사이면서도 한편으로는 역사 지식의 보급을 통해 애국
사상을 계발하고 민족주의 사상을 고취하여 독립을 쟁취하려 했다.

양기탁도 근본적으로 같은 사상이었지만 그는 좀 더 현실적인 감각을 지
닌 사람이었다. 영어와 일어를 할 줄 알고 한학도 공부한 양기탁은 일본의 실

奉輓裴說公
二千萬衆未成團
公獨匡扶我大韓
有志未成身遠去
西城明月照心肝
林圭正

배설의 죽음을 애도하는 임치정의 만사.

체를 누구보다도 잘 알았다. 그는 신민회도 비밀결사로 운영할 것이 아니라 규약을 신문에 공포하고 공개적인 민중운동으로 전개할 것을 주장했다 하며 구습을 타파하고 국민을 개화하여 독립을 쟁취해야 한다고 생각했다. 그는 민족의 독립역량을 믿었던 것이고, 실질적인 문제로서도 일본의 감시가 심한 가운데는 비밀결사보다는 공개적인 방법에 의한 민족의 역량 배양이 더 효과적이라고 생각했던 것이다("The Korean Conspiracy, Examination of Yang Ki-tak", *JWC*, 8 Aug. 1912, pp.256~257; 2 Jan. 1913, p.3). 한일 강제합방이 되자 양기탁도 이러한 장기적이고 간접투쟁적인 방법에서 무력에 의한 직접투쟁으로 전략을 적극화하게 되었다. 서간도에 군사학교를 설립하려 했던 계획이 그것이다. 한말 최고의 이론가이자 실천적 독립투사들로서 이들이 신보의 논설을 집필하고 제작을 맡았기 때문에 이 신문은 일본과 영국 측이 볼 때에 '한인 불평의 분화구'가 될 수 있었던 것이다.

양기탁은 1908년 6월에 있었던 배설에 대한 2차 재판에서 증언하는 가운데 통감부가 증거물로 내놓은 문제의 논설들은 모두 자신이 쓴 것이라고 주장했다. 그러나 모든 논설을 다 양기탁이 쓰지는 않았을 것이다. 양기탁은 신보의 총무(general manager)였으므로 박은식이나 신채호가 쓴 논설도 법정에서는 자기가 썼다고 증언하여 필자들을 보호하려 했던 것이다. 이를 뒷받침하는 증거로서 양기탁은 1912년 말 신민회 사건으로 공판정에 섰을 때에는 자기는 때로는 논설도 쓰고 번역도 하는 등 무슨 일이나 다 맡았지만 주필은 신채호였다고 말한 것을 볼 수 있다. 이때는 신채호가 중국으로 망명하여 국내에 없었다.

미국에서 돌아온 임치정 이교담

신보사의 회계였던 임치정(林蚩正, 1880. 9. 26~1932. 1. 9)은 여러 해 동안 미국에 살다가 왔는데 양기탁이 가장 신임하는 사람이었다. 1881년 9월 26일 평남 용강군 산남면 홍문동에서 태어나 1903년 가을 하와이로 가서 1년 정도 머물다가 샌프란시스코로 건너갔다. 그는 이곳에서 발행된 〈공립신보(共立新報, The Korean News)〉의 제작에 참여했고, 1907년 3월 국내에서 국채보상운동이 일어나자 샌프란시스코에서 미주동포를 대상으로 국채보상운동을 전개하였고, 10월에는 샌프란시스코 거주 교포들이 서울의 뎨국신문사 경영난을 돕기 위해 의연금을 모금했을 때에 그 발기인 가운데 하나였다. 그러나 10월 25일 미국을 떠나 국내로 들어와서는 신보사에 근무하면서 회계 책임을 맡았다.

이재명(李在明)이 미국에서 국내로 들어와 이완용을 암살할 계획을 추진할 때에 임치정도 이재명의 국내활동 협조와 통신 연락을 위해 귀국한 것이라 하며 실지로 1909년 12월 29일 이완용 암살미수사건과 관련된 혐의로 구속된 일도 있다. 안중근이 이등박문을 처단한 후에 있었던 일본 측 심문조서에는 진남포에 있는 동생 정근(定根)에게 연락할 일이 있으면 임치정을 통해서 편지를 전달했던 것으로 기록되어 있다.

임치정은 신보의 제작과 경영을 총괄했던 총무 양기탁이 가장 신임하는 사람이었고 이 신문사에 근거를 둔 항일 비밀결사 '신민회'의 핵심 인물이었다. 신보가 통감부에 매수된 뒤에는 양기탁을 따라 신문에서 손을 떼어 버렸다. 어려서는 한학을 공부했으므로 배설이 죽었을 때에는 다음과 같은 만사(輓詞)를 지었다.

> 이천만 국민들이 단체를 이룰 수 없었는데
> 공은 유독 광정하게 우리 대한을 붙잡았다.
> 뜻을 갖고서 이루지도 못한 채 몸은 멀리 떠났다.
> 서역의 밝은 달이 심간(心肝)을 비춘다.[*]

1910년 8월 일제의 한국 강점 후 신민회 국내 간부들이 만주에 무관학교(武官學校)를 설립하고 독립군기지 창설을 논의하기 위해 간부회의를 4차례 열었는데 그 중 3차례는 임치정의 집이 회의 장소로 제공되었다. 이 때문에 1910년 안명근(安明根)의 군자금 모금 사건 때에 임치정은 만주 무관학교와 독립군기지 설립의 혐의로 양기탁과 함께 체포되어 소위 보안법 위반으로 2년형을 선고받았다. 형이 끝나기 전인 1911년 9월 총독부가 신민회를 탄압하고 해체할 목적으로 조작한 '테라우치총독암살음모사건(寺內總督暗殺陰謀事件)' 때에 또다시 재판에 회부되어 양기탁 등과 함께 6명이 최고형인 징역 10년을 언도받았다. 공소심에서도 양기탁과 함께 신민회 최고 간부 6명중 1인으로 판정되어 징역 6년의 언도를 받고 4년간 대구감옥에서 옥고를 치렀다. 정부는 1968년에 건국훈장 독립장을 추서하였다.

이교담(李交倓, 1880. 8. 19~1936. 4. 3)도 임치정과 비슷한 경력을 지녔는데 동갑으로 나이도 같았다. 하와이로 건너가서 농장에서 일하다가 샌프란시스

---

[*] 원문은 "二千萬衆未成團 公獨匡扶我大韓 有志未成身遠去 西域明月照心肝"

구한국 군복 차림의 임치정(오른쪽)과 이교담(왼쪽). 신보사에 근무했던 두 언론인은 군인이 아니었지만 국권 회복의 뜻을 품고 군복 입은 사진을 찍었을 것이다.

코에서 활동하다가 귀국 후에는 신보사에서 항일운동을 벌였다는 흔하지 않은 경험을 공유한 사람들이었다. 이교담은 1904년 초에 하와이로 건너가서 농장에서 일하다가 샌프란시스코에서 안창호 등과 함께 공립협회(共立協會) 조직에 참여했다. 이 때 두 사람은 나란히 서기로 선임되어 활동했다(공립신보, 1905년 11월 22일).

1905년 11월 20일 공립협회의 기관지 '공립신보'가 창간된 뒤에 이교담은 '회계'로 신문발행의 재정을 맡았다. 1907년 4월에는 공립신보의 인쇄인을 맡았고 같은 해 10월 임치정과 함께 샌프란시스코에서 〈뎨국신문〉 의연금 모금에 참여했다. 1908년 1월에 귀국하여 몇 달 먼저 귀국하여 신보사에 근무하던 임치정의 뒤를 따라 신보에 합류했다. 1910년 1월에는 경무청에 잠시 구속되었는데 며칠 전에 임치정이 이완용 암살미수사건으로 구속당했던 것을 보면 이교담도 같은 혐의였을 것이다. 일제가 나라를 강점한 후에는 해외로 망명하여 북경·상해·운남(雲南)과 남양군도 여러 곳을 10여 년 동안 표랑하다가 1919년 귀국하였지만 가난과 병고에 시달렸다. 정부에서는 1999년에 건국훈장 애국장을 추서하였다. 임치정과 이교담은 군복을 갖춰 입고 찍은 사진이 남아 있다. 군인 아닌 두 사람이 군복 차림으로 사진을 찍었는데 무장항일 투쟁을 논의하던 1910년 무렵으로 추정된다.

장도빈(張道斌, 1888. 10. 22~1963. 9. 12)은 1908년에 입사하여 이듬해부터는 논설을 썼다 한다. 1919년 3·1독립운동이 일어난 후에 설립된 한성도서주식회사의 이사로 재직하면서 〈서울〉, 〈학생계〉, 〈조선지광〉 등 잡지를 발행하였다. 정부는 1990년에 건국훈장 독립장을 추서하였다.

1909년 7월 1일자 〈경성신보〉에는 〈대한매일신보〉 주필 변영헌(卞榮憲)이 퇴사했다는 기사가 실려 있는데, 통감부 자료에 의하면 그는 탐보원이었다.

이들 신보사에 직접 참여한 사람들 외에도 배설 또는 양기탁과의 친분을 개인적으로 유지하면서 신보의 경영에 도움을 주고 신문 제작에 필요한 정보를 제공했던 사람들은 많았을 것이다.

고종의 측근과 전무과 기사

궁중에 드나들던 고종 주변의 인물들 가운데도 신보의 경영과 정보 취득에 도움을 준 사람들이 있었다. 양기탁이 근무했던 예식원 회계과장 백시용(白時鏞)이 고종과 배설 사이에 중개를 주선했던 사실도 통감부 자료에 남아 있다. 고종의 측근이었던 비서감승(秘書監丞) 박용규(朴容奎)도 배설과 밀접한 사이였다. 그는 1895년에 주미공사 서리로 임명되었다가 대리공사(1897년 12월)를 지낸 뒤 귀국 후에는 외부의 번역관, 중추원의관, 궁내부 회계 심사국 심사관 등의 경력을 지닌 사람인데 영어를 잘했다. 궁중에 있을 때에는 배설에게 궁중의 동정을 알려 주었다. 또 신보사에 국채보상금 총합소를 설치했을 때에는 회계감독이 되었으며, 궁내부 전무과 기사 심우택(沈雨澤) 등이 체포되어 진도로 유배되던 사건과 관련하여 통감부의 수배를 받게 되자 배설의 집으로 피신하여 체포를 면했다.

신보 사원 옥관빈(玉觀彬, 1891년 1월 18일생)도 신민회 사건에 연루되어 징역형을 언도받았다. 그는 평양 대성학교를 졸업한 뒤에 서울로 올라와 보성전문에서 법률학을 공부했는데 체구가 작고 소년티가 났으나 연설을 잘했다. 그는 최남선과 함께 청년학우회를 설립하여 잡지 발행과 도서관 설립 등을 계획한일도 있었다 하며, 1909년 겨울 신보사에 입사했다가 신보가 통감부에 매수되자 양기탁, 임치정 등과 함께 신보사를 떠났다. 어느 때인지 상해로 망명하여 1922년 3월에는 〈상해배달상보〉를 창간하였다.

강문수(姜文秀)는 상해에서 윤치호(尹致昊)와 알게 된 사이로 윤치호가 진남포와 원산 감리였을 때에 그 밑에서 주사를 지냈고, 윤의 소개로 신보사에 입사했다. 역시 신민회 사건에 핵심인물로 연루되었던 안태국(安泰國)은 신보사의 평양지사를 운영하던 사람이다. 그는 평양과 서울에서 이승훈(李昇薰)이 설립한 태극서관을 경영하면서 1908년 7월부터는 신보사 평양지사를 맡았다. 이들은 모두 양기탁을 중심으로 신보사에 모여서 신보의 운영을 통해 한국민을 깨우치고 일제의 침략에 저항하는 한편으로, 비밀결사 신민회를 조직하여 독립운동을 전개하였다.

　이밖에 신보사 기자로 출발하여 일제 강점기까지 언론계에 종사하는 사람들로는 변일, 선우일, 이해조, 조중환, 정우택이 있었다. 이들은 합방 후 신보가 일제 총독부의 기관지가 된 후에도 기자로 남게 되는 사람들이다. 이창(李倉)은 공무계통에 근무했던 사람으로 합방 직후부터는 〈매일신보〉 인쇄인이 되었다.

제 Ⅴ장

항일 민족진영의 편에서

제 V장 항일 민족진영의 편에서

1. 일본의 황무지 개간권 요구

영어신문의 영향력

배설이 1904년 7월 18일에 창간한 신문은 영문판 〈코리아 데일리 뉴스〉 4 페이지에 한글판 〈대한매일신보〉 2 페이지로 된 2국어 신문이었다. 이듬 해 8월에는 두 언어 신문을 분리하여 두 개의 신문이 되고, 1907년 5월에는 한글 전용 신문을 창간하여 3개의 신문으로 확대되면서 장차 한·영·일 세 나라의 외교관계에 여러 가지 복잡한 문제를 일으키게 되는 것이다. 이 신문이 한일 양국에 큰 영향력을 발휘할 수 있었던 것은 한국의 민족주의 운동을 지원하여 일본의 한국침략에 큰 장애요인이 되었기 때문이다.

신보의 영향력은 두 가지 측면을 지니고 있었다. 첫째로는 일본의 한국 침략정책과 이에 맞선 한국민의 저항을 대외적으로 알려줌으로써 일본에 대한 국제여론을 불리하게 한다는 측면이 있었다. 두 번째는 이 신문이 한국 안에서 항일 민족운동을 크게 고취한다는 사실이었다. 첫 번째 대외적인 문제는 영문판 코리아 데일리 뉴스의 영향력이었고, 두 번째 문제는 주로 국한문판과 한글판 신보의 항일논조 때문이었다.

신보가 발간될 무렵에 중국과 일본에는 이미 여러 종류의 영어신문들이 발행되고 있었다. 일본에는 동경의 〈재팬 타임스(Japan Times)〉를 비롯하여 요코하마의 〈재팬 헤럴드(Japan Herald)〉, 〈재팬 메일(Japan Mail)〉, 〈재팬 가제트(Japan Gazette)〉, 〈재팬 데일리 애드버 타이저(Japan Daily Advertiser)〉와 같은 일간지가 있었으며 고베의 〈재팬 크로니클〉(Japan Chronicle)〉, 〈고베 헤럴드(Kobe Herald)〉 등의 일간지가 있었다. 이밖에 주간지들도 몇 종류가 있었다. 중국 홍콩에서는 〈사우스 차이나 모닝 포스트(South China Morning Post)〉, 〈차이나 메일(China Mail)〉 등과 상해의 〈노스 차이나 데일리 뉴스(North China Daily News)〉, 천진의 〈페킹 앤드 텐진 타임스(Peking and Tientsin Times)〉를 비롯한 일간지와 주간지들이 발행되고 있었다. 그러나 이들 일간 또는 주간지들은 적은 인원으로 제작되는 소규모의 신문이었으므로 외국에 통신원을 둘 만한 형편이 되지를 못했다.

1887년경 일본에서 발행되던 영어신문의 경우 신문 소유주를 포함한 전체 편집진은 다섯 명을 넘지 못했다. 중국의 영어신문도 비슷한 형편이었다. 상해의 대표적 영어신문 〈노스 차이나 데일리 뉴스〉와 자매지 〈노스 차이나 헤럴드〉의 편집진은 합해서 여섯 명에 지나지 않았다(The Chronicle & Directory For China, Corea, Japan, etc., 1887, Hongkong, Daily Press, p.554, 442 참조).

이들 신문은 발행지 이외의 다른 지역에서는 독자적으로 취재할 인력이 없었기 때문에 다른 지역에서 발행되는 신문의 기사를 인용하거나 전재해서 보도하는 것이 통례였다. 예를 들면, 일본에서 발행되는 신문들은 중국에서 발행되는 신문의 기사를 인용 또는 전재하여 중국의 사태를 보도했고, 중국에서 발행되는 신문들은 일본의 신문을 인용하여 일본의 정세를 보도했다. 중국과 일본의 신문들이 한국의 정세를 보도하는 데는 코리아 데일리 뉴스가 빈번히 인용되었음은 물론이다.

이와 같이 당시 한·중·일 세 나라의 영어신문은 하나의 언론권(言論圈)을 형성하게 되었다. 이는 세 나라의 영어신문이 각기 독립된 편집방침을 가지고 발행되기는 했지만, 다른 나라에서 발행되는 신문에까지도 상당한 영향을 미

The Seoul Press

EXPRESS

| K. 2763 | MONDAY, FEBRUARY 8th, 1904 | Issued at 4 p.m. |

NOTICE

THE CHINESE EASTERN RAILWAY COMPANY

S. S. SOONGARI

Will be despatched for PORT ARTHUR this evening.

For further particulars apply to

A. J. SEREDIN SABATIN,

Agent, Chemulpo

HODGE & CO., PRINTERS & STATIONERS, SEOUL

〈서울 프레스 익스프레스〉. 영국인 하지가 발행한 일간 영어 뉴스 불레틴으로 러일전쟁이 터진 1904년 2월 8일 오후 4시 발행.

쳤고, 반대로 상대방 신문의 영향을 받기도 했음을 뜻한다. 또 극동에 상주하던 외교관들이 현지의 여론을 파악하고, 정보를 수집하여 본국에 보고하는 데에도 신문은 가장 중요한 자료로 활용되는 것이었다. 러일전쟁 직후 극동에는 많은 서양의 특파원들이 몰려오기는 했지만 통신시설의 부족, 언어장애 등으로 말미암아 그들의 취재는 제한될 수밖에 없었다. 이들 서양기자들도 현지에서 발행되는 영어신문들이 가장 손쉬운 취재 소스가 되었다. 배설과 신보 발행을 추진하던 토마스 코웬이 서울에서 『러일전쟁(*The Russo-Japanese War*)』을 집필하기 위해 일본의 즈모토(頭本元貞)에게 재팬 타임스를 보내달라고 부탁하는 편지를 쓴 것도 영어신문 기사가 중요한 자료로 활용되었음을 증명한다(Cowen이 Zumoto에게, 1904년 7월 10일). 해외에 특파된 기자들이 생소한 외국에서 취재활동을 할 때에 현지의 신문은 '최초의 가장 중요한 소스'로 활용되는 현상은 과거나 현재나 마찬가지다.

그러므로 배설의 신보와 코리아 데일리 뉴스는 한국의 정세를 외국에 알리는 데 매우 중요한 역할을 담당하게 되었다. 당시 한국에는 헐버트가 발행하는 월간잡지 코리아 리뷰가 유일한 영어 정기간행물이었고 하지(J. W. Hodge)가 〈서울 프레스 익스프레스〉라는 뉴스 불레틴을 일간으로 발행하고 있을 뿐이었다. 그러나 코리아 리뷰는 매호 40페이지에 불과한 조그만 잡지였으므로, 서울은 영어 저널리즘의 공백지대나 다름이 없는 상태였다. 더구나 한국은 러일전쟁 이후 국제적인 관심이 쏠린 지역이었으므로 신보와 코리아 데일리 뉴스의 출현은 한국 안에서만이 아니라 한국을 둘러싼 국제여론에 미묘한 영향을 미치기 시작했다. 때마침 신보 창간 무렵에 일본이 한국에 요구한 황무지(荒蕪地) 개간권 문제에 대해 한국 국민들 사이에 격렬한 반대운동이 일어나고 있었으며, 이 반대운동은 항일 민족진영을 규합하는 계기가 되고 있던 때였다.

황무지 개간 명분으로 국토 점유 시도

일본이 한국의 황무지 개간권을 얻어내어 이를 영구적인 식민지로 만들려는 공작에 착수한 것은 러일전쟁 직전인 1904년 1월부터였다. 일본은 처음에는 태국(Siam)의 땅을 얻어내려 했다가 성공을 거두지 못하자 한국으로 눈을 돌렸다.

한국의 황무지 개간권을 요구한 표면상의 인물은 일본 대장성의 관방장(官房長)을 역임한 나가모리(長森藤吉郞)였다. 나가모리는 개인 자격으로 황무지 개간권을 요구하는 듯이 가장했지만 사실은 일본 정부의 치밀한 계획 아래 진행된 것이었다.

일본이 요구한 내용은 한국에서 명백하게 이용경작하고 있는 토지 이외의 국토를 모두 개간하고 정리·개량·척식하는 권리와 그를 이용하고 이익을 거두는 모든 경영권을 우선 50년 동안 나가모리에게 위임하라는 것이었다. 다시 말하면 일본은 한국에서 현재 경작하고 있지 않은 땅에 대한 사용권을 얻어서 50년 동안 이를 개간하여 경영하되 50년이 지난 뒤에는 또다시 사용기간을 연장할 수 있도록 한다는 것이었다. 이러한 계약이 체결되는 경우에 일본 측이 차지할 수 있는 '황무지'가 얼마나 되는지 정확한 넓이가 계산된 것은 아니었지만 외부협판 윤치호는 전 국토의 3분의 2가 일본 측에 넘어갈 것이라고 주장한 반면에, 일본의 입장에 호의적이었던 주한 영국공사 조단(Jordan)이 보기에도 적어도 경작 가능한 토지의 3분의 1은 될 것으로 추산되는 정도였다. 조단은 이 계약이 체결되고 시행된다면 한국의 광대한 토지는 영구히 일본의 점령 하에 놓이게 될 것이고, 일본인들은 대량으로 한국에 이주하여 한국 땅은 일본

明治三十八年六月三日第三種郵便物認可

每週土曜日一回發行
第十四號

The Seoul Press
WEEKLY

☞ Monthly Subscription Yen 1.30, payable in advance.

No. 14.   SATURDAY, SEPTEMBER 2nd, 1905.   Registered at the I.J.P.O. as a newspaper.

Japanese Stoicism.

AN EXAMPLE RELATED BY SIR F. TREVES.

In Sir Frederick Treves' new book, "The Other Side of the Lantern," to which previous references have been made in these columns, says the *Kobe Herald*, the distinguished surgeon tells of a remarkable instance of Japanese stoicism witnessed by him at Kioto.

Through the kindness of the eminent surgeon, Professor Ito (he says), I had an opportunity of visiting the chief civil hospital in Kioto. This splendidly equipped institution is not only up-to-date from the standpoint of the Western world, but it also possesses features which Europe will no doubt copy when it is up-to-date from the standpoint of Japan.

To a bed here and there was affixed a red ball on a stick. Outside the door, of the ward was a like-coloured disc, upon which was shown what number of beds in the ward were distinguished by the red ball. This insignium, I found, served to indicate that the occupant of the bed was so dangerously ill that he must neither be disturbed nor talked to. I wonder how this method would answer in England, and what would be the feelings of the sick man, full of doubts as to how his malade would end, when he saw, after the surgeon's visit, the red ball hoisted above his bed !

In the operating theatre a man was being anaesthetised prior to a serious abdominal operation. In the arena, strange to say, was another operating table, upon which was another man, who had been "prepared" according to the ritual of antiseptic surgery. He was to undergo an operation identical with that which was seen in actual progress. It was explained to me that it was more convenient to prepare two patients at a time than one. The second man watched with interest the operation upon his ward companion. It was quite possible that the first man might die on the table, in sight of the patient who was waiting his turn.

Knowing the extreme kindness of the Japanese to one another, and their consideration for one another's feelings. I asked if this ordeal was not an indifferent prelude to an operation, and if the second man was not likely to be upset.

The surgeon's answer was: "Please feel his pulse !"

I did. It was beating as quietly as if the man had been asleep.

The Russian Warships Interned at Manila.

A Nagasaki telegram states that, according to the crew of the American transport Sheridan, from Manila, the repairs to the Russian cruiser Jemtchug are making fair progress, but the other two Russian warships will not be ready for sea until next October. The crews of the vessels are maintaining excellent discipline and are hoping for the early restoration of peace.

Mr. Yi-Yong-Ik.

Mr. Yi-Yong-Ik is becoming famous in history. Nobody knows exactly where he is, consequently the question as to his present whereabouts is causing the keenest interest in certain circles of society in Seoul. There are two reports to hand, one is that he is probably a guest at the house of Miss Sontag—the other that he left for Shanghai some days ago !

New Names.

Some of the Russian warships which have fallen into the Japanese hands during the present war have been renamed as follows :—

Variag	...	...	Soya
Peresvit	...	...	Sagami
Poltava	...	...	Tango
Bayan	...	...	Aso
Pallada	...	...	Tsugaru

More Seoul Enterprise.

With apologies to a Local Contemporary.

" Look here ! Well I'm blest, they are not content at having arranged 'a special telegraph service' (Bang !) from Tokyo, but hanged if they have'nt just gone and jumped inside a new pink cover (BANG ! !) Do you think we should be wrong in thinking that this special boon to Seoul is due to us ? "

"No, decidedly not—on the contrary—the credit will be all on your side as long as you pay the cost (BANG ! ! !)."

(Not sufficient force in that last 'bang' o' yours, Mr. Editor,—gunpowder rather damp ?)

AMUSED.

Loss of the S.S. Kinjo-Maru

The S.S. Kinjo-Maru (2,038 tons) owned by Higuchi & Co., of Osaka, collided with the English steamer Baralong off Himejima, Bungu, Kyushu, on the 22nd at 10 p.m. Within three minutes the Kinjo-Maru sank. She had on board 161 officers and soldiers of the Engineering corps. The Baralong, which was only slightly injured, picked up 36 of them, besides the master of the Kinjo-Maru and 17 of her crew. Five officers and 120 men are missing.

Situation in North Corea.

There appears at present to be no material change in the condition of affairs in North Corea. The enemy, having previously stationed a detachment of troops on the right bank of the Tumen, is now distributing that force in the neighbourhood of Hoi-ryung (in north Ham-Kyung-do). On the left bank of the river it is supposed that a still more powerful force has arrived, but this is purely imaginary.

하지가 발행한 〈서울 프레스 위클리〉. 일간 뉴스 불레틴과 함께 주간 신문을 창간했다. 통감부는 이 신문을 매수하여 일간으로 발행한다.

의 실질적인 식민지로 되고 말 것이라고 예견했다. 한편 일본의 입장에서는 그 과잉 인구를 한국으로 이민시켜서 그들의 인구문제를 해결하는 동시에 그들의 부족한 식량공급에 기여토록 하겠다는 것이었다.

일본은 이 계획을 1월부터 은밀히 추진해 오다가 6월 6일 주한 일본공사 하야시(林權助)가 정식으로 한국정부에 그 허가를 요구했다. 이 소문은 곧 일반 국민에게 알려지기 시작했다. 한국의 양대 일간지 〈황성신문〉과 〈뎨국신문〉 등이 일본의 요구를 국민들에 알리는 한편으로 일본의 요구에 대한 한국민의 반대운동을 보도하기 시작했다. 주한 일본공사관은 주로 유생(儒生)들이 중심이 된 이 반대운동을 처벌하라고 한국 정부에 압력을 가하면서 비밀리에 추진되는 외교교섭이 신문에 게재되는 데 대해서도 항의하고 관련자를 문책하라고 강요했다. 그러나 국민의 반대여론이 격렬해지자 한국 정부는 6월 29일 나가모리 명의로 일본이 요구한 황무지 개간권 허가를 거절한다고 일본 공사관에 통보했다. 이에 대해 일본 임시대리공사 하기와라는 즉시 이를 수락하라고 강력히 요구하면서 고종을 만나 직접 이 문제를 주상(奏上)하겠다고까지 나왔다.

일본이 강압적인 태도로 나올수록 한국 정부의 상하 관리들과 전국의 유생들이 벌이던 반대운동도 더욱 치열해지면서 조직적인 민중운동으로 확대되어 갔다. 대표적인 국한문판 신문이었던 황성신문은 7월 6일자 논설을 비롯하여 7월 7일자부터는 3회에 걸친 연속 논설 「변론 일 공사지 변론(辨論日公使之辨論)」으로 일본 공사관의 요구를 조목조목 반박했다. 외부협판 윤치호는 영국공사 조단에게 일본의 요구에 반대하는 이유를 설명하고 같은 내용의 글을 바로 그 당시에 창간된 *KDN*에 기고했다.

반대여론은 두 갈래로 조직화되었다. 농광회사(農鑛會社)의 설립과 보안회

대한매일신보 한글판. 한글전용으로 가로쓰기 조판이면서도 세로로 읽도록 된 독특한 편집 방식으로 제작했다. 창간부터 1905년 3월 10일까지 이런 체제였다.

(保安會)의 조직이 그것이다. 이러한 반대운동이 계기가 되어 애국계몽운동이라 불리는 항일 민족운동이 전개되기에 이르렀다.

농광회사는 일본인에게 개간사업을 넘길 것이 아니라 한국인들이 자력으로 회사를 설립하여 이 사업을 자주적으로 영위해야 한다는 여론에 따라 설립된 회사체였다. 회사설립 자본금은 액면 50원의 주식 20만 주를 발행하여 총 1천만 원을 모으기로 하고 사장에는 외부대신을 지낸 중추원 부의장 이도재(李道宰)를 선임했다. 정부는 7월 11일 이 회사에 대하여 광업에 관한 것은 보류하고, 우선 황무지 개간은 특허하여 자주적인 개간사업을 뒷받침하였다. 그러나 일본 대리공사 하기와라는 한국은 자본과 기술을 구비하지 못하여 자력으로 개간사업을 할 수 없는데도 불구하고 오로지 일본의 요구를 묵살하기 위한 계략에서 이와 같은 회사를 설립한 것이라고 비난하면서 한국 정부가 허가해 준 농광회사의 개간권 특허를 철회하라고까지 요구했다. 일본의 위협과 강요를 견디지 못한 한국 정부는, 마침내 이 회사를 철폐했다고 일본 측에 통고했다.

보안회는 일본의 요구를 반대하는 운동을 더욱 강력히 전개하기 위해 결성된 단체였다. 이 단체는 7월 13일에 처음 결성될 때부터 많은 정부 관리들도 이를 후원했지만, 민중들의 절대적인 지지와 동조를 받아 그 규모가 점차로 확대되었다. 이 모임의 주도층은 1896년부터 1899년 사이에 독립협회에서 활동하던 개화 신진세력이 많았고, 1905년 을사늑약 이후에는 애국계몽운동이라 부르는 항일민족운동의 주역들이었다. 일본공사관이 모임을 직접 주재하는 대판(代辦)회장 송수만(宋秀萬) 등을 검거하자 한국 정부는 그의 신병 인도를 여러 차례 요구했지만 일본은 오히려 보안회의 단속과 '배일운동자의 처벌'을 요구하면서 한국 정부의 요청을 쉽사리 들어주지 않았다. 일본은 무력으로 보안회를 탄압하는 한편 이 기회를 이용하여 치안권 마저 빼앗으려 했다. 일본군은 작전상 한국의 치안유지가 중요하기 때문에 일본의 군과 경찰이 한국의 치안을 담당하겠다는 것이었다. 정부는 거절했지만 일본은 군사경찰 실시를 일방적으로 통고했다.

한국주차군 사령관 하라구치(原口兼濟)가 '군사경찰훈령'을 공포한 것도 바로 이 무렵이었다. 7월 20일에 공포된 이 '훈령'은 '집회나 신문이 치안을 방해한다고 인정할 때에는 그 정지를 명하고 관계자를 처벌' 하도록 했을 뿐 아니라 신문은 발행 전에 미리 군사령부의 검열을 받아야한다(제2항)고 규정했다. 8월 20일에는 황성신문과 뎨국신문의 대표를 일본 헌병사령부로 불러 헌병사령부가 직접 한국 신문에 검열을 실시하겠다고 통보했고, 10월 9일에는 '군정 시행에 관한 내훈(內訓)'을 시달하여 집회 · 신문 · 잡지 · 광고 등이 치안을 방해한다고 인정될 때에는 이를 해산 · 정지 또는 금지시킬 수 있도록 했다. 바로 이튿날인 10월 10일 일본 헌병사령부는 뎨국신문에 무기 정간명령을 내렸다. 이 정간은 한국 언론사상 처음 내려진 강제 정간이었고, 일본군이 한국 신문에 직접적으로 가한 첫 탄압이기도 했다. 일본의 언론 검열과 탄압은 해가 바뀌면서 강도가 더욱 높아졌다.

일본의 침략논리와 신보의 반박

일본은 러일전쟁에서 승리를 거두고 있는 유리한 입장을 활용하면서 한국과 체결한 한일의정서를 내세워 강압적으로 황무지 개간권을 따내려 했으나 한국민의 반대가 워낙 거세자 이를 성공적으로 관철시키기는 어렵다는 사실을 깨달았다. 이 사건을 계기로 한국에서는 배일감정이 팽배하고 반일운동이 조직화되어 전개되기 시작하자 당황한 일본은 이 계획을 유보하기로 했다. 그러나 일단 공개적으로 제기했던 요구를 철회하는 데도 문제가 있었다. 그것은 일본 정부의 위신을 손상시키는 일이며, 내각 안에서도 단합을 해치는 일이 될 수 있기 때문이었다. 결국 일본은 이 문제를 유보해 두는 대신에 제1차 한일협약을 조인하는 데 성공했다.

영국은 바로 이 무렵에 영불협상에 조인했다. 1904년 4월 8일 런던에서 조인된 협상은 영불 두 나라가 이집트와 모로코에서의 권익을 상호보장한다는 요지였다. 프랑스는 영국이 이집트를 점령하여 이를 보호 통치하는 권한을 인정하고 영국은 프랑스가 모로코에 대해 경제적 군사적 개혁조치를 취할 수 있는 권한을 인정한 것이었다. 이와 함께 영국은 프랑스에 대해 이집트의 국채상환을 보증하고 수에즈 운하 사용권을 규정한 수에즈 운하협정(Treaty of Constantinople, 1888, 10, 29)을 준수한다는 것 등이 포함되어 있었다.

그러나 유럽 여러 나라의 이해관계가 얽혀 있던 이집트를 영국이 실질적으로 통제한 것은 이보다 훨씬 오래 전이었다. 1875년 11월, 재정 궁핍을 견디지 못한 이집트의 통치자 이스마일(Ismail Pasha)이 수에즈 운하 주식회사의 주식 17만 6천주를 1억 프랑에 영국 정부에게 매각했을 때부터였다. 이로서 영국은 수에즈 운하의 최대 주주가 되었고, 프랑스와 함께 이집트 정부에 절대적인 영향을 미치게 되었다. 그러나 1882년 영국이 무력으로 이집트를 점령하면서부터는 프랑스 세력은 소멸되고 이집트는 영국이 단독으로 지배하기에 이르렀다. 1883년부터 1907년까지 이집트의 총독을 지낸 크로머(Lord Cromer)경은 이집트의 내정개혁을 강력하게 추진했다. 그는 국가재정 개혁, 경제발전, 세제개혁, 강제노역 폐지 등을 효율적으로 수행했고, 이를 위해서는 이집트 정부의 주요 부서에 영국인 고문을 배치했다. 한편 독일도 지중해에서 해군력을 증강하기 시작하자 영불 양국은 이를 우려하던 중 러일전쟁이 터지자 영불 협상에 조인해서 뉴 펀드랜드, 서아프리카, 이집트, 모로코 그리고 동남아 등의 분쟁지역 문제를 해결하려 했던 것이다.

일본은 영국이 이집트에서 해낸 역할을 한국에서 해보겠다는 논리를 내세워 열강을 설득했다. 영국이 이집트에서 성공적으로 재정과 행정을 개혁했듯이 일본은 한국을 통치함으로써 한국의 시정(施政)을 개혁해 주겠다는 주장이었다(Jordan이 Lansdowne에게, 10 June 1904, MacDonald가 Lansdowne에게, 29 June 1904). 신보와 KDN은 일본의 주장을 반박했다. 영국은 이집트에서 나일 강 댐을 건설하는 등 이집트 개발에 크게 기여했지만, 영국에 비해 경제력이 크게 빈약한 일본은 자국의 이익만을 위해 한국을 점령하려는 의도라고 지적하고 일본을 비난했다("A Comparison", KDN. 13 Sept. 1904; 신보, 1904년 9월 14일 「흔 비교 홈이라」). 신보의 주장은 사실로 증명되었다. 일본은 한국의 식민지화에 성공하자 중국 대륙으로 진출할 때에도 똑같은 논리를 들고 나왔다. 이번에는 만주가 일본의 이집트라는 주장이었다.

한국과 일본에 주재하던 영국 외교관들은 대체로 일본의 한반도 진출을 당연한 것으로 받아들이는 태도였다. 한국과 일본을 대등한 독립국가로 보고 중립적인 입장에서 양국 문제를 다룬 것이 아니라, 다분히 일본의 입장에 서서 한국 문제를 바라보았던 것이다. 이는 극동에 와 있던 영국 외교관들만의 편향된 시각이라기보다는 영국 외무성의 외교방침을 반영한 것으로 볼 수 있다.

2. 한국문제에 냉담했던 영국

영일 양국 외교관의 밀착

한국주재 영국공사였던 조단은 주한 일본공사 하야시(林權助)와는 개인적으로도 극히 친밀한 사이였다. 그는 거의 모든 정보를 일본 측에서만 얻어서 본국 정부에 보고했다. 일본 공사관이 주는 정보를 토대로 정세를 판단했기 때문에 본국에 보내는 보고서도 일본의 입장을 대변하는 경우가 너무나 많았다. 그는 한국 정부와는 거의 접촉을 하지 않았기 때문에 황무지 개간권 문제에 대해서도 일본의 요구를 정당한 것으로 평가하고 있다. 그는 일본이 개간하고 경영하게 될 황무지의 넓이도 광대한 것이지만, 그 실질적인 넓이는 문제가 되지 않을 정도로 정치적인 의미는 더욱 크다는 사실을 알고 있었다. 조단은 일본에게 한국이 황무지 개간권을 허용하고 나면 일본인들이 사는 주거지역이 한국 전역에 퍼질 것이며, 이들 일본의 농업 식민주의자들은 치외법권을 누려서 한국 주권 내에서 절대권을 누리는 존재가 될 것으로 예견했다. 한국의 농부들은 한국 정부의 억압으로부터 피하기 위해 부동산의 권리증을 허위로 이전함으로써 일본의 보호를 받으려 할 것이다. 이렇게 되면 마침내는 강자와 약자간의 갈등이 다른 지역에서 보여주었던 것과 꼭 같은 현상으로 나타나게 될 것이다. 일인들이 한국의 좋은 토지를 모두 차지하게 되고 반면에 한국인들은 언덕바지 척박한 지역으로 쫓겨나게 되는 것이다.

조단은 이와 같이 일본의 황무지 개간권 요구를 들어주면 장차 한국이 일본의 식민지화되는 길임을 너무도 잘 알고 있었다. 그런데도 그는 일본의 요구가 결코 부당하다고 생각하지를 않았다. 그는 일본이 청일─러일 두 전쟁을 한국을 위해서 치렀음에도 한반도에서 일본의 이익을 보호할 조치를 취한 것이 없다고 말하고 외부협판 윤치호에게 일본 측과 황무지 개간권 문제를 협의하라고 권유했다.

조단은 일본이 황무지 개간권 요구를 단지 나쁜 시기에 너무 미숙한 형태로 밀고 나간 것만이 실수였다는 일본 공사관의 의견을 그대로 본국에 보고하고 있다. 그는 한국인들의 불평을 진압하기 위해 일본군이 서울 시내를 계엄상태에 처하게 하고 일본을 반대하는 많은 한국의 지도자들을 체포한 것에 대해서도 일본군이 칭찬받을 만큼 확고한 태도를 보였고, 한국의 대중들이 결코 일본군을 얕잡아 볼 수 없게 만들었다는 식으로 평가했다.

외국인 재정고문과 외교고문

황무지 개간권 요구에 반대하는 한국민의 저항이 워낙 거세기에 일본은 마침내 황무지 개간권 요구를 철회하는 대신에 제1차 한일협약 체결에 성공했다. 8월 22일 윤치호와 하야시(林權助) 사이에 체결된 이 협약은, 첫째 한국정부는 일본 정부가 추천하는 일본인 한 명을 재정고문으로 임명할 것, 둘째 한국정부는 일본 정부가 추천하는 외국인 한 명을 외교고문으로 임명할 것, 셋째 외국과 조약을 체결하거나 특허권을 부여하는 등의 중대한 외교 안건을 다룰 때에는 미리 일본 정부와 상의해야 한다는 것이었다. 이로써 외교와 재정권이 일본의 손 안에 들어가게 되는 것이었다. 이 협약이 체결되기 직전에 고종은 일본 정부가 추천하는 외국인 외교고문을 영국인으로 임명하도록 영국 측이 개입해 달라고 조단에게 요청했다. 한일협약 조문에 따르면 재정고문은 일본인을 임명하도록 되어 있었고, 외교고문은 일본이 추천하는 외국인으로 임명하도록 되어 있었으므로 고종은 영국인이 외교고문으로 임명되기를 바랐던 것이다. 일본 측은 주미 일본 공사관 고문으로 있던 미국인 스티븐스를 임명할 예정이었다.

고종의 요청에 대한 조단의 반응은 냉담했다. 그는 어떤 조치도 취하지 않은 채 본국정부에 의견을 물었으나 영국 외무성도 조단에게 이 문제에 개입하지 말라고 훈령했다. 한국외교고문은 일본의 뜻대로 스티븐스가 임명되어 이해 12월에 부임했다. 영국 외무성은 다만 이 협약체결로 해고될 외국인 고문들 가운데 영국인 총세무사 브라운(MacLeavy Brown)이 포함되는 것인지가 궁금했다. 브라운은 1893년 10월 4일 조선 정부의 해관총세무사로 임명된 이래 재정고문을 맡은 일도 있는 등 정부의 신임이 두터웠다. 그가 한국의 통상발전에 공헌했으며 해관(海關)수입을 감독하여 그 기초를 확실히 했던 공적은 일본 측도 인정하는 바였다.

조단은 브라운이 해고될 것인지의 여부를 하야시에게 물어보았다. 하야시는 브라운이 현재의 지위에 어떤 간섭도 받지 않을 것임을 확약했다. 그는 일본이 영국인 브라운과 미국인 외교고문 스티븐스의 협조를 받아 한국의 개혁계획을 추진할 것이라고 덧붙였다. 일본 외상 고무라(小村壽太郎)도 주일 영국대사 맥도날드에게 일본은 브라운이 맡고 있는 해관업무에 간여하지 않겠다고 약속했다.

일본은 브라운의 지위보장을 영국에게 다짐했지만, 브라운은 이듬해인 1905년 11월 30일 한국을 떠나야 했다. 브라운의 지위보장을 약속했던 하야시의 공작 때문이었다. 하야시는 한국 정부와 브라운의 고용계약이 만료되는 1905년 8월 이전부터 일본 외무성과 함께 브라운을 영국으로 돌려보낼 방안을 논의했다. 일본 외무성은 주영 일본공사 하야시 다다수(林董)로 하여금 영국 정부와 교섭을 벌이게 하는 등 치밀하고도 신중한 노력 끝에 브라운이 한국 정부와 재계약을 맺지 못하도록 하고 본국으로 돌려보낸 것이다.

이와 같이 조단과 영국 외무성은 한국의 이해관계가 걸린 문제 또는 한국의 운명에 중대한 영향을 미치는 문제들을 일본의 입장에서 바라보았고 한국 정부를 뒤로 돌려놓은 채 한국 문제를 일본과 협상했다. 조단만이 아니라 동경의 영국대사 맥도날드도 마찬가지 태도였다. 맥도날드는 일본이 한국의 황무지

개간권 요구 자체는 부당하다고 생각하지 않았고, 다만
추진과정에서 빗나가게 되었으며 한국의 전문적인 선
동가들이 말썽을 일으키기 좋을 만한 구실을 만들어 주
었기 때문이라고 보았다(MacDonald가 Lansdowne에게, 11
Aug. 1904, No.248). 그러면 이와 같이 한국에 와 있던
영국 외교관들이 일본에 대해 우호적인 태도를 가졌던
원인은 어디에 있을까. 당시의 국제정세와 한국의 정치
상황에서 그 해답을 찾아 볼 수가 있다.

일본 외상 고무라 주타로.

정부의 무능과 외교정책 부재

첫째는 영국의 외교정책이었다. 영국은 한국에 대해 극히 제한된 이해관계
를 갖고 있었다. 영국이 볼 때에 한국은 가난할 뿐 아니라 유익한 개발의 잠재
력도 거의 갖지 못한 자원 빈국이었다(Cockburn이 Grey에게, "General Report on Corea
for the Year, 1906", 7 Mar. 1907, No.11, paragraph 5). 러시아와 일본이 한국에서 대립
했을 때에 영국의 외교정책은 대체로 반러시아 노선이었다(Ian H. Nish, "Korea
Between Japan and Russia, 1900~1904"). 그것은 영일동맹이라는 형태로 구체화되어
있었다. 한국에 대해서는 '한국이 독립하느냐의 여부가 아니라 어느 강대국의
지배하에 들어가느냐 하는 것'으로 정책의 방향이 기울고 있었다. 그리고 한국
은 일본의 안전과 이익에 직접적인 관련을 갖고 있기 때문에 일본이 한국을 보
호해야 한다는 일본의 주장을 정당한 것으로 받아들이고 있었다. 영국의 외교
관들은 본국의 외교노선에 따라 일본에 우호적이었다. 일본의 입장에서는 국
제정치상 영국의 힘을 빌리는 것은 긴요했기 때문에 영국과의 관계를 우호적
으로 유지하기 위해 최선을 다했던 것도 그 원인이 되었음은 물론이다.

둘째는 한국 정부는 구조적인 취약성을 안고 있었다. 한국에 와 있던 영국 외교관들은 정파 갈등과 대신들의 잦은 교체로 협상의 상대를 찾기가 어려울 지경이었다. 조단의 눈에는 '한국의 궁정이 높은 자리에 오르기 위한 각색 파당들이 싸우는 결투장이며, 그렇게 분열된 의결기관의 연출장'으로 비쳤다 (Jordan이 Campbell에게, 11 Jan. 1904). 그 보다 앞서 주한 영국대리공사로 근무했던 가빈스(John Harington Gubbins)는 다음과 같이 쓰고 있다.

> 한국 황제와 그 측근들은 여느 때와 마찬가지로 금전상의 궁핍에 쪼들리고 있다. 그래서 그들이 돈을 얻으려고 하는 열망은 평소 때보다 훨씬 바빠진 미국, 일본, 프랑스, 독일의 이권 사냥꾼과 차관 알선꾼들에게 새로운 기회를 제공하고 있다(Gubbins 가 Satow에게, 5 Oct. 1900; Ian Nish, op. cit., p.188).

외부대신이 독자적인 판단에 따라 외교업무를 수행할 수 있는 재량권은 거의 없었다. 조단은 한국의 외부대신이 "황실과 외국공사관 사이에 드리워진 하나의 장식적 휘장이 지나지 않는 존재"(Jordan이 Satow에게, 16 Dec. 1903; Ian Nish, Ibid., p.184)라고 묘사했다. 그 불행한 관리는 단지 황제로부터 외국의 외교관들을 격리시키는 도구로서나 이용되었을 뿐이었고, 어떤 면에서는 대외관계의 실무면에서 하나의 장애물이었다. 황실의 요구도 만족시키고 외국인의 요구도 만족시켜야 하는 외부대신의 교체는 매우 빈번하였다. 이것은 한국의 정책이 전혀 일관성이 없거나 견고하지 못하다는 분명한 징표였다.

1901년에서 1904년까지의 4년 동안에 외부대신 직책을 맡은 사람은 무려 스무 번도 더 넘게 바뀌었다. 같은 사람이 병을 이유로 잠시 물러나 대리에게 자리를 넘겨주었다가 되돌아오는 경우가 대부분이므로 사람이 달라진 횟수는 그보다 적었다. 그러나 교체가 심했던 1902년에서 1904년까지 예를 보면, 박제순에서 유기환(3.15), 최영하(4.29), 유기환(5.31), 최영하(6.21), 유기환(7.1), 최영하(8.13), 조병식(10.17), 이도재(1.30), 이중하(7.20), 이도재(7.29), 이중하(9.1), 성기운(9.15), 이중하(9.21), 이지용(12.23), 박제순(1.25), 조병식(3.12), 김가진(4.1), 이하영(4.19), 윤치호(8.22), 이하영(9.2) 등으로 정신없이 바뀌고 있다.

조단의 후임이었던 헨리 코번은 이와 같이 외부대신들이 빈번하게 바뀌는 동기가 어떤 원칙의 주장 때문이 아니라 항상 어려운 자리로부터 도피하려는 소망 때문이라고 보았다. 그는 권력을 잡았던 한국의 대신들이 외국의 이해관계에 영향을 미치는 문제를 결정할 때에 취했던 태도를 다음과 같이 기술했다.

> 그들의 정책은 너무나 많은 복잡하고도 종잡을 수 없는 동기로 결정되었고, 위기를 맞을 때마다 너무나 자주 변했기 때문에 어떤 제한된 스페이스 안에서 이를 기술하기란 불가능할 정도이다.

주일 영국대사 맥도날드도 짧은 한국 체류 기간 중에 한국 궁중은 괴상하기 짝이 없을 정도로 부패하고 음모로 가득 찼다는 인상을 받았다고 쓰고 있다(MacDonald가 Grey에게, "Japan, Annual Report, 1907", 19 Feb. 1908, para. 36). 영국 외교관들의 이같은 견해는 고종과 그 측근들을 지나치게 폄훼(貶毁)한 평가라 할 수도 있다. 대한제국 정부의 일관성 없어 보이는 외교정책들은 대부분 열강국들의 압력으로 말미암아 일어난 현상이었던 경우가 많았기 때문이다. 그러나 설사 주한 외국 외교관들이 편견을 가지고 한국을 바라보았다 하더라도, 한국 정부를 교섭 상대로 여기지 않고 따돌렸던 원인 가운데 가장 중요한 부분은 한국 정부의 무능 때문이었음을 들지 않을 수가 없다.

세 번째로는 주한 영국공사관 주한 일본공사 하야시와의 친분관계도 원인의 하나였다. 물론 앞서 살펴본 영국의 외교정책과도 관련이 있는 것이지만, 한국에 와 있던 영국 외교관들은 하야시와 친숙하게 지냈고, 그를 극구 칭찬했다 (MacDonald가 Grey에게, 23 Aug. 1908). 특히 조단은 하야시와 개인적으로 절친했다. 한반도에서 러일 양국의 적대관계가 고조되다가 전쟁이 일어났던 시기에 조단과 하야시는 서울에 주재했고, 을사늑약 체결 이후에는 두 사람이 북경으로 가서 근무했다. 위에서 살펴본 여러 요인들이 복합적으로 작용하여 한국 정부는 영국으로부터 점점 소외되었던 반면에 주한 영·일 양국 공사관은 더욱 밀접한 사이가 되었던 것이다. 영국과 일본 공사관이 밀접한 관계였음은 주영 한국 공사관의 대리공사 이한응(李漢應)의 자살 사건에서도 단적으로 드러난다. 영국주재 대리공사 이한응은 기울어지는 국운을 비관하고 1905년 5월 12일 런던에서 목을 매어 자살했다. 당시 주영 한국 공사관에는 대리공사 이한응 한 사람밖에 없었고, 영국인 모간(W. Pritchard Morgan)이 명예총영사라는 직책을 갖고 있었다.* 이한응이 자살할 기미를 보이자 영국 외무성은 이 사실을 한국의 조단에게 미리 알렸다. 그런데 조단은 한국 정부에 이를 바로 알리지 않고, 주한 일본공사관의 대리공사 하기와라의 의견을 먼저 물었다. 하기와라는 이에 대해 이한응을 빨리 귀국시킬 것, 소요 경비는 한국 정부가 주영 일본공사에게 송금토록 할 것, 런던의 한국공사관 재산은 명예총영사 모간이 보관토록

---

* Morgan은 1900년 3월 30일 주영 한국 명예총영사로 임명되었다. 그는 1898년 9월 28일 한국 정부로부터 광산채굴권을 얻어 이듬해에는 평양 남쪽 은산금광을 채굴하기로 했던 사람이다. 모간은 중국에서도 1898년 12월에 광산채굴권을 얻었는데, 1907년부터는 특허권 문제로 중국 정부당국과 분쟁이 일어났다. 모건은 이한응 대리공사가 자살한 뒤로도 한국 명예총영사라는 직함을 가지고 있다가 6개월 후 을사늑약이 체결되자 주영 한국공사관을 일본 측에 인계했다.

할 것 그리고 공사관은 당분간
폐쇄조치할 것 등을 제안했다.
결국 이한응은 자살했고, 조단
은 하기와라의 제안에 따라 영
국 외무성에도 한국공사관의 폐
쇄를 건의하고, 한국 정부에 대
해서도 이를 권고했던 것이다.

3. 배설과 하기와라의
   불화

주영 공사 이한응. 나라의 운명을 비관하여 런던에서 자결했다.

신보의 일본 침략 비판

  신보와 영문판 〈코리아 데일리 뉴스〉는 일본의 황무지 개간권 요구에 대한
반대운동이 전국적인 규모의 반일 민족운동으로 확대되고 있을 무렵에 창간
되었다. 반일운동은 한국 신문만이 아니라 일본에서 발행되는 신문에도 반영
되었다. 일본에서 발행되던 대표적인 영어신문 〈재팬 크로니클〉이 황무지 개
간권 문제에 대해 장문의 논설을 게재한 것은 7월 28일자였다. 일본의 영어
신문 가운데 가장 독립적인 논조로 발행되던 재팬 크로니클은 「한국의 보호
(Protecting Korea)」라는 논설을 통해 일본의 요구가 부당함을 지적하면서, 일본
의 침략정책을 신랄하게 비판했다. 이 논설은 일본에서는 외국인들의 토지 소
유가 금지되어 있을 뿐 아니라 홋카이도의 소유권도 없는 땅을 개발하겠다는
외국인들의 요청에 대해서까지도 전국적인 격분을 불러일으켜 마침내는 해당

장관이 물러나게 된 일까지 있었음을 상기시켰다. 그러면서도 일본은 한국에서 한국인들의 이익을 전혀 고려하지 않고 있으며, 자기 자신들을 위해서는 그렇게도 끈덕지게 요구하던 권리를 다른 사람들에게까지 확대 적용하기를 거부하는 데는 일인들이 뛰어난 바가 있다고 결론지었다.

한국과 일본의 신문들이 각기 일본의 황무지 개간권 요구를 비판하거나 옹호하는 논설을 싣고 있던 때에 창간된 신보가 이를 외면할 수는 없는 일이었다. 신보의 창간호부터 15호까지는 보존된 실물이 남아 있지 않으므로 창간 당시의 정확한 논조를 알 수는 없다. 그러나 주한 영국공사 조단이 본국에 보고한 것을 보면 배설은 코리아 데일리 뉴스 창간 직후인 1904년 7월 22일자에 외부협판 윤치호가 쓴 「황무지 개간 계획(The Waste Land Scheme)」라는 글을 독자투고란에 게재하여 일본의 부당한 요구를 비판했다.

현재 남아 있는 신보 첫 호는 8월 4일자(제16호)인데 바로 재팬 크로니클의 논설 「한국의 보호」를 절반 가까이 그대로 전재한 지면이다. 제목도 크로니클을 그대로 옮겨 달았다. 코리아 데일리 뉴스는 일본이 재팬 크로니클의 고발에 무슨 말로 대답할 것인가라는 질문을 던졌다. 〈코리아 데일리 뉴스〉는 8월 16일자 논설 「나가모리를 재론한다(Nagamori Again)」(한글판 신보는 18일자에 「장삼 문뎨 깅론」이라는 제목으로 게재)에서 일본 〈시사신보〉의 주장을 반박했다. 그러나 이때까지 코리아 데일리 뉴스의 논조는 일본의 황무지권 개간 요구를 정면에서 비판하는 태도는 아니었다. 이 문제에 대해 자신의 주장을 독자적으로 펴지는 않고, 윤치호가 익명으로 쓴 투고와 일본에서 발행된 두 신문의 논설을 소개하면서 황무지 개간권 요구가 부당하다는 의견을 첨가하는 수준에서 머물렀다. 일본에서 발행되는 신문을 인용하여 일본의 침략정책을 우회적으로 비판하는 방법을 택한 것이다.

그런데 일본의 친일적인 두 영어신문 〈재팬 메일〉과 〈고베 헤럴드〉가 코리아 데일리 뉴스를 비난하기 시작했다. 재팬 메일은 코리아 데일리 뉴스의 8월 4일자 논설을 비난하면서, 서울에서 한창 어리석은 선동이 일어나고 있는 때에 코리아 데일리 뉴스가 그따위 유해한 논설을 게재하도록 내버려 두는 것은 일본의 너그러움을 보여 주는 것이라고 주장했다. 그렇기 때문에 신문발행 허가를 신중히 해야 한다고까지 말했다("Nagamori Scheme", *Mail*, 20 Aug. 1904, p.198). 장차 코리아 데일리 뉴스와 재팬 메일이 오래도록 벌이게 되는 여러 가지 논전의 시작이었다. 고베에서 발행되던 고베 헤럴드도 코리아 데일리 뉴스를 비난했다. 코리아 데일리 뉴스가 반일적인 사시를 가지고 있으며, 한일 두 나라 사이에 악감정을 조장하고 있다고 거들었다.

연속 논설로 하기와라 공격

〈코리아 데일리 뉴스〉는 두 친일 신문의 비판을 반박하면서부터 일본의 침략정책을 반대하는 태도를 명확히 밝히기 시작했다. 8월 24일자 논설 「하나의 해명(*An Explanation*)」(신보, 8월 25일자 「한 설명 함이라」)을 통해 〈재팬 메일〉의 비난을 반박한 뒤에, 9월 1일자부터 6일자(제40호~44호)까지 5회에 걸쳐 「한국에서 일본의 영향력(*Japan's Influence in Korea*)」(신보는 9월 2일부터 7일까지 「한국에 일본 위력이라」)이라는 긴 연속논설을 통해서 〈고베 헤럴드〉를 반박하는 동시에 일본의 침략정책을 정면에서 공격했다.

코리아 데일리 뉴스는 지금까지 일본기자들이 한국에서 보낸 기사들이 워낙 친일적이었으니 그에 반대되는 신보의 정당한 지적도 반일적인 논조로 보인 것이라고 전제했다. 논설은 1895년의 민비 시해 사건 이후부터 한국에 대한 일본의 부당한 침략정책을 낱낱이 들춰내었다. 이례적으로 긴 이 연속 논설에서 코리아 데일리 뉴스는 일본이라는 나라를 반대하는 것이 아니라 일본의 한국에 대한 잘못된 정책을 비판하고, 한국에 와 있는 일본 관리들의 잘못을 지적하는 것이라고 주장했다. 애국적인 영국 사람이 자기 정부를 비판할 권리가 있듯이 코리아 데일리 뉴스도 일본의 한국에 대한 잘못을 비판하겠다는 것이다.

끝 부분에서는 특히 한국에 와 있는 일본 외교관들을 공격하면서 그중에도 "한국인들은 상습적이고 뿌리 깊은 음모꾼들이며 정부는 너무나도 부패했기 때문에 '강력한' 방법만이 효과를 거둘 수 있다는 생각을 가진 재능 있는 일본 외교관"을 향해서 신랄하게 공격했다. 논설은 1896년 3월호 〈코리안 리포지토리〉에 실린 명성황후 시해사건에 대한 한국 정부의 발표문을 비롯해서("Official Report on Matters Connected with the Events of October 8th, 1895 and the Death of Queen", *The Korean Repository*, Mar. 1896, pp.120~142 참조) 1895년 6월 29일자 〈재팬 가제트(*Japan Gazette*)〉에 실린 이노우에 가오루(井上馨 정치가, 일본 외무대신, 대장대신 역임)의 연설, 1896년 11월 16일자 〈재팬 헤럴드 메일 서머리(*Japan Herald Mail Summary*)〉가 보도한 오쿠마 시게노부(大隈重信 정치가·교육자, 일본 제8대, 제17대 내각총리대신 역임, 와세다대학 설립자)의 연설 등을 상당히 길게 인용했을 정도로 한일 관계를 깊이 있게 다룬 내용이었다.

연속 논설의 마지막 회 끝 부분은 특히 주목을 끄는 자극적인 대목이었다. 한국인들을 다루는 데는 강압적인 수단을 쓰는 것만이 효과를 거둘 수 있다는 생각을 가진 '재능이 뛰어난 일본 외교관'을 비난한 구절이었다. 그의 이름을 구체적으로 밝히지는 않았지만 바로 일본대리공사 하기와라(萩原守一)를 빗대고 한 말임은 당시에 그를 아는 사람이면 쉽게 짐작할 수 있었다. 배설과 함께 영어신문 〈코리아 타임스〉를 창간하려 했다가 의견충돌로 갈라진 토마스 코

웬이 그의 능력과 재능을 극찬한 바로 그
하기와라였다. 코리아 데일리 뉴스의 이
논설은 배설과 하기와라의 사이를 돌이
킬 수 없는 관계로 악화시킨 직접적인 원
인이 되었을 것이다.

일본공사관 서기관 하기와라.

배설은 코리아 데일리 뉴스를 창간했
을 때에는 주한 일본공사관으로부터 성
의 있는 지원을 받았다고 스스로 말했다.
이와 같은 지원을 해준 사람은 일본 공사
관의 서기관이었던 하기와라였다(*Foreign
Journalism in Korea*, pp.19~20). 배설은 영어
신문을 발행하면서 일본 정책의 변호에 노력하려 했으나 나가모리 사건에 관
해 하기와라와 충돌하는 바람에 배일적 태도를 갖기에 이르렀다고 말하기도
했다. 배설이 일본의 침략정책을 비판한 데는 여러 가지 이유가 있었다. 그러
나 직접적인 원인은 배설과 하기와라의 불화였던 것이다.

하기와라는 을사늑약 체결을 강요할 때에 실무역을 맡았던 주한 일본공사
관의 제2인자였다. 그는 강압적인 수단에 능한 외교관이었다. 젊은 나이에 비
해 외교관의 경력이 화려했으며 정치적인 배경도 든든했다. 맥켄지는 하기와
라가 "자기의 조국을 위해서 열성적인 야망을 지닌 일본의 젊은 정치가들 가
운데 한 사람"이라고 평하고, "그의 매력적인 외관(winning exterior)의 저변에
는 앞길을 가로막는 하찮은 것들은 용납하지 않겠다는 인상을 풍기는 사람"이
라고 묘사했다(F. A. McKenzie, "The Awakening of China, XI, The Tragedy of Mukden", *The
Daily Mail*(Overseas Edition), 5 Jan. 1907, p.77). 맥켄지는 러일전쟁 직전 한국에 왔을

때 하기와라를 처음 만났는데, 그 후 2년 동안 한국에서 일본이 강경한 조치를 취했을 때는 언제나 하기와라의 손을 거쳤다고 썼다. 을사늑약 체결 때에도 그의 철권은 외교관들 가운데서 가장 두드러지게 드러났다는 것이다.

용기 있는 언론인과 외교의 강경파

하기와라는 1867년에 조슈(長州)에서 태어나 1895년 동경제대 법학부를 졸업했다. 그는 원로 정치인 야마가타 아리토모(山縣有朋)로부터 재능을 인정받아 야마가타의 집안에 입양되어 야마가타가 막말시대에 하기와라(萩原鹿之助)로 불리던 성(姓)씨를 이어받았으므로 야마가타는 그의 정치적인 후견인이었다. 대학을 졸업하던 해인 1895년 외교관 및 영사관 시험에 합격하여 12월 28일 인천 주재 대리영사로 한국에 와서 이듬해 10월 17일까지 근무했다. 그후 베를린과 브뤼셀의 일본공사관에서 근무하다가 하야시 다다수를 수행하여 헤이그의 만국평화회의에도 참석했었고, 소련·영국·이태리 등을 방문한 적도 있었다.

그는 1901년 6월 18일 주한 일본공사관의 서기관으로 임명되어 다시 한국에 부임했다. 이때부터 동경제대 정치학과 출신이었던 하야시(林權助)와 함께 일본의 한국침략 정책을 '강력하게' 수행하는 데 수완을 발휘했다. 그에게는 같은 조슈 출신 원료 정치인 야마가다의 후광이 커다란 힘이 되었을 것이다. 을사늑약 체결 당시 고종을 협박했던 한국 주차일본군 사령관 하세가와(長谷川 好道) 대장도 같은 조슈 출신으로 야마가타 계보였다.

하기와라는 일본의 한국 침략정책에 언제나 강경 일변도였다. 그에 대한 평가는 상반되는 양 극단으로 나누어진다. 그는 매력적(charming man-맥켄지)이고, 멋진(nice young man-배설) 젊은이로 보이는가 하면, 야심에 찬 오만한 성격을 드러내기도 했다. 하기와라에 대해 가장 호의적인 평가를 내린 사람은 토마스 코웬이었다. 코웬은 그의 책에 하기와라의 출생과 성장 배경, 교육 그리고 관리로서의 경력 등을 친절히 소개하면서 하기와라가 인천주재 일본영사로 근무하던 때에 명성황후 시해 사건이 일어났는데, 밤낮을 가리지 않고 사태수습에 노력했었다고 칭찬했다. 그는 지성적이고 근면하며 품위 있는 인품을 지닌 사람으로 묘사하여 극찬하면서 능력을 높이 평가했다. 코웬이 이같은 글을 쓴 저의는 배설과 함께 신문발행을 준비하던 때에 하기와라의 도움을 받을 계획이었기 때문에 어떤 대가를 노리고 있었을지도 모른다는 의구심을 품을 수도 있다.

하기와라는 한국에 근무하는 동안은 유능하다는 평가를 받기도 했지만, 만주의 봉천총영사로 갔을 때에는 그의 호전적인 교섭 태도가 오히려 역효과를 냈을 뿐이다. 그는 을사늑약 체결에 활약한 공적을 인정받아 1906년 6월 1일에 개관한 봉천주재 일본총영사관의 초대 총영사가 되었으나, 1년 반을 채 넘기지 못했던 이듬해 10월에 일본 외무성으로 돌아갔다. 강압적인 그의 외교수법은 한국에서만 효과를 낼 수가 있었던 셈이다. 그가 봉천 총영사로 갔던 때에 하야시는 중국주재 공사로 임명되어 북경으로 갔다. 이에 대해 중국 사람들은 하야시와 하기와라가 한국의 독립을 탈취해 가더니 이번에는 두 사람이 중국과 만주로 와서 같은 짓을 하려는 것이 아닌가라고 비꼬았다.

일본 정부가 그를 유능한 외교관이라고 보았던 반면에 영국 측은 그를 특별한 능력을 갖추지 못한 사람으로 평가했던 것도 대조적이다. 주일 영국대사 맥도날드는 하기와라를 특별한 재능이라고는 없는 것으로 여겨지는 젊은 사람으로 평하고, 일본의 황무지 개간권 요구가 실패로 돌아간 것도 하기와라의 잘못 때문이라고 보았다. 맥도날드는 하야시가 일본에 가 있는 동안에 하기와라가 공사직을 대리하면서 황무지 개간권 문제를 완전히 그르쳐 놓았기 때문에 일본 정부를 크게 난처하도록 만들었다는 것이다. 실제로 하야시는 6월 12일에 일본으로 갔다가 7월 17일에 서울로 돌아왔는데, 그동안 하기와라는 주한 일본공사관의 대리공사직을 맡아 한국 정부를 향해 여러 차례 무례한 외교문서를 보내왔다.

하기와라는 한국에서 일본의 황무지 개간권 요구를 반대하는 여론이 비등하자 배일운동자를 처벌하라고 한국 정부에 강요하면서 한국 외부대신에게 황무지 개간권을 일본에 허가하라고 모독적인 문구의 문서를 보내는가 하면, 고종을 직접 알현하여 이 문제를 타결하겠다고 말했다. 일본의 대한정책을 반대하는 집회를 군대까지 동원하여 해산시키고 주동자를 검거한 것도 이 무렵이었다.

4. 주한 영국 공사의 일본 편향 외교

하기와라의 배설 견제

배설은 한국에서 배일감정이 고조되고 반일단체가 결성된 원인은 나가모리가 하기와라의 협력을 받아 한국의 황무지를 몰수하려 했던 사태에서 발단되었다고 주장했다. 이같은 상황에서 배설이 〈코리아 데일리 뉴스〉와 신보를 창간한 직후부터 일본의 황무지 개간권 요구를 비판하자 하기와라는 크게 기분이 상했을 것이다. 특히 9월 1일부터 5회에 걸쳐 연재한 연속 논설의 끝 부분에서 한국에서 일본이 '강력한' 방법을 써야 한다는 생각을 품은 사람을 하기와라로 지목하면서 정면에서 비판하자 배설과 하기와라 사이는 돌이킬 수 없을 정도로 악화되었다. 배설은 이로 인해서 일본공사관으로부터 신문발간에 필요한 지원을 받을 수 없게 되었음은 물론이었다. 어쩌면 이 논설은 배설이 하기와라와의 사이가 이미 나빠질 대로 나빠진 다음에 일본 측의 지원을 받을 수 없게 되었다고 판단했던 시점에 썼을 수도 있다.

반면에 배설과 신문창간을 공동으로 준비했던 토마스 코웬이 그의 책에서 하기와라를 개인적으로 극찬하는 내용을 넣은 것은 하기와라가 그에게 고분고분한 사람만 좋아하는 오만한 성격임을 너무도 잘 알기 때문이었을 것이다. 배설과의 신문발행 계획이 깨어진 후에는 서울에서 특별한 직업이 없었던 코웬은 이와 같이 하기와라를 치켜세움으로써 무언가를 하기와라로부터 얻어내려 했을 지도 모른다.

배설은 코웬과는 달랐다. 그는 성격상 오만한 하기와라와 타협해서 일본의 비위를 맞추는 신문을 만들 수는 없었다. 반대로 한창 기세가 등등하던 하기와라의 눈에는 배설이 고베에서 무역업에 종사하던 일개 상인에 지나지 않는 대수롭지 않은 인물로 비쳤을 것이다. 배설 정도의 인물은 회유할 것이 아니라 강경한 방법으로 대응한다면 신문발간을 계속할 능력도 없으리라고 판단했던 것이다. 뿐만 아니라 그는 배설을 돕지 못하도록 한국 정부에는 압력을 넣을 수 있는 입장이었고, 영국공사관에 대해서도 배설을 추방하거나 신문발행을 중단하도록 요구할 수도 있다고 생각했을 것이다. 하기와라는 배설이 AP통신의 서울주재 통신원직을 맡지 못하도록 방해하기도 했고, 배설이 일본공사관에 접근하는 것조차 막아 버렸다. 배설은 AP통신 특파원 임명을 하기와라가 방해하던 상황을 법정에서 진술했다.

얼마 후 나는 AP통신으로부터 서울주재 특파원으로 임명해 주겠다는 제안을 받았다. 하기와라는 이 임명을 반대했지만 우리는 나중에 회전을 갖고 내가 말한 것을 하나도 철회하지 않자 하기와라도 정중하게 나를 추천해 주었다(*Foreign Journalism in Korea*, p.19).

배설이 AP통신 특파원으로 임명되는데 하기와라의 추천을 필요로 했던 이유는 무엇일까. 검사 월킨슨의 질문과 배설의 답변은 다음과 같다.

월킨슨	미국의 AP통신은 어떤 특별한 정책을 가지고 있는가.
배 설	아무 것도 없다.
월킨슨	그런데도 AP통신의 제안에 따라 그대는 이 문제를 하기와라와 상의하러 갔었다. 만약 그들이 아무런 방침도 없었다면 왜 하기와라에게 갔었는가.
배 설	AP통신의 한국 특파원으로는 해거티(Haggerty)가 있었는데, 그는 이곳을 떠나 다른 직책으로 전근하라는 명령을 받았으므로 나는 그에게 나를 후임으로 임명하도록 도와줄 수 있느냐고 물었다. 그는 승낙하고 그 지위를 나를 위해 확보해 주었다. 당시 특파원들은 하기와라로부터 뉴스를 얻기 위해 매일 아침 그를 만나는 게 관습이었다. 해거티가 내 임명 사실을 발표하자 하기와라는 반대하면서 만약 내가 임명되면 AP통신에는 전혀 뉴스를 주지 않겠다고 말했다.
월킨슨	그래서 그대는 이 금지명령을 철폐할 수 있는지를 알기 위해 하기와라와 의논했는가.
배 설	그렇다.

배설은 하기와라가 한국을 떠날 것이라는 소식이 있자 *KDN*에 다음과 같이

감정 섞인 기사를 실었다.

주한 일본공사관의 하기와라 서기관이 일본으로 돌아갈 날이 임박했다는 소식은 우리들에게 진한 기쁨을 안겨 준다. 그는 첫눈에는 멋진 젊은이로 보이지만 더 잘 아는 사이가 되고 나면 '멋진' 점은 거의 없고 그저 '설익음'이 충만할 뿐이다. 일본 의 선배 정치인들이 늘 그렇게도 올바르게 힐난해 마지않고 있는 건방짐의 많은 부 분도 그와 함께 떠나가 주기를 바라고 싶다("The Secretary of the Japanese Legation", *KDN*, 1 Oct. 1904; Jordan이 Lansdowne에게, 3 Oct. 1904, No.189).

영국 공사 조단의 편향된 보고

신보와 〈코리아 데일리 뉴스〉의 논조와 그 발행인 배설에 관해서 조단은 1904년 9월 2일에 영국 외무성에 처음으로 보고서를 보냈다. 신문이 창간된 지 꼭 한 달 반이 지난 뒤였다.

조단은 나가모리의 항무지 개간권 요구가 실패로 돌아간 것은 코리아 데일 리 뉴스와 아시아 다른 지역에서 영국인들이 발행하는 신문의 신랄하고 공정 치 못한 비판 때문이었다는 인상을 강하게 풍기는 보고서를 본국과 동경에 보 냈다. 조단은 한국이 일본의 황무지 개간권 요구를 들어 줄 경우 한국은 일본 의 실질적인 식민지로 전락하고 만다는 사실을 충분히 알고 있으면서도 일본 이 추진하던 계획의 좌절된 데 대해 유감을 표시했다.

그는 한국의 개혁이라는 고된 임무에 영국의 동정을 기대하고 있던 일본 공 사관이 상당히 반발하고 있다고 보고했다. 만일 신문기자들이 프랑스가 1882 년 튀니지에서 행한 개혁을 목격했더라면 일본에 대한 무책임한 비난이 수그 러졌을 것으로 믿는다고 주한 이태리 공사가 말했다고 적고 있다. 조단이 보고에서 일본의 황무지 개간권 요구를 신랄하고 공정치 못하게 비판한 신문으로는 코리아 데일리 뉴스를 구체적으로 지칭하고 다른 지역의 영국인 발행 신문들도 있다고 말했는데 코리아 데일리 뉴스 외에 일본을 비판한 신문은 〈재팬 크로니클〉을 염두에 두고 있었을 것이다(Jordan이 Lansdowne에게, 2 Sept. 1904, No.174).

조단의 이 첫 번째 보고에서는 아직 구체적으로 배설의 이름을 거론하지는 않은 채 막연히 '이곳에 있는 한 영어신문의 불공정한 비판'과 '무책임한 신문기자들'이라고 표현했지만, 그 신문과 신문기자가 바로 코리아 데일리 뉴스와 배설이었음은 한 달 후에 보낸 보고서에서 명백히 드러난다. 10월 3일, 조단은 코리아 데일리 뉴스를 극히 부정적으로 평가한 보고서를 본국에 보냈다. 그는 우선 배설과 그의 보조자인 로스-라이드(Ross-Reid)가 신문인으로서의 자질을 갖추지 못한 사람들임을 드러내기 위해 다음과 같이 묘사하고 있다.

> 〈코리아 데일리 뉴스〉라고 불리는 이 신문의 외형상의 소유주는 최근까지 고베에서 골동품상을 하던 영국인 베셀이며, 편집은 역시 영국인이며 아시아의 무역항에서 떠돌이꾼의 전형적인 표본인 로스-라이드라는 자의 도움을 받고 있다.

조단이 배설을 이 신문의 '외형상의 소유주'(ostensible proprietor)라고 부른 것은, 고종으로부터 손탁이라는 여인을 통해 지급하는 보조금을 받아 운영되기 때문이라는 것이었다. 그는 다음과 같이 계속한다.

> 황실로부터 재정지원을 끌어 대고, 수년 동안 한국을 수탈하면서 한국에서 일본이

우세해지면 그들의 일거리를 잃어버리게 될 것으로 예견하는 외국의 투기꾼들로부터 정보를 얻고 부추김을 받아온 이 신문은 발행 초부터 한국에 대한 일본의 모든 행동에 대해 적대적이었다. 최근에는 일본 공사관원들에 저속한 비방을 가하는 데까지 이르렀다.

조단은 코리아 데일리 뉴스가 하기와라를 향해 야비하게 비난한 기사의 예라 하여 앞에서 인용한 바 있는 코리아 데일리 뉴스의 10월 1일자 기사를 보고서에 동봉했다. 조단은 여기서 배설의 코리아 데일리 뉴스 기사를 '야비한, 상스러운 구절'(scurrilous paragraph)로 표현했는데, 이듬해인 1905년 1월 28일자 공문에서도 같은 용어를 사용했다. 조단은 이어서 이 신문이 영국의 우방국인 일본에 대해 영국의 외교방침과는 전적으로 어긋나는 논조를 펴고 있다고 지적하고, 10년 전 청일전쟁 당시의 예를 상기시키면서 장차 영·일 관계에 심각한 저해요인이 될 수가 있을 것이라고 암시했다.

영국 외무성은 조단의 보고서를 신중히 검토하기 시작했다. 논의의 초점은 간단했다. 영국 시민 배설이 한국에서 반일 신문을 발행하고 있는 문제를 어떻게 처리하느냐는 것이었다. 그러나 외무성은 이 문제의 배경에는 결코 간단히 처리할 수 없는 복잡한 문제가 관련되어 있다는 사실에 부딪쳤다. 그것은 외교상의 원칙 문제와 법률상의 절차 문제로 요약되는 사안이었다. 우선 명확히 따지고 넘어가야 할 문제는 한국이 주권을 행사하고 있는 독립국가냐 아니면 실질적인 주권을 일본이 장악하고 있느냐 하는 점이었다. 한국 정부가 '실질적인 정부'인지 아닌지에 따라 영국이 취할 수 있는 조치의 성격도 달라져야 했던 것이다.

일본의 배설 추방 묵인 방침

외무성의 극동 담당국장인 랭글리(Walter LFG Langley)는 일본정부가 문제를 직접 처리할 수 있는 가능성을 생각했다. 영국 외무성은 배설의 반일적인 신문 발행을 중단시킬 방도가 없기 때문에 일본군대가 한국을 점령하고 있는 현 상황에서는 일본 정부가 어떤 조치를 취하는 수밖에 없다는 것이었다(Jordan의 보고서 No.189 [3 Oct.]에 대한 Langley의 Minute, 24 Nev. 1904).

극동 담당차관 캠벨(Francis A Campbell)은 방콕에서 발행되던 영어신문 〈시암 프리 프레스(Siam Free Press)〉의 경우를 상기시켰다. 이 신문은 프랑스의 영향 하에 있던 태국에서 왕과 태국 정부를 비난했다 하여 태국 정부가 그 편집인 릴리(J. J. Lillie)를 추방하고자 했을 때 영국이 이를 묵인했던 사건이었다(이 사건에 관해서는 제 Ⅷ장 참조).

그러나 캠벨은 〈Siam Free Press〉의 릴리 사건과 배설의 경우에는 차이가 있다고 보았다. 한국의 경우에는 신문발행에 자금을 제공하고 있는 정부(고종)가 배설에 대해 불평을 제기하지는 않을 것이기 때문이었다. 그러므로 조단이 판단하기에 배설의 신문이 평화를 해치는 것이라고 생각한다면 조단이 자진해서 추밀원령(the Order in Council)을 적용할 수가 있을 것이다. 그리고 추밀원령에 따라 선행보증금을 부과하여 배설의 행동을 제약할 수가 있다고 생각했다. 랭글리는 배설 문제를 일본이 직접 다루도록 하자는 의견인 데 대해 캠벨은 조단으로 하여금 영국의 법률에 의해 배설을 묶어두는 것이 좋다고 생각한 것이다. 그러나 캠벨은 당장은 어떤 조치도 취하지 말고 신문을 그대로 발행하도록 두자고 결론을 내렸다(Campbell, Minute On No.189 [3 Oct.], 25 Nov. 1904).

그러나 외무성의 법률고문 데이비드슨(William Edward Davidson)은 캠벨의 의견에 이의를 제기했다. 그는 배설이 재정적으로 한국정부의 보조를 받고, 정부의 뒷받침 아래 신문을 발행하고 있으므로 그 신문이 한국 정부의 의견에 반대하여 평화와 질서를 위태롭게 할 것으로 생각할 수는 없다는 것이었다. 따라서 추밀원령을 적용하여 조단이 배설을 기소하는 것이 기술적으로 가능한 일이기는 하지만 유죄판결을 내리기는 어려울 것이라고 보았다. 그는 이 문제에 대해 외무성이 허심탄회하게 비공식적으로 논의해 볼 필요가 있으며, 그렇지 않다면 한국 정부와 협의해 보는 것도 고려해 볼 만하다고 덧붙였다. 법률 전문가인 데이비드슨은 어디까지나 법률적인 원칙면에서 이 문제를 바라보았고, 정치적으로는 한국을 실질적인 주권국가로 간주했던 것이다. 그러므로 배설 문제를 일본의 손에 맡길 수는 없는 일이고, 영국공사 조단은 추밀원령으로 처벌하는 데도 어려움이 있다는 주장이었다.

이에 대해 캠벨은 한국 정부는 실권을 가진 정부가 아니고, 실질적인 정부는 일본 당국이라고 반박했다. 그러므로 공식적이건 비공식적이건 영국 정부 내에서는 이 문제를 논의할 필요성이 없으며, 한국정부와 협의하는 것도 바람직하지 않다고 주장했다. 다만 캠벨은 당장에 어떤 행동을 취하지는 말고 당분간은 결정을 유보해 두자고 제의했다. 외상 랜스다운(Lansdowne)도 이에 동의하면서 이 문제에는 어떤 조치도 취하지 말도록 결정했다.

외무성은 이와 같이 한국이 주권을 가진 독립국가냐 아니냐 하는 원칙 문제와 배설을 일본 당국이 다루도록 하느냐 주한 영국공사가 영국의 법률에 따라 처리하느냐 하는 법률적인 문제를 논의한 끝에 어떤 결론도 내리지 않은 채 사태의 진전을 두고 보기로 했다. 이러한 논의는 11월 말에 있었으나 서울의 조단에게는 아무런 훈령도 시달하지 않은 채 해를 넘겼다.

5. 배설 처리 방침에 고심한 영국

일본의 경찰권 장악과 언론탄압

1905년 초부터 일본은 한국의 경찰권을 장악하고 언론 출판을 통제하는 일련의 중대한 조치를 취했다. 1월 8일, 하야시는 서울과 그 인접지역의 치안을 한국 경찰을 대신하여 일본군 사령부가 맡는다고 한국 정부에 통고하는 동시에 일본 주차 군사령관 하세가와는 서울시내 각 요소에 '고시군령(告示軍令)' 19개항을 게시했다. 이 군령은 일본군의 군사상 이익을 보호하며, 작전군의 배후 공안질서를 유지할 필요가 있기 때문에 공포하는 것이라고 취지를 밝혔는데, 제11, 12, 15항은 특히 집회·결사·신문·잡지·광고 등 언론 규제를 담고 있었다. 또 하세가와는 '고시군령'의 시행에 따르는 '군사경찰시행에 관한 내훈' 5개 항을 시달했다. 「내훈」 제5항의 1은 신문·잡지·광고 등이 치안에 방해가 된다고 인정되는 것은 이를 정지 또는 금지할 수 있도록 규정했다. 또 군령을 위반하는 경우에는 사형·감금·추방·과료(過料) 또는 태형에 처하도록 하는 엄격한 처벌 조항을 두고 있었다.

일본은 서울과 인접지역의 경찰권을 한국 주차 일본군 사령부가 맡는 한편으로 한국의 경찰을 감독하고 지방의 세금수입까지 감시하기 위해 일본인 경무고문을 한국 정부에 배치하고 전국 13개 도에 일인 경찰을 배치하도록 했다. 이로써 한국의 경찰권은 실질적으로 일본의 손으로 넘어가게 되었다.

일본 공사관은 고시군령을 공포하면서 새로 임명된 한국의 외교고문 스티브스를 시켜 신보와 *KDN*에도 어떤 조치가 취해질 것이라고 조단에게 귀띔하면서 일본 당국은 영문판보다는 한글판에 대해 더 위험시하고 있다고도 말했다. 한글판이 한국인들에게 한국의 실정에 대해 그릇된 견해를 널리 퍼뜨리고 있기 때문이라는 것이다. 그리고 일본 당국은 영국인이 이 같은 신문을 만드는 데 대해 심히 분개하고 있다고도 말했다(Jordan이 Lansdowne에게, 28 Jan. 1905, No.12).

조단은 이에 대해 "일본 당국자는 지금까지 이 야비한 신문을 현명하게도 묵인하고 있었다"는 표현으로 일본의 편에 서서 배설을 비방하는 보고서를 본국에 보냈다. 그는 이 신문을 영·일 간의 우호관계라는 관점에서만 바라보고 있으며, 신문이 발행되고 있는 한국과 한국민의 입장은 고려하지 않은 것이다. 그가 말한 대로 이 신문은 한국에 대한 영국의 견해를 대변한 것은 아니었지만, 한국의 실상을 한국민의 입장에서 가장 잘 반영한 신문이었음을 완전히 무시했다.

조단의 이같은 보고에 대해서 영국 외무성도 당분간 유보해 두기로 했던 배설 문제에 단안을 내렸다. 3월 24일, 외무성은 조단에게 중대한 결정사항을 시달했다. 일본이 배설을 한국에서 추방하기로 방침을 정하는 경우 영국은 이에 반대하지 않겠다는 것이다.* 이러한 결정을 내리는 과정에서도 외무성 안에서는 반대 의견이 여전히 남아 있었다. 데이비드슨은 일본이 배설을 한국에서 추방할 수 있는 근거가 없다고 끝까지 이 결정에 반대했다. 그는 한국을 통치하는 사람은 '한국의 황제'이지 일본 당국이 아니라고 주장한 것이다. 그러나 무성은 일본군이 서울을 장악한 가운데 서울이 계엄령하와 동일한 상황에 처해 있는 이상, 그곳에 거주하는 영국인도 일본의 통치에 순응해야 한다는 것

---

* Foreign Office에서 Jordan에게, 24 Mar. 1905, No.4. 전문은 다음과 같다.
"Your disp." No.12 [of Jan. 28; Editor of *Korea Daily News*]. Should Japanese Authorities sound you on the question of expelling Mr. Bethell, you may say H. M. G. would take no objection. There is however much force in view entertained by Japanese Authorities as to possible consequences of an treating an insignificant individual. Campbell".

으로 결론지은 것이다.

그렇지만 영국 외무성은 일본 당국의 요구를 만족시키기 위해서 일개 미천한 인물에 지나지 않는 배설을 추방하도록 묵인하는 데는 많은 무리가 따른다는 사실이 못마땅했다. 그런데 외무성이 조단에게 이러한 내용의 전보를 쳤을 때에는 서울의 상황은 이미 달라져 있었다. 배설은 이보다 2주일 전인 3월 11일부터 자금 부족으로 신문을 휴간한 뒤였기 때문이다. 이제 영국으로서도 별로 내키지 않는 일이 될 일본의 배설 추방을 묵인할 필요가 없어진 셈이다. 배설은 신문을 휴간하면서 2주일 이내에 속간하겠다는 사고를 낸 뒤 인쇄시설을 구입하기 위해 일본으로 갔지만 한 달이 지나도록 속간은 하지 못하고 있었다. 조단이 보기에는 재정상의 어려움 때문에 배설이 신문을 다시 발행할 수가 있을지에 대해서도 회의적이었다(Jordan이 Lansdowne에게, 19 April 1905, No.60).

만일 외무성이 조단에게 배설에 관한 훈령을 보내던 때에도 배설이 신문을 발행 중이었다면 일본은 영국의 묵인 하에 배설을 간단히 한국에서 추방해 버리고 말았을 것이다. 그러나 이제 영국은 내키지 않는 마음으로 일본이 한국에서 영국 시민을 추방하도록 묵인할 필요가 없어진 데 대해 만족했다. 조단으로부터 배설이 재정적인 어려움 때문에 신문을 휴간 중이라는 보고를 받은 외무성의 캠벨은 '해피 엔딩'이라는 메모를 남겼고, 외무성은 배설이 앞으로 영영 신문을 발행하지 못하기를 바랐다.

러일강화조약 후 영국 방침변경

배설은 휴간 5개월 만인 1905년 8월 11일에 신보와 *KDN*을 속간했다. 런던에서는 제2회 영일동맹이 체결되어 영국이 일본의 한국에 대한 지배권을 확인하기 하루 전날이었다. 배설은 휴간 기간에 인쇄시설까지 갖추어 국한문판과 영문판을 분리하여 두 개의 신문을 발행하기 시작했다. 일본이 영문판보다 더 위험시했던 한글판은 국한문판으로 편집체재를 바꾸어 독립된 지면으로 더욱 확장한 것이다. 속간 이후의 논조도 일본의 정책을 비판하는 데 있어 이전과 다름없이 신랄했다.

9월 7일 조단은 이제는 배설 처분에 관해서 지난 3월 24일자로 외무성이 훈령한 바에 따라 행동을 취할 시기가 왔다고 보고했다. 일본공사관은 여러 차례 이 신문의 논조에 대해 불만을 토로했고, 그럴 때마다 조단은 배설에게 주의를 주었지만 배설은 오히려 이것을 자기의 명성을 높이는 기회로 여겨 왔다면서 이제 일본 당국자에게 배설 문제를 자유롭게 처리해도 좋다고 암시했다는 것이다. 그러나 조단은 러시아와 일본이 포츠머스 강화조약을 조인(9월 5일)한 후 일본군대의 상황변동으로 미루어 볼 때에, 영국의 동의 없이는 일본이 어떤 조치도 취하지는 않을 것으로 보았다(Jordan이 Lansdowne에게, 7 Sept. 1905, No.127). 조단은 이 보고와 함께 일본을 근거 없이 공격하는 악의에 찬 기사의 예라 하여 *KDN*의 논설 다섯 건을 동봉했다. 그 가운데 신보에 번역 게재된 기사도 3건이 있었다.*

조단이 보낸 *KDN*의 논설들은 이제 전쟁이 끝났으니 전쟁을 이유로 일본이 한국과 체결한 협약은 모두 효력이 없어졌다고 주장하는 논설이었다. 우선 1904년 2월에 체결한 한일의정서가 실효성이 없어졌으므로 이 의정서를 근거로 일본이 한국과 체결한 협약들도 무효이며 한국에서 탈취한 특권들을 모두

---

* 9월 6일자 "Korea and the war",(신보에는 9월 10일자에 「交戰間 韓國形便」으로 번역 게재)
  9월 12일 (신보, 9월 17일자 「韓國地位」)
  9월 21일 (신보, 9월 26일자 「辯論之非」)

다시 한국에 돌려주어야 한다. 더구나 전쟁이 끝난 마당에 일본군이 공포한 군령 따위도 모두 폐기되어야 한다는 주장이었다. 논설들은 주한 일본군 사령관인 하세가와 대장, 새로 임명된 한국 정부의 재정고문 메가타, 하야시 등도 비판했다.

조단은 9월 7일에 보낸 보고서에 대한 외무성의 회신이 오기 전인 10월 11일자로 배설에 관한 또 하나의 보고서를 외무성으로 보냈다. 그것은 일본공사관의 의견을 또 한 번 조단이 대변하는 내용이었다. 하야시는 영국이 배설에 대해 어떤 조치를 취해 줄 것인지를 알고자 했다면서, 이 신문의 한국어판은 한일관계를 악화시킬 뿐 아니라 최근에 체결된 영·일 동맹에 의해 한국에서 광산 및 다른 산업에 열강이 동등하게 참여하도록 보강하려는 일본의 노력을 수포로 돌아가게 한다고 말했다. 조단은 하야시에게 이 문제를 처리하는 데는 두 가지 방법이 적용될 수 있다고 설명했다.

첫째는 1904년에 공포된 중국과 한국에 관한 추밀원령(The China and Corea Order in Council, 1904) 제75조를 적용하여 형사 문제로 다루는 것이다. 이를 위해서는 영국의 고등법원이 서울에서 사건을 심리하여 기소하는 방법인데, 이 조항을 적용하여 기소내용을 증명하고 유죄판결을 내리기는 어려울 것이다.

두 번째로는 좀 더 강경한 조치로서 일본이 군율을 적용하여 배설을 직접 처벌하는 방법이다. 그러나 이 방법도 일본이 러시아와 체결한 평화조약을 비준하고 나면 실효가 없어질 것이다. 평화 시에 영국 시민에게 군법을 적용하여 처벌할 수는 없는 일이기 때문이다. 일본이 포츠머스에서 러일강화조약을 조인한 날은 9월 5일이었으나 조약의 공포는 10월 16일이었고, 그 비준서를 교환한 것이 11월 25일이었으므로 조단이 이 보고서를 보낼 때에는 러·일 두 나라의 평화조약 비준이 임박했던 때였다.

일본 군법 적용 배설 처리 논의

　조단의 설명에 대해서 하야시는 두 번째 방법이 마음에 든다고 말하고 군율은 당분간 한국에서 계속 적용될 것이라고 대답했다. 하야시는 그때 을사늑약의 체결 문제를 본국과 협의하기 위해 동경으로 떠나기 직전이었다. 그는 을사늑약이 체결된 뒤에 한국민들이 반발할 것을 예상하고 군율이 상당기간 한국에서 효력을 갖도록 두어야 할 것이라고 말했던 것이다.

　조단은 일본이 군법에 따라 배설을 처벌하는 경우, 일본 측이 준수해야 할 두 가지 전제조건을 제시했다. 첫째 조단이 본국에 전보로 자문을 구하기 전까지는 어떤 조치도 취해서는 안 되고, 둘째 하야시가 3주 후 동경에서 서울로 돌아오기 전까지는 어떤 조치도 취하지 말아야 한다는 것이었다. 이 두 가지 전제조건은 사건 처리를 일본에 맡기기는 하되, 최소한의 안전장치를 마련해 두려는 속셈에서 나온 것이었다. 하기와라와 배설 사이가 극히 나쁘다는 사실을 알고 있던 조단은 이 사건을 전투적인 성향을 지닌 젊은 하기와라의 손에 맡기지 않으려 했던 것이다. 하야시가 업무협의를 위해 일본에 가 있는 동안에는 일등서기관인 하기와라가 대리공사를 맡게 되는데 하기와라가 배설 문제를 처리하는 것은 적지 않은 위험성을 안게 되는 것이다. 그러므로 이 사건 처리에 있어서 두 사람 사이에 가로놓인 개인적인 감정을 배제시키는 편이 바람직하다는 것이 조단의 생각이었다.

　조단은 또한 하야시가 일본에 가는 기회에 본국 정부와 이 문제를 협의할 것이고, 그렇게 될 경우 하야시가 취하게 될 행동은 좀 더 무게 있는 것이 되리라고 예상했다. 이와 같이 조단은 실무적인 차원에서는 여러 가지 사정을 고려하고 신중을 기한 셈이었다. 그러나 원칙적인 면에서, 영국은 일본에게 중대한 문제를 양보하게 되고 말았다. 영국이 배설의 추방에 반대하지 않겠다고 약속하고 일본에게 그 처리를 일임한 것은 배설이라는 한 개인의 신상문제가 아니라 영국이 한국에서 누릴 수 있는 치외법권의 포기를 의미하기 때문이다. 조단은 3월 24일자 본국 정부의 훈령에 따라 일본 공사관에 이와 같이 통보한 것이다.

그러나 영국 외무성은 조단과 하야시가 이와 같은 내용에 합의한 것을 한 달 반 동안이나 모르고 있다가 10월 21일에야 조단의 9월 7일자 편지를 받았다. 당시 서울에서 보낸 편지가 런던에 도착하는 데는 30일 내지 50일이나 걸렸다. 그 반대의 경우도 같은 시간이 소요되었다. 서울에서 외무성으로 보내는 보고서와 그 보고서를 토대로 외무성에서 서울로 보내는 훈령이 오고가는 데 소요되는 시간차이 때문에 현지의 상황이 크게 달라진 뒤에야 본국의 지시를 받게 되는 경우는 그 뒤로도 흔히 일어나고 있었다.

조단이 일본 공사관과 합의한 내용에 접한 외무성은 당혹감을 느끼지 않을 수 없었다. 이제는 러일강화조약이 체결되었기 때문에 러시아와 일본의 전쟁 상태는 완전히 종식되었고, 따라서 3월 24일에 훈령을 보내던 때와는 한국이 처한 상황도 크게 달라져 있다는 것이 외무성의 판단이었다. 일본은 이제 교전상태의 나라가 아니기 때문에 한국에서 일본의 군율을 적용하여 배설을 추방할 근거는 사라졌다는 것이다. 만일 배설을 추방할 필요가 아직도 있다면 그것은 일본이 아니고 영국이 추밀원령 제83조 5항에 의거한 법적 절차를 밟는 것이 마땅하다는 것이 랭글리의 견해였다.(Langley, Minute on No.127[7 Sept. 1905], 24 Oct. 1905). 처음에 배설 문제를 일본이 직접 처리하도록 해야 한다는 의견을 내놓은 것도 랭글리였지만, 이제는 사태가 달라졌다고 판단한 사람도 랭글리였다. 문제의 처리를 일본에 맡겨서는 안 된다고 주장했던 데이비드슨이 랭글리의 의견에 전적으로 찬동했음은 물론이다.

외무성은 즉시 조단에게 경고전문을 보내기로 했다. 10월 25일 외무성은 조단에게 사건 처리를 일본에게 맡기지 말 것과 필요한 경우에는 영국이 직접 사건을 처리해야 하며, 추밀원령을 적용하라는 긴급 전문을 보냈다(Foreign Office 에서 Cockburn에게, 25 Nov. 1905, No.20).

외무성의 전문을 받은 조단은 주한 일본 임시대리공사 하기와라를 만나 본국에서 온 훈령을 설명했다. 하야시는 동경에 가 있었으므로 하기와라가 대리공사를 맡고 있었다. 조단은 이미 러일평화조약이 체결되어 평화가 이루어진마당에 일본의 군율에 의하여 배설을 처벌하는 것은 온당치 못하기 때문에 영국의 추밀원령에 따라 정당한 재판을 받은 후에 처리하라는 본국의 훈령이 있었다고 말했다(萩原가 小村에게, 1905년 10월 28일). 조단은 이와 함께 배설의 보조자펜튼이 배설을 상대로 체불급료 지급을 청구하는 소송을 영국영사에게 제기하고 있으므로 배설은 앞으로 이 신문을 계속할 능력이 없을 것이라고 덧붙였다.

조단의 10월 11일자(No.137) 보고는 40일 뒤인 11월 20일에 런던에 도착했다. 서울에서 을사늑약이 체결된 지 3일 뒤였다. 외무성은 이제 배설 문제는 일본에 맡길 수 없다는 방침이 완전히 확정되어 있는 상태였다. 일본의 군율이 한국에서 그대로 시행되고 있다 하더라도 일본 당국이나 한국 정부가 배설을 추방하는 일은 정당화될 수 없다는 입장이었다. 오직 영국의 법률에 의해 영국 측이 배설문제를 처리해야 한다는 것이다(Langley, Ninute on No.137, Jordan 이 Lansdowne에게, 11 Oct. 1905, 23 Nov. 1905). 외무성의 이같은 입장은 러·일 간에 평화조약이 비준되어 전쟁상태가 완전히 종식되었다는 상황변화에도 객관적인 원인이 있었지만, 영국이 한반도에서 치외법권의 재판관할권(extraterritorial jurisdiction)을 포기하지 않겠다는 의사를 확고히 했다는 의미였다. 이제는 한국이 주권을 가진 독립국이냐, 일본당국이 실질적인 정부냐 하는 정치상의 문제는 논란꺼리가 될 수 없었다. 한반도에서 영국의 재판 관할권을 포기하느냐 영국이 이를 끝까지 행사하느냐 하는 점이 부각된 것이다. 그것은 영국이 한국의 주권을 인정했기 때문도 아니고, 문제의 장본인 배설을 보호하기 위해서도 아니었다.

처음부터 사건 처리를 일본에게 맡겨서는 안 된다고 주장했던 데이비드슨은 만일 배설을 일본의 군사재판에 회부한다면 영국의 언론이 크게 문제 삼을 것이라고 예견했다. 언론은 광범한 원칙의 문제를 제기할 것이고, 그렇게 되면 배설의 행위가 옳으냐 그르냐 와는 전혀 동떨어진 논란이 벌어지고 말 것이다. 하지만 추밀원령 제83조에 의해 그가 불명예스럽게 추방당하도록 한다면 그를 "순교자나 영웅이 되지 못하도록 만들면서 효율적으로 억압할 수 있을 것"이라고 주장했다. 데이비드슨은 이와 같이 함으로써 언론으로부터 쏟아질지도 모르는 비판을 피하고, 배설을 불명예스럽게 한국으로부터 추방해 버리게 되는 셈인데, 이것이 가장 효율적이고 말썽의 소지가 없는 처리방법이라고 생각했다.

데이비드슨의 주장에 캠벨도 이의 없이 동의함으로써 외무성의 방침은 완전히 확정되었다. 외무성은 이미 10월 25일에 보냈던 것과 같은 내용의 훈령을 서울로 타전했다. 훈령 전문은 다음과 같다.

> 조단 경의 보고 제137호(10월 11일자)에 관한 건. 나는 현재의 상황에서는 이 사건을 일본이 군율로써 처리하는 것이 정당화될 수 있을지 의문이다. 그렇게 할 경우 원칙문제에 관한 논란이 일어나게 될 것이며 그것은 이 사건의 원래 취지와는 전혀 동떨어진 일이 되고 말 것이다. 그러므로 나는 이 사건이 내가 10월 25일에 보낸 제19호 전문대로 처리되어야 한다는 견해를 그대로 견지한다(Foreign Office에서 Cockburn에게, 25 Nov. 1905, No.20).

6. 주한 영국공사관 철수

을사늑약 이후의 사태변화

외무성은 위의 전문을 조단에게 보낸 것이 아니라, 새로 주한 영국 대리공사로 임명된 헨리 코번(Henry Cockburn)에게 보내야 했다. 코번은 을사늑약이 체결

영국 외상 에드워드 그레이.

된 지 3일 뒤인 11월 20일에 서울에 도착하여 11월 23일자로 조단으로부터 주한 영국공사관의 업무를 인계받았다. 따라서 업무를 인계받은 지 이틀밖에 안 된 새 대리공사 코번에게로 배설 문제도 넘겨진 것이다.

을사늑약의 체결로 한국은 외교권을 완전히 일본에게 넘겨주어야 했다. 한일관계에 하나의 커다란 분기점이 된 사건이었다. 이듬해 2월 1일에는 서울에 통감부가 설치되어 이등박문이 초대 통감으로 부임했고, 주한 일본공사였던 하야시는 북경주재 대사로, 서기관이었던 하기와라는 봉천(奉天, 현재의 심양) 주재 총영사로 각각 전근했다. 한영관계에서는 주한 영국공사 조단이 코번으로 바뀌었고, 형식상으로 설치되어 있던 영국 런던의 한국공사관이 1906년 2월 1일자로 폐쇄되어 버렸다. 한편 영국 외무성에서도 외상 랜스다운이 에드워드 그레이(Edward Grey)로 바뀐 것이 바로 같은 무렵인 12월 11일이었다. 한·영·일 세 나라의 외교관계는 새로운 단계에 접어들었다.

1905년 11월 17일에 체결된 을사늑약(한일협상조약)은 한국의 외교업무를 일본이 관장하고 한국에 일본 정부를 대표하는 일본 통감을 상주시킨다는 것이 요지였다. 일본은 조약체결에 앞서 9월 26일 주영 일본공사 하야시(林董)로 하여금 영국 정부에 그 취지를 다음과 같이 설명하고 협조를 구했다.

한국은 러일양국의 영향력을 교묘하게 조작하는 농간을 부려서 상호 견제토록 하는 것이 최상의 정책이라고 늘 생각해 오고 있으며, 이러한 외교정책을 추구하기 위해서는 외국과 어리석은 조약을 맺거나 약속을 하는 일도 서슴지 않는다. 실상 러일전쟁도 한국의 이러한 정책이 하나의 직접적인 원인이 된 것이라 할 수도 있다. 한편으로 러시아는 평화조약 체결 시에 한국에서 일본이 완전히 자유롭게 행동할 수 있는 권리를 인정했음에도 불구하고 장차 어떤 태도를 취할지 확실하지 않다. 그러므로 일본은 한국의 대외관계를 책임지는 도리밖에 다른 대안이 없다. 새로운 영 · 일 동맹을 체결한 우방국인 영국은 보호조약 체결에 전폭적인 협조를 아끼지 않을 것으로 믿는다. 라는 것이 하야시가 영국 외상 랜스다운에게 한 설명이었다(*British Documents on the Origin of the War*, Vol. IV, pp.112~113, No.103; 『日外』, 38/1, pp.520~522). 영국은 일본을 전폭적으로 지원하겠다고 약속했다.

일본은 사전에 미국에도 그 취지를 설명하고 양해를 구했다. 포츠머스 강화회의 일본 전권 대표로 미국에 체재 중이던 외상 고무라(小村壽太郎)와 주미 일본공사 다카히라(高平小五郎)는 9월 9일 미국 대통령 루스벨트를 만나 일본이 한국의 외교권을 인수하겠다고 설명해서 미국의 승낙을 얻은 데 이어(桂太郎이 林權助에게, 1905년 9월 15일, 『日外』 38/1, p.520, No.251) 일본은 미국에도 이 사실을 충분히 주지시켜 두었다(高平小五郎이 桂太郎에게, 1905년 11월 11일, 『日外』 38/1, p.530, No.262). 일본은 러일강화조약에서도 한반도에서 정치 · 군사 및 경제적으로 탁월한 이익을 갖고 있기 때문에 한국을 지도 · 보호 · 감독할 수 있다는 보장을 받아낸 것이다.

일본은 영국과 미국의 사전 승인을 받으면서 11월 17일 한국의 외교권을 관장한다는 내용의 한일협상조약을 체결했다. 일본으로부터 보호조약 체결

을 통보 받은 미국은 즉시 주한 미국공사관을 철수시키겠다고 일본에 회답
했다. 주미 일본공사 다카히라가 조약 사실을 미국에 통보한 것은 11월 23
일이었는데, 미국무장관 루트(Elihu Root)는 이튿날자로 주한 미국공사관을 철
수시키는 대신 한국과 관련된 외교업무는 주일 미국공사관에서 취급하거나,
주미 일본공사관을 통해 처리하겠다고 일본 측에 알린 것이다(Root가 Takahira
에게, 24 Nov. 1905; *Papers Relaiting to the Foreign Relations of the United States*, Washington, 1905,
p.613, No.237, 631; 「日外」, 38/1, pp.548~549, No.283). 주한 미국공사 모간(Edwin V.
Morgan)이 미국공사관 철수를 한국 정부에 통고한 날은 11월 28일이었다. 미
국의 선례에 따라 한국과 외교관계를 맺고 있던 다른 나라들도 같은 조치를
취했다. 독일도 미국과 마찬가지로 한국에 관련된 외교업무를 주일 독일공
사관으로 이양했고, 프랑스는 부영사를 한국에 남게 하여 총영사의 직책을
대리케 했다.

주한 영국 총영사 헨리 코번

일본은 1906년 2월 1일자로 주한 일본공사관과 영사관을 폐쇄하는 대신 이
튿날자로 서울에는 통감부를 설치하고, 각 지방에는 이사청(理事廳)을 설치
했다. 이와 함께 외국 공사관 또는 영사관이 한국과 상대했던 외교업무는 조약
제1조에 따라 동경의 일본 외무성과 상대하도록 했고, 이미 한국이 외국과 체
결했던 조약과 관련된 지방적인 사무는 통감의 지휘 감독 아래 일본 이사청이
처리하도록 했다.

한국 정부는 외교업무를 관장하던 외부(外部)를 폐지해야 했다. 1906년 1월
18일 외부를 폐지하고 그 업무를 통감부로 이관하면서 의정부에 외사국을 두
고 외교문서를 보존하는 일만 맡도록 했다. 이와 함께 해외에 설치되어 있던

한국 공관도 모두 철수시키고 그 업무를 일본 공관이 맡도록 했다. 이제 한국은 외교업무를 맡아볼 기구조차 없는 나라가 되었다.

이와 같이 조약 당사국인 한일 양국은 물론이고 한국과 외교관계를 맺고 있던 여러 나라들이 한국의 외교권을 일본이 관장하는데 따른 후속절차를 밟고 있는 동안, 일본과 외교관계가 긴밀했던 영국은 의외로 주한 영국공사관 철수를 서두르지 않고 있었다. 미국은 11월 23일에 이미 공사관 철수를 통보했는데도, 영국은 그보다 일주일 뒤인 11월 30일에야 주한 영국공사관을 철수시킬 준비가 되어 있다는 사실을 일본 측에 통보했고, 12월 2일에는 주한 영국공사를 철수시키는 대신, 한국에는 총영사를 두기로 했다고 알려 왔다. 일본 외무성은 이러한 내용을 〈관보〉에 게재한 다음에, 그 관보 기사를 주일 영국대사에게 다시 보냈다. 주한 영국공사관이 철수하기로 했음을 일본 정부가 공식적으로 공포했다는 사실을 영국에 알린 것이다. 또한 이듬해인 1906년 1월 17일에는 주영 일본대사 하야시를 통해서 2월 1일부터는 주한 일본대사관이 영구히 폐쇄되고 통감부가 설치될 것이며, 한국과 관련된 외교업무는 동경의 일본 외무성이 맡게 될 것임을 영국 정부에 통보했다. 이러한 조치들은 영국에 대해 주한 영국공사관을 빨리 철수시켜 달라는 일본의 의사를 강력히 표명한 것이다. 그런데도 영국은 주한 영국공사관의 철수를 지연시키고 있었다. 조단의 후임으로 서울에 온 헨리 코번은 총영사(ConsulGeneral)가 아니라, 임시대리공사(Charge d'Affaires)라는 직함을 고집하고 있었다.

1906년 1월 31일, 통감부 개청 이틀 전에 일본외상 가토(加藤高明)는 서울의 하야시에게 영국과 중국 대표가 아직도 임시대리공사라는 직함을 쓰고 있기 때문에, 대외적으로 외교대표부를 그대로 두고 있는 것으로 인식되기 쉬우니 명칭을 총영사로 바꾸어 달라고 영국 측과 교섭하도록 훈령했다. 주영 일본대사 하야시 다다수에게도 같은 훈령을 보냈다. 영국은 일본의 이러한 요청에 대해 전임 주한 영국공사였던 조단의 급료처리 문제로 영국 외무성과 재무성간에 협의가 진행 중이므로 공사관 철수가 지연되고 있다고 해명했다. 그것은 사실이었다. 조단은 다음에 맡아야 할 보직이 결정되지 않은 상태에서 한국을 떠났기 때문에 외무성으로서는 조단의 다음 보직이 결정될 때까지는 주한 영국공사의 직책을 그대로 유지하도록 만들어 두어야 할 필요가 있었다. 이것은 외교정책의 문제가 아니라 단지 조단이 급료 연봉 1,500파운드를 정상적으로 받을 수 있게 해 주기 위한 외무성의 배려였다(Foreign Office로부터 Treasury에, 7 Feb. 1906).

그러나 한편으로는 서울의 공사관 철수를 지연시킨 것은 영국의 국내정세에도 원인이 있었을 것으로 추측할 수 있다. 바로 이 무렵에 보수당 내각이 물러나고 자유당이 집권했으며, 외상도 랜스다운이 그레이로 바뀌었다. 영국의 정계 변동은 한국의 공사관 철수를 신속히 처리하지 않았던 원인 가운데 하나였을 것이다. 반면에 미국은 이때 태프트(Taft)-가쓰라(桂太郎) 협약(1905. 7. 29)과 가쓰라-해리만(Harriman) 협약(10. 12) 등으로 일본의 한국에 대한 보호권을 승인한 직후였기 때문에 일본의 요구에 제일 먼저 응했을 것이다. 태프트-가쓰라 협약은 일본이 미국의 필리핀에 대한 권리를 인정하는 대신 미국은 일본의 한국에 대한 특수한 권리를 인정한다는 골자였다.

영국의 국내사정과 한국에 대한 외교정책이 어떠했건 서울에 새로 부임한 코번에게는 주한 영국공사관을 철수시키지 않고 있다는 사실이 주는 의미가 달랐다. 코번은 일본이 통감부 설치 후 그를 외교적인 상대역으로 취급해 주지 않으려 하는 데 화가 났다. 주한 일본공사 하야시는 코번에게 주한 외국공관과 통감부 사이에는 공식적인 관계를 가질 수 없다고 말했다. 코번은 이에 대해 영국 정부의 견해는 통감부가 업무를 시작한 후라도 서울에 있는 주한 외국공관은 업무상으로 통감부와 대화를 가질 수 있는 위치라고 반박했다. 그리고 코번은 자신이 '대리공사'라는 직책 외에는 다른 어떤 공식 직책도 맡은 바 없다고 하야시에게 잘라 말했다(Cockburn이 Grey에게, 4 Feb. 1906, No.3). 영국 외무성은 '주한 영국공사관이 외교적인 지위는 상실하지만, 외교적인 성격을 그대로 보유하고 있는 곳'이라고 규정했다. 그리고 코번에게는 총영사 대리(Acting Consul-General) 자격으로 통감부와 상대하라고 했다가(Grey가 Cockburn에게, 6 Feb. 1906, No.2; Cockburn이 Grey에게, 7 Feb. 1906, No.4~5), 나중에야 대리공사 직함을 쓰지 말고 총영사 직함만 쓰도록 지시했다. 이로써 주한 영국공사관은 공식적으로 철수한 것이 되었고, 서울에는 영국의 총영사관이 남게 된 셈이었다. 외무성이 이와 같은 지시를 코번에게 보낸 것은 2월 11일이었으나(Cockburn이 Grey에게, 12 Feb. 1906, No.10), 외무성의 서류 처리는 2월 1일에 한국에서 영국공사관을 철수시키고 이 날짜로 총영사관을 둔 것으로 되어 있다(The Foreign Office List and Diplomatic and Consular Year Book, 1908 [London, Harrison and Sons], p.445 이후 각 연도판). 일본이 공사관을 폐쇄한 것도 같은 날이었고, 이튿날부터는 통감부가 업무를 개시했으므로, 영국은 한국에서 외교 대표부를 마지막으로 철수시킨 나라였다. 따라서 코번은 1905년 11월 23일에 조단으로부터 공사관의 업무를 인수받은 날로부터 2개월하고 1주일이란 짧은 기간에 대리공사 자격으로 있었던 셈이다. 이와 같이 코번은 대리공사 직함으로 한국에 부임했다가 외교적인 지위를 상실한 직책인 총영사가 된 것이다.

통감부와 갈등 빚었던 영국 외교관

코번이 한국에 왔을 때의 나이는 46살이었다. 그는 1880년 3월 중국어 통역 학생으로 임명되어 외교관으로 첫 출발할 때부터 중국에 파견되어 25년 동안이나 중국 바깥에서 근무한 적이 한 번도 없었다. 그는 중국을 처음으로 벗어나 한국공사관의 대리공사가 되었다. 그러나 코번에게는 불행하게도 한국은 외교관으로서 그의 말년을 장식하기에 적당한 곳이 못 되었다. 그는 한국이 일본에 합방되는 결정적 예비단계인 을사늑약이 체결된 지 3일 만에 서울에 도착했다. 그리고 그가 해야 했던 첫 번째 과업은 영국공사관을 서울에서 철수시키고 서울에 남게 된 총영사관은 일본주재 영국대사관의 지휘를 받도록 하는 작업이었다. 거기다가 그는 조단처럼 일본공사관과 원만하고 친밀한 사이가 아니었다. 일본이 특수한 이해관계가 있다고 주장했고, 영국도 이를 인정해 주었던 한국에서 일본 당국과 원만한 관계를 갖지 못했기 때문에 그가 하는 일들은 모두가 힘겨웠다.

코번은 부임 직후 평북 희천(熙川)에서 일본 주둔군이 영국인 웨이갈(Weigall) 일행에게 부당한 조치를 취한 사건으로 일본공사 하야시와 다투어야 했다. 서울에 통감부가 설치되고 초대 통감 이등박문이 부임한 후로는 코번을 무시하는 듯한 통감부의 태도 때문에 외교 교섭상의 프로토콜 문제로도 신경전을 벌여야 했다. 거기다가 코번이 서울에서 직접 보고 판단하는 한국의 정세와 본국 외무성을 비롯해서 일본과 중국에 와 있던 영국 외교관들이 설정해 둔 정책과는 차이가 컸다는 점도 코번의 처신을 어렵게 했다. 그러나 무엇보다도 그를 곤혹스럽게 만들었던 것은 고도의 외교기술을 요구했던 배설처리 문제였다. 그가 한국에 재임하는 동안 배설은 두 번 기소당해서 재판을 받았고, 신보의 총무 양기탁이 국채보상금을 횡령혐의 재판사건도 있었다. 신보와 관련된 이 세 번의 재판 가운데 배설의 첫 번째 재판 때에는 코번 스스로가 재판관이 되어야 했다. 그는 배설과 양기탁 사건 때에 일본 언론으로부터 집중적인 공격을 받는 신세가 되었고, 영국 외무성으로부터도 소외당하는 어려움을 겪었다. 그러다가 마침내는 한국 근무를 마지막으로 자신의 외교관 생활을 영광스럽지 못한 상황에서 청산하지 않으면 안 되었다. 그가 정년이 되기 전에 조기 퇴직했던 이유도 비극의 나라인 한국에서 근무했던 불운 때문이었다(제 Ⅷ장 참조).

코번이 주한 영국공사관의 업무를 맡은 후 고종을 처음 알현한 날은 11월 29일이었다.* 그 다음날 코번은 을사늑약을 반대하던 민영환(閔泳煥)이 자결했다는 소식을 듣고 적지 않은 충격을 받았다. 시종무관장이던 민영환은 한국이 일본에 대항하여 독립을 지킬 수 있도록 영국이 도와 달라는 유서를 조단에게 남겼는데 그 편지는 코번에게 전해졌다(Cockburn이 Lansdowne에게, 1 Dec. 1905, No.165). 민영환의 자결 소식이 전해지자 이 날 오후 시민들이 거리로 몰려나와 일본군과 충돌했다. 이 충돌로 일본군도 피해를 입었고, 100명 이상의 한국인들이 체포당했다.

아직 한국의 정세에 익숙하지 않았던 코번은 한국인들의 반일운동이 어느 단계까지 번져나갈지, 또 어떤 형태로 발전할지 가늠할 수가 없었다. 그는 이러한 반일운동을 고종이 내밀히 고무하고 있다는 사실은 의심의 여지가 없다고 보았다. 그는 네 차례나 이와 같은 내용의 보고를 본국에 보냈다. 민영환에 이어 특진관 조병세(趙秉世)도 자결하면서 코번에게 보내는 편지를 남겼다. 고종은 자결한 두 사람의 충성심을 표창했다. 12월 17일에 거행된 민영환의 장

---

* Cockburn이 Lansdowne에게, 2 Dec. 1905, No.166. 코번은 이 편지에서 고종을 처음 알현하러 갔던 광경을 꽤 상세히 기록했다. 이때 고종을 알현하러 갔던 일행은 코번 내외와 전임 주한 영국공사 조단, 인천주재 부영사였던 Holmes 내외, 그리고 공사관직원 W. Meyrick Hewlett 등이었다. 황태자(순종)와 동석이었던 고종은 꾸밈이 없고 호감이 가는 태도였으며, 조단이 재임기간에 보여준 우호관계를 언급했다 한다. 그러나 바로 며칠 전에 체결되었던 을사늑약에 관한 말은 꺼내지 않았다. 코번은 이때 만난 황태자를 '우둔해 보이는 사람(dull heavy looking man)'으로 묘사했다.

례식은 코번이 예기치 못했던 장엄한 광경이었다(Cockburn이 Lansdowne에게, 28 Dec. 1905, No.174). 지방각지에서는 일본을 반대하는 의병이 일어나고 있었다. 조단은 한국 국민들의 반일감정이 이처럼 고조되어 있는 줄은 알지 못한 채 한국에 왔던 것이다.

다른 한편으로 코번은 한국에 오자마자 일본공사관과 부딪치지 않으면 안될 일이 일어났다. 12월 4일 광산기사였던 웨이갈(A. R. Weigall, 韋葛)이라는 영국인 부부와 타일러(W. W. Taylor)라는 미국인 일행이 평북 희천에서 강계로 가던 길에 현지 주둔 일본 수비대에 강제 연행당해 조사를 받았고, 그러는 과정에 일본 수비대는 총칼로 그들을 위협하는가 하면 웨이갈 부인을 모욕했다는 사건이었다. 코번은 사건 진상의 철저한 규명과 관련 헌병들의 처벌을 일본 측에 강력히 요구했다. 코번과 하야시 사이에는 팽팽한 신경전이 벌어졌다. 이 사건은 한국주차 일본군 사령관 하세가와가 희천주둔 일본헌병대의 장교와 상사 등을 경근신(confinement with reduction of salary and term of service) 처분과 구류 처분 등을 내리는 것으로서 결말이 났다(Hayashi가 Cockburn에게, 27 Jan. 1906; Cockburn이 MacDonald에게, 29 Jan. 1906, No.7).

이 사건은 코번이 일본 측에 대해 좋은 인상을 가질 수 없도록 만든 하나의 원인이 되었을 것이다. 반면에 일본 당국도 전임자인 조단에 비해 코번에게는 거리감을 가지고 대하게 되었다. 더구나 이 사건은 일본 외무성이 주한 영국공사관의 철수를 요구하고 있던 것과 같은 시기에 일어났기 때문에 코번과 하야시의 관계를 더욱 불편하게 만들었다.

이등박문이 통감으로 부임하여 통감부가 정식으로 개청하면서 영국도 공식적으로 공사관을 철수시켰으므로, 주한 영국공사관은 '총영사관'으로 격하되었다. 코번도 대리공사에서 총영사로 직함이 바뀌었다. 그렇게 되자 코번이 통감부와 교섭하는 데 있어서 새로운 불편한 문제가 생겼다. 통감부가 설치된 후로는 한국에 주재하는 각국 외교관은 한국 관련 업무를 통감부를 상대로 처리할 수밖에 없었다. 통감부가 한국의 외교업무를 관장하기 때문이었다. 그런데 통감부의 누구를 상대로 해서 교섭을 벌여야 할지, 그 절차상에 문제가 있었다.

코번을 비롯한 외국 영사관에서는 통감 이등박문 앞으로 공문을 보냈지만 회답은 언제나 총무장관 쓰루하라(鶴原定吉) 명의로 보내왔다. 주한 외국 영사관은 그 지위가 통감부와 동등하지 않다는 뜻이었다. 통감 이등박문은 서울 주재 외국 총영사들보다는 격이 높기 때문에 통감부의 총무장관이 한국에 있는 총영사들의 상대역이라는 의미를 표시한 것이다. 코번은 이에 대해 영국 외무성에 불평을 토로했다. 자신은 주한 영국총영사로서 통감과 외교문서를 직접 주고받을 권리가 있다는 것이었다(Cockburn이 Grey에게, 11 April 1906, No.23; Cockburn이 Grey에게, 27 Aug, 1906, No.69; Hewlett가 Satow에게, 7 Sep. 1906). 그런데 외무성에서도 코번으로서는 불만스러운 훈령이 내려왔다. 외무성이 보내온 답변은 코번이 필요할 때에는 통감에게 직접 공문을 보낼 권리를 갖고 있는 것은 명백하지만, 그러나 현재로서는 총무장관 앞으로 보내는 것이 편리할 것이라고 말했다(Campbell이 Cockburn에게, 9 June 1906, No 11). 코번은 본국의 지시를 받은 후에도 주한 외국공관에 대한 통감부의 의전상 태도에 대해 강력한 불쾌감을 표시하는 보고를 보내고 있다(Cockburn이 Grey에게, 27 Aug. 1906, No.69).

일본에 비판적이었던 코번의 태도는 극동 주재 영국 외교관으로서는 특이한 경우였다. 주일 영국대사 맥도날드나 중국대사 사토(Ernest Satow)와 사토의 후임 중국대사가 되는 조단 등은 모두 일본에 우호적이었다. 코번이 일본에 우호적이지 않았던 것은 중국에서만 외교관으로 근무했던 경력에도 원인이 있었을 것이다. 중국, 일본, 러시아가 한반도의 지배권을 장악하기 위해 각축을 벌였을 때에 코번은 중국 쪽에서 한반도 문제를 바라보는 입장이었다. 그는 중국어를 할 줄 알았고 중국에서 한일 양국관계를 관찰했으므로 일본에 대해서는 자신도 모르게 경계심을 품게 되었을 가능성도 있다. 이러한 선입관은 앞으로 그가 배설 사건과 양기탁 사건을 다루는 과정에서 일본과 마찰을 빚게 되는 요소의 하나가 되었다고 볼 수도 있다.

제 VI장

반일 언론과 일본의 대응홍보

제 Ⅵ장 반일 언론과 일본의 대응홍보

1. 탄압의 치외법권 서양 언론

한국 언론만 검열과 처벌 가능

러일전쟁 후 일본은 한국의 신문과 잡지에 사전 검열을 실시했다. 이에 따라 한국인 발행 신문의 항일 기사는 주한일본 헌병사령부가 미리 적발하여 원천적으로 발행을 금지시켜 버렸다. 만일 일본의 침략정책에 방해가 된다고 판단되는 기사나 일본의 한국에 대한 부당한 정책을 비판하는 논설이 활자화되는 경우에는 신문을 정간시키는 동시에 편집인을 문책했다.

가장 널리 알려진 언론탄압 사례는 을사늑약 체결 후 〈황성신문〉에 게재된 논설 「시일야방성대곡(是日也放聲大哭)」 사건이다. 황성신문 사장 장지연은 을사조약 체결이 동양 3국의 평화를 깨뜨리게 될 것이라고 지적하고, 조약 체결의 부당함을 비판하면서 일본의 강압에 굴복하여 조약에 서명한 대신들을 통렬히 비난했다. 장지연은 이 논설과 조약 체결의 상세한 경위를 보도한 기사가 일제의 검열을 통과하지 못할 것임을 알고, 헌병사령부의 검열을 받지 않은 채 배포해 버렸다. 헌병사령부는 장지연을 구속하고, 신문은 즉시 정간시켰다. 황성신문은 당시 한국인들이 발행하던 신문 가운데 대표적인 신문이었고, 장지연은 가장 널리 알려진 강직한 언론인이었다.

한국인이 발행하는 신문은 검열과 탄압을 가할 수 있었지만 일본을 난처하게 했던 것은 서양인 발행 신문이었다. 일본의 강력한 언론 탄압 정책도 서양인의 언론은 손을 쓸 수가 없었다. 그렇기 때문에 배설의 신보와

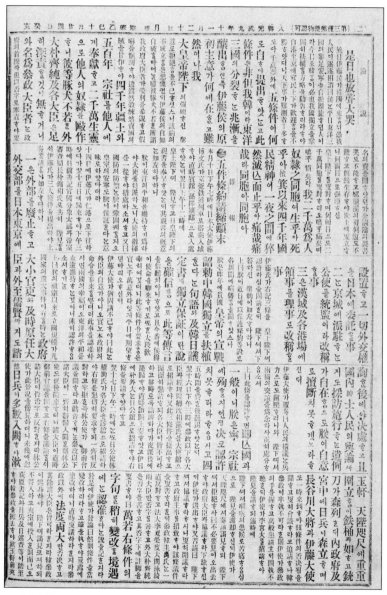

장지연의 「시일야방성대곡」과 「오건조약청체전말」. 〈황성신문〉 1905년 11월 20일자.

SUPPLEMENT TO

The Korea Daily News.

MONDAY, NOVEMBER 27, 1905.

〈대한매일신보〉와 KDN의 영문 호외. 장지연이 구속되고 〈황성신문〉이 정간되자 신보–KDN은 「시일야방성대곡」과 「오건조약청체전말」을 영문으로 번역하여 일본의 강압으로 을사조약이 체결되었다는 사실을 알렸다.

*KDN*은 황성신문에 실렸던 문제의 논설과 기사를 다시 전재했을 뿐 아니라, 장지연이 구속된 뒤에 일본 헌병대가 그를 심문한 상세한 내용까지 보도할 수 있었다. 또 일본에서 영국인이 발행하던 〈재팬 크로니클〉은 *KDN*의 기사를 전문 전재해서 일본의 한국침략 사실을 일본에 거주하는 서양 사람들과 서방 여러 나라에 알렸지만, 일본 당국도 영국인 발행의 신문에 대해서는 어쩔 도리가 없었다.

이와 같이 한국 안에서 일관되게 반일논조로 발행된 신문은 신보와 *KDN* 이었다. 그런데 또 하나 신랄한 반일언론이 미국인 헐버트(Homer B. Hulbert)가 발행하는 월간잡지 〈코리아 리뷰(*Korea Review*)〉였다. 일본 고베에서 발행되던 재팬 크로니클도 일본의 침략정책에 비판적이었다. 이들 반일언론의 논조는 상호간에 영향을 미쳐 상승작용을 하면서 일본의 한국침략 사실을 외국에 알렸다.

고종의 밀서를 휴대하고 중국을 거쳐 영국으로 가서 반일 언론활동을 벌인 영국기자 스토리(Douglas Story)와 〈데일리 메일(*Daily Mail*)〉의 맥켄지(F.A.McKenzie) 기자도 일본의 입장을 난처하게 만든 사람들이었다.

통감부는 결국 이들 항일언론에 대항하기 위해 〈서울 프레스(*Seoul Press*)〉라는 영어신문을 발행하게 되는데, 이러한 반일언론에 대한 일본의 대응홍보 정책을 살펴보기 위해서는 헐버트의 코리아 리뷰와 영국기자 스토리의 고종 밀서사건을 살펴볼 필요가 있을 것 같다.

헐버트의 미니 잡지 〈코리아 리뷰〉

헐버트(Homer Bezaleel Hulbert, 1863~1949)는 배설과 함께 서울에서 가장 적극적인 항일 언론활동을 벌인 사람이다. 그는 자신이 발행한 〈코리아 리뷰〉를 통해서도 일본을 비판했지만, 미국 대통령 루스벨트에게 고종의 친서를 전달하러 간 적도 있었고, 코리아 리뷰를 발행할 수 없게 된 뒤로는 〈재팬 크로니클〉과 미국신문 등에 일본의 침략을 비판하는 글을 계속 투고했다.

헐버트는 1886년에 처음 한국에 와서 조선 정부가 설립한 육영공원(育英公院)의 교사를 지냈다. 1891년에는 미국으로 돌아갔다가 1893년에 다시 돌아와 미국 감리교가 운영하는 출판사인 삼문출판사(三文出版社, Trilingual Press)의 매니저가 되었다. 이 출판사는 원래 올링거(Rev. Ohlinger) 목사 부부가 운영했는데 1892년 1월부터는 〈코리안 리포지토리(*Korean Repository*)〉라는 영어잡지를 발행했었다. 코리안 리포지토리는 한국에서 처음 발행된 영어 잡지로서 1년 동안 발행되다가 중단되었다. 코리안 리포지토리는 헐버트가 삼문출판사를 맡아 운영한지 2년 후인 1895년 1월에 다시 복간되었는데, 이때의 발행인은 아펜젤러(H. G. Appenzeller)와 존스(George Heber Jones)였고, 헐버트는 부편집인으로 이 잡지 발행에 참여했다.

헐버트는 이 무렵에 한국 궁중과 친밀한 관계를 맺게 되었다. 미국에서 돌아온 서재필(Philip Jaisohn)을 중심으로 독립협회가 결성되어 자주독립과 개화의 기치를 내건 개혁운동이 상류 지식층에서 민중 속으로 확산되고 있던 것도 이때였다. 서재필이 창간한 한국 최초의 민간신문인 한글판 독립신문과 영문판 〈인디펜던트(*The Independent*)〉는 이러한 개혁운동의 가장 효율적으로 확산시킬 수 있었다. 영문판 독립신문은 한국의 실상과 여론을 외국인들에게 알릴 수 있는 기회를 처음으로 제공했다. 헐버트의 동생인 아처 헐버트(Archer B. Hulbert)가 1897년과 1898년 사이에는 독립신문의 영문판 제작을 도왔다 한다.

코리안 리포지터리는 1898년 12월까지 발행된 뒤에 1899년 2월부터는 4×

6판 4페이지 또는 8페이지짜리의 조그
만 주간 뉴스 불레틴으로 체재를 바꾸어
발행되다가 6월부터는 이것도 중단되어
버렸다. 마지막 호는 1899년 6월 1일자
지령 제17호였다. 독립신문과 영문판 인
디펜던트도 이 해 12월 5일부터는 발행
이 중단되자 한국에는 영어 정기간행물
이 하나도 남지 않았다.

헐버트는 1901년 1월부터 '한국 문제
에 관심을 가진 사람들 사이에 대화의
중개자'를 표방하면서 영문 월간지 코리
아 리뷰를 발행하기 시작했다. 매호 48

헐버트. 〈코리아 리뷰〉 발행인.

페이지(1902년부터는 40페이지)의 얄팍한 분량이었으나 헐버트는 이 미니 잡지
가 한국인과 한국의 역사, 풍습, 법률, 예술, 과학, 종교, 언어, 문학, 민속, 인
종학적인 관계 등을 다루게 될 것이며, 또한 한국에서 일어나는 일들을 영어로
기록하여 남겨둘 필요가 있다고 말했다. 그는 또 코리아 리뷰가 월간지기는 하
지만 「뉴스 캘린더(News Calendar)」란을 통해 '한국에서 일어나거나 한국에 영
향을 미치는 중요한 사건에 대해 솔직하고도 신뢰할 수 있는 견해를 제공'하겠
다고 약속했다("Editorial Comment", Review, Jan. 1901, p.24; Nov. 1904, p.508).

헐버트는 창간호부터 후에 단행본으로 출판되는 자신의 글인 「한국사(The
History of Korea)」를 연재하기 시작했다. 이 작은 잡지는 '선의의 구독자들'이 내
는 구독료를 가지고 운영되는 헐버트의 개인잡지였지만 그의 열성으로 인해서
1904년 말에는 그 배포지역이 19개국에 이를 정도가 되었다("Editorial Comment",

Nov. 1904, p.509). 하지만 발행부수는 극히 제한되어 있었다.

헐버트가 코리아 리뷰를 발행하던 때에는 이미 삼문출판사의 매니저가 아니었다. 그는 1897년부터는 중학교(The Imperial Middle School)의 교사였기 때문이다. 코리아 리뷰의 편집 방침은 '정치적인 잡지도 아니고 선교를 위한 저널도 아니지만 정치적인 변화와 선교사업의 발전을 기록'한다는 코리안 리포지토리의 방침을 이어받은 것으로 보였다("The Repository for 1896", The Korean Repository, Dec. 1895, p.475). 그런데 1904년 러일전쟁 이후에는 일본의 대한정책에 신랄한 비판을 가하기 시작하면서부터 이 조그만 영어 잡지는 일본 당국이 주목하는 중요한 정치적인 매체가 되었다(Jordan이 Lansdowne에게, 14 July 1905, No.130; 18 Sept. 1905, No.129). 헐버트는 황무지 개간권 문제로 한국에서 반일여론이 고조되었을 때에는 한국의 입장을 변호하고 일본의 주장을 반박하는데 코리아 리뷰의 지면을 아끼지 않고 활용했다. 조단은 헐버트의 다음 기사들을 반일적인 내용으로 지목하여 영국 외무성에 보고했다.

"A possible Protectorate", *Review*, June 1905,

"A Protest"; "A Visit to Pyong Yang", *Review*, Aug. 1905

국제 여론의 중요성 인식, 외국 언론 활용

헐버트는 원래 한국이 독립해서 일어설 힘을 기르기 전에 러시아와 일본 두 세력의 어느 한쪽에 떨어질 운명이라면 일본을 선택해야 한다고 생각했다. 일본의 영향력이 한국의 독립적인 발전과 양립할 수 있다고 가정했던 것이다. 그러나 러일전쟁 후부터는 이러한 생각이 잘못되었음을 깨닫고 일본에 비판을 가하기 시작했다(Cockburn이 Grey에게, No.34, 1 Aug. 1907). 배설이 일본에 비판적인

옥탑 불법반출을 보도한 〈워싱턴 포스트〉. 임진왜란 때에 서울 파고다공원 석탑(왼쪽 그림)을 탈취하려다 실패했다는 사실도 함께 보도했다. 오른쪽은 일본이 훔쳐간 옥탑.

신보와 *KDN*을 창간한 때와 헐버트가 일본 정책을 비판한 것과 시기적으로 일치한다는 점도 흥미롭다. 헐버트는 한국 민족이 어느 민족과 비교하더라도 뒤떨어지지 않는 자질을 지녔다고 확신했다. 그는 가톨릭과 신교를 포함해서 한국에 와 있는 외국 기관들은 한국인에 대해서 대체로 극히 성실하고 협조적이므로 일본의 언론이 한국에 대해 비꼬고 잘못 전하는 것은 막지 않으면 안 된다는 생각을 가졌던 것 등이 배설과 동일한 입장이었다.

헐버트는 한국에 와 있던 서양사람 가운데는 언론의 중요성을 가장 깊이 인식했고, 언론사업에 매력을 느꼈던 인물이다. 그는 한국에서는 특히 신문이 가장 힘 있고, 교육적인 영향력을 지니고 있다고 믿었다(H. B. Hulbert, The Passing of korea, Seoul: Yonsei University press, 1969, p.340). 그는 〈코리아 리뷰〉를 발행하는 외에도 1903년에는 영국 〈더 타임스〉의 서울 통신원으로 임명된 적이 있다 하며, 1905년 7월에는 월 2회 발행 한글잡지 〈대한월보〉를 창간한 적도 있었고,

1906년에는 신문을 발행할 생각도 가져 보았으나 실현되지는 않았다.

일본 공사관은 헐버트의 조그만 개인잡지 코리아 리뷰의 영향력은 결코 과소평가할 수 없다고 보았다. 한국어에 능통했고, 한국에 오래 사는 동안 궁중에도 아는 사람이 많았던 헐버트가 일본인들이 한국에서 저지르는 잘못과 일본의 침략정책을 사실에 입각해서 신랄하게 비판하자 일본 공사관을 화나게 하고 난처하게 만들었다. 더구나 일본에서 발행되던 대표적인 영어신문 〈재팬 크로니클〉이 코리아 리뷰의 기사와 논평을 전재하거나 인용하는 일도 흔히 있었기 때문에 코리아 리뷰의 항일 논조는 2단계로 해외에 확산되는 경우도 많았다.

헐버트의 반일활동은 여기서 그치지 않았다. 그는 글을 통해 일본을 비판하는 한편으로 행동으로도 한국의 독립을 위한 행동에 나서기도 했다. 1905년 10월에는 미국으로 가서 일본의 보호조약 강요를 막아달라고 요청하는 고종의 친서를 미국 대통령 루스벨트에게 전달하려고 시도했다(『日外』 38/1, pp.630~675, No.424~481, 「韓帝密使派遣ニ關スル件」). 그러나 헐버트가 미국에 도착했을 때에는 이미 을사조약은 체결된 뒤였고, 조약 체결을 사전에 승인했던 루스벨트는 한국 황제의 친서에 냉담했다. 1907년 5월에는 헤이그에서 열린 만국평화회의에 참석하기 위해 한국을 떠난 고종의 밀사들을 돕는 막후교섭을 위해 스위스로도 갔다.

헐버트는 1907년 1월부터는 코리아 리뷰의 발행을 중단했다. 이에 대해 요코하마에서 발행되던 친일 영어신문 〈재팬 메일(*Japan Mail*)〉이 코리아 리뷰의 생명이 끊어지는 것은 필연적인 결과라고 기뻐한 것도("The Japanese in Korea", Mail, 16 Mar. 1907, p.280) 이 잡지가 일본 측에게는 얼마나 미움을 받았는지를 반증한다. 헐버트는 코리아 리뷰를 중단한 뒤로는 미국의 〈뉴욕 타임스〉와 일본에서 발행되는 신문을 이용하여 일본을 비판하기를 멈추지 않았다. 영국기자 더글러스 스토리(Douglas Story)가 가지고 나간 고종의 밀서 사건이 신보에 보도되자 헐버트는 그 밀서가 진짜라고 주장하는 글을 재팬 크로니클에 투고했다.

친일 영어신문의 헐버트 비난

이해 1월 황태자(순종)의 결혼을 축하하기 위해 일본 천황의 특사로 한국에 왔던 궁상(宮相) 다나카(田中光顯)가 경기도 풍덕군 경천사(敬天寺) 10층 석탑을 일본으로 탈취해간 사건도 사정없이 폭로하는 글을 여러 차례 기고하여 일본의 문화재 침탈을 비난하는 목소리를 높였다. 한국에서 일본이 자행한 약탈행위의 본보기로 지목하여 여론을 환기하자 미국 언론도 동조했다. 주미 일본대사 아오키(青木周藏)는 7월 2일자로 외무대신 하야시(林董)에게 보고서를 보냈다. 미국 언론이 5월 19일부터 다나카의 절도행위를 비판하는 기사를 퍼뜨리고 있다면서 다나카에게 뒤집어씌운 오명은 결국 일본에 비우호적인 여론 형성으로 연결될 수 있음을 우려한다는 요지였다. 대표적인 예로 〈워싱턴 포스트〉 6월 2일자 기사를 첨부했다. 일본에서도 다나카를 비방하는 신문과 잡지가 많았다(신보, 1907. 9. 27, '시사평론'). 신보는 이렇게 탄식했다. "경천사에 있던 옥탑을 찾으매 청산이 말이 없도다. 이대로 가다가는 한국의 보배가 모두 동경 박람회장이나 오사카의 고물상 물건이 되고 말 것이다."(신보, 1910. 4. 12)

1907년 7월에는 헤이그 밀사사건으로 고종이 황제의 자리에서 물러나자 헐버트는 〈뉴욕 헤럴드(New York Herald)〉와의 인터뷰에서 일본의 침략정책을 맹렬히 공격했다. 통감부는 헐버트를 배설과 함께 가장 주의해야 할 위험한 외국인으로 경계했다. 헐버트와 배설은 통감부 기관지 서울 프레스와 친일 영국인 브링클리가 요코하마에서 발행하던 〈재팬 메일〉로부터 끊임없는 비난과 공격을 당했다.* 배설과 헐버트는 신보와 *KDN*의 발행에도 협조관계에 있었는데, 〈서울 프레스〉는 늘 이 두 사람을 '한국의 친구'가 아니라 '한국의 적들'이라고 비난했다.

통감부는 헐버트가 반일활동을 계속하는 동기를 이권 때문이라고 해석하려는 태도도 엿보이고 있다. 헐버트는 원래 아무것도 없이 한국으로 건너와 20여 년 서울에 사는 동안 수십만 원의 자산을 만들었으며(『日外』, 40/1, p.425, No.434), 배설과 함께 고종으로부터 돈을 받고 있다고도 주장했다.

한국과 일본에 와 있던 선교사들 가운데는 헐버트가 정치에 간여하고 있으며, 이는 선교사업에 위험을 초래할 것이라는 관점에서 헐버트를 비난하는 사람도 있었다. 일본에 와 있던 미국 선교사 해리스(M. C. Harris) 목사는 헐버트가 처음 한국에 갈 때에는 선교사로 갔지만, 그 후 한국에서 어떤 선교단과도 관련 없는 행동을 하고 있다면서, 선교사업에 종사하는 외국인이 정치에 간여하는 것이 부당하다고 주장하고 철저한 조사가 행해져야 한다고 비난했다.

---

* *The Japan Mail*이 헐버트를 비난한 기사들은 다음과 같다.
  "The Korea Review", 2 Dec. 1905, p.603,
  "The Bookshelf. The Passing of Korea", 22 Dec. 1906, pp.778~779.
  "With What Purpose", 26 Jan. 1907, pp.78~79.
  "Mr. Homer B. Hulbert", 9 Mar. 1907, p.247.
  "The Japanese in Korea", 16 Mar. 1907, p.280.
  "Storm in the Pagoda", 20 April 1907, p.419.
  "The Passing of Korea", 20 April 1907, pp.421~422.
  "Korea", 7 Sept. 1907, p.250.
  "The San Francisco Chamber of Commerce", 23 Nov. 1907, p.567.
  "Mr. Homer B. Hulbert", 9 May 1908, pp.520~521.
  "Mr. Hulbert," 11 Sept. 1909, p.311.
  "Mr. Hulbert", 13 Nov. 1909, p.606.
  "Mr. Hulbert and the Assassination of Prince Ito", 27 Nov. 1909, p.689.

그러나 헐버트의 항일활동은 멈추지 않았다. 일본의 침략정책에 대항하여 한국의 입장을 앞장서서 옹호했던 미국인이었다. 그는 일제 강점기에는 미국에서 살다가 정부 수립 후 1949년 국빈으로 초대 받아 내한하였으나, 곧 병사하여 양화진 외국인 묘지에 묻혔다. 1909년에 사망한 배설의 무덤과 멀지 않은 묘소였다. 저서로 『한국사 (*The History of Korea*)』(2권), 『대동기년(大東紀年)』(5권), 『대한제국 멸망사(*The Passing of Korea*)』 등이 있다.

2. 영국 기자 스토리의 고종밀서 사건

중립화 시도 무산 열강의 도움 요청

고종은 일본과 을사조약이 체결되기 전부터 한국을 일본이 지배하지 못하도록 미리 방지하기 위해 여러 방면으로 노력을 기울여 보았다. 한반도를 둘러싼 러 · 일 간의 각축이 시작되면서 한국은 '중립화'외교정책을 추구하게 되었다. 이것은 러 · 일 양국 간의 상승하는 긴장관계에 말려들지 않고 한국의 독립을 지키면서 발전과 개혁의 기회를 증진시키는 하나의 해결 방안이었다. 그러나 한국이 중립화를 보장받으면서 발전과 개혁을 이룩하자면 어느 정도의 시간이 필요하므로 당분간은 열강국의 공동 보호 하에 둘 수도 있다는 것이 현실적이면서 구체적인 방안이었다. 그렇게 함으로써 어느 한 나라의 독점적인 지배권으로부터 벗어날 수 있다고 보았다.

한국의 중립화 안은 1900년 늦은 여름에 주일 한국공사 이하영(李夏榮)이 공식적으로 제기하였으나, 러 · 일 양국의 긴장관계가 높아지는 가운데 실효를 거두지 못했다(Ian Nish,"Korea, Focus of Russo-Japanese Diplomacy, 1898~1903", *Asian*

Studies, Vol. Ⅳ, No. 1, 1966). 황성신문은 1900년 8월 8일자에 일본과 러시아 간에 한국을 분할하여 영유하자는 논의가 있었다는 사실을 일본의 어떤 신문에서 전재했다가 사장 남궁억(南宮檍)이 구속당하는 필화사건이 일어났다.

1904년 1월 21일, 한국은 러일전쟁 직전에 중립화를 독자적으로 선언했다. 고종의 명을 받은 외부대신 이지용이 한국의 엄정 중립을 선언하는 성명을 낸 것이다. 선언은 세계 각국에 주재하고 있는 한국 대표 11명이 주재국 정부에 통보하도록 하여 그 승인을 요청했다. 영국과 러시아는 승인했으나 한 달 뒤인 2월 23일 일본의 강요로 한일의정서가 체결되면서 중립화 노력은 아무런 실효를 거두지 못하고 말았다. 황무지 개간권 문제로 반일여론이 고조되던 당시의 상황은 제Ⅴ장의 1에서 살펴본 바와 같다.

일본은 한국 황실의 안전과 한국의 독립 및 영토보전을 확실히 보증한다는 구실을 내세워 군사 전략상 필요한 지점을 점거하고 사용(占用)할 수 있도록 했다. 이와 함께 제3국의 침해나 내란으로 인해서 한국 황실의 안녕과 영토보전에 위험이 있을 경우 일본이 신속히 필요한 조치를 행할 수 있으며, 한국 정부는 일본의 행동이 용이하도록 충분한 편의를 제공해야 한다는 것이다. 또 한국과 일본은 상호간에 승인 없이는 다른 외국과 이 협정의 뜻을 위반하는 협약을 체결할 수가 없도록 했다. 일본은 이 협약을 근거로 6개월 뒤인 이 해 8월 22일 제1차 한일협약(외국인 용빙(傭聘)협정; 고문정치)을 조인했다가, 이듬해 11월에는 을사조약(제2차 한일협약)을 체결하면서 국권 상실의 단계로 접어들게 된다.

고종은 열강의 힘을 빌려 일본의 세력을 한반도에서 밀어내기 위해 국제여론에 호소하는 동시에 러시아와 미국의 개입을 요청하게 되었다. 1905년 2월 러시아 황제에게 한국의 사정을 호소하고 원조를 요청하는 밀서를 상해에 있던 러시아 육군소장 데시노(Dessino)에게 보냈고, 이 밀서는 주한 러시아 공사였던 파블로프(Aleksander Ivanovich Pavlov)를 통해 러시아로 전달되었다(『日外』 38/1, pp.630 이하). 을사조약 직전인 이해 10월에는 헐버트를 미국 대통령 루스벨트에게 보냈던 사실은 앞에서 적은 바와 같다. 고종은 또 프랑스 주재 공사 민영찬(閔泳瓚)을 미국으로 보내어 미국의 개입을 요청했다. 을사조약 직후에 자결한 민영환의 동생이었던 민영찬은 12월 초순 미국에 도착하여 11일에 국무장관 루트(Elihu Root)에게 을사조약이 강압에 의하여 맺어진 것이므로 무효라고 주장했다. 그러나 미국은 이 조약이 정당한 절차를 밟아서 체결된 것이라는 입장을 취했다. 민영찬은 헐버트와 함께 〈워싱턴 포스트(Washington Post)〉와 〈이브닝 스타(Evening Star)〉지를 통해 미국의 여론에 호소했으나(*Papers Relating to the Foreign Relations of the United States*, 1905, pp.629~630;『日外』 38/1, pp.668~675, No.479~481), 미국 정부를 움직이는 데는 아무런 성과도 없었다. 이와 같은 고종의 일련의 노력 가운데 가장 널리 알려진 극적인 사건은 1907년 6월의 헤이그 밀사사건이다. 이준(李儁) 등 밀사 3명이 만국평화회의 개최지까지 갔던 이 사건으로 말미암아 고종은 마침내 황제의 자리에서 물러나야 했고, 한국 군대의 해산과 의병의 무력항쟁이 더욱 치열하게 전개되는 등으로 커다란 정치적 격동을 겪게 되었다.

여섯 항목의 밀서

고종이 일본의 한국침략을 막기 위해 열강의 개입을 요청했던 또 하나의 사건이 영국 〈트리뷴(*Tribune*)〉지 기자 스토리에게 전달한 밀서 사건이었다. 이 사건은 1년 동안에 걸쳐 한·영·일 그리고 중국 등지에서 발행되는 신문에까지 보도되었을 정도로 장기간 동안 공개적으로 진행되었던 것이 특징이었고,

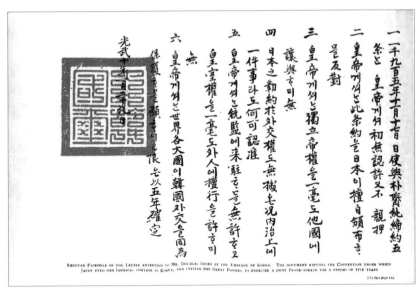

一九百五年十一月十七日 使與朴齊純締約五
條と 皇帝끠셔 初無認許又不 親理
二 皇帝끠셔と此条約을日本이擅自頒布홈。
물 反對
三 皇帝끠셔と獨立帝權을一毫도他國에
讓與홈미無
四 日本之勒約扵外交權도無擕을況内治上에
一件事라도何可認准
五 皇帝끠셔と統監의来駐홈을無許호고
皇室權을一毫도外人에擅行을許홈미
無
六 皇帝끠셔と世界各大國이韓國外交을同為
保護호믈望홈

光武十年丙午一日

영국기자 스토리에게 전달한 고종의 밀서.

신보와 *KDN*과도 밀접한 관련을 갖고 있었다.

고종의 밀서를 받아가지고 중국을 거쳐 영국으로 갔던 더글러스 스토리는 10여 년을 홍콩과 북경에 사는 동안 종군기자 또는 특파원으로서 경력을 쌓은 사람이었다(Dougias Story, 'Preface', *Tomorrow in the East*). 그는 1903년에는 홍콩에서 창간된 〈사우스 차이나 모닝 포스트(*South China Morning Post*)〉지의 부편집장을 맡았고, 『쿠로파트킨 회전(會戰)』(*The Campaign with Kuropatkin*; 러시아의 장군, 러일전쟁 극동군사령관)이라는 러일전쟁에 관한 책을 쓴 사람이었다. 그가 한국에 올 때에는 트리뷴의 특파원 자격이었다. 그는 북경에서 상해를 거쳐 일본으로 갔다가 1906년 초에 한국에 왔다. 북경에서 상해로 오는 동안은 한국 정부의 총세무사였던 영국인 브라운(McLervy Brown)과 동행이었고, 일본의 요코하마에서는 주한 미국공사였던 모간(Edwin V. Morgan)을 만나 을사조약 체결

전말을 들었다. 또 고베에서는 통감부 총무장관으로 새로 임명되어 한국으로 부임하던 쓰루하라(鶴原定吉) 일행과 동행이 되어 서울로 왔다. 그는 이와 같이 한국 정세를 가장 잘 아는 인물을 두루 접촉한 다음에 서울에서는 고종과 만날 수 있는 길을 트게 되었다.

궁중에는 고종을 감시하는 일본 정탐꾼들이 들끓고 있었으므로 고종과 스토리 사이에 연락을 맡았던 고종의 측근은 한복 바짓가랑이 속에 편지를 감추어 가지고 나와서 스토리에게 전달하곤 했다. 이리하여 스토리는 마침내 고종의 붉은 옥쇄가 찍힌 밀서를 전달받았다(Douglas Story, "The Future in the Orient", *The Tribune*, 1 Dec. 1906).

밀서는 여섯 항목이었다. 고종은 을사조약에 조인하거나 동의하지 않았으며, 일본이 한국의 내정을 통제하는 일도 부당하다고 주장하고, 끝으로 한국 황제는 세계열강이 한국을 집단보호 통치(신탁통치)하되 그 기한은 5년이 넘지 않도록 하기를 바란다는 것이었다("Korea's Appeal", *The Tribune*, 8 Feb. 1906; 'Japan in Korea', 4 Sept. 1906). 일본의 독점적인 한반도 진출을 반대하고, 한국의 중립화를 열강이 공동으로 보장해 달라는 종래부터의 외교방침을 밝힌 내용이었다. 밀서는 1906년 1월 29일 날짜로 되어 있었다.

스토리는 우선 이 밀서를 '어떤 유럽인'에게 보여주고 두 명의 증인을 세워 편지의 사본을 만들어 안전한 곳에 봉해 두었다. 어떤 유럽인이란 아마도 배설이었을 것이다. 이같은 안전장치를 마련해 둔 뒤에 스토리는 일본군의 경계망을 뚫고 서울을 빠져나와 제물포에서 노르웨이 선적의 배를 타고 가까스로 중국 산동성 지부(芝罘)로 탈출하는데 성공했다. 지부에 닿은 날은 2월 7일이었다. 스토리는 우선 고종의 밀서 내용과 함께 을사조약이 일본의 강압에 의해 강제 체결되었으나 고종의 승인을 받은 바 없다는 요지의 기사를 런던의 트리뷴에 송고했다. 그리고는 지부 주재 영국영사 오브라이언 버틀러(Pierce Essex O'Brien-Butler)를 찾아갔다. 오브라이언 버틀러는 1880년 3월에 중국어 통역사로 외무성에 발을 들여 놓은 이래 25년간이나 중국에서만 근무해 온 중국 전문가였다. 오브라이언 버틀러는 러일전쟁 직전 여순(旅順)과 대련(大連)에 거주하던 일본인들이 안전하게 철수하도록 지원을 아끼지 않았다 하여 일본은 주영 일본대사관을 통해 감사의 뜻을 공식적으로 영국 외무성에 전달한 일도 있었다(小村壽太郎이 Grey에게, 24 April 1907; 또한 Grey가 小村에게, 5 May). 스토리는 오브라이언 버틀러에게 고종의 밀서 사실을 알리고 한국에서 그랬던 것처럼, 만일의 경우에 대비하여 또 하나의 안전장치를 마련했다. 오브라이언 버틀러는 자신이 데리고 있던 중국인들을 일체 접근하지 못하도록 한 다음에 고종의 밀서를 손수 복사하여 사본을 만들어 두었다. 스토리가 원본을 잃어버리는 경우에는 오브라이언 버틀러가 가지고 있던 사본을 북경 주재 영국 공사 사토(Sir Ernest Satow)에게 보낼 계획이었다(O'Brien-Butler가 Satow에게, 10 Feb. 1906).

황제는 격리된 포로의 신세

그러나 사토는 이 밀서 사실을 영국 외무성에 보고하지 않았다. 설사 보고 했다 하더라도 영국이 한국 황제의 호소를 받아들이거나 한국의 중립화를 위해 어떤 조치를 취했을 것으로 기대하기는 어렵다. 영국은 이미 일본이 한국에서 정치·군사·경제적으로 특별한 이해관계가 있음을 제2회 영일동맹에서 명백히 인정하고 있었기 때문이다. 더구나 직업 외교관이면서 사학자로서, 일본에서 오래 근무했던 경력을 가졌던 사토는 한국과 관련된 극동의 국제정세를 일본을 중심으로 파악한 사람이다. 그는 한국에서 아관파천 후 친 러시아

파가 득세했던 때인 1896년 5월 8일에 쓴 글에서 일본이 한국을 지배하기 위해 그처럼 깊은 관심을 지니는 것은 한국이 고대로부터 일본 역사의 한 부분이었기 때문이라는 그릇된 견해를 펴고 있다. 그는 또한 한국을 일본의 알자스로렌(Alsace-Lorraine)에 비유했고, '일본에 대해서 한국은 생사가 달린 문제'(for Korea was to Japan a matter of life and death)라고 보았던 사람이다. 그러므로 스토리는 고종의 밀서를 사토에게 전달했으나 영국으로부터는 아무런 반응을 얻지 못하고 말았다.

이와 같이 고종의 밀서가 정치적인 효과를 직접적으로 거두지는 못했지만 한국의 입장을 국제적으로 알려준 간접적인 영향력은 적지 않았다. 한국 안에서 일본에 반대하는 국민 여론을 환기시킨 효과도 매우 컸다.

〈트리뷴〉은 스토리가 지부에서 타전한 기사를 2월 8일자 3면 머리에 실었다. 「한국의 호소, 트리뷴지에 보낸 황제의 성명서, 일본의 강요, 열강국의 간섭요청(Korea's Appeal/Emperor's Statement to the "Tribune"/Coerced by Japan/Powers Asked to Intervene)」이라는 제목이었다. 기사는 한국의 지위는 믿을 수 없을 정도이며, 황제는 실질적으로 포로의 신세다. 일본군은 궁중을 둘러싸고 있으며, 궁중에는 일본 스파이들이 가득 차 있다. 을사조약은 황제의 재가를 받지 않았다는 리드로 시작하여 을사조약 체결의 경위와 한국의 정치 실정을 소개한 다음에 고종이 스토리에게 준 밀서 6개항을 영문으로 번역 게재했다.*

---

* *The Tribune*에 실린 고종의 밀서 6개항 전문과 〈트리뷴〉의 영어 번역은 다음과 같다.
　一. 一千九百五年十一月十七日 日使與朴齊純締約五條는 皇帝게셔 初無認許又不親押
　二. 皇帝게셔는 此條約을 日本이 擅自頒布ㅎ믈 反對
　三. 皇帝게셔는 獨立帝權을 一毫도 他國에 讓與ㅎ미無
　四. 日本之勒約於外交權도 無據 온 況内治上에 一件事라도 何可認准
　五. 皇帝게셔는 統監에 來駐ㅎ믈 無許ㅎ고 皇室權을 一毫도 外人에 擅行을 許ㅎ미無
　六. 皇帝게셔는 世界各大國이 韓國外交를 同爲保護ㅎ믈 願ㅎ시고 限은 以五年確定
　　　　　　　　　　　　　　　　　　　　　　　光武十年一月二十九日

스토리의 기사가 트리뷴에 실리자 일본은 즉각적인 반응을 나타내었다. 주영 일본대사관은 트리뷴의 보도가 전혀 사실과 다르다고 주장했다. 고종이 보호조약에 날인하지 않은 것은 일반적인 외교관례라는 것이었다. 그것은 영·일 동맹에 영국 에드워드 왕이나 일본의 천황이 직접 날인하지 않고 대표자들을 시켜 서명케 한 것이 이를 증명한다고 말하고 한국 황제와 그 정부가 외국에 주재하고 있던 영사와 공사를 모두 철수시킨 것만 보더라도 황제가 이 조약에 동의했음을 뜻하는 것이라고 해명했다("Korean Appeal, Japanese Embassy and 'The Tribune' Report", *The Tribune*, 9 Feb. 1906). 이에 대해 스토리는 또 다른 기사로 일본의 주장을 반박했다. 일본이 한국 황제와 대신들을 협박하여 보호조약을 체결하게 된 상세한 전말을 한국 황제의 총애를 받는 측근 한 사람이 주었다는 자료를 토대로 보도한 것이다("Coercion of Korea, The Marquis Ito and The

---

THE EMPEROR'S LETTER

The letter consists of six definite amortions, and establishes Korea's position before the world:-

I. -His Majesty the Emperor of Korea did not sign or agree to the Treaty signed by Mr. Hayashi and Pak Che Soon on Nov. 17th, 1905.

II. -His Majesty the Emperor of Korea objects to the details of the Treaty as published through the tongues of Japan.

III. -His Majesty the Emperor of Korea proclaimed the sovereignty of Korea, and denies that he has by any act made that sovereignty over to any foreign Power.

IV. -Under the Treaty, as published by Japan, the only terms referred to concern the external affairs with foreign Powers. Japan's assumption of the control of Korean Internal Affairs never has been authorized by his Majesty the Emperor of Korea.

V. -His Majesty the Emperor of Korea never consented to the appointment of a Resident-General from Japan, neither has he conceived the possibility of the appointment of a japanese who should exercise Imperial powers in Korea.

VI. -His Majesty the Emperor of Korea invites the Great Powers to exercise a Joint Protectorate over Korea for a period not exceeding five years with respect to the control of Korean Foreign Affairs.

Done under the hand and seal of his Majesty the Emperor of Korea, this 29th day of January, 1906.

Emperor, Piquant Scenes, Cabinet Moved to Tears", *The Tribune*, 10 Feb. 1906).

트리뷴지는 1906년 1월 15일에 런던에서 창간되었다. 소유주는 볼튼 (Bolton) 지방에 있는 방직업자의 상속자였던 자유당 소속 젊은 국회의원 프랭 클린 토마슨(Franklin Thomasson)이었다. 고급지를 지향하여 젊은 지식인들 사이에 큰 주목을 끌었지만 경영은 어려워서 창간한 지 만 2년 뒤인 1908년 2월 8일에 폐간하고 말았다. 이 신문의 실패는 신문기업의 '현실'을 무시했던 때문이라고 언론인들은 지적했는데, 실지로 논설에 주력한 반면, 신문이 다루어야할 뉴스에 소홀해서 독자들에게는 지나치게 고급지였던 것이 흠이었다.

스토리 기자의 고군분투

스토리가 보낸 기사는 〈트리뷴〉지에 실린 다음에 로이터 통신을 타고 거꾸로 동양으로 되돌아와 한국, 일본, 중국의 신문들이 다시 실었다. 서울에서는 신보-KDN이 2월 28일자 논설란에 트리뷴의 기사를 소개했고, 헐버트의 〈코리아 리뷰〉도 일본 신문을 인용하여 한국 황제가 을사조약의 신빙성을 공개적으로 부인했다고 보도했다. 스토리가 한국에서 가지고 나온 고종의 밀서를 여러 나라 신문이 보도하자 오브라이언 버틀러는 입장이 난처하게 되었다. 여러 신문의 기사 가운데는 지부(芝罘) 주재 영국영사 오브라이언 버틀러가 밀서가 진짜임을 확인했다는 것도 있었기 때문이었다. 또 지부에서 발행되는 〈지푸 데일리 뉴스(Chefoo Daily News)〉도 이같은 내용의 기사를 싣자 오브라이언 버틀러는 자신이 이 밀서가 진짜라고 확인한 적은 없고, 스토리가 북경에 이 밀서를 전달할 수 없을지도 모른다고 두려움을 표시했기 때문에 그의 요청에 따라 단순히 복사만 해두었던 것이라고 해명하는 편지를 사토에게 보냈다(O' Brien-Butler가 Satow에게, "Protest of Emperor of Corea: Not authenticated in Chefoo", 29 Mar.

雜報

六　皇帝끼셔と世界各大國이韓國外交를同爲
　　保護함을以五年確定

五　皇帝끼셔と統監에來駐함은無許하고
　　皇室權을一毫도外人의擅行을許함이無

四　日本之勒約이於外交權도無撤은況內治上에
　　一件事라도何可認准

三　皇帝끼셔と獨立帝權을毫도他國에
　　讓與함이無

二　皇帝끼셔と此条約을日本이擅自頒布함
　　을反對

一千九百五年十月十七日 日使與朴齊純締約五
條と 皇帝끼셔 初無認許又不 親押

光武

〈대한매일신보〉에 실린 고종의 밀서. 1907년 1월 16일자.

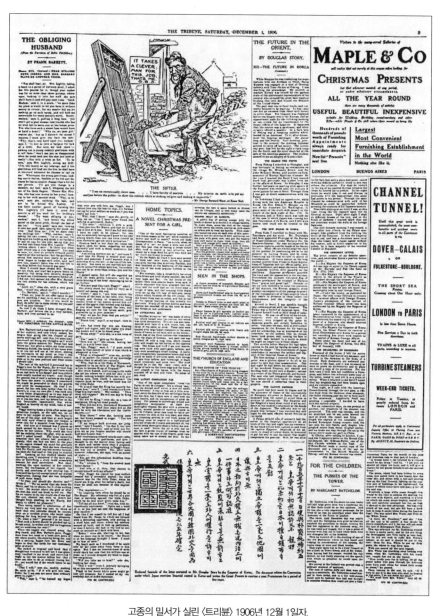

고종의 밀서가 실린 〈트리뷴〉 1906년 12월 1일자.

1906). 고종의 밀서는 이와 같이 영국 · 일본 · 중국 그리고 한국 등의 여러 신문에 보도가 되었지만 한국에서 정작 크게 문제가 된 것은 1년이 지난 뒤인 1907년 1월이었다.

스토리는 중국을 거쳐 영국으로 돌아간 뒤로도 을사조약이 일본의 강요로 체결되었으며, 고종은 이를 승인하지 않았다는 사실을 자신이 가지고 있는 '밀서'를 근거로 계속해서 주장했다. 그는 1906년 9월 4일자 트리뷴에도 다시 한 번 고종의 밀서를 인용하면서 이는 틀림없이 고종으로부터 받은 것임을 "진실되고 독립적인 특파원으로서의 명성"을 걸고 강조했다("Japan in Korea", *The Tribune*, 4 Sept. 1906). 이 글은 영국 〈더 타임스〉 일본 특파원 브링클리가 동경에서 송고하여 8월 8일자에 실린 기사에 대한 반박이었다.

이처럼 논란이 끊이지 않자 을사조약 체결을 강요한 장본인이자 통감으로 서울에 와 있던 이등박문도 그냥 있을 수는 없게 되었다. 그는 고종의 밀서는 가짜라고 단언했다. 이등은 밀서에 대해 고종에게 자신이 직접 물어보았는데, 황제는 즉석에서 부인하더라고 말하면서 이 문서가 아마 궁중 근처에서 나오기는 했겠지만 고종이 수교한 것은 아니라고 주장했다. 그러나 이등박문으로서는 자신이 이러한 변명을 해야 하는 사실 자체가 불쾌했을 것이었다. 을사조약은 결코 일본의 강요에 의해서가 아니고, 한일 양국이 자발적으로 합의한 것이라고 주장해온 근거가 흔들리기 때문이었다.

한편 스토리는 1906년 10월부터 트리뷴에 「동양의 장래」라는 시리즈 기사를 연재하면서 또다시 고종의 밀서를 전문 게재하고 을사조약이 일본의 강요에 의해 체결된 것임을 주장하기 시작했다. 그의 이 기획기사는 1회부터 7회까지는 일본에 관해서 쓴 것이었고, 제8회(11월 14일)부터는 「한국의 장래(The Future in Korea)」라는 부제였는데 한국관련 다섯 번째 기사인 12월 1일자에 문제의 '밀서'를 사진판으로 크게 실렸다. 스토리는 기사에서 밀서가 궁중으로부터 나오게 된 경위와 이것을 가지고 한국을 떠나기까지 얼마나 위험한 고비를 넘겼는지도 생생히 쓰고 있다.

스토리는 1907년에는 트리뷴에 게재했던 시리즈 기사를 엮어 『동양의 내일 (Tomorrow in the East)』라는 단행본으로 출판했는데 이 책에는 고종의 밀서를 더욱 선명한 사진판으로 삽입했다. 그는 이와 같이 밀서가 진짜이며, 그 내용은 고종의 참된 뜻이라는 사실을 되풀이해서 주장했다.

밀서가 불러온 파장

스토리의 〈트리뷴〉지 기사에 들어 있는 고종의 밀서는 사진판으로 실려서 한국으로 다시 돌아왔다. 그리고 신보-KDN은 트리뷴에 실린 밀서 사진을 1907년 1월 16일자에 그대로 전재했다. 밀서가 근거 없는 것이라고 지금까지 주장해 온 통감부와 당국과 이등박문은 당황하지 않을 수 없었다. 신보-KDN 에 실린 사진은 고종의 진의가 무엇인지를 한국민에게 알리는 확실한 증거를 제시했기 때문이다.

이에 대응한 통감부의 대처방안은 두 가지였다. 당면한 문제로는 신문에 실린 밀서를 고종이 준 일이 없다고 강력하게 부인해야 하는 일이고, 두 번째로는 신보-KDN를 통해서 배설의 반일활동을 벌이지 못하도록 하는 근본 대책을 세우는 일이었다(日公記, 〈1906, 1907年 大韓每日申報 베세루 事件二〉, 鶴原가 伊藤에게, 1907년 1월 18일, 제13호, 1126/183~186; 鶴原가 珍田에게, 機密統發 제8호, 1907년 1월 19일, 1126/179~182;).

첫 번째 조치로서 통감부는 한국 정부의 〈관보〉에 게재할 「고시문안(告示文案)」을 만들었다. 신보-KDN에 실린 고종의 밀서라는 것을 고종은 수교한 일이 없으며 이는 불순한 자들이 한일 양국의 친의(親誼)를 해치려고 날조했다는 것이었다. 통감부가 만든 이 고시는 1월 21일자 관보에 실렸다. 통감부는 또한 한국 정부 외사국장 이건춘(李建春)으로 하여금 신보-KDN에 실린 밀서기사는 사실무근이니 이를 정정하라는 공문을 배설에게 보내도록 했다. 통감부의 이러한 조치가 부분적인 효과는 있었다. 한국 정부가 밀서를 가짜라고 공식적으로 부인했다는 사실을 몇몇 신문들이 보도해 주었기 때문이다. 일본 내각의 기관지 격이었던 〈재팬 타임스〉와 친일 영어신문 〈재팬 메일〉은 물론이고, 일본정책에 비판적이었던 〈재팬 크로니클〉도 한국 정부의 관보고시 내용을 보도하게 되었다. 영국의 더 타임스도 밀서는 진짜가 아니라고 한국 정부가 부인했다고 보도했다.

그러나 배설과 헐버트는 이 밀서가 진짜라는 주장을 끝까지 굽히지 않았다. 신보-KDN은 이 밀서가 거짓이 아님을 믿을 수 있는 증거까지 가지고 있으나 증거를 제시하면 관련된 한국인들에게 일인들의 보복이 떨어질 것이므로 이를 내놓을 수는 없다고 말하면서 외사국장 이건춘의 기사정정 요구를 일소에 부쳤다.

헐버트는 이때 〈코리아 리뷰〉의 발행을 중단한 직후였다. 그는 이 잡지를 1906년 12월호까지만 발행했는데, 1906년 12월 1일자 트리뷴에는 실린 밀서 사진은 1907년 1월 16일자 신보-KDN에 실렸다. 헐버트는 밀서의 진위 여부에 대한 논란을 그냥 보고 있을 수 없었다. 그는 재팬 크로니클에 글을 보냈다. 밀서가 진짜라는 확실한 증거로서 이 밀서 작성의 경위를 알고 있는 사람을 만나 이야기를 나누었다고 주장했다. 또 헐버트는 스토리가 한국에 있는 동안 자신은 워싱턴에 체류 중이었지만, 자기도 한국 황제로부터 꼭 같은 내용의 전보를 받았으므로 스토리에게 준 밀서는 진짜가 틀림이 없다고 단정했다. 자신이 워싱턴에서 받은 전보는 미국 국무성에 제출하기 위한 것이었는데, 일본이 밀서를 가짜라고 우기는 이유는 이 문서가 일본의 한국 점령이 명백한 찬탈행위임을 증명하기 때문이라고 결론지었다.*

밀서가 가짜라고 계속 주장해 온 일본은 물론이고, 이에 대해 아무런 태도 표명도 하지 않던 영국도 속으로는 이를 고종이 내보낸 것임을 잘 알고 있었다. 주한 영국총영사 헨리 코번은 주한 일본 공사 하야시가 사적으로는 이 편지가 궁중에서 나온 것이라고 말했다고 본국에 보고했다. 코번은 이 문서가 진짜인 것은 틀림이 없지만, 이러한 밀서가 초래한 결과에 관해서는 지극히 부정적인 견해를 나타내고 있다. 코번은 고종이 이 밀서가 대외적으로 공포되면 열강들이 을사조약에 대한 승인을 재고할 것으로 오판하고 있었겠지만 밀서가 영국 신문에 실리고 그것이 다시 한국의 신문에 전재되었다고 해서 사태가 달라진 것은 없다고 보았다. 따라서 고종 자신도 이것을 스토리에게 주지 않았던 편이 좋았을 것으로 생각될 것이라고 본국에 보고했다(Cockburn이 Grey에게, 12 Feb. 1907, No.7).

그러나 이는 영국외교관 코번이 정치외교상의 관점에서만 이 사건을 바라보고 내린 결과론적인 평가였다. 일본의 입장에서는 이 사건이 침략정책 수행에 적지 않은 장애요소가 되었다고 판단한 것은 당연하다. 대외적으로는 일본의 한반도 정책에 이미지 손상도 있었을 것이고, 한국 안에서도 반일 저항운동을 부채질했다고 보았을 것이다. 일본은 이와 같은 체면 손상을 막을

---

* H. B. Hulbert, "Japan and Korea, To the Editor of the Chronicle", *JWC*, 21 Feb. 1907, p.262. 신보는 헐버트의 글을 2월 26일자 논설란에 「日本及韓國, 日本크로닉클 新報에 記載된 訖法氏의 寄書」라는 제목으로 전재했다. 한편 친일 영어신문 Japan Mail은 3월 9일자에서 헐버트의 주장을 반박했다("Mr. Homer, B., Hulbert", 9 Mar. 1907, p.247 참조).

방안을 적극적으로 모색하지 않을 수 없었다. 그것은 통감부의 기관지 발행으로 구체화되었다.

3. 영어 신문 발간의 중요성 인식

반일 언론 무력화 노린 홍보전략

일본은 배설과 헐버트의 항일언론을 봉쇄하고 국제여론을 일본에 유리하도록 만들기 위해서는 *KDN*과 〈코리아 리뷰〉에 대항할 수 있는 신문을 발행할 필요가 있다고 판단했다. 일본은 이미 청일전쟁 직후인 1895년 2월부터 서울에서 한국어와 일본어로 편집하는 〈한성신보〉를 발행하고 있었다. 한국인이 발행한 최초의 신문은 1883년 10월 31일에 창간된 한성순보였으나 이 신문은 한문으로만 편집되었고, 정부가 발행한 신문이었다. 민간인 발행 신문은 미국에서 귀국한 서재필이 1896년 4월 7일에 창간한 독립신문이 처음이었다.

일본은 서재필의 〈독립신문〉보다 한해 먼저 서울에서 〈한성신보〉를 발행하기 시작했다. 외형상으로는 민간인 발행이었지만 주한 일본공사관의 보조금을 비밀리에 받고 있었으며, 신문이 창간되던 해 가을에 일어난 명성황후 시해사건 때에는 이 신문사가 시해음모의 비밀 본거지로 사용되기도 했다. 일본은 한반도 진출에 있어서 언론기관의 중요성을 일찍부터 인식하고 있었기 때문에 러일전쟁이 후에는 특히 일인들의 한국어 신문 발간이 활발했다. 1895년부터 발간되고 있던 한성신보를 비롯해서 〈대한일보〉(1904. 3. 10), 〈대동신보〉(大東新報; 1904. 4. 18)가 러일전쟁 후 일인들이 서울에서 새로 발간한 신문이었다. 1906년 9월 1일 통감부는 한성신보와 대동신보를 통합하여 통감부 일어 기관지 〈경성일보〉를 창간했다.

그러나 일본공사관은 영어신문의 필요성을 절실히 느꼈다. 그래서 영국인 하지(John Weekley Hodge)가 창간한 영어신문 〈서울 프레스〉에 손을 뻗치게 되었다. 처음에는 보조금을 지급하여 논조를 일본에 유리하도록 만들도록 시도했다가 마침내는 통감부가 이 신문을 인수하여 그 기관지로 발행하게 되었다.

한국에서 영어신문이 부진했던 가장 큰 원인은 거주하는 외국인의 숫자가 적었다는 데 있었다. 일본은 고베, 요코하마, 나가사키 등지에 많은 외국인들이 살고 있었지만 한국에는 통틀어 800명도 못되는 서양인 밖에 없었다. 이는 외국인들이 한국에서 벌이는 사업도 중국이나 일본에 비해 크게 뒤떨어졌음을 뜻한다. 신문경영에 성공할 수 있는 기본적인 전제조건은 신문구독자의 숫자와 그 사회의 경제적 여건이다. 한국은 영어일간지가 두 개나 발간될 정도의 시장은 아니었다. 영어 신문을 구독할 잠재 독자가 적었던 것이다.

러일전쟁 후 한일합방 무렵까지 일본인과 중국인을 제외한 한국 거주 외국인을 조사한 당시 자료들을 모아 보면 다음과 같다.

한국거주 외국인수(일인 · 중국인 제외)

연도	미	영	불	독	러	희랍	이태리	노르웨이	벨기에	포르투갈	기타	計
1907	297	87	52	35	10	3	3	5	2	2	20	516
1908	397	163	90	39	18	4	4	7	3	1	23	749
1909	464	153	87	33	14	8	7	5	3	2	1	777
1910	490	183	89	42	21						20	845

*자료:
1) 1907~1909: 통감부(Foreigners in Korea", *The Seoul Press*, 22 Sept. 1909; *Recent Progress in Korea*(Seoul: HIJM 's Residency–General, 1909)
2) 1910: 주한 영국총영사관(Bonar가 Grey에게, "Corea, Annual Report, 1910", 6 Jan. 1911, para. 39)

외국인의 거주 지역은 1909년의 경우, 서울에 거주하는 외국인은 전체 외국인의 40%가 못 되는 306명에 지나지 않았다. 나머지는 신의주(122), 평양(88), 인천(64), 군산(51), 원산(35), 목포(31), 대구(30), 부산(20), 진남포(18), 마산(7), 성진(5) 등지에 흩어져 있었다(『朝鮮在留歐美人調査錄』). 그러므로 맥켄지는 서울 프레스가 창간될 당시 서울에 거주하는 백인은 100명을 넘지 못했다고 쓰고 있다(F. A. McKenzie, *The Tragedy of Korea*, p.214). 1909년에 공식조사 집계 자료를 보면 서울에는 201명의 외국인들이 살고 있었다. 국적별로는 영(71), 미(57), 독(45), 러(15), 이태리(5), 희랍(5), 벨기에(5)순이었다("Population of Seoul", *The Seoul Press*, 18 Nov. 1909). 맥켄지가 서울 거주 백인이 100명 미만이었다고 쓴 것은 성인만을 지칭했을 것이다. 서울 프레스에 의하면 1910년 9월 현재 서울 거주 외국인은 453명으로 미국인(206), 영국인(90), 프랑스인(50), 러시아인(4), 독일인(3)의 순이었다.

수지타산 도외시한 영어신문 발행

시기에 따라 약간의 차이가 있지만 1910년 이전까지 한국 거주 외국인의 숫자가 800명 미만이었다는 통계는 한국에서 외국인을 상대로 영어신문을 발행할 경우 신문보급 부수는 전체 외국인의 절반 수준에도 못 미쳤을 것을 짐작할 수 있게 한다. 이들 가운데는 부부나 어린아이도 있을 것이기 때문이다. 가족이 아니라 하더라도 선교사나 광산기사들의 경우에는 2명 이상이 같은 집에 거주하는 예가 흔히 있었으므로 외국인의 숫자에 비해 팔릴 수 있는 신문의 부수는 훨씬 적었다고 보는 것이다. 실제로 1908년 5월 27일 현재의 *KDN* 발행 부수는 국내외 배포부수를 합쳐서 463부(서울 120, 지방 280, 외국 63)에 지나지 않았다(日公記, 『申베』 1178, p.20).

영어신문을 읽었을 사람들이 서양인만은 아니었을 것이다. 한국인과 한국에 거주하던 일본인, 중국인들도 있었을 것이다. 또 중국과 일본에도 한국의 영어신문이 보내지기도 했다. 그러나 이러한 수자를 통틀어서 계산하더라도 그 숫자는 극히 제한되어 있었다. 구독자의 숫자가 적었다는 사실은 신문경영 면에서 볼 때 지극히 불리한 일이 아닐 수 없었다.

이와 같이 한국에 거주하는 외국인의 숫자는 비록 적었으나 그들은 한국의 운명에 영향을 미칠 수 있는 사람들이었다. 또한 영어신문의 발간은 한국에 거주하는 외국인들만 대상으로 삼은 것이 아니었으므로 일본은 수지타산을 도외시하면서 〈서울 프레스〉를 통해 한국 내의 외국인에게 일본의 한국 진출이 정당하다는 논리를 펴고 한걸음 더 나아가 국제여론을 유리하게 유도하려 했다. 일본인과 중국인을 제외한 외국인 거주자는 전국을 통틀어 겨우 800여 명에 불과했던 한국에서 두 개의 영어 일간지가 발행되는 것이 불가능하다는 것쯤은 신문경영을 조금이라도 아는 사람이라면 누구나 인정하는 사실이었다. 그럼에도 불구하고 주한 일본 통감부가 영어로 된 자체의 기관지를 발간했던 이유는 크게 다음 세 가지로 집약할 수 있다.

첫째는 항일언론을 봉쇄하려는 목적이었다. KDN과 〈코리아 리뷰〉가 일본의 한국침략 정책을 신랄하게 비판하는 반일논조였으므로 서울 프레스로 하여금 이 두 매체에 대항하도록 했던 것이다. 통감부는 서울 프레스에 충분한 경영자금을 지급하여 〈코리아 데일리 뉴스〉와 코리아 리뷰의 경영에 타격을 주고, 마침내는 이들 항일언론이 존립하지 못하게 만들 계획이었다.

두 번째는 일본의 침략정책을 서울 프레스를 활용하여 더욱 효율적으로 홍보하려는 것이었다. 서울에 거주하던 각국 외교관들과 서양 선교사 및 민간인들은 한국의 정세를 파악하기 위해서 싫든 좋든 서울에서 발행되는 영어신문을 보아야 했으므로 서울 프레스는 일본의 가장 효과적인 선전기관이 될 수 있었다.

세 번째는 국제여론의 지지를 받기 위함이었다. 서울 프레스는 서울에서 발간되었지만 일본의 내각 기관지 〈재팬 타임스〉와 긴밀한 연관성을 가지고 있었다. 서울 프레스의 기사와 논설은 〈재팬 타임스〉와 〈재팬 메일〉을 인용하고 전재하는 방법으로 일제의 침략정책을 선전하는 효과는 교묘히 증대될 수 있었다. 뿐만 아니라 서울 프레스는 일본·중국 등지에서 영국인들이 발행하는 영어신문이 인용하는 일도 흔히 있었기 때문에 그 영향력은 나라 바깥에까지 미칠 수 있었다. 주한 각국 외교관들은 한국의 정세를 본국에 알리는 자료로 이 신문을 인용하기가 일쑤였으므로 열강국의 외교정책 수립에도 이 신문은 일제에 유리한 방향으로 유도하게 되는 효과를 거두었다.

성공회 인쇄기술자 하지

통감부 기관지 〈서울 프레스〉는 영국인 하지가 발행한 〈주간 서울 프레스〉를 인수하여 발행한 신문이다. 처음에는 하지가 단독으로 시작한 주간지였으나 주한 일본공사관의 보조를 받아 발행되다가, 마침내는 통감부가 완전히 매수하여 일간으로 발행하게 되었다. 그러므로 통감부 기관지였던 일간 서울 프레스에 대해 알아보기 위해서는 그 전신인 하지의 주간 서울 프레스를 먼저 살펴보지 않을 수 없다. 하지는 주한 영국 성공회가 소유한 인쇄소를 운영했던 사람이다. 그는 영국 남단의 군항인 플리머스(Plymouth)에 인접한 데본포트(Devonport)에서 1870년 3월 1일에 태어났다. 아버지 존 하지(John Hodge)는 해군선 지알로우스(Zealous)호의 화부(火夫)였다(John Weekley Hodge 출생신고서. 런던의 General Register Office 소장). 그는 그린니치의 해군학교(Royal Naval School) 졸업

144

Bishop Turner, 14 May 1909.

Chongdong, Seoul
Korea.

14 May 1909.

Dear Sir

In response to your letter of the 1st
April.

I Re grant from the Negus Fund for the
Prayer Book printing. We have to thank
you very warmly for your generous treatment
of us in giving us £50 towards the expense.
The portion printed was Matins, Evensong, Litany
and Holy Communion. I am sending you a copy
that you may see the form on which it was issued.
I thought that I had referred you to Mr Trollope
for particulars, not Dr Weir as the former put
the book through the press while he was here
and the latter knew little or nothing about it.
Mr Trollope will be able to give you any
further information you desire if you can
catch him at any time. The printing was
entrusted to Mr Hodge, a former member of our
Mission and the cost was higher than it ought
to have been. Towards this we received some
help from outside sources but it left our printing
fund very deeply in debt. The total cost was
nearly ninety pounds for 2,000 copies. We have
found ourselves unable to get a price for the book
that covers the full cost of printing, binding &c.
The deficit on the printing fund was borne by
the Naklong rents & with the grant you have
made we shall be able to pay back the greater

〈서울 프레스〉 발행인 하지(Hodge) 관련 문서. 영국 성공회의 인쇄 업무에 종사하다가 독립했다. 1909년 5월 14일.

후, 1891년 1월부터 영국성공회 해외선교 사무총장인 켈리(Herbert Kelly) 신부의 지도를 받아 런던에서 인쇄술을 익혔다. 영국성공회는 1890년에서 1891년에 걸치는 겨울에 한국에서 선교사업을 처음 시작했다. 성공회 인쇄소는 한글, 한자, 영어의 세 가지 활자가 있었다. 하지는 1892년 5월 13일 영국을 떠나 일본의 나가사키를 거쳐 6월 어느 날 한국에 도착했다. 그는 도착 직후부터 서울 낙동(駱洞) 소재 성공회의 인쇄시설을 맡아 헌신적으로 일했다. 하지가 한국인 인쇄공 세 명(후에는 네 명)을 데리고 처음 시작한 일은 제임스 스코트(James Scott)의 『한국어 교본(A Corean Manual)』 제2판을 제작하는 일이었다. 젊은 그는 부지런히 일하면서 한국의 풍습과 여러 가지 사물들을 신기한 눈으로 바라보았다. 하지는 한국에 온 후 처음 맞는 크리스마스 때에 제물포(仁川)에 가 보았고, 음력설에는 한국의 설 명절을 흥미 깊게 관찰했다. 그는 이 두 경험을 〈모닝 캄〉 잡지에 기고했다(Morning Calm, April 1893, Vol. IV, No. 34, pp. 50~52; June 1893, pp. 81~83). 1893년 5월 1일부터 6월 14일까지는 황해도 해안과 내륙지방을 비롯한 북한지역을 여행했고, 같은 해 9월 21일에는 북경의 영국성공회에 가서 6주일 동안 중국인들에게 인쇄기술을 가르쳐주고 오기도 했다 (하지는 서울에서 북경에 갔던 여행기를 모닝캄[Morning Calm, Feb. 1894, No. 44, pp. 23~26]에 「서울에서 북경까지(From Seoul to Peking)」라는 제목으로 기고했다(Morning Calm, Jan. 1894, p. 3, Vol. V, No. 43, p. 6; Mar. 1894, p. 35, No. 45)). 그는 일요일이면 한국 어린이들을 모아놓고 성경을 가르치기도 하는 등 부지런하고 친절한 일면을 지녔던 것 같다.

하지는 서울의 성공회 인쇄소를 성공적으로 운영하여 해마다 『*Handbook and Directory of the Anglican Church in the Far East*』를 출판했고, 1897년에는 자신이 『*Corean Words and Phrases: A Handbook and Pocket Dictionary for Visitors to Corea and New Arrivals in the Country*』(표지는 *The Stranger's*

Handbook of The Corean Language)라는 한국어 회화책을 편찬했다. 1897년 12월 호 〈코리안 리포지토리〉에 의하면, 성공회 출판사에서 하지가 인쇄한 1898년도 달력이 아주 훌륭하다고 칭찬한 것을 볼 수가 있다.

하지는 1900년 12월까지는 성공회에 소속되어 인쇄소를 운영하다가, 이듬해부터는 교회로부터 자립하여 서울 프레스사(The Seoul Press-Hodge & Co)라는 인쇄소를 스스로 경영하기 시작했다. 1900년 초에는 성공회 인쇄소에서 남아프리카 전쟁(1900년 영국의 트란스발 침입)에 관한 소식을 인쇄 판매하기 시작했다. 하지의 전쟁소식에 관한 전문(電文) 서비스는 좋은 반응을 얻었다. 이때는 한국에는 영어 정기간행물이 하나도 없었으므로 적지 않은 구독자가 있었다. 고객 가운데는 대한제국의 우편국, 세관, 전차회사, 한국에 있던 일본 철도회사도 포함되어 있었다. 하지는 이때부터 인쇄소를 자영하기로 결정했다. 그는 자립할 때에는 성공회의 인쇄시설을 빌려서 사업을 시작했으나 1906년 말에는 교회로부터 무상으로 이를 인수했다. 1892년 이래 9년간 적절한 대우를 받지 못한 채 성공회를 위해 헌신적으로 일해 준 대가였다. 하지의 서울 프레스사에서 인쇄된 책으로는 프랑스인 법부(法部) 고문 크레마지(Laurent Crémazy, 金雅始)가 불어로 역술한 『大韓刑法(*La Code Pénal de La Corée*)』이 있다. 저자 크레마지는 1904년 7월 15일자로 쓴 서문에서 책 출판에 있어서 불어를 모르는 하지가 10개월간 책을 인쇄하느라고 고생이 많았다면서 감사의 뜻을 표했다. 1905년에 출판된 영국신부 코프(C. J. Corfe)의 『한국의 영국성공회(*The Anglican Church in Corea*)』도 하지의 출판사에서 발행했다.

4. 서울 프레스와 일본의 침략홍보

하지의 서울 프레스 위클리

하지가 언제부터 일간으로 〈서울 프레스 익스프레스(*Seoul Press Express: SPExpress*)〉라는 뉴스 불레틴을 발행했는지는 명확하지 않으나 자립할 때부터 이를 발행하지 않았나 생각된다. 현재 영국의 공공기록 보관소(National Archive)에는 주한 영국공사 조단(John Newell Jordan)이 본국 정부에 보낸 보고서 가운데 *SPExpress* 1904년 2월 8일자가 한 장 들어 있다. 또한 *KDN*, 1904년 10월 13일자에는 *SPExpress*에 게재된 동경발 전문기사가 실려 있다. 이와 같이 *SPExpress*는 주간 *SPWeekly* 창간 전부터 일간으로 발행되었고, 주간 SPWeekly 창간 후에도 계속 발행되었다.* 하지는 *SPExpress*를 발행하면서 러일전쟁 중이던 1904년부터 이듬해에 걸치는 기간에는 런던의 〈데일리 텔레그라프(*Daily Telegraph*)〉지의 통신원 직을 맡고 있다가(*Who's Who in the Far East*, 1907~1908(Hongkong: *The China Mail*)), 1905년 6월 3일 드디어 〈서울 프레스위클리(*Seoul Press Weekly*)〉라는 주간지를 창간했다. 이 신문의 창간은 을사조약이 체결된 것보다 약 5개월 반 먼저였으므로 아직 서울에 통감부가 설치되지는 않았고, 주한 일본공사관에는 공사 하야시(林權助)와 서기관 하기와라(萩原守一)가 일본의 한국 지배권 강화를 위해 여러 가지 공작을 펼치고 있던 때였다. 이보다 앞서 1904년 7월에는 배설이 *KDN*를 창간했지만 자금난으로 1905년 3

---

* *SPWeekly*의 창간사는 다음과 같이 일간 발행이 계속된다고 밝히고 있다.
"The issue of our 'Daily Express', containing merely the latest telegraphic news will, of course, be continued as usual. The subscription, including the 'weekly edition', to subscribers to the 'Daily Express' will remain the same, viz—Yen 2.00 per month. The subscription for the 'weekly edition' only will by Yen 1.30 per month, post free".

월부터 휴간 중이었으므로 하지가 SPWeekly를 창간할 때에 서울에는 헐버트
의 월간지 〈코리아 리뷰〉가 유일한 영어 정기간행물이었다. 따라서 헐버트는
이 새로운 영어신문의 출현을 다음과 같이 크게 환영했다.

> 일본에서 발행되는 외국신문에 실리는 한국관계 기사는 대부분이 한국에 와 있는
> 일인기자들이 보낸 기사를 보도한 일본어 신문에서 전재한 것이다. 그들은 이런 식
> 으로 한 쪽 이야기만 받아들인다. 그러나 세계는 단순한 사업계획이나 공론이 아니
> 고 한국에서 무슨 일이 벌어지고 있는가를 알고자 한다. 우리는 외국신문 열 칼럼을
> 오려다가 늘어놓은 것보다는 한 칼럼의 한국에 관한 사실보도를 택하겠다.("Editorial
> Comment", Review, May 1905, pp.189~190)

헐버트는 이와 같이 서울 프레스가 한국의 실정을 올바르게 알리고, 한국의
입장에서 대변해 주기를 바랐다. 그는 일본 당국과 민간인들이 한국인들에게
혜택을 주기 위함이라고 주장하면서 펼치는 모든 사업에 대해서도 명확하고
충분히 알려져야 하며, 만일 그런 일들이 갖는 해악이 있다면 일반인들에게 공
개되어서 이곳 실정에 맞게 지성적인 여론이 형성되도록 해야 한다고 말했다.

헐버트가 지적한 일본에서 발행되는 외국신문은 〈재팬 데일리 메일(Japan
Daily Mail)〉, 〈재팬 헤럴드(Japan Herald)〉, 〈재팬 가제트(Japan Gazette)〉, 〈재팬
애드버타저(Japan Advertiser)〉, 〈재팬 크로니클〉 등이었다. 이들 외국인 발행신
문 외에 일본인이 발행하는 영어신문은 〈재팬 타임스〉가 있었다. 1907년 6월
28일자로 주일 영국대사관이 본국 외무성에 보낸 보고서에도 이들 영어신문
은 일본신문에 실린 주요 논설을 번역하거나 그 내용을 발췌하여 싣는 관계로
외국인들이 많이 보게 된다고 쓰고 있다(Lowther가 Grey에게, "General Report on Japan

for the Year 1906", 28 June 1907, para. 54~55). 일본신문을 옮겨 싣기 때문에 논조와 기사가 자연히 일본의 입장을 반영하게 되는 것은 물론이다. 거기다가 이들 신문은 대부분 직접 또는 간접으로 일본 당국의 지원을 받고 있었으므로 편집 방침도 친일적인 경향이었다. 이 가운데 재팬 크로니클처럼 독립된 편집 방침을 유지하는 신문도 있지만, 〈재팬 메일〉 같은 신문은 노골적이고 공개적인 친일지로 일본의 한국 침략 정책을 적극적으로 지지하고 있었다.

일본에서 발행되는 영어신문이 의식적으로, 또는 무의식중에 한국에 대한 일본의 정책을 국제적으로 선전하고 있었기 때문에 빈약한 크기의 월간지를 단독으로 운영하면서 일제의 침략정책을 비판해 오던 헐버트는 하지도 배설처럼 한국의 실상을 대외에 알려 주기를 바랐던 것이다.

그러나 하지는 한국의 이익을 위해 일제와 싸우기 위해 신문을 창간한 사람은 아니었다. 창간사에는 서울 프레스가 "철저히 공정하고 독립적인 토대 위에서 운영될 것이다. 어떤 특정 집단의 도구도 되지 않을 것이며, 건전한 언론의 도(道)와 원칙을 견지할 것이다"라고 썼지만, 그는 신문을 돈벌이의 목적으로 시작했고, 이익이 돌아오기만 한다면 논조를 언제든지 바꿀 자세를 갖고 있었다. 휴간 중이던 배설의 〈코리아 데일리 뉴스〉도 〈서울 프레스〉 창간 직후인 8월 11일에 속간되었다. 코리아 데일리 뉴스는 일간이고, 한국어판 신보와 함께 이미 일반인들에게 알려져 있었으며 신랄한 항일논조로 한국 거주 외국인과 내국인에게 인기가 있었기 때문에 주간 서울 프레스는 경쟁상대가 될 수 없는 입장이었다. 속간된 코리아 데일리 뉴스는 일본을 신랄하게 비판하는 논조를 그대로 견지했다.

일본 공사관은 배설과 헐버트의 반일언론에 양면공작을 전개했다. 배설을 처벌 또는 매수하는 한편으로 하지의 신문을 지원하여 반일언론을 봉쇄하자는 전략이었다. 주한 일본공사관은 영국공사 조단에게 배설의 처벌을 여러 차례 요구했다. 다른 한편으로는 하지에게 매월 보조금을 지급하여 서울 프레스를 완전히 일본의 입장을 대변하는 기관지의 역할을 하도록 할 계획이었다.

보조금 지급으로 친일 논조 유도

1905년 8월 18일, 하야시는 동경의 외상 가쓰라에게 이같은 계획을 승인해 달라는 전문을 보냈다. 헐버트와 배설에 대항하기 위해서 하지에게 매월 보조금 310엔을 지급하고, 지면을 확장하여 600~700부를 발행한다는 것이었다. 공사관 서기관 하기와라(萩原守一)는 신보-KDN이 속간된 지 10일 뒤인 9월 21일 하지를 만나 공사관의 보조금 지급 조건과 이에 상응하는 〈서울 프레스〉의 지면제작 방향을 제시했고, 하지는 일본 측의 제의를 기꺼이 받아들였다.

양측의 합의사항은 일본 공사관이 하지에게 매월 350엔을 지급하는 대가로 하지는 타블로이드 주 8페이지였던 신문의 지폭을 12페이지로 늘리는 한편, 논조를 공사관의 요구에 맞도록 제작하기로 했다.* 일본공사관과 하지는

---

* 하지가 일본으로부터 매월 350엔의 보조금을 받는 대가로 Seoul Press의 체재와 논조를 바꾸겠다고 공사관에 다음과 같은 각서를 제시했다.
MEMORANDUM from THE SEOUL PRESS
　　Hodge & Co. Chong Dong, Seoul, Book and General Job Printers Publishing Stationer To his Excellency the Japanese Minister Seoul
　　August 22nd 1905
　　Dear Sir:
　　With regard to the proposed subsidizing of our weekly paper the Seoul Press, at the rate of Yen 350 per month, and in reply to your question as to
　　(1) Circulation of the paper (2) Possible enlargement (3) Improvements, etc.
　　　　We respectfully beg to submit the following reply⋯
　　(1) The circulation will not be less than copies per week.
　　(2) We intend to print 8 pages of readable matter and news(with perhaps a few small notices or advertisements) and add a coloured cover to the present edition which will make a total of 12 pages, and so considerably add to its present appearance. This

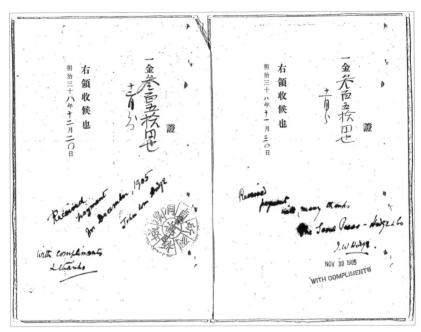

〈서울 프레스〉가 통감부에 제출한 영수증.

또 이러한 양측의 협약에 따른 부대조건으로서 ① 일본 측이 지명하는 토가리스(Togaris)라는 사람이 매일 하지에게 들러 필요한 사항을 알려주는 대신 하지는 그에게 월 40파운드를 지급하고, ② 서울 프레스가 일인 경영 〈대동신보〉의 기사와 외신을 받아쓰는 대가로 하지는 대동신문에 월 80파운드를 지급하며, ③ 하기와라와 하지는 협의할 사항이 있을 때는 어느 쪽에서 필요로 하건 즉시 찾아가 만날 수 있도록 했다. 하지에게 매월 350엔을 지급했던 영

---

alteration and improvement we hope make from the end of this month.

(3) In case the style, tone, and general appearance of our weekly paper does not meet with your approval, your Excellency will be at liberty to inform us of the same, and to make other suggestions, on condition that such alterations of improvements are reasonable and fall within the limit of the subsidy above mentioned.

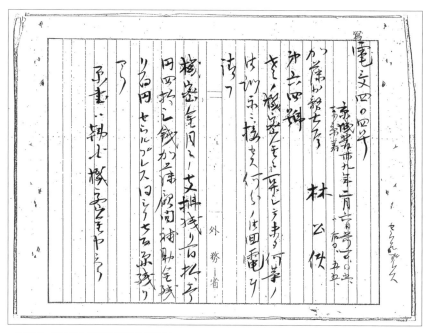

통감부는 하지에게 매월 350원을 지급했다.

수증은 일본 외교문서를 보관한 아시아역사자료관에 1905년 9월부터 12월분까지 남아 있다.

하지와의 협상을 맡았던 하기와라는 배설이 *KDN*을 창간했을 때에도 지원을 약속했다가 배설과 사이가 나빠지고 배설이 항일논조의 신문을 발간하자 하지에게 보조금을 지급하여 배설의 신문과 대항케 했던 것이다. 일본공사관은 이와 함께 일본인 발행 한국어 신문 〈대한일보〉에도 보조금을 지급하여 신보의 항일 논조를 무기력하게 만들려 했다. 공사관은 대한일보에 보조금 1,500엔을 교부하며, 일본의 정책을 적극적으로 홍보하도록 만들고 매호 200부 정도를 공사관이 인수하여 무료로 배포케 한다는 계획을 세웠다(林權助가 桂太郎에게, 1905년 10월 5일, 機密 제197호, 「大韓日報ニ 一時金下付ノ件」).

브링클리가 받아먹는 보조금. 일본은 〈저팬 메일〉을 발행하는 친일 영국인 브링클리에게 보조금을 지급했다. 일본에서 발행된 불어 만화잡지 *Potin de Yoko* 1981년 제 7호.

일본공사관은 영국에 배설의 처벌을 요구하는 한편으로 배설을 매수하는 방법도 고려해 보면서, 서울 프레스를 적극적인 친일신문으로 만들도록 했던 것이다(『日外』 38/1, 桂太郞이 林權助에게, 제240호, 「ベセル」處分方法 政府ニ於テ考究中ノ件, 1905년 10월 8일, p.929). 외국 언론에 대해 강경·온건 양면공작을 병행한 수법은 일본이 침략정책을 수행하는 동안 써 온 전형적인 대외 언론정책이었다. 이러한 수법은 배설 사건 훨씬 뒤 일본이 중국대륙을 침략하던 때인 1930년대에 상해에서도 그대로 답습되었다.

하지가 발행하던 주간 서울 프레스에 대해 〈코리아 리뷰〉가 반박 또는 비판한 것을 보면 이 신문은 일본의 보조금을 받기 시작한 후부터 일본공사관의 충실한 기관지 역할을 공공연히 수행했음을 충분히 짐작할 수 있다. 1906년 4

월호 코리아 리뷰는 서울 프레스를 가리켜 "일본인들의 감정을 대변하는, 적어도 일본의 준기관지로 볼 수밖에 없다"고 비판했다("Editorial Comment", Review, April 1906, p.152). 헐버트는 코리아 리뷰를 통해 서울 프레스의 친일 논조를 비판하거나 논전을 벌인 경우는 많았다. 코리아 리뷰 1906년 7월호의 "Editorial Comment" 같은 것이 그러한 예에 속한다. 하지만 초대 통감으로 부임한 이등박문이 보기에 배설과 헐버트가 발행하는 신문과 잡지의 배일논조에 필적하기에는 너무 미약한 것으로 판단되었다.

이등박문은 서울 프레스를 혁신하여 통감부의 적극적인 선전기관으로 활용할 방안을 마련하게 되었다.

그것은 하지에게 보조금을 지급하여 발행하던 종래의 방식을 바꾸어 아예 신문을 인수하여 일인들이 직접 편집 발행하고, 발행부수를 늘려 일간으로 만든다는 것이었다. 사장은 이등박문의 공보비서였던 즈모토 모토사타(頭本元貞)가 맡았다.

일본 최고 영어신문 기자 즈모토

즈모토는 일본에서 영어신문인으로서는 가장 뛰어난 실력과 풍부한 경력을 가진 사람이었다. 그는 이등박문의 개인비서를 두 번 지낼 정도의 측근이었으며 1917년에는 일본 대의사로 선출되어 정계에 진출한 일본 영어 언론계의 거물이다.

즈모토는 1864년에 태어나 1884년에는 사포로농학교(札幌農學校, Saporo Agricultural College)를 졸업한 후 〈재팬 메일〉 기자로 영어신문에 처음 발을 들여 놓았다(Who's Who in Japan, 1937, Tokyo). 재팬 메일은 1870년에 창간되었는데, 1881년부터는 브링클리(Francis Brinkley)가 경영하던 신문이었다. 브링클리는 일본에 관한 저서도 몇 권 있을 정도의 일본통이었고, 영국 〈더 타임스〉의 일본주재 통신원을 겸하고 있으면서 일본 여자와 결혼해서 일본을 자신의 나라로 생각했던 극히 친일적인 인물이었다.

배설이 신보와 *KDN*을 발행하기 시작한 후로는 언제나 *KDN*의 논조를 비판하고 일본을 두둔하여 한국과 일본에서 발행되는 두 영어신문이 여러 차례 상호 비판과 논전을 전개했다. 신보가 재팬 메일과 발행인 브링클리를 비판하고 반박한 경우는 1906년 9월부터 12월까지 4개월 사이만 보아도 여러 차례 나타난다. 「대한보관(對韓報舘)」(1906. 9. 28), 「와언보관(訛言報舘)」(9. 29), 「영일동맹(英日同盟)」(10. 12), 「보필방종(報筆放縱)」(12. 14), 「일본지탐욕(日本之貪欲)이여」(12. 22)와 같은 논설이 있다. 1907년에는 다나카(田中)가 옥탑을 일본으로 가져간 사건 등으로 그 회수가 더욱 빈번해졌다.

브링클리는 1907년 1월 황태자(순종)의 결혼식에 참석하기 위해 내한했던 일본 특사 다나카(田中光顯)가 경기도 풍덕군에 있던 옥탑을 불법으로 일본에 반출한 사건에 대해서도 헐버트와 격렬한 논전을 벌였다.* 일본의 특사였던 궁상 다나카가 헌병을 동원하여 1356년에 건립된 고탑을 공공연히 탈취한 이 사건은 일본이 한국에서 자행한 약탈행위의 본보기로 국제적인 비난의 대상이 되었을 뿐 아니라, 일본의 언론들조차 그 잘못을 시인할 정도였는데도** 브링클리는 다나카의 행위를 두둔했다.

---

* Hulbert, "Vandalism in Korea", *JWC*, 4 April 1907, p.464; "The Vanished Pagoda and Other Matters", 18 April 1907, p.528; 같은 신문의 논설 "Who Removed the Pagoda", 4 April, p.450;"The Vanished Pagoda", 18 April, p.510 참조. Hulbert에 대한 브링클리의 반론은"The Storm in the Pagoda," Mail, 20 April 1907, p.419 참조.
  또한 Lowther가 Grey에게,"Summery of Events of Minor Importance for the month ending", No.77, 17 April 1907.

** 福岡日日新聞, 1907년 5월 28일, 『新聞集成明治編年史』, 제13권(明治 40年), p.266. 『日外』, 40/1, pp.441~446에 실린 New York Herald, 22 July 1907 기사 및 申報 1907년 6월 4일자

그는 일본 정부의 보조금을 받아 재
팬 메일을 발행하고 있었기 때문에 논
조가 친일·반한적이라는 것은 공공연
히 알려진 사실이었다(MacDonald가 Grey에
게, 10 July 1907, No.155; Douglas Story, "Japan
in Korea", *The Tribune*, 4 Sept. 1906). 주일 영국
대사관도 〈런던 타임스〉의 동경 특파원
(브링클리)은 한국 문제를 사실과 동떨어
지게 왜곡한 기사를 본국에 보내고 있다
고 평가했다.

초대 통감 이등박문

즈모토는 이와 같이 일본 정부의 어용신
문을 경영하면서 일본인보다도 일본의 이익을 더욱 열렬히 옹호했던 브링클리
밑에서 기자생활을 했다. 즈모토가 서울 프레스를 경영한 뒤로는 서울 프레스
와 브링클리의 재팬 메일이 공동보조를 취하여 배설을 공격했다.

즈모토는 이등박문이 수상이었을 때에 개인비서로 임명되었다가 1897년에
는 〈재팬 타임스〉를 창간하여 초대 주필을 맡았다. 이 신문은 일본인들이 발
행한 최초의 영어 일간지로서 이등박문이 주도하여 창간되었다. 재팬 타임스
의 설립자금은 대부분 야마다(山田季治)가 출자하여 초대 사장을 맡았지만 배
후에서 후쿠자와 유기치(福澤諭吉)도 신문 발간을 도왔다 한다.

別報「韓國寶塔問題」, 同 6월 5일자「韓國寶塔問題의 續論」, 이밖에 신보는 이 문제에 대해 여
러 차례 논설과 기사로 다루었다. 1907년 3월 7일, 4월 13일, 4월 19일 등의 논설과 6월 4일부
터 6일까지 3회에 걸쳐 실린「玉塔奪去의 顛末」등 참조.

5. 외국 여론을 중요시했던 이등박문

재팬 타임스와 통감부 기관지 발행

〈재팬 타임스〉는 집권 내각의 견해를 그대로 반영하는 논조였다. 1906년 2월 이등박문이 한국통감으로 부임할 때까지 이 신문에 대한 이등의 개인적인 영향력은 절대적이었다("General Report on Japan For Year 1906", para. 54). 이등은 통감으로 서울에 부임한 뒤에 즈모토를 다시 공보비서로 임명하여 한국으로 데리고 왔다. 즈모토는 한국에 오기 전 러일전쟁 기간 중에는 영국 〈스탠더드 (Standard)〉지 특별 통신원을 맡기도 했다. 그의 영어실력은 영국사람들도 '뛰어나다'고 칭찬할 정도였으며, 주일 영국대사관과도 관계가 매우 좋았다.*

즈모토는 한국에 온 뒤에 주로 해외홍보를 맡았다. 1906년 7월 26일에는 각 신문의 기자들을 초청하여 연회를 베풀었고, 〈코리아 리뷰〉 7월호에 실린 주한 일본 헌병대가 고종 측근 5명을 체포하여 심한 고문을 가했다는 기사에 대해 이를 항의하는 공개편지를 헐버트에게 보낸 적도 있다("Editorial Comment, The Torture of Koreans", *Review*, Aug. pp.303~312).

이등은 일찍부터 서구 열강의 여론에 신경을 썼다. 해외홍보의 중요성을 깊이 인식한 사람이었고 재팬 타임스의 창간도 이등의 그와 같은 생각을 반영한 것이다. 특히 일본의 침략정책은 열강국과의 이해관계가 얽혀 있었으므로 대

---

* MacDonald가 E. Grey에게, 'Personalities', "Japan, Annual Report, 1907", 19 Feb. 1908. 맥도날드는 일본의 여러 주요 인물들을 열거한 끝에 마지막으로 즈모토에 대해 다음과 같이 묘사했다.

"Motosada Zumoto—For a long time the capable editor of the 'Japan Times' and at present editor of the 'Seoul Press'; was once special correspondent of the 'Standard' and speaks excellent English. A very pleasant and intelligent little man; a great loss to Tokio; he was most useful to the Embassy when editor of the 'Japan Times'."

외홍보에 큰 비중을 두지 않을 수 없었다.

통감으로 부임하기 전, 추밀원 의장이었던 이등박문은 러일전쟁 때에도 열강국의 여론을 일본에 유리한 방향으로 유도하기 위해 적극적인 방안을 마련했다. 1904년 2월 4일 일본의 다섯 원로와 각료가 참석한 가운데 열린 어전회의에서 러시아를 상대로 군사행동을 취하기로 결의한 후, 이등박문이 제일 먼저 했던 일은 미국과 영국에 홍보외교사절 파견이었다. 그는 미국에는 하버드 대학 출신으로 미국 사정에 밝았던 가네코(金子堅太郎)를, 영국에는 캠브리지를 나온 자신의 양자 수에마쓰(末松謙澄)를 각각 파견하여 양국의 대일우호 여론을 조성하도록 만들었다.* 이등은 한국 통감으로 부임한 후로는 오래 전부터 친한 사이였던 미국 예일대학 교수 래드(G. T. Ladd)를 초빙하여 통감부의 자문역을 맡겼다. 래드는 한국에서 외교고문직을 맡을 것이라는 추측도 떠돌았으나, 통감부의 공식직함은 맡지 않은 채 이등박문을 측면에서 지원하다가 이등 개인과 일본의 한국을 향한 정책을 선전하는 『이등 공작과 함께 한국에서 (In Korea With Marquis Ito)』라는 책을 집필했다. 이등이 래드를 한국으로 불러왔던 것은 한국 안에서 서구인들의 반일여론을 누그러뜨리는 동시에 적극적인 국제 홍보를 전개하기 위함이었다. 래드는 이등박문이 암살당했을 때에 미국으로 돌아가 있었는데, 서울 프레스에 기고한 「이등 공작의 암살(Assasination of Prince Ito)」이라는 제목의 글에서 이등의 암살을 미국 링컨의 암살에 비유했다.

외국여론을 중요시했던 이등에게 눈의 가시 같은 존재는 배설의 신보와

---

* 松村正義, 『日露戰爭と 金子堅太郎, 廣報外交の硏究』(東京: 新有堂, 1980), pp.6~10. 한편 가네코를 미국에 보낸 것은 수상 桂太郎이었고, 그의 임무는 일본 정부와 미국 대통령 루스벨트 사이에 연락을 맡기 위해서였다고 보는 견해도 있다. Kajima Morinosuke, The Diplomacy of Japan, 1894~1922, Vol. II (Tokyo: Kaijma Institute of International Peace, 1978), p.201.

*KDN*이었다. 이등은 자신의 수백 마디 말보다도 한 줄의 신문기사가 한국인들에게 더 위력이 크다고 스스로 토로했을 정도였다("Speech by Marquis Ito", *Japan Chronicle*, 5 Feb. 1907; 小松綠, 「伊藤公全集」 제2권, 동경, 昭和出版社, 1928, p.451). 결국 이등은 일본에서 수상 시절에 재팬 타임스를 창간했던 것처럼 서울에 통감으로 부임한 후에는 통감부 기관지 서울 프레스를 발행하기로 했다. 〈서울 프레스〉는 10년 전에 이등과 즈모토가 동경에서 창간했던 재팬 타임스의 서울판인 셈이었다.

하지 발행 신문의 판권 매수

즈모토를 사장으로 하여 서울 프레스가 일간으로 발행될 것이라는 사실은 1906년 11월 30일자 〈재팬 타임스〉가 보도했다. 한편 〈서울 프레스〉는 일간으로 발행되기 직전인 11월 21일부터 24일까지 네 차례에 걸쳐 신보 지상에 영문에 능한 한국인 편집 요원을 구하는 광고를 게재했다.

> 본소에셔 디한인으로 국한문을 영문으로 번력ᄒᄂ 이를 급속히 원ᄒᄂ디 영문
> 이 죡ᄒᅠ야 번력에 능ᄒᄆ 쓰겟슴. 황성 정동 한성판각소 고빅

'한성판각소'는 서울 프레스를 뜻한다. 이리하여 주간이던 서울 프레스는 12월 5일부터 일간으로 발행되기 시작했다. 하지가 서울 프레스를 주간으로 발행한 기간은 1905년 6월 3일부터 이듬해 11월 말까지였으므로 지령은 대략 78호 정도가 발행되었을 것이다. 그러나 즈모토는 이를 일간으로 바꾸면서 하지가 발행한 주간지의 지령은 이어받지 않고, 새로 창간하는 형식으로 호수를 처음부터 매기기 시작했다.

서울 프레스를 창간하여 1년 반 동안 주간으로 발행해 온 하지는 서울 프레스의 경영권과 판권을 즈모토에게 넘긴 뒤에도 당분간은 판권에 편집인으로 기재되어 있었던 것 같다. 1906년 12월 25일자 신보의 논설은 서울 프레스의 영국인 편집인이 앞으로도 배설의 명예를 훼손하는 일이 있으면 영국의 법률에 의해서 이를 시정하도록 만들겠다고 경고하고 있다. 그러나 서울 프레스가 1907년 1월부터 두 달간 휴간한 뒤 3월 5일에 속간하면서 하지의 명의는 완전히 빠져 버렸다. 1906년 12월 이전까지의 서울 프레스는 현재 보존된 지면이 없으므로 확인할 길은 없지만, 1907년 3월 5일자 속간 첫 호부터는 즈모토가 발행 겸 편집인으로 기재되어 있다. 신보도 이에 대해 서울 프레스에 허명(虛名)으로 올라있던 영국인을 비방죄(誹謗罪)로 고소할 것이라고 경고한 바 있었더니 그 후 곧바로 서울 프레스가 휴간했다가 지금은 편집겸 발행인이 일본인으로 바뀌었다고 쓰고 있다(신보, 1907년 3월 24일 논설「虛忘之言」).

하지는 서울 프레스의 경영권과 형식상으로만 남아있던 편집인 명의마저 즈모토에게 완전히 넘긴 뒤로도 서울에 머물면서 인쇄업을 계속했다. 서울 프레스가 지면을 확장하고 속간된 1907년 3월 5일 이후에도 "Hodge & Company, Printers and Stationers"라는 광고가 계속 실려 있다. 광고에 의하면 서울 정동에 있던 하지의 인쇄소는 서소문 세관 부지로 이전하여 각 종 실용적인 인쇄를 주문받는 것으로 되어 있다. 인쇄소 광고는 1908년 10월 9일까지 실려 있다. 이런 사실들을 보면 하지는 통감부에 서울 프레스를 팔아넘긴 뒤 적어도 1908년 10월까지는 인쇄업을 계속했던 것이다.

즈모토가 서울 프레스를 창간하자 재팬 타임스는 1906년 12월 10일자에 서울 프레스의 창간사를 소개하면서 온갖 허위에 찬 날조된 이야기를 내보내는 사람들 때문에 서울이 제2의 상해가 되는 것을 방지하는 일이 서울 프레스의 가장 중요한 임무라고 주장했다. 허위에 찬 날조된 이야기를 내보내는 이른바 '한국의 친구들'("Misguided Patriotism", *The Seoul Press*, 8 Mar. 1907 ; "Korea's Friends", 9 Mar ; "Korea's Enemies", *The Japan Times*, 15 Mar. 1907 등 참조)은 배설과 헐버트를 간접적으로 지칭한 것이다. 재팬 타임스는 이제 서울은 사실과 진실에 입각한 신문을 가졌으며, 이 신문은 질서와 평화를 위해 분투할 것이라고도 덧붙였다.

배설과 헐버트의 공격에는 재팬 타임스보다 더 적극적이었던 브링클리의 〈재팬 메일〉도 즈모토의 서울 프레스 경영을 환영해 마지않았다. 브링클리는 서울 프레스가 일간으로 발전한 것은 때늦은 감이 있다면서, 지금까지는 한국에서 유일한 영어 일간이었던 *KDN*을 맹렬히 비난했다. 브링클리는 만일 독일이나 프랑스 또는 유럽의 어떤 나라든지 한국에서 일본이 놓인 위치에 처하게 되었다면 *KDN*은 벌써 오래 전에 발행이 금지되었을 것이고, 편집인은 추방당했음이 틀림없을 것이라고 주장했다. 그런데도 일본 당국은 한국을 개혁해야 하는 그들의 사명에 중대한 난관을 증대시키고 있는 이 불법 방해자에 대해 조용히 참아 왔다는 것이다. 브링클리는 서울 프레스야말로 "양심적인 데라고는 조금도 없는 비방꾼이며 신문계에 일찍이 없었던 망신을 주고 있는" *KDN*에 대한 해독제라고 규정했다. 그러나 아무리 능숙한 즈모토의 지휘 아래 발행되는 서울 프레스지만 *KDN*을 필적하기에는 어려울 것임을 시인이라도 하듯이 *KDN*에 단호한 처벌을 가해야 한다고 주장했다("The Seoul Press", *Mail*, 15 Dec. 1906, p.742).

재팬 메일의 사설은 서울 프레스가 그대로 전재했다. 배설은 재팬 메일에 대해 즉시 반격을 가하면서 장차 또 다시 서울 프레스가 자신을 비방하는 경우에는 영국 법률에 의해 이를 시정토록 하겠다고 경고했다(신보, 1906.12.25; *Mail*, 5

Jan. 1907, p.5). 서울 프레스의 편집인으로 되어 있던 하지는 영국인이기 때문에 영국 법률에 의해 명예훼손으로 고소할 수가 있다는 것이다. 브링클리는 일본에서 신문을 발행하기 때문에 배설이 그를 상대로 소송을 제기하는 경우 일본의 법률에 의해 재판을 받아야 하지만 서울에 있던 하지는 영국법률의 적용을 받아 영국 법정에서 재판을 받도록 되어 있던 사실을 말하는 것이었다. 일본은 이때 외국인들의 치외법권이 소멸된 뒤였지만, 한국에서는 외국인들이 치외법권을 누리고 있었기 때문에 한국에 거주하는 외국인들은 영국 법률의 적용을 받아 영국 법정에서 재판을 받아야 했다.

한편 일본에서 발행되던 영어신문 가운데 가장 독자적인 편집노선을 지킨 것으로 평가되는 고베의 〈재팬 크로니클〉은 서울 프레스의 창간을 짤막하게 보도하면서 "서울 프레스는 일본인들의 공식 기관지로 믿어 진다"고 지적하고 서울에 과연 두 개의 영어 일간지가 발행될 만한 여유가 있겠는가라는 의미심장한 반응을 보였다. 서울에 두 개의 영어신문이 발간되기는 어려울 것이라는 사실은 2년 전에 배설과 토마스 코웬이 〈코리아 타임스〉를 창간하려 했을 때에 코웬이 즈모토에게 보낸 편지에도 지적한 바 있었다(Thomas Cowen이 頭本에게, 1904년 7월 10일). 그런데도 즈모토가 서울 프레스를 인수하여 일간으로 발행한 것은 배설의 코리아 데일리 뉴스와 헐버트의 〈코리아 리뷰〉를 쓰러뜨리기 위한 목적이었다.

서울 프레스가 일간으로 발행되기 시작한 데 대해 가장 민감한 반응을 보였을 신문은 당연히 배설의 *KDN*이었다. 그러나 이 무렵의 *KDN*은 현재까지 보존된 지면이 없기 때문에 정확한 반응은 알 수 없다. 다만 〈코리아 데일리 뉴스〉와 거의 동일한 내용으로 발행되던 신보가 1906년 12월 한 달 동안만도 세번이나 서울 프레스의 기사를 반박하는 논설을 게재하고 있는 것을 보면* 영문판 코리아 데일리 뉴스는 더욱 빈번하게 서울 프레스를 비판했을 것으로 짐작된다.

한편 헐버트의 월간지 코리아 리뷰도 서울 프레스를 신랄하게 비판했다. 헐버트는 서울 프레스를 발행하는 즈모토가 한국에서 외국인들이 발행하는 출판물들을 향해 독이 있는 것들, 중상만 일삼는 것들, 구역질나는 것들, 선정적이고 사기협잡꾼이라는 등으로 몰아붙인다고 비난했다. 서울 프레스는 또 헐버트 등을 향해 국가 정책과 이익에 배치되는 반대운동에 자신을 팔아넘김으로써 자신들이 태어난 나라까지 망각할 수도 있는 가련한 인간들이라고 규정했다는 것이다("Editorial Comment, The New Seoul Press", *Review*, Nov. 1906, pp.428~431; "The Seoul Press", *Mail*, 15 Dec. 1906). 헐버트는 즈모토의 공격을 조목을 들어 맹렬히 반박했다. 헐버트는 1906년 12월호 코리아 리뷰에서도 서울 프레스 12월 26일자 논설 「평화를 위한 호소(Plea for Peace)」등을 신랄히 비판했다.

이와 같이 신보와 코리아 리뷰에 실린 글을 보면 서울 프레스가 어떤 논조로 발행되었는가를 짐작하기는 어렵지 않다. 이 신문은 일본의 한국침략 정책을 적극적으로 선전하고 홍보하는 한편으로 일본의 정책을 비판하는 사람들에 대해서는 독기 서린 공격을 퍼부었던 것이다. 그러나 서울 프레스는 일간으로 창간된 지 한 달을 채 못 넘겼던 12월 말까지 21호를 발행한 후 일단 휴간에 들어갔다. 지면확장을 위한 준비기간을 마련하기 위해서였다.

---

* 신보는 1906년 12월 13일자 「是其改良耶」, 12월 18일자 「移民問題」, 12월 25일자 「漢城板刻所新報」 등의 논설을 통해 *Seoul Press* 또는 "同記者 수머도(Zumoto)氏"를 반박하고 있다. 申報는 이들 논설에서 서울 프레스를 '漢城出版所新聞', '漢城出版報', '漢城板刻報' 또는 '漢城板刻所新報' 등으로 지칭했다.

합동으로 '한국의 친구들' 공격

현재까지 남아 있는 가장 오래된 〈서울 프레스〉는 1907년 3월 5일자 제22호부터이다. 이 날짜부터는 지면을 확장하고 휴간 전까지의 석간 발행을 조간으로 바꾸었다. 속간 첫 호인 이 날짜 사설을 보면 매 페이지마다 가로를 한 칼럼씩 늘리고, 세로도 같은 비율로 확장하여 이전보다는 거의 절반가량의 기사가 더 들어가게 되었다고 밝혔다. 확장된 지면은 다섯 칼럼인데, 하지가 창간하던 때부터 1906년 말까지는 세 칼럼으로 현재의 타블로이드판과 비슷한 지면이었으나 속간 후부터는 스탠더드 사이즈로 커진 것이다. 서울 프레스의 조간 발행 직후인 3월 23일부터는 〈재팬 타임스〉도 창간 10주년을 맞아 석간에서 조간으로 바꾸었다. 재팬 타임스는 원래 조간으로 출발했으나 러일전쟁 후부터 석간으로 발행해 왔는데 다시 조간으로 환원한 것이다.

서울 프레스는 속간과 함께 지면을 확장하는 동시에 일본의 재팬 타임스와 편집·경영 양면에서 긴밀한 협조관계를 강화했다. 속간 직후인 3월 8일자 사설 「오도된 애국심(Misguided Patriotism)」에서 그 무렵 국내에서 불붙기 시작한 국채보상운동을 비난하고, 마지막으로는 '펜과 혀를 놀려' 이 운동을 격려하고 돕는 한국의 '친구들'을 공격했다. 서울 프레스는 또다시 9일자 사설 「한국의 친구들(Korea's Friends)」에서 한국에 와 있는 반일적인 외국인들을 헐뜯었다. 이들 논설에서 구체적으로 이름을 밝히지는 않았지만 '펜과 혀를 놀리는 한국의 친구들'이란 배설과 헐버트임은 누구라도 짐작할 수 있도록 되어 있다. 서울 프레스의 공격에 대해서 신보는 「오도ᄒᆞᄂᆞᆫ 충애(忠愛)」(1907. 3. 12)라는 논설로 반박했다.

이 논설을 받아 재팬 타임스는 3월 15일자로 「한국의 적들(Korea's Enemies)」이라는 사설을 실었다. 이 사설은 서울 프레스를 그대로 인용하면서 "어떤 경우건 반일적인 한국의 십자군들이 한국의 적이라는 사실을 세계는 지켜보고 있다"고 주장했다. 이와 같이해서 서울 프레스와 재팬 타임스는 꼭 같은 주장을 상대방 신문에서 서로 인용하며 주관적인 자기중심의 주장을 마치 객관적인 여론인양 교묘히 위장했다. 여기에다 브링클리의 〈재팬 메일〉이 가세하여 서울 프레스의 논조를 지지했음은 물론이다.

서울 프레스와 재팬 타임스는 신문의 보급에 관해서도 협조체제를 갖추었다. 서울 프레스는 서울에서 재팬 타임스의 구독 신청을 접수했고, 재팬 타임스는 동경에서 서울 프레스의 구독 신청을 접수했다.* 두 신문은 서울과 동경의 본사를 상대방 신문의 지사처럼 서로 활용했던 것이다.

서울 프레스는 이와 같이해서 1937년 5월 30일 폐간될 때까지 31년 동안 일제의 한반도 침략의 대변기관 역할을 충실히 수행했다. 통상적인 지면 제작만으로는 그 역할을 수행하는데 충분하지 못하다고 판단될 때에는 특별부록 발행에도 인색하지 않았다. 1908년 6월에 열린 배설 제2차 재판 직전인 5월 23일에는 신보와 *KDN*의 기사와 논설을 영문과 일어로 번역한 「한국의 선동 신문」(*Incendiary Journalism in Korea* : 일어 · 韓國ニ於ケル排日新聞紙)이라는 팸플릿

---

* Japan Times는 Seoul Press가 속간된 직후인 1907년 3월 13일자부터 다음과 같은 광고를 매일 게재했다.
  THE"SEOUL PRESS"
  Mr. M. ZUMOTO, Editor and Proprietor.
  The Recognized Authority on Korean Affairs.
  Widely read in Korea, Japan and China.
  Effective Medium for Advertisements.
  Subscriptions for the"Seoul Press" Will be received at
  The"Japan Times" office,
  Uchisaiwai-cho, Kojimachi-ku, Tokyo.
  or at The"Seoul Press" office
  Yamato-cho Itchome(Chu-dong) Seoul.

을 발행하여 배설의 신문을 비난하면서 재판에 증거물로 활용했고, 재판이 끝난 뒤에는 4일 동안 진행된 공판내용을 전문 수록한 『한국의 외국 언론/ 배설 공판기록(*Foreign Journalism in Korea, Proceedings Against Mr. E. T. Bethell*)』(2단 조판 55쪽)에도 공판 증거물로 제출되었던 3건의 논설을 부록으로 출간했다(제 Ⅷ장 배설재판 참조). 양기탁이 국채보상운동 의연금을 유용했다는 혐의로 재판을 받을 때에도 서울 프레스는 재판 과정을 1908년 9월 1일부터 30일까지 사이에 11회에 걸쳐 상세히 보도했다. 양기탁과 신보의 명예를 떨어뜨리고 민족진영의 국채보상운동에 타격을 주려는 목적이었다(제 Ⅺ장 양기탁 재판 참조).

강제 합병 후의 일이지만 신민회 사건으로 양기탁 등 민족진영 인사들이 대량으로 투옥되어 재판에 회부되었을 때에는 「*The Conspiracy in Chosen*」(일어 「朝鮮陰謀事件」)이라는 제목으로 검사의 기소장과 판결문 등을 수록한 영어와 일어 책자를 발행했고, 3·1운동 때에도 민족진영의 독립운동을 비난하는 「*The Korean 'Independence' Agitation*」이라는 팸플릿을 발행했다.

이처럼 서울 프레스는 사실을 객관적으로 보도하는 사명보다는 일제의 침략을 합리화하고 선전하는 도구로 활용되었음을 알 수 있다. 발행인 겸 편집인이었던 즈모토는 지면을 통해서만 〈코리아 데일리 뉴스〉를 공격했던 것이 아니고, 법정에 증인으로 나서는 일도 서슴지 않았다. 1908년 말 배설이 상해에서 발행되는 〈노스 차이나 데일리 뉴스(*North China Daily News*)〉와 그 자매지 〈노스 차이나 헤럴드(*North China Herald*)〉를 명예훼손으로 고소했을 때에는 배설에게 불리한 증언을 해 주기 위해 피소된 두 신문사 측 증인이 되어 상해까지 가서 상해주재 영국법정에 출두한 일도 있었다. 그러나 즈모토는 1909년 4월 초 서울 프레스에서 손을 떼고 미국으로 건너가 뉴욕에 Oriental Information Bureau(이하 OIB)를 설립했다. OIB는 뉴욕에 본부를 두었지만 미국 전역과 유럽 지역까지를 상대로 하여 일본의 대외 홍보를 담당한다는 것이 설립 목적이었다. 즈모토가 미국에 가면 일본의 입장을 대변할 영어신문을 발간하게 될 것이라는 풍문이 일본에서는 공공연하게 떠돌았다. 그 신문은 재팬 타임스나 서울 프레스와 비슷한 역할을 할 것으로도 알려졌다. 일본은 하와이의 일본 이민 문제로 미·일 간에 마찰이 일어나고 있었을 때부터 미국에서 신문을 발행해야 한다고 생각하고 있었다. 그러나 미국에서도 일본의 속셈이 공공연한 사실로 알려지게 되자 즈모토는 영어신문의 발간 계획을 부인해 버렸다. 즈모토는 1910년 11월 10일에 〈東洋經濟評論(The Oriental Economic Review)〉라는 월 2회 발행 잡지를 창간했지만 끝내 미국에서 영어신문을 만들지는 못한 채 1914년에는 일본으로 돌아와 재팬 타임스의 사장이 되었다가 1917년에는 일본대의사로 선출되어 정계로 진출했다.

즈모토가 서울을 떠나기 직전에 순종은 그가 통감부에 봉사한 공적을 표창한다 하여 태극장을 수여했다. 이에 대해 〈재팬 크로니클〉은 즈모토가 외국어에 대단한 능력을 지니고 펜을 놀렸던 언론인인데, 한국의 황제가 그에게 통감부에 봉사한 공로로 훈장을 주었으니 웃기는 일이라고 비아냥거렸다. 서울 프레스가 통감부의 기관지이고, 즈모토는 통감부의 견해를 아주 유능하게 밝혀주기는 했지만 그것 때문에 한국 황제가 자진해서 훈장을 주고자 했겠느냐는 것이었다. 이등박문이 시키는 대로 할 수밖에 없었던 순종의 입장이었기 때문에 그 훈장은 이등박문이 준 것이라는 뜻이었다(Summary of News, *Mail*, 24 April 1909; *JWC*, 29 April 1909, p.649).

제 VII장

일본과 영국의 줄다리기

제 VII장 일본과 영국의 줄다리기

1. 외교안건으로 부상한 배설 처리

통감부 설치 후의 정세 변화

일본은 1907년 4월에 배설의 처리 문제를 영국에 공식으로 다시 제기했다. 1905년 11월에 을사늑약을 체결한 뒤, 일본은 거의 1년 반 동안 이 문제를 공식적으로 거론하지 않은 채 자체 내에서 은밀히 대책을 강구하고 있었다. 여기에는 몇 가지 이유가 있었다.

가장 중요한 이유는 일본과 영국 쌍방의 외교진이 거의 동시에 바뀌었기 때문이었다. 하야시(林權助)와 하기와라(萩原守一)가 서울에서 떠난 뒤 새로 설치된 통감부는 배설 문제에 매달려 있을 수 없을 정도로 할 일이 많았다. 또 통감부는 하야시-하기와라와는 달리, 아직은 배설에 대해 개인적으로 나쁜 선입관에 사로잡혀 있지는 않았다.

두 번째로는 통감부와 코번의 관계가 그다지 원만하지를 못했다는 사실이었다. 통감부와 코번의 관계는 하야시-조단의 친밀했던 관계와 비교할 때 결코 부드러운 사이가 못되었다. 거기다가 공교롭게도 코번이 부임한 뒤로 일본 군인들이 영국인들을 부당하게 다룬 사건이 두 건이나 일어났다. 제 V장에서 살펴본 웨이갈(Weigall) 사건과 뒤에서 설명할 위어(Weir) 사건이 그것이다. 두 사건은 말단 군부대에서 일어난 일로서 영·일 양국의 외교방침과는 아무런 연관이 없는 사소한 충돌이기는 했지만, 한국이 처한 미묘한 상황과 일본 당국의 사건을 처리하는 태도, 코번의 대응자세 등이 민감하게 작용해서 통감부와 주한 영국총영사관의 교섭을 불편하게 만들었다.

세 번째로는 코번의 태도이다. 전임인 조단은 배설을 멸시하고 싫어하는 태도였으며, 배설 문제를 영·일 우호관계라는 차원에서 조속히 처리해야 한다고 본국에 건의했다. 반면에 코번은 배설의 행동이 일본의 한국 정책에 큰 장애요소라고 생각했으면서도 일본이 먼저 문제를 제기하지도 않는데 자신이 스스로 본국 정부에 배설 처벌을 건의할 필요가 없다는 태도였다. 코번은 서울 부임 직후 조병세와 민영환이 을사늑약에 반대하여 자결한 사건을 본국에 보고하면서, 한국 궁중은 열강세력의 한국 문제 간여를 완전히 포기하지 않았다고 믿고 있는데 이는 배설이 발행하는 신문에 미혹(迷惑)되었기 때문이라고 썼다(Cockburn이 Lansdowne에게, 28 Dec. 1905, No.174). 1907년 1월에 신보와 *KDN*이 고종의 밀서를 전재했을 때에도 코번은 본국에 그 경위만을 보고했을 뿐이고 배설에게 어떤 제재를 가해야 한다는 의견은 덧붙이지 않았다(Cockburn이 Grey에게, 12 Feb. 1907, No.7). 코번은 배설의 신문이 한국 정치상황에 미치는 영향과 이로 인해 영·일 외교에 야기될 문제에 대해서도 본국에 거의 보고를 하지 않았다. 코번의 이러한 태도는 그가 개인적으로는 일본의 정책에 상당히 불만을 품고 있었기 때문이 아닌가 하는 추측을 가능하게 한다. 코번은 영국의 외교정책을 결정할 위치는 아니지만, 코번이 서울에서 보내는 보고서는 본국 외무성에서 정책을 결정하는 사람들에게 일차적인 판단 자료로 사용될 수밖에 없었다는 점에서 코번의 의견은 대단히 중요한 것이었다. 코번이 본국에 보낸 보고 가운데는 일본의 정책에 비판적인 시각이 드러나는 부분이 흔히 눈에 뜨인다. 물론 그것은 영국이 한국에 대해 설정한 기본 정책의 한계를 벗어나는 정도까지 가는 것은 아니었지만, 코번의 이러한 태도는 앞으로 배설 문제가 본격적으로 영·일 간의 외교 안건으로 등장할 때에도 그대로 견지되는 것이다. 이와 같은 몇 가지 이유 때문에 일본은 배설 처벌을 영국에 요구하지 않은 채 통감부와 외무성 안에서 이 문제를 면밀히 검토하고 있었다.

일본 외상 하야시 각서 전달

1906년 7월 9일 통감부 총무장관 쓰루하라는 일본 외무성에 배설의 추방문제를 건의했다(『日外』 40/1, p.576, No.9; 日公記, 『申베』 1126/192~196). 일본 외무성은 주일 영국대사 맥도날드를 만나 이 문제를 고려해 줄 것을 요청하는 한편으로 태국(Siam)에서 있었던 릴리(J. J. Lillie) 추방사건이 배설 처리에 도움이 되는 선례로 적용할 수 있는지를 조사하기 시작했다. 일본이 릴리 사건을 조사한 것은 당시 이등박문의 개인비서였고, 곧 서울 프레스의 사장이 된 즈모토(頭本元貞)의 제안에 따른 것이었다. 외무성의 지시를 받은 방콕(暹羅)주재 일본 대리공사 다나베(田邊)는 릴리의 추방 경위에 관한 자료를 태국 외상으로부터 입수해서 일본 외무성에 보고했지만, 외무성은 뚜렷한 방안을 마련하지 못한 채 해를 넘겨 1907년 1월이 되었다.

그런데 1월 16일자 신보-KDN이 고종의 밀서 사진을 게재하자 이를 계기로 통감부는 배설 문제 처리에 더욱 박차를 가하여 본격적으로 서두르게 되었다. 신보-KDN이 고종의 밀서 사진을 게재한 직후, 총무장관 쓰루하라는 이등박문에게 이번 기사로 인해 신보 처분의 필요성을 더욱 절실히 느끼게 되었다고 보고하는 한편, 일본 외무성에 대해서도 배설의 추방을 강력히 건의했다(鶴原가 珍田에게, 1907년 1월 19일, 제8호). 쓰루하라는 이 건의와 함께 배설이 러시아 측으로부터도 보조를 받았고, 한국의 황실로부터도 매월 500원의 보조금을 받고 있다는 경무고문 마루야마(丸山重俊)의 보고서를 첨부했다(丸山가 임시통감대리 長谷川好道에게, 1907년 1월 18일, 제49호).

외무성은 배설 문제를 해결할 수 있는
적절한 수단이 발견될 때까지는 당분간
현안 문제로 두는 수밖에 없겠다는 회답
을 통감부에 보냈다. 그동안 이 문제 처
리를 위해 태국에서 있었던 릴리 사건의
상세한 경위도 입수했는데, 이는 배설의
경우와는 다소 달랐음을 발견했다고 덧
붙였다. 릴리의 경우는 영국 정부의 동의
하에 이루어진 것인데도 영국 하원에서
논란이 있었고, 신문도 이를 비판했기 때
문에 영국 정부가 릴리 사건을 선례로 삼

하야시 다다수. 일본 외무대신.

아서 배설 추방에 동의할 것으로는 생각되지 않는다는 것이었다. 그러나 일본
외무성도 배설 문제의 중요성을 충분히 인식하고 있었으므로 '적절한 수단'을
찾아내기 위해 고심하면서 영국에 배설 문제 처리를 공식적으로 요청했다.

4월 11일, 외무대신 하야시 다다수(林董)는 주일 영국 대리대사 로우서(Henry
Crofton Lowther)에게 다음과 같은 요지의 각서(Memorandum)를 수교했다. 배설이 발
간하는 신문은 한일 양국 정부를 중상하는 허위 보도를 일삼고 있으며, 한국
인의 민심을 교란시키고 한반도 문제를 둘러싼 국제간의 분쟁을 선동할 목적
으로 한국인과 외국인에게 배포되고 있다. 이러한 기사는 한국 내에서 국지적
인 소요사태를 일으키는 원인이 되고 있다. 일본 정부는 이와 같이 적개심을 조
장하여 한국의 평화와 질서를 깨뜨리고 일본의 공익에도 막대한 피해를 끼치
고 있는 한 외국인(배설)이 한국 안에서 거주하는 것을 묵과할 수 없다. 따라서
영국 정부는 권한이 미치는 모든 방법으로 이 분란을 일으키는 난제(the trouble

통감 이등박문과 주한 일본공사 하야시(林權助)

complained)에 종지부를
찍어주기 바란다는 것
이었다(『日外』, 40/1, p.577,
No.586; Lowther가 Grey에게,
12 April 1907, No.72. 첨부서
류 1).

하야시는 각서를 전
달하면서, 만일 배설이
영어신문 *KDN*만을 가
지고 일본의 정책을 비
판한다면 심각한 대일
공격 행위로 간주하지

는 않겠지만, 무지몽매한 한국인들에게 반일사상을 고취시키는 한국어판 신보
가 일본 당국의 검열을 받지 않고 자유로이 발행되도록 둘 수는 없는 일이라고
덧붙였다. 로우서는 하야시의 각서를 런던 외무성에 보고하는 동시에 서울의
코번에게도 보내면서 배설이 분별없는 행동을 취하지 못하도록 제지할 수 있
는 방법을 강구하라고 지시했다.

이등박문의 불만, 외교적 처리 주장

일본 외무성으로부터 하야시가 영국 대사관에 각서를 전달했으며, 주일 영
국 대리대사 로우서가 코번에게 배설의 행동을 제지하도록 훈령했다는 사실을
통보받은 서울의 이등박문은 이와 같은 방법으로는 문제의 근본적인 해결이
불가능하다고 단정했다. 이등박문은 배설을 한국에서 추방하더라도 영국이 이

의를 제기하지 않겠다는 승낙을 미리 받아 놓지 않는다면 배설을 추방하기는 어려울 것으로 보았다. 그리고 동경의 로우서가 서울의 코번에게 배설의 행동을 억제하도록 훈령했다는 데 대해서 특히 민감한 불만을 표시했다. 이등은 이러한 조치가 "배설의 비행을 제지하는 데에는 하등의 효과가 없을 뿐만 아니라, 동인(배설)과 영국 총영사(코번)의 관계를 돌이켜보면 우리 측에 해가 있을지언정 유익하지는 않다"고 지적했다.

바로 이때 코번은 인천에서 일어난 위어(Weir) 사건을 놓고 일본 당국의 책임을 끝까지 추궁하면서 의외로 강경한 자세로 나오고 있었다. 이등박문은 코번과 배설이 결코 나쁜 사이가 아니라고 보았다. 그러므로 동경에서 이 문제를 코번에게 이첩한 결과는 "일부러 배설을 격앙케 하여 우리에게 유해무익하게 끝냈다"고 불평했다. 이등박문은 이 문제를 사법적 차원이 아니라 외교적인 차원에서 해결해야 한다고 주장했다. 이등은 배설 문제를 코번과 상대해서 해결할 생각이 없었다. 그는 코번과는 배설 문제를 놓고 교섭을 벌이기 싫었다. 통감부와 코번은 이때 위어 사건으로 감정이 대립된 상태였다.

위어 사건이란 이해 3월 1일 인천에 있던 일본군 기지의 초병이 영국 여자 두 명을 총 개머리판으로 폭행한 사건이었다. 폭행당한 여자들은 인천의 성공회가 운영하는 성 루가병원(St. Luke's Hospital) 원장 위어(Hugh H. Weir)의 부인과 이 병원에 근무하던 라이스(Maud Rice)양이었다. 이 두 사람은 이날 오후, 늘 하던 습관대로 병원 뒤 골짜기로 나 있는 길을 산보 중이었다. 그들은 길이 끝나는 지점 근처에서 일본 경비병이 보초를 서 있는 것을 보았지만 무심코 지나쳤는데, 그때까지 아무런 경고도 하지 않았던 경비병이 메고 있던 총 개머리판으로 갑자기 위어 부인의 옆구리를 쳤다. 이어서 군인은 앞서 가던 라이스양의 배를 가격했다. 순식간에 일어난 일이었다. 두 사람은 그때 크게 다치지는 않았다. 그러나 코번은 이 사건이 일어난 뒤에 일본군 당국이 어떤 사후조치를 취했느냐 하는 점과, 사건 자체는 경미한 것이지만 영국 시민의 신변 안전에 관한 문제이기 때문에 결코 소홀히 다루고 넘어가서는 안 된다고 판단했다.

인천주재 영국 부영사 레이(Lay)는 일본군에 사건의 해명과 경비병의 처벌을 요구했다. 일본군 당국은 두 여자가 땅 위에 처 있는 줄을 넘어섰기 때문에 경비병이 제지한 것이라고 주장하고 경비병은 잘못이 없으며 두 여자가 거짓말로 사건을 꾸며낸 것이라고 우겼다. 그리고 경비병은 아무런 처벌도 하지 않은 채 서울로 전출시켜 버렸다. 이에 코번은 강력히 항의했다. 설사 두 영국 여자가 금지구역에 들어섰다 하더라도 일본군이 그를 체포할 수는 있을지언정 폭력을 행사한 행위는 결코 정당화될 수 없다는 것이었다. 통감부는 처음에는 이 사건을 간단히 얼버무리려 했으나 코번의 태도가 워낙 확고부동한 것을 알고는 마침내 이등박문이 주한 일본군에 압력을 가하고, 주일 영국대사관에서도 일본 외무성에 항의한 결과로 사건이 일어난 지 70일이 경과한 뒤인 5월 10일에야 일본군은 폭행한 경비병에게 20일간의 영창생활을 하도록 처벌을 내리는 것으로서 이 단순하고도 우발적인 사건은 결말이 났다.*

이 사건은 1905년 12월의 웨이갈(Weigall) 사건과 비슷한 성격을 지닌다. 코번은 일본군이 외국인에게 폭행을 가하고도 이를 '사소한 일'(trivial matters)로

---

* Weir 사건에 대한 Cockburn의 보고는 꽤 많은 분량이다. Cockburn이 Grey에게, 11 April 1907, No.17을 비롯해서 10 May, No.26과 그 첨부 서류 등이 있다. 이 무렵에 서울에서는 일인들에게 서양인들이 폭행당한 사건이 더러 일어났다. Daily Telegraph의 통신원 Lawton이 1907년 1월 술 취한 일인들에게 폭행당한 일이 있었고, 그 보다 조금 전에는 주한 미국 공사도 같은 폭행을 당했다(Mail, 26 Jan. 1907, p.74; 신보, 1907.1. 30). Jordan이 공사로 재직 중이던 1904년에는 오스트레일리아 선교사 Engel이 폭행당한 사건(Jordan이 Lansdowne에게, 25 Oct. 1904, No.202), 캐나다 선교사이면서 영국공사관 주치의였던 Oliver Avison의 폭행사건(12 Nov. 1904, No.206)도 있었다.

간주해서는 안 된다는 사실을 분명히 해두려고 일본군의 책임을 끝까지 추궁했던 것이다(Cockburn이 Grey에게, 10 May 1907, No.26).

통감부의 입장에서는 코번이 상대하기 힘든 사람이라는 인상을 받았을 것이다. 따지고 보면 영국이나 일본이 실질적으로 무엇을 얻기 위해서 벌인 교섭이 아니고 코번과 일본군이 서로 권위를 세우기 위해 다툰 감정싸움에 지나지 않는 사소한 사건을 둘러싸고 이처럼 긴 시간이 걸리고 우여곡절을 겪어야 했던 것은 통감부가 주한 일본군을 통제할 수 있는 입장이 못 되었다는 데에도 큰 원인이 있었다. 코번도 그러한 사실을 알고 있었다. 이 사건을 지적한 것은 아니지만 "이등박문은 군부와의 투쟁에 많은 정력을 소비하지 않으면 안 되었다"고 쓰고 군부의 한국에 대한 견해와 "이등박문의 방침은 정면으로 대치되는 것"이라고 말했다(Cockburn이 Grey에게, "General Report on Corea for the Year 1906", 7 Mar. 1907, No.11, para. 43).

2. 신보의 발행부수와 영향력

국채보상운동 시기 발행부수 증가

배설 문제를 둘러싼 영·일 외교교섭의 진전 상황을 살펴보면서 떠오르는 의문은 신보-KDN의 발행부수가 얼마나 되었느냐 하는 것이다. 발행부수는 신문의 영향력을 짐작할 수 있는 가장 객관적인 자료이기 때문이다. 그러므로 여기서는 신보-KDN의 발행부수를 살펴보기로 하겠다.

영·일 양국이 배설 문제를 중요한 외교 안건으로 다루기 시작했던 무렵에 한국에서는 국채보상운동이 전국적인 규모로 전개되고 있었다. 이 운동은 일본이 한국에 빌려준 나라의 빚(國債) 1천300만 원을 국민 각자가 의연금(성금)을 거두어 갚자는 자발적인 민중운동이었다. 따라서 이 운동은 일본의 침략에 대항하는 한국 민족주의의 각성이었고, 그 역량의 과시였다. 이 운동은 1907년 1월 대구에서 시작되어 전국으로 확산되었는데, 이와 같이 국민적인 성원과 호응을 얻는 데는 민족진영의 신문이 이를 뒷받침했던 것이 절대적인 힘이 되었다. 신보-KDN도 이 운동을 적극적으로 성원하다가 마침내 운동의 총본부인 국채보상지원금총합소가 되었다. 이 운동과 신보의 관계는 제 XI장 양기탁 재판 사건에서 상세히 살펴보기로 하겠다.

신보-KDN은 국채보상운동이 전국적으로 확산될 수 있도록 절대적인 역할을 수행했지만, 운동이 전국적으로 확산되는 시기에 신보-KDN의 사세도 크게 신장되었다. 신보는 이해 4월 7일자부터 지폭을 약 13% 정도 넓혔고(제 III장 /4「고종의 비밀 보조금 지급」참조), 5월 23일에는 한글판 신보를 새로 창간해서 배설이 발행하는 신문은 세 종류로 늘어났다. 상해에 있던 만함(萬咸)이 서울로 와서 배설을 도와 KDN의 제작을 맡기 시작했던 것도 이 무렵이었다. 만함은 4월 23일 경에 서울로 와서 KDN의 제작에 참여했다. 그러면 일본이 KDN보다도 훨씬 위험하게 여겼던 신보의 발행부수는 어느 정도였을까. 우선 신보가 발행되기 이전에 발행된 다른 신문의 발행부수에 관해서 먼저 살펴보는 것이 신보의 발행부수를 이해하는 데 도움이 될 것 같다. 신보 이전에 발행된 신문의 부수가 밝혀진 자료를 모아 보면 한국에서 발행된 신문의 발행부수는 1천 부 내지 3천 부 정도로 추산된다.

한국 최초의 민간 신문인 독립신문이 창간된 지 만 2년 뒤인 1898년 4월 9일에 창간된 매일신문은 창간호 논설에서 이 신문의 발행부수가 1천여 장 가까이 된다고 밝혔고, 그보다 약 4개월 뒤에 독립신문은 당시 서울에서 발행되던 신문 네 가

대한매일신보 한글판 창간호, 1907년 5월 23일.

지의 발행부수가 통틀어 2천500장이라고 보도했다(「신문 모르는 빅셩」 독립신문, 논설, 1898년 7월 26일) 이듬해인 1899년 1월 12일자 황성신문도 당시 한국에서 발행되던 일간지가 4~5개인데 전국의 신문 구독자는 3천명이 채 못 된다고 보도했다가, 이해 9월 1일부터는 황성신문의 자체 단독부수가 거의 3천장이 되었다고 밝혔다. 이러한 자료들이 밝혀주듯이 신보-*KDN*이 창간되던 1904년 이전까지 서울에서 발행되던 신문 가운데 발행부수가 3천부를 넘어가는 신문은 없었다.

국한문, 한글, 영문 발행부수 1만부 넘어

신보-*KDN*이 창간된 이후에도 황성신문은 한국 인구가 2천만인데 신문 구독자는 불과 삼천 여인이라 해서(1906. 5. 26) 이때까지는 전체 일간지 발행부수는 거의 제자리걸음을 하고 있었음을 알 수 있다. 그러면 신보의 발행부수는 어느 정도였을까. 발행부수를 밝힌 자료들이 있지만 1908년에 일본 경찰이 조사한 통계가 가장 정확할 것으로 생각된다.

대한매일신보사 3개 신문의 부수(1908. 5. 27)[*]

	서 울	지 방	외 국	계
국한문	3,900	4,243	–	8,143
한 글	2,580	2,070	–	4,650
영 문	120	280	63	463
계	6,600	6,593	63	13,256

여러 자료를 종합하면 1907년 4월 이전까지의 발행부수는 대략 4천부였는데 4월 이후부터 그 부수가 상당히 빠른 속도로 증가했다는 것을 알 수 있다.

---

[*] 日公記, 『申베』, 丸山重俊이 鍋島桂次郎에게, 1908년 5월 28일, No.202. 같은 자료에 국한문 7,500, 한글 4,500, 영문 500(합계 12,500)으로 집계되었다(1178/p.16; 1178, pp.20~21).

이때부터 발행부수가 급격히 늘어난 원인은 두 가지가 있었다. 5월 23일에 한글판을 새로 창간했으므로 한글판 부수가 추가되었고, 또 다른 원인은 이때부터 국채보상운동이 전국적으로 확산되면서 신보가 그 중심기관이 되었기 때문이다. 달리 말하면 신보의 발행부수는 한국민의 국권수호운동과 밀접한 관계에 있었다.

신보–KDN의 발행부수 1만 부 돌파는 한국 신문 역사상 기록적인 최고 부수였다. 신보가 1906년에 4천 부까지 발행되었다는 사실만으로도 이미 다른 신문의 발행부수를 앞질렀지만 1907년 하반기부터는 서울에서 발행되던 신문 전체를 합쳐도 신보–KDN의 부수에 못 미치는 정도였다. 한편 통감부가 1908년도에 조사한 각 일간지의 발행부수를 보면 신보 국한문판과 한글판 전체 부수는 서울의 다른 네 개 일간지 부수를 합친 것보다 약간 적은 것으로 나타났다. 이 조사에 의하면 신보는 8천83부였는데 민족지인 〈뎨국신문〉, 〈황성신문〉과 친일지 〈국민신보〉, 〈대한신문〉의 네 신문 총 발행부수는 8,484부였다.

신보와 타 일간지의 부수 비교*

	서울	지방	일본	미국	중국	기타 외국	計	
신보 · 국한문	1,685	3,838					5,523	8,083
신보 · 한글	1,563	997					2,560	
뎨국신문	589	1,390				78	2,057	
황성신문	692	2,564	32	10	2		3,300	8,484
국민신보	238	1,843	17		2		2,100	
대한신문	369	641	17				1,027	
계	5,136	11,273	66	10	4	78	16,567	

* 李鉉淙, 「구한말 정치 사회 학회 회사 언론 단체 조사자료」, 〈아세아학보〉, 제2집, 1966년 6월, pp.100~101. 통감부가 조사한 이 자료는 1908년 8월 양기탁이 국채보상의연금 사건으로 구속당한 뒤 신보의 부수가 상당히 감소된 시점이었던 것으로 짐작된다.

신문의 낭독. 신문을 낭독하는 사람을 둘러싸고 여러 사람이 듣고 있다.
〈경성일보〉 기자가 그린 만화.

위의 자료 외에도 1908년 6월에 있었던 배설의 제2차 재판 때에는 신보의 발행부수에 관한 질문과 답변이 있었다. 통감부를 대표하여 고소인 자격으로 재판정에 나온 미우라(三浦彌五郎)는 신보의 발행부수를 막연히 약 7천500부라고 말했다(*Foreign Journalism in Korea*, p.7; *JWC*, Supplement, 25 June 1908, p.823). 그러나 같은 법정에 나온 통감부 통신관리국 서기관 하토리(服部)는 좀 더 상세한 숫자를 제시했다. 그는 재판정에 가지고 나온 한국지도에 신보가 배포되는 부수를 지역별로 명시했다. 하토리에 의하면 서울을 제외한 지방 8도에 배포된 신보의 부수는 다음과 같았다.

제1구 1,159, 제2구 757, 제3구 365, 제4구 98, 제5구 939,

제6구 861, 제7구 126, 제8구 301 (계 4,606부)

하토리는 또한 우편으로 서울에 배달되는 신문이 약 700부이고 전국을 통틀어서는 우편발송 부수가 5천부 가량이며, 우편배달 이외의 방법으로 배포되는 신문이 몇 부인지는 모른다고 말했다. 하토리의 증언은 신보 국한문과 한글판의 우편발송 부수만을 제시한 것이므로, 서울과 지방에서 직접 배달되는 부수를 합친다면 1만 부가 넘었을 것으로 짐작할 수가 있다.

배설은 이 재판정에서 신보가 매일 인쇄되는 부수와 팔리는 부수가 일치되는 것은 아니지만, 약 7천 부가 조금 모자란다고 밝혔다. 서울에서는 2천720부가 팔렸고 지방에는 4천 부가 약간 모자라는 부수가 나갔다고 말했다. 이 재판에서는 신보가 의병활동을 선동했다는 것이 쟁점이었으므로 배설은 그 부수를 최저선으로 잡은 것 같다.

저자거리의 신문낭독, 신문종람소

신문의 발행부수를 살펴보려면 반드시 고려해야 될 사항이 있다. 그것은 당시에는 신문 한 부를 가지고 얼마나 많은 사람이 읽었느냐 하는 점과 신문이 독자들에게 미친 영향력이 오늘날과 비교할 때에 어느 정도로 컸느냐 하는 점이다. 신문 한 부를 가지고 몇 사람이 돌려가면서 읽었느냐 하는 문제는 그 사회의 여러 여건과 시대 상황에 따라 달라진다. 가령 여러 사람이 근무하는 사무실에서는 신문 한 부를 여러 사람이 돌려가면서 읽을 수 있고, 반대로 여행 중인 사람은 신문 한 부를 사서 혼자 읽고 버리는 경우도 있을 것이다. 한 가구로 보더라도 가족의 규모와 교육정도에 따라서 신문 한 부를 가지고 몇 사람이 읽느냐 하는 숫자는 달라진다. 신문이 갖는 신뢰도 역시 당시와 오늘이 같을 수는 없으며, 따라서 신문이 독자와 그 사회 전체에 미치는 영향력도 차이가 난다. 그런 관점에서 신보-KDN이 발행되던 시기에 신문의 영향력을 측정해 볼 수 있는 자료들을 몇 가지 살펴보자.

먼저 독립신문이 창간된 다음 해에는 이 신문 한 부를 가지고 어떤 마을에서는 적어도 85명이 읽은 일까지 있었을 정도로 "읽히고 또 읽혔다"는 것이다(*The Korean Repository*, Dec. 1897, p.473). 이보다 10년 뒤 신보-*KDN*의 발행부수가 크게 늘어나고 있던 때에는 한국인, 일인 그리고 서양인이 발행하는 신문이 10여 종이나 되었다.

1909년에 출간된 『조선만화』(鳥越靜岐 · 薄田斬雲 공저)라는 책에 들어 있는 「신문의 낭독」 항목에는 재미있는 풍경이 그려져 있다. 신문을 큰 소리로 읽어주는 유식한 사람 주변에 여러 사람들이 둘러앉아 경청하는 광경을 묘사한 것이다. 모이는 저자거리 같은 공공장소에서 신문을 크게 소리 내어 읽으면 사람들이 모여서 듣는 광경은 흔히 볼 수 있었다. 신문 한 부를 가지고 많은 사람이 정보와 시사문제에 관한 지식을 얻었던 당시의 모습이다.

신문, 잡지, 서적과 같은 인쇄물을 갖추어 두고 누구든지 마음대로 열람할 수 있도록 개방한 '신문종람소'가 설치된 곳도 있었다. 오늘의 도서관이나 작은 규모의 신문열람 시설에 해당한다. 신문 구독률은 낮았지만 계몽과 학문진흥의 방편으로 종람소를 설치하여 많은 사람이 신문 잡지를 읽을 수 있도록 배려했던 시설이다.

이등박문이 자신의 "수백 마디 말보다도 한 줄의 신문기사가 한국인들에게 더 큰 위력을 갖는다"고 토로했던 것도 이 무렵이었다. 헐버트는 한국인들이 신문을 얼마나 신뢰하는가에 대해서 다음과 같이 쓰고 있다. 신문에 대한 한국인들의 관념은 아직 다소 미숙하다. 누구의 말을 상대방이 부인할 때에는 흔히 이렇게 말하는 것이다. "그건 사실이야, 신문에 그렇게 났는걸."

배설 재판에 나온 통감부 서기관 미우라도 한국인들은 문자를 아는 사람이 소리 내어 신문을 읽으면 옆에서 많은 사람들이 듣는다고 증언했다. 신문 한 부가 많은 사람들에게 영향을 미친다는 사실을 지적한 것이다. 코번은 한국인이 신문을 이와 같이 맹목적이라 해도 좋을 정도로 전적으로 신뢰하는 이유를 다음과 같이 보았다. 서양에서는 신문이 점진적으로 발달하는 긴 과정에서 독자는 아마도 어떤 비판적인 식별력을 무의식중에 얻게 되었는데, 한국에는 다른 나라에서 발달한 신문이 도입되어 와서 하나의 공공기관으로 출현했기 때문에 국민들의 마음에 미치는 영향이 다른 나라에 비해서 더 크다. 그렇기 때문에 신문을 처음 알게 된 초창기에는 많은 동양인들에게 있어서 신문에 실린 기사는 서적에 대해 표시했던 것과 같은 존경을 받아왔다. 코번은 신문에 대한 독자들의 신뢰도가 이처럼 높기 때문에 통감부에 대한 한국인들의 적대감이 정치상황에 한 요소가 되는 곳에서는 신문의 태도가 더없이 중요하다고 보았다(Cockburn이 Grey에게, "General Report on Corea for the Year 1906", 7 Mar. 1907, No.11, para. 57). 앞으로 배설의 재판에서 더 자세히 살펴보겠지만, 당시 항일무장 의병투쟁과 국민들의 반일운동이 신보의 영향을 받은 바 컸다는 사실은 일본 측의 증빙 자료에서도 나타난다.

3. 영국과 일본의 대응

배설의 확고한 태도와 코번의 보고

배설 문제에 대한 코번의 태도는 일본을 만족시킬 수 없었다. 이는 이등박문의 예상대로였다. 5월 6일 코번은 로우서의 4월 11일자 훈령에 대한 처리 결과를 다음과 같이 런던과 동경으로 보냈다.

코번은 배설을 만나 일본 정부가 영국에 각서를 제출했음을 알리고 배설이 일본에 우호적인 태도를 갖도록 바꾸어 보려했다. 하지만 배설은 오히려 코번을 설득하려 했기 때문에 자신의 시도는 아무런 효과도 없음을 알았다. 배설은 오래 전부터 신보를 억압하려는 획책이 있으리라고 예견했지만 한국인들의 이익을 위해서는 그가 현재 일본정권에 대해 취하고 있는 태도를 그대로 견지하겠다고 말했다. 배설은 또한 추밀원령의 조문들을 신중히 검토해 본 결과 이 법의 어떠한 조항도 위반한 바가 없으며, 앞으로도 고의로 위반하지는 않을 것이지만 법률이 허용하는 범위 안에서는 자신의 반일활동을 계속하겠다고 말했다.

코번은 신보-KDN이 일본의 한국 보호를 반대해 왔고, "한국에서 국지적인 소요사태의 원천"이라는 일본 측의 주장도 정당한 것일 수 있다는 사실은 인정했다. 그러나 추밀원령 제75조는 영국인이 의도적으로 한국 정부와 그 국민 간에 적대감을 조장시킬 목적으로 기사를 게재하는 행위를 금지한 것이지, 한국인과 일본 사이에 적대감을 조장시키는 행위를 처벌하는 규정이 없음을 지적했다. 코번은 배설을 처벌하기 위해서는 추밀원령 제75조를 수정해야 한다고 건의했다. 그것은 "한국 주재 일본 관리들과 한국인 사이에" 적대관계를 조장시키는 기사를 게재하는 출판물도 금지시킬 수 있도록 하지 않으면 안 된다는 것이다.

코번은 보고서 맨 마지막에 "이등 통감을 비롯한 여러 일본 관리들을 만나 이야기하는 동안 신보-KDN이 끼칠 악영향에 대해 이따금 언급은 있었지만, 그렇다고 해서 어떤 공식적인 항의는 하지 않았다"는 말로 끝을 맺었다 (Cockburn이 Grey에게, 6 May 1907, No.23).

코번의 보고는 전임자 조단과 비교할 때에 큰 시각 차이를 보이고 있다. 조단은 배설 추방에 관해서 일본 공사관과 거의 합의점에 도달했으면서도 한 번도 배설의 입장을 본국 정부에 알려준 일이 없었다. 조단은 배설의 신문이 끼치는 해독에 관해서만 일방적으로 본국 정부에 보고했다. 그러나 코번은 배설이 추밀원령의 어느 조항도 위반하지 않았다는 배설 자신의 주장을 들어주는 동시에 실지 법조항을 보더라도 한국민과 통감부 사이에 적대감을 조장시키는 행위는 처벌할 근거가 없다는 점을 지적했다. 코번의 보고는 배설에 대해 어떤 조치를 취해야 한다는 사실은 인정했지만 그 강도는 약했다. 그것도 추밀원령을 개정해야 가능하다는 조건을 달았다. 코번이 이 보고서를 쓸 때에는 위어(Weir) 사건이 종결되기 전이었으므로 코번이 일본에 대해 그다지 좋은 감정은 아니었을 것이고 따라서 일본의 입장을 별로 두둔하지 않았던 이유의 하나였다고 생각해 볼 수 있다.

초조한 통감 이등박문

이등박문은 영국의 태도가 미온적이라고 판단하고 5월 20일, 배설문제가 어떻게 되고 있느냐고 재촉하는 공문을 일본 외무성에 보냈다. 일본 외무성의 독촉을 받은 로우서는 일본이 배설 문제를 심각한 것으로 간주하고 있으며, 영국 정부가 해결 방안을 찾아내기를 바라고 있다는 전문을 런던으로 보내는 한편, 서울의 코번에게도 그동안의 진행 상황을 이등박문에게 알려 주라고 지시했다.

이등박문은 비서관 후루야(古谷重綱)를 코번에게 보내어 영국 총영사관이 이 문제를 어떻게 다루고 있는지 알아본 다음에, 본국 외무성에 문제 처리의 방향을 다음과 같이 제시했다. 첫째, 1904년 추밀원령은 한국 정부와 한국민과의 사이에 악감정을 조장시키는 자를 처벌하도록 되어 있는데, 이를 한국에 주재하는 일본 관헌과 한국민의 사이를 이간시키는 자도 처벌할 수 있도록 개정해야 한다는 것이 코번의 의견이었다. 둘째, 이 문제는 막연한 교섭으로써는 만족한 해결을 기대하기는 어렵다. 그러므로 일본이 배설을 추방할 수 있도록 영국 정부로부터 승인을 얻어 두는 것이 필요하다(『日外』40/1, pp.580~581, No.593).

이등은 일본 외무성의 교섭 방법이 미온적임을 암시하면서, 구체적이고도 확실한 조치를 취해야 한다고 촉구한 것이다. 그러나 일본 외무성은 영국이 어떤 조치를 취하는지 기다려 보자고 대답했고, 이등도 이에 동의하지 않을 수 없었다(『日外』40/1, pp.581~582, No.594; 위의 책, p.582, No.595).

그러면 영국 외무성은 배설 문제 처리를 어떻게 다루고 있었는가. 하야시의 각서를 받고 동경에서 로우서가 보낸 4월 12일자 보고는 한 달 뒤인 5월 13일에 영국 외무성에 도착했다. 외무성은 1905년 11월 25일에 이 문제에 관해 조단에게 보냈던 훈령을 마지막으로 18개월 동안 손대지 않았던 문제를 다시 검토하기 시작했다. 그런데 이보다 앞서 영국은 1907년 2월 11일에 추밀원령을 수정·공포해 두고 있었다. 수정 추밀원령은 선동적인 사실을 내포한 신문이나 기타 간행물을 처벌할 수 있다는 조항을 삽입시켰기 때문에 특별히 배설 문제를 염두에 두고 개정한 것이라고 맥도날드는 후에 일본 측에 설명했지만(『日外』40/1, p.584, No.598), 한국이라는 특수한 정치상황에서는 배설을 다루는 데 문제점이 있다고 지적되기도 한 법령이었다. 그러나 이 수정 추밀원령은 아직 동경과 서울의 영국 공관에는 도착하지 않았고, 따라서 극동에서는 효력을 발생하기 전이었다.

영국 외무성의 신중한 법률검토

영국 외무성은 대체로 1905년 11월에 조단에게 보낸 훈령에 따라 사건을 처리한다는 방침 아래 검토하기 시작했다. 그런데 1904년에 이 문제에 대한 조단의 보고를 처음 받았을 때부터 정치적인 차원이 아니라 법률적인 측면에서 다룰 것을 주장했던 법률고문 데이비드슨은 이 사건을 이미 발효 중인 1904년 추밀원령으로 다루느냐, 앞으로 효력을 발생하게 될 1907년 수정 추밀원령을 적용할 것이냐를 놓고 7가지 항목에 걸쳐서 꼼꼼하게 검토했다. 배설 문제 처리에 어느 쪽이 효율적이겠는가를 놓고 망설인 것은 이 두 법(1904년, 1907년)이 재판 절차상에 차이가 있다는 것과 법조항의 적용이 어느 법이 더 적절하냐 하는 점 때문이었다.

1904년 령의 경우 약식으로 영사재판에 회부할 수 있다는 편리함이 있는 반면에 법 적용이 정당했느냐 하는 점과 재판의 절차 문제로 인해 외무성이 궁지에 몰릴 가능성도 있었다. 1907년 령은 배설의 신문을 처벌할 수 있는 법조항상의 근거가 명확한 장점이 있는 대신에 정식재판(formal trial) 절차를 밟아야 하는 번거로움이 따랐다. 또한 1907년 령은 아직 한국에서는 그 효력을 발생할 수가 없기 때문에 법이 정한 절차에 따라 이를 공포하고 그 효력을 발생할 때까지 기다리도록 되어 있었다.

결국 신중한 검토 끝에 외무성은 1907년 수정 추밀원령으로 배설문제를 다루기로 결정했다. 5월 27일, 외무성은 서울과 동경에 수정 추밀원령이 제정되었음을 알리는 동시에 배설 문제를 새 추밀원령을 적용해서 다루되, 이 추밀원령이 공포되기 이전에 배설이 한 행위에 대해서는 처벌할 수가 없다는 점을 알려주는 전문을 보냈다. 외무성은 이와 함께 서울의 코번에게는 새 추밀원령에 의해서 배설을 기소할 수 있는 절차를 지시하는 전문을 보냈다. 만일 배설이 새 추밀원령 제5조 3항에 위배되는 선동적인 기사를 게재했다고 판단될 경우, 상해에 있는 영국 청한고등법원(淸韓高等法院) 검사에게 미리 자료를 제출하여 검사로부터 충분한 기소사유가 된다는 의견을 들으면, 기소절차를 마련하라는 것이었다. 그러나 기소절차는 상해에 있는 검사나 경험 있는 법무관(Counsel)이 마련해야 하고 재판은 영국의 청한고등법원 판사가 서울에서 진행해야 한다는 것이다.

영국 외무성은 동경과 서울에 지시한 배설 처리의 방안을 주영 일본대사 고무라(小村壽太郎)에게도 통보했다. 그러나 새 추밀원령이 공포되어 효력을 발생하기까지는 상당한 시간이 소요되어야 했다. 일단 북경주재 영국공사가 새 추밀원령을 공포한 다음에 인쇄된 사본을 상해 소재의 영국 청한고등법원으로 보내면, 그것을 상해에서 게시하는 날로부터 효력을 발생하는데, 그런 절차를 거치자면 적어도 1개월은 소요되어야 했다.

여기서 주목되는 것은 코번의 생각이다. 코번은 추밀원령의 수정 내용과 함께 배설 처리에 관한 본국 정부의 5월 27일자 훈령을 받은 뒤에, 외무성의 극동담당 차관인 캠벨에게 이 문제에 대한 자신의 견해를 솔직하게 밝힌 사신을 보냈다. 코번의 편지는 신보-KDN이 한국에서 큰 문제가 되고 있음을 인정은 하면서도 수정 추밀원령을 가지고는 배설을 처벌하는데 어려움이 있음을 지적한 것이다.

일본 당국이 문제 삼는 것은 배설의 한국어 신문인데, 한국에 있는 영국인은 그 한국어판 신문을 읽지 않기 때문에 신문이 어떤 적의, 또는 다른 감정을 조장한다고 볼 수는 없다는 것이다.

그러므로 배설의 신문이 일본을 향해 아무리 적의에 찬 공격을 가한다 하더라도 결코 기소의 사유가 될 수는 없으며, 설사 기소된다 하더라도 유죄판결을 내리는 데는 실패하고 말 것이라는 것이 코번의 결론이었다. 그는 자신이 5월 6일에 공한으로 외무성에 건의한 대로 만일 배설에게 유죄를 선고하려면 '한국주재 일본 관리들과 한국인들 사이에' 적대관계를 조장하는 기사에 대해서도 처벌할 수 있는 조항을 추밀원령에 삽입해야 한다고 주장했다.

코번은 편지 마지막 부분에서 배설에
대한 자신의 심정을 가장 솔직하게 털어
놓았다. 코번은 배설의 신문이 무지한 한
국인들에게 많은 해를 끼치고 있는 것은
의심할 나위가 없지만, 그렇다 하더라도
자신은 자유로운 비판을 막는 행위를 싫
어하기 때문에 "배설의 신문이 중단되는
것을 보고 싶지는 않으며 단지 배설이 준
수해야 할 한계(법률)가 있다는 것을 아는
것으로서 충분하다"는 것이었다(Cockburn이

서울 주재 영국 총영사 헨리 코번.

Campbell에게 보낸 私信, 5 June 1907).

4. 영국 총영사 코번의 정세판단

영국 추밀원령으로는 어렵다

코번은 사신으로 쓴 편지에서 그의 본심을 명백히 드러내었다. 배설을 추방
하거나 신문의 발행을 금지하는 강경책이 아니라, 추밀원령의 조항을 더 구체
적으로 명시함으로써 단지 배설의 행동에 제한을 가하는 선에서 해결하는 것
이 좋겠다는 유화책을 제시한 것이다.

그러나 개정된 추밀원령이 공포되기만 하면 배설 문제가 해결될 수 있을 것
으로 믿고 있던 통감부는 추밀원령의 공포가 지연되고 있는 데 대해 불만이
었다. 통감부는 일본 외무성과 코번에게 공포가 늦어지고 있는 이유를 알려 달

라고 재촉했다. 코번은 상해의 영국 고등법원에 추밀원령의 공포 절차를 문의해 보니 시일이 좀 걸릴 것이라는 통보를 받았기 때문에 8월 중순까지는 발효되기 어려울 것이라고 회답했다. 주일 영국 대리대사 로우서도 같은 내용의 각서를 일본 측에 전달했다(Lowther가 Grey에게, 29 June 1907, No.147 첨부물 2;「日外」 40/1, pp.582~583, No.596).

코번은 추밀원령의 공포가 늦어지는 이유를 통감부에 알려주는 한편, 6월 22일 본국 외무성에는 배설이 영국인에게는 배포되지 않는 한국어 신문을 가지고 일본 당국을 공격했다는 이유로 기소될 경우 유죄로 인정될 것인지 법무당국과 협의해 보도록 건의하면서, 새 추밀원령 제5조의 내용을 해석하는 데있어서 통감부를 '대한제국정부'와 동일시한다면 미묘한 정치 문제가 야기될 것이라고 지적했다. 이것은 코번이 외무성에 보낸 6월 5일자 공문과 같은 날 캠벨에게 보낸 사신과 동일한 취지였으며, 법조항대로 해석한다면 새 추밀원령으로도 배설에게 유죄판결을 내리기가 어렵다는 사실을 외무성이 깨달을 수있도록 유도한 것이다.

동경의 로우서도 코번의 의견에 동감을 표시했다. 그러나 일본이 새 추밀원령에 걸고 있는 기대가 크다는 점과 영국 외무성도 이 법령으로 배설 사건을 해결할 수 있다고 생각하고 이 법령으로 배설문제를 처리하도록 훈령을 내리고 있기 때문에 로우서는 일본 외무성을 향해 법에 미비점이 있다는 사실을 먼저 발설하기가 난처한 입장이었다. 따라서 로우서는 자신이 이를 일본 측에 알리기보다는 이등박문이 이 법령을 신중히 검토해 보았다면 이 법령에 관해 다소 의구심을 갖게 될 것으로 생각했다.

코번은 수정 추밀원령으로는 배설 문제 해결이 미흡하다는 전제 아래 상해의 영국고등법원 판사(Acting Crown Advocate) 존스(Loftus E. P. Jones)에게도 의견을 물어보았다. 존스도 원칙적으로는 코번과 같은 견해였다. 그러나 존스는 '추밀원령 제5조 3항 1절은 적절한 경우에 제반 상황을 충분히 고려할 만큼 광범한 규정으로 간주'한다고 말하고, 신보를 한국인과 일본인만이 읽는다 하더라도 그 신문이 발행되는 장소에서 소요와 무질서를 조장하는 것이 확실하다면 그 신문을 발행하는 영국인은 기소당할 수 있다고 해석했다. 그는 어떤 특정한 신문이 소요사태나 무질서를 조장할 목적이었는지의 여부는 그 신문의 전체적인 논조와 기사보도의 의도, 그리고 신문발행 당시의 국민들의 감정상태 등을 신중히 고려함으로써 결정될 수 있을 뿐이라고 결론지었다(Jones가 Cockburn에게, 26 June 1907).

코번은 존스의 이같은 법조항 해석에도 만족할 수 없었다. 존스가 말한 제5조 3항 1절은 1904년의 추밀원령에도 포함되어 있기 때문에 새로운 규정도 아니며, 지금까지는 배설을 기소할 수 있는 안전한 근거로 간주하지도 않았기 때문이다. 또 신보가 소요사태와 무질서를 조장할 목적이었는지의 여부를 판단하는 데는 그 신문의 전체적인 논조와 신문발행 당시의 국민들의 감정상태 등이 고려돼야 한다는 존스의 말도 애매한 것으로, 한국민들의 감정상태에 관한 증거를 파악하기는 어렵다고 보았다.

법무성에 유권해석 문의

코번은 추밀원령의 조항을 다시 고쳐서 일본 통감부를 한국 정부와 동일시할 수 있는 지위를 부여해 주는 것만이 가장 바람직한 해결책이 될 수 있다고 외무성에 재삼 요청했다(Cockburn이 Grey에게, 30 June 1907, No.11).

코번은 추밀원령을 개정해야 하는 이유를 다음과 같이 열거했다.

첫째, 한국어로 발행되는 신보의 독자는 영국인도 아니고 일본인은 무시할 정도의 숫자에 지나지 않는다. 그러므로 독자의 전부가 한국인이라 할 수 있는데, 그 신문이 기소대상이 될 수 있을는지 의심스러우며 기소한다 해도 유죄판결을 내리기는 어려울 것이다. 둘째, 통감부는 대한제국 정부의 일부분이 아니다. 만일 통감부를 한국 정부의 일부라고 주장하려 들다가는 오히려 피고 측으로 하여금 일본 관리들이 대한제국 정부의 어느 기관에 속해 있는가라는 전체적인 정당성 문제를 들고 나올 기회를 제공해 주는 바람직하지 못한 결과를 초래할 것이다. 셋째, 정치적인 관점에서 볼 때에 이 신문을 기소함으로써 한국인들 간에 강력한 대일 적대감정이 내재되어 있다는 사실을 결과적으로 드러내게 될 것이다(Cockburn이 Grey에게, 4 July 1907, No.32).

영국 외무성도 거듭되는 코번의 주장에 귀를 기울이지 않을 수 없었다. 8월 6일, 외무성은 이 문제 처리에 대한 법무성의 견해를 묻는 질의서를 보냈다. 외상 그레이는 다음의 경우에 해당하는 내용을 포함한 신문은 처벌의 대상이 되는 것으로 본다고 전제했다. 그리고 그 신문이 한국어, 중국어, 일어 또는 영어냐 하는 것은 중요한 문제가 아니라는 의견을 덧붙였다.

    (a) 소요사태나 무질서를 야기시키거나

    (b) 쌍방간에 적대감을 조장하는 행위

      ① 영국 시민과 중국 정부

      ② 영국 시민과 한국 정부

      ③ 영국 시민과 일본 등 영국과 친선관계를 맺고 있는

        우호국의 당국이나 그 국민

      ④ 중국 정부와 중국 국민

      ⑤ 한국 정부와 그 국민.

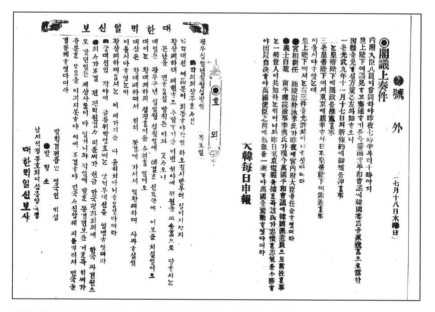

대한매일신보 호외. 고종이 헤이그에 보낸 밀사 이준 열사가 자결했다는 내용이 들어 있다. 1907년 7월 18일.

만일 배설이 신보에 '명백히 선동적이고 혁명적'인 성질을 띤 반일 기사를 게재했고, '한국에 있는 일본의 행정관청인 통감부를 직접적으로 거부'했다면 배설은 새 추밀원령 제5조 1항과 3항에 따라 기소될 수 있다. 그런데 배설의 신문은 위에서 열거한 항목 가운데 소요사태와 무질서를 야기했고, 한국 정부와 국민들 간에 적대감을 조장시켰다는 두 가지 '명백한 범법행위'에 저촉되었다는 것이다.

외무성은 이같은 전제 아래 배설에 대한 기소절차를 1904년 또는 1907년의 추밀원령에 따라 취하는 것이 좋을지, 아니면 코번이 건의한 대로 새로운 조항을 삽입해야 할 필요성이 있는지를 법무성이 판단해 달라고 의뢰했다 (Foreign Office에서 the Law Office of Crown에, 6 Aug. 1907). 이와 함께 일본이 사건의 조속한 해결을 바라고 있으며 외무성도 긴급 안건으로 취급하고 있다고 설명했다.

한국의 긴박한 사태와 일본의 새 제안

영국이 추밀원령의 법률적인 타당성 여부를 논의하는 일방으로 법률 공포의 절차 문제로 시간을 끌고 있는 동안에 한국에서는 너무나 심각한 사태가 전개되고 있었기 때문에 이등박문은 초조해서 더 이상 기다릴 수가 없었다. 가장 큰 정치적인 격변은 7월 20일에 있었던 고종의 양위였다. 일본은 고종이 헤이그에서 열린 만국평화회의에 한국 대표 3명을 파견했다는 이유로 황제의 자리를 물러나게 하고 이번 기회를 이용하여 한국의 내정에 관한 전권을 장악하기로 했다. 이에 따라 일본은 한국의 내정과 사법권을 완전히 장악할 수 있도록 규정한 한일협약과 이의 실행에 관한 비밀각서를 7월 24일에 조인했다.

언론탄압을 목적으로 제정된 신문지법(광무신문지법으로 불림)이 공포된 것도 같은 날이었다(이 법에 관해서는 다음 장 참조). 헤이그 밀사사건에 대한 책임을 추궁하는 동시에 한일협약 조인을 위해 일본 외상 하야시(林董)가 내한하자 한국의 민심은 크게 동요되었다. 위기감을 느낀 서울 시민들은 대중집회를 열어 일본의 책략을 저지하기 위한 국민운동을 전개할 것을 결의했고 격분한 군중과 일본 경찰이 충돌하는 사건이 일어났다. 7월 19일에는 한국 군대의 일부가 무기를 가지고 병영을 탈출하여 일본 경찰에 사격을 가해서 30여 명의 사상자가 났다. 8월 1일에는 한국 군대를 해산하자 한일 양국 군대가 크게 충돌하여 양측에서 많은 인명 피해자가 났다. 이와 같이 큰 소요와 충돌이 일어난 원인은 신보의 기사 때문이라고 통감부는 주장했다.

신보는 한글판 7월 17일자 1면 머리에 일본이 한국의 황제를 폐위시키고 황제를 일본으로 건너가 사죄하게 하려한다는 기사를 실었다. 이 기사는 일본 〈호치신문(報知新聞)〉 기사를 인용한 것이었다. 미국이 하와이를 합병하던 전례를 모방하여 한국의 내각을 모두 일인으로 조직하고 군부대신을 폐지하며 일본이 군권(軍權)을 장악하려 한다는 내용 등을 함께 보도했다. 이어 이튿날 자 신보는 〈호치신문〉을 또 한 번 인용하여 일본이 고종을 동경으로 데리고 가려 한다는 논설을 게재하고 일본의 한국 침략정책을 맹렬히 비난했다. 신보는 논설에서 일본이 한국의 황실을 강핍(强逼)하고, 대신을 종으로 부리며, 백성을 짐승으로 여기는 행동이 이미 극도에 달했기 때문에 앞으로도 또 무슨 위협하는 행동이 있으면 한국 백성의 원통한 마음이 어느 지경에 이를지 모르며 각국의 공론이 일본의 잔학한 흉계를 더욱 폭로할 것이라고 결론지었다. 신보는 또한 18일과 19일 이틀 동안 호외를 발행하여 급박한 정세를 보도했다. 18일 자 호외는 한국의 내각 대신 8명이 고종에게 헤이그 밀사 파견으로 당하게 된 국난을 면할 방책을 다음과 같이 건의했다고 보도했다.

1. 을사보호조약에 고종이 날인할 것.
2. 황제의 섭정(攝政) 할 사람을 추천할 것.
3. 고종이 직접 동경에 가서 일본 황제에게 사과할 것.

이 호외는 헤이그 밀사의 한 사람인 전 평리원 검사 이준(李儁)이 충분(忠憤) 한 마음을 이기지 못하여 현지에서 자결하고 각국 대표 앞에다 피를 뿌려서 만국을 크게 놀라게 했다는 내용을 함께 실었다. 이준은 자결이 아니라 분사(憤死)로 밝혀졌다. 그러나 그의 자결설은 헤이그 현지에서 퍼진 소문이었다(『日外』 40/1, p.439, No.462). 신보는 일본의 통신을 인용하여 호외로 보도한 것이다.

19일자 호외는 고종이 마침내 퇴위하고 황제의 자리를 황태자에게 물려주었다는 사실을 국민들에게 신속하게 알렸다. 호외는 이번 양위가 결코 고종의 뜻이 아니며 외국인(일본인)의 강핍(強逼)으로 이루어진 것이라면서 고종은 차라리 황제의 자리에서 물러날지언정 을사조약에는 결코 옥쇄를 찍지 않을 결심으로 양위를 한 것이라고 주장했다. 신보가 이러한 기사들을 내보낸 직후부터 한국 군대의 일부와 민간인들이 일본 경찰을 습격하여 한일 양측의 유혈 충돌로 많은 사상자가 생겼음은 앞에서 간단히 살펴본 바와 같다.

제 VIII장

배설처리 법 적용 논란

제 Ⅷ장 배설처리 법 적용 논란

1. 일본, 우리가 배설 추방하겠다

배설 찾아간 미우라의 협박

이등박문은 한국에서 군대해산과 고종의 양위와 같은 일본의 강압에 저항하여 소요사태가 일어난 직후 9월 5일 일본으로 돌아갔다. 그는 영국대사 맥도날드를 만나 고종이 헤이그에 밀사를 파견했기 때문에 만사가 다 뒤집어졌다고 털어놓았다. 이등은 배설이 발행하는 신문이 일본을 공격하고 한국인들의 마음에 불을 지르기 때문에 자신이 한국에서 수행해 할 일을 몇 배나 더 어렵게 만들고 있다고도 말했다.

한편 서울의 통감부는 정식으로 배설에게 경고를 발했다. 경성이사청 이사관 미우라(三浦彌五郞)는 배설을 찾아가서 신보가 보도한 한국 황제의 일본 납치설 때문에 한국에 큰 소요가 일어났으며 이로 인해 38명이 죽었으니 그 책임은 전적으로 신보의 기사에 있는 것이라고 주장했다. 미우라는 자신의 방문이 공적 성격을 띤 것이라고 위협하면서 일본군의 계엄 상태에 놓여 있는 서울의 정세로 보아 배설에게 실력으로 제재를 가할 수 있다는 점을 내비쳤다(「暴動의 實因」, 신보, 1907.7.24; 한글판, 「폭동의 실상」, 7월 25일).

일본은 영국에 대해서도 추밀원령을 빠른 시일 내에 공포해 줄 것을 재촉하면서 배설 추방에 따르는 새로운 방안을 제시했다. 한국에 왔던 외상 하야시는 코번에게 새 추밀원령의 발효가 지연되고 있는 데 대해 유감을 표명한 뒤에 일본으로 돌아가자 맥도날드에게 배설 문제를 해결할 새로운 방안을 내놓았다.

일본군의 만행. 군대해산에 저항하는 구한국 군인들을 무참하게 공격하고 있다. 프랑스 잡지 〈르 프티 주르 날〉 1907년 8월 4일자.

한국 정부가 배설을 추방하는 것을 영국 정부가 승인해 달라는 것이었다.

배설은 현재 한국에서 헤아릴 수 없을 정도의 해독을 끼치고 있기 때문에 이를 중단시키지 않으면 보다 심각한 사태가 야기될지도 모른다. 그러므로 배설 문제를 영국에 맡겨놓을 것이 아니라 한국 정부가 배설을 추방하도록 하자는 것이었다. 하야시는 이러한 해결방법이 자신과 이등박문의 공통된 생각이라고 말했다. 사태가 너무도 급박해서, 일본은 수정 추밀원령이 발효되는 것을 기다리고 있을 수가 없다고 강조했다.

지금 한국 국민들이 흥분상태에 있기 때문에 이와 같은 시기에는 외국 또는 일본에서 발행된 신문에 실린 기사라도 한국에서는 허용되어서는 안 된다고 주장했다. 배설이 신문에 낸 것과 똑같거나 비슷한 내용이 일본이나 또는 외국의 신문에 실렸는지의 여부는 중요한 문제가 아니며 신보에 실린 기사가 한국에서 소요사태를 야기한 것은 사실이므로 배설은 추방되어야 한다는 것이었다. 맥도날드는 일본의 새로운 제의를 거절했다. 그와 같이 격렬한 조치가 취해질 경우 영국 정부는 매우 어려운 처지에 놓이게 될 것이라고 말하고, 추밀원령이 발효될 때까지 기다리는 것이 좋겠다고 대답했다.

서울로 돌아온 이등박문은 자신의 책임 아래 배설을 강제 추방할 경우에 야기될 수 있는 결과에 대해 코번에게 물었다. 코번의 대답도 맥도날드와 비슷했다. 만일 배설에게 강제 추방령이 내려진다면 한국에 거주하는 모든 외국인들은 그들도 비슷한 처분을 받을 위험에 처해 있다고 느낄 뿐더러 추방령이 내려진 뒤에는 사태가 악화될 것이라고 답변했다.

총영사 코번은 배설 옹호

코번은 일본이 배설의 추방을 요구하는 근거로 내세우고 있는 증거들이 타당성이 없다는 점을 영국 외무성과 동경의 맥도날드에게 지적했다. 첫째, 고종이 일본으로 붙들려 갈 것이라고 선동한 책임이 배설에게는 없다. 한국에서 발행되는 일본어신문(경성일보)도 고종이 헤이그 밀사사건으로 비롯된 불상사를 사죄하기 위해 일본을 방문할 것으로 예상된다고 보도했으며, 일본의 어떤 신문은 일본 외상 하야시가 고종의 일본 방문이 가능한 일이라고 언급했다고 보도한 적이 있었다고 지적했다. 둘째, 신보-KDN의 기사는 "공공의 평화를 즉각적으로 파괴하도록 선동하거나 그 기사 자체가 폭동이나 무질서를 낳도록 되어 있지는 않다"고 보았다. 코번은 선동적이라고 판단되는 KDN의 7월 6일자 논설 「Conscription in Korea」(신보, 국한문판 7월 11일자 「한국내 징병」, 한글판 13일자 「한국 안에 징병」)를 상해의 영국 검찰관에게 보내어 의견을 물어본 결과 검찰관이 이러한 답변을 보내오는 동시에 신보의 기사는 새 추밀원령에 의해서 기소할 만한 충분한 사유가 못 된다는 판단을 내렸다는 것이었다(Cockburn이 LEP Jones 에게, 15 June 1907; Jones가 Cockburn에게, 26 June 1907; Jones가 Cockburn에게, 30 June 1907).

코번의 보고는 영국 외무성이 사건을 처리하는 데 신중을 기하도록 만들었다. 외무성은 가능한 한 일본의 희망을 충족시켜 준다는 방침에는 변함이 없지만, 배설 사건의 처리에 있어서 영국이 한국에서 누릴 수 있는 치외법권의 권리를 포기하지는 않을 것임을 명확히 했다. 일본이 배설을 한국에서 추방하도록 영국이 묵인한다면 틀림없이 의회에서 논란의 대상이 될 것이고, 국민의 지탄을 받을 위험을 안고 있는 것이다. 외무성은 이러한 방침을 일본 측에 전달했다. 하지만 외무성도 되도록이면 조속히 이 문제를 해결하고 싶었기 때문에 이미 법무성에 문의한 법 해석을 빨리 내려달라고 촉구했다. 8월 23일 법무성은 다음과 같은 회답을 외무성에 보냈다.

추밀원령은 영국인이 한국 정부와 국민들 사이에 적대감을 조장해서는 안

되도록 규정하고 있다. 그런데, 이 규정은 을사보호조약을 참조해서 고려하지 않으면 안 된다. 을사조약은 한국 정부의 실제적인 행정 및 입법 책임을 궁극적으로는 일본에 의존하도록 양국 정부간에 체결된 조약이다. 따라서 한국인들 사이에 반일 적대감정을 조장시키는 행위는 곧 대한제국 정부에 적대감을 조장시키는 행위로 간주할 수도 있다. 그리고 기소 절차에 관해서는 1904년의 추밀원령이나 1907년의 추밀원령의 어느 쪽 규정을 적용해서 취해도 좋다는 의견이었다(Foreign Office에서 MacDonald에게, 27 Aug. 1907, No.29).

일본이 기대를 갖고 초조하게 발효를 기다렸던 새 추밀원령은 공포의 절차를 거쳐 마침내 9월 5일부터 효력을 발생하게 되었다. 그러나 앞에서도 코번이 여러 차례 지적했듯이 새 추밀원령으로 배설문제를 해결하려면 논란이 일어날 소지가 있었다. 법무성도 1904년 또는 1907년의 추밀원령 가운데서 적절하다고 판단되는 조항을 적용시킬 수 있다는 해석을 내렸기 때문에 이제는 새 추밀원령이 효력을 발생하게 되었다는 사실이 별다른 의미를 가질 수는 없었다. 일본의 입장에서 본다면 쓸데없이 시간만 낭비한 결과가 된 셈이었다.

2. 일본, 태국, 중국에서 일어난 선례

블랙의 〈만국신문〉 사건

일본은 여기서 또 하나의 새로운 방안을 제시했다. 1876년에 있었던 블랙 사건을 배설 처리의 전례로 삼아 줄 것을 영국에 요구한 것이다. 맥도날드도 블랙 사건 당시에 주일 영국공사였던 해리 파크스(Harry Parkes)가 취했던 조치를 선례로 삼을 수 있다고 보고, 코번과 이 문제를 직접 만나서 상의하겠다고 본국 정부에 건의했다. 맥도날드는 코번이 동경에 와서 배설 문제를 협의할 수 있도록 본국 외무성의 승인을 받아 놓고 있었다.

여기서 배설 문제를 둘러싸고 영국과 일본이 벌인 줄다리기 교섭을 잠시 뒤로 밀어 두고 교섭과정에서 이미 몇 번 거론된 바 있는 선례 세 건을 먼저 살펴볼 필요가 있을 것 같다. 그것은 ① 일본의 블랙 사건, ② 태국의 릴리 사건, ③ 중국의 코웬 사건이다. 이 세 사건은 영국 시민이 동양에서 신문을 발행하다가 추방 또는 신문발행을 금지 당했다는 면에서는 공통점을 지니고 있었다. 그러나 사건이 일어난 정치외교적인 상황 및 영국과 당사국이 사건을 처리한 방법, 적용 법규 등은 각기 달랐기 때문에 배설 사건 처리에 이들 사건이 선례로 적용될 수 있느냐 하는 데 논의의 여지가 있었던 것이다.

블랙사건은 1876년 일본이 교묘한 방법으로 외국인의 일본어 신문발행을 금지시킨 사건이었고, 나아가서는 외국인의 치외법권을 소멸시키기 위해 일본 정부가 벌인 캠페인의 시작이기도 했다.

블랙(일본명 貌剌屇, John Reddie Black)은 스코틀랜드 출신으로 어려서부터 런던에서 교육을 받았다. 그는 요코하마에서 〈재팬 헤럴드(Japan Herald)〉, 〈재팬 가제트(Japan Gazette)〉, 〈파 이스트(Far East)〉 등의 영어신문을 편집하다가 1872년 3월 16일 일어신문 〈일신진사지(日新眞事誌: Reliable Daily News)〉를 창간했다. 창간 때에는 격일간이었으나 4월부터는 일간으로 발행해서 당시 일본 언론계의 지도적인 신문으로 성가가 높았다. 블랙은 이 신문을 통해 일본 정부를 거리낌 없이 비판했다. 이노우에(井上馨)와 시부사와(澁澤榮一)가 국가재정의 궁핍을 폭로한 「재정의견서(財政意見書)」를 발표한 것도 이 신문이었고, 정한론(征韓論)을 주창하다가 패한 뒤에 하야했던 이타가키(板垣退助)의 「민선의원설립건백서(民選議院設立建白書)」도 이 신문이 게재했다. 일본 정부는 블랙의 〈일신진사지〉에 어떤 통제를 가할 필요가 있다고 판단했다. 1874년 8월 정부는 블랙을 2년 기한 월급 300엔을 지급하는 조건으로 태정관 고문으로 고용했다. '글은 잘 썼지만 경제적으로는 무능했던' 블랙은 일본 정부의 속셈을 모르고 계약을 맺었다.

계약 체결 후 일본 정부는 블랙이 정부에 고용되었으므로 신문사 사장을 맡을 수는 없는 일이라고 말했다. 블랙은 요구에 따라 일본인 아라키(荒木正樹)를 사장으로 앉혔다. 일인 사장을 형식상으로 임명했을 뿐이고, 신문의 소유권이 자신에게 있기 때문에 논조에는 아무런 변화도 없을 것으로 생각했던 것이다. 그러나 일본 정부는 이듬해 6월 신문조례를 공포해서 외국인은 일본어 신문을 경영하거나 편집할 수 없도록 만든 다음에 블랙의 태정관 고문직도 해고해 버렸다. 블랙은 일신진사지를 더 이상 소유할 수가 없게 되었고, 정부기관에서 받던 월급도 끊어졌다. 블랙이 손을 떼자 일신진사지도 급격히 쇠퇴하기 시작해서 이해 12월 제4년 265호로서 폐간하고 말았다.

화가 난 블랙은 일본 정부에 등록하지 않은 채 〈만국신문(萬國新聞: News of All Countries or Universal News)〉을 1876년 1월 6일에 새로 창간했다. 일본은 영국에 대해 블랙의 〈만국신문〉을 금지시킬 것을 요구했다. 이 문제에 대한 영국과 일본의 교섭은 처음에는 동경부권지사(東京府權知事) 구수모도(楠本正隆)와 주일 영국부영사 도멘(Martin Dohmen) 간에 시작되었는데, 중요한 문제였기 때문에 일본 외무경 데라시마(寺島宗則)와 주일 영국공사 해리 파크스(Harry Parkes)에게로 이관되었다.

일본은 블랙의 만국신문이 발행허가를 받지 않았으며, 1875년 6월 28일에 공포된 신문조례에 규정된 일어 신문의 경영자와 편집인은 반드시 일본인이라야 한다는 조항을 위반했다는 등의 이유로 신문발행을 금지시켜 달라고 영국 측에 요구했다. 이와 함께 경찰은 이 신문에 종사하던 일본인 인쇄공, 번역사, 배달원 등에게 신문의 제작과 배포에 참여하지 못하도록 명했다(Black이 Dohmen에게, 21 Jan. 1876).

일본인들이 발행하던 신문들 사이에서도 외국인의 일본어 신문 발행에 대한 불평이 일어났다. 만일 정부가 외국인이 발행한 일본어 신문에는 아무런 규제를 가하지 못한다면 신문조례의 엄격한 규제를 받고 있는 일인소유의 신문은 심히 불평등한 조건에 놓이게 된다는 것이었다. 또한 일본 정부로서도 앞으로 정부에 불만을 품은 일본인들이 명의를 빌려 신문을 발행한다면 어떤 규제도 가할 수 없게 되는 결과를 가져오기 때문에 외국인의 일본어 신문발행을 허용할 수가 없다고 판단했다.

영국공사관은 처음에는 영국인에게 일본 법률을 적용시킬 수 없다는 입장을 취하다가 마침내 일본의 요구를 들어주기로 했다. 2월 7일 파크스는 일본에 거주하는 영국인은 일본어 신문을 발행하지 못한다는 내용의 포고(Notification)와 규칙(Regulation)을 공포하여 일본의 요구는 관철되었다.* 이렇게 되자 블랙은 영국 공사관을 통해서 일본 측에 손해배상을 청구했지만 일본은 배상도 거절했다. 이 사건을 둘러싼 교섭이 진행되는 동안 일본에 거주하는 미국, 독일, 프랑스 등 열강의 공사관에도 자국민이 일본어 신문을 발행하지 못하도록 요청했다.

블랙은 이리하여 일본어 신문을 발행할 수는 없게 되었으나, 일본에서 추방

---

* Parkes의 「규칙」 전문은 다음과 같다.
  Any British subject who shall within the dominions of His Imperial Majesty the Mikado, print or publish a newspaper in the Japanese language, shall be deemed guilty of an offence, and upon conviction thereof before any British Consular or other Court, shall be liable to imprisonment for any term not exceeding three months, with or without hard labour, and with or without a fine not exceeding five hundred dollars, or a fine not exceeding five hundred dollars, without imprisonment.
  Given under my Hand at the British Legation in Japan, at Yedo, this seventh day of February, A. D. 1876. Harry S. Parkes.

당하지는 않았다. 그는 스스로 상해로 건너가서 〈상하이 머큐리(The Shanghai Mercury)〉를 창간했다가 1879년 일본으로 돌아와 『젊은 일본(Young Japan)』을 썼고, 1880년 6월 11일 요코하마에서 죽었다.

영국 하원은 블랙 사건의 처리결과가 영일조약에 규정된 치외법권을 침해 당한 것이 아닌가 하는 문제로 외무성을 비판하는 질문이 있었다. 그리고 영국 정부가 해리 파크스가 공포한 '포고'와 '규칙'을 승인할 것인가 라는 논란이 잠시 있었다(Hansard's Parliamentary Debates, Vol., CCXXVIII(London: 1876) pp.478~479, 1473).

릴리의 〈샴 프리 프레스〉 사건

방콕에서 〈샴 프리 프레스(Siam Free Press)〉를 발행하던 영국인 릴리(J. J. Lillie)를 태국 정부가 추방하도록 영국이 승인했던 사건이다. 릴리는 샴 프리 프레스의 소유주 겸 편집인으로 방콕에서 오랫동안 거주한 사람인데 파리에서 발행되던 영어신문 〈뉴욕 헤럴드(New York Herald)〉의 통신원을 겸하고 있었다. 그는 태국 정부를 공격하는 기사를 계속해서 썼기 때문에 여러 차례 경고를 받았으나 논조를 바꾸지 않았다. 영국 외무성은 릴리 문제를 1893년부터 검토해 오다가 이를 처리하는 방안으로 두 가지 경우를 상정했다. 첫째는 릴리를 영사재판에 회부하여 선행 보증금을 공탁하도록 했다가, 만일 그가 근신하지 않는다면 그때는 총영사가 추방령을 내리는 방법이었다. 릴리를 추방할 수 있는 법적 근거는 1889년 추밀원령(The Siam Order in Council, 1889) 제92조에 해당했다. 두 번째는 태국 정부가 릴리를 추방하도록 영국이 허용하는 방법이었다.

1898년 3월 7일, 릴리는 파리의 뉴욕 헤럴드에 기사를 타전하려 했으나 전신국장은 국제전신협약(International Telegraph Convention) 제7조에 의거해서 기사를 보낼 수 없다 하여 송고를 거절했다. 기사가 사실을 잘못 전달하고 있기 때문이라는 이유였다. 이에 릴리는 방콕주재 영국총영사 그레빌(Greville)에게 이 문제에 개입해 줄 것을 요청하는 한편 "태국 전신국이 프랑스와 태국 간의 분쟁에 관한 전보를 허위라는 이유로 거절했다"는 기사를 또다시 송고하려 했으나 전신 당국은 이 기사 송고도 거절했다. 이제 태국 정부는 릴리를 추방해야 할 때가 왔다고 판단했다. 영국 총영사 그레빌도 이에 동의하여 태국 정부는 3월 11일 릴리에게 1주일 이내에 태국에서 떠나라는 추방령(Decree of Expulsion)을 내렸다. 이 추방령은 릴리가 그의 신문을 통해서 태국 국왕과 태국 정부 및 그 국민들을 계속해서 모독했고, 태국과 외국의 우호관계를 해칠 수 있는 허위 사실을 외국신문이 보도하도록 계속해서 외국에 기사를 송고했거나 송고하려 했기 때문에 그를 추방하는 것이라고 이유를 밝히고 만일 기한 내에 자진해서 떠나지 않는다면 강제 추방할 것이라고 경고했다(The Times, 14 Mar. 1898; New York Herald, Paris, 13 Mar. 1898).

릴리는 자신의 추방령이 부당하다고 주장하고 영국 공사관에 자신을 보호해 달라고 요청했지만 영국 총영사 그레빌은 릴리의 보호를 철회한다고 통보했다. 그것은 자신과 전임자들이 본국 정부로부터 이미 여러 차례 받았던 지시사항이라는 것이었다. 릴리는 자신을 태국 정부가 추방할 수 있도록 영국 총영사가 보호를 철회한 것은 명백히 위법이기 때문에 런던의 법정에 그레빌과 외무성을 고발해서라도 자기의 권리를 보호하겠다고 선언했다(The Siam Free Press, 14 Mar. 1898). 그는 '속속들이 썩어빠진 태국 정부와 그 관리들'과 자신의 보호를 철회한 그레빌에게 비난을 퍼붓는 논설을 샴 프리 프레스에 게재하고는 추방령에 승복하지 않는다면서 기한이 지날 때까지 방콕에 버티고 있었다.

자진 출국 시한이 끝난 3월 19일 아침, 경찰서장 조딘(Jordine)이 릴리의 집으로 들어가 릴리를 강제로 끌어내어 싱가포르로 떠나는 배에 태워 추방시켜 버렸다. 이와 같이 태국 정부가 릴리를 강제로 추방할 수 있도록 영국이 릴리에 대한 보호를 철회(withdraw protection from Lillie)한 것은 프랑스와 영국의 관계 때문이었다. 그러나 이 문제를 놓고 영국 의회에서는 외무성의 조치를 비판하는 질문이 벌어졌다(The Parliamentary Debates, Vol.LX, 1898, p.34; Vol.LXI, p.167). 릴리가 추방당한 후로도 샴 프리 프레스는 계속 발행되었으나 편집인은 프랑스인 살란(Chalant)으로 바뀌었다. 릴리 사건을 처리할 때에 영국 외무성 미·아주국(American & Asiatic Dept)의 국장은 캠벨이었고, 데이비드슨(Davidson)은 법률 고문이었으므로 이들 두 사람은 배설 사건이 처음 거론되자마자 릴리 사건을 선례로 적용할 수 있을 것인가를 생각했다.

코웬의 〈차이나 타임스〉 사건

1904년 2월 중국 천진에서 약식 영사재판에 의해 〈차이나 타임스(China Times)〉 편집인 존 코웬(John Cowen)을 추방했던 사건이다. 코웬은 극동에서 가장 널리 알려진 언론인의 한 사람이었고, 배설과 처음에 KDN의 창간을 공동으로 준비했던 토마스 코웬의 형이었다.*

---

* John Cowen의 언론인 경력에 대해서 그의 형인 W.C.B. Cowen은 다음과 같이 기술했다.
"My brother commenced his journalistic career on the staff of the 'Newcastle Journal'(a paper well known to your Lordship). Immediately before leaving this country for China in 1900, he was and had been for 5 or 6 years on the editorial staff of 'The Times', London. So well was he thought of by Mr. Buckle that when it was thought Dr Morrison, the Peking correspondent of 'The Times', had been killed in the reported massacre of the British Legation staff, my brother was sent out to take Dr Morrison's place. I mention this to show that my brother cannot be considered ignorant of the responsibilities of respectable journalism. When my brother got to China in 1900 he found Dr Morrison very much alive, but stayed in Peking to found with his scanty savings, the first daily paper in English ever published there. This he subsequently removed to Tientsin as a better commercial centre. Owing to his own lack of capital, he converted his paper into a limited liability one-man concern. It is the sole source of support of my brother and his wife and five children, and if the paper is stopped, they will be ruined and destitute. I know noth-

코웬의 추방령은 1904년 2월 24일자 차이나 타임스에 실린 기사 때문이었다. 문제된 기사는 러일전쟁 직후에 여순항을 떠나는 배 원저우(Wenchow)호에 탄 일본 피난민들을 소련 당국이 '잔인'(brutal)하게 대우했다고 비난하고 여순과 블라디보스토크를 앞으로 함락될 러시아의 '소돔과 고무라'성이라고 표현한 내용이었다.

기사를 본 중국 북부주둔 영국군 사령관의 부관 다니엘(E. H. Daniel) 대위가 천진 주재 영국총영사 홉킨스(Lionel Charles Hopkins)에게 코웬을 고발했다. 다니엘 대위는 이 기사가 여러 나라 군대가 주둔 중인 천진에서는 특히 공공의 평화를 깨뜨리는 것이라고 지적했다. 다니엘의 고발에 따라 홉킨스는 코웬에게 2월 29일 오전 영사관에 출두하라는 소환장을 발부했다. 코웬 소환의 법적 근거는 1865년 추밀원령 제106조였다.* 코웬은 홉킨스가 출두하라고 명령한 2월 29일에 변호사 알렌(Edgar Pierce Allen)과 함께 영사관에 나타났다.

홉킨스는 그 자리에서 코웬에게 12개월간 근신을 선고하고 그 선행보증금으로 500달러를 24시간 이내에 납부하라고 명했다. 그러나 코웬은 홉킨스가 법조항을 잘못 적용했다는 등의 이유로 판결에 불복하고 보증금 납부를 거부

했다. 그러자 홉킨스는 코웬에게 즉각적으로 중국을 떠나 영국으로 돌아가라는 추방령을 내려버렸다.

홉킨스는 추방령을 내린 이유를 다음과 같이 설명했다. 차이나 타임스에 실린 문제의 기사가 영국이나 다른 영국 식민지에서 발행되었다면 위험한 것으로 볼 수는 없다. 그러나 여러 나라 군대가 주둔하고 있으며 그 분위기가 흥분되어 있는 지역에서는 같은 기사라도 전혀 다른 양상을 띠는 것이다. 이곳은 전쟁 초기로서 갈수록 흥분된 분위기가 고조될 것이다. 이곳에서는 국가 간의 반감으로 인해서 이미 심각한 사건에 직면한 적이 있는 곳이기 때문에 이런 상황을 고려해서 추방령을 내린 것이다(Hopkins가 Wilkinson에게, 3 Mar. 1904, No.8, Wilkinson이 Foreign Office에 보낸 3 June 1904 보고).

이리하여 코웬은 추방령이 내린 이튿날인 3월 1일 급히 중국을 떠났다. 그러나 판결에 승복할 수 없었던 코웬은 상해 고등법원에 상고했다. 한편 3월 7일 영국 하원에서 이 사건을 추궁 당한 외무성 차관 퍼시(Earl Percy)경은 코웬이 러시아에 대해 악의에 찬 중상하는 기사를 실었기 때문에 중국주재 영국공사 사토(Satow)의 지시에 따라 재판이 열린 것이며 정부는 이를 승인했다고 대답했다.

중국과 일본에서 발행되던 신문들도 재판 결과에 대해서 신랄한 비판을 가해서 외무성의 입장을 난처하게 만들었다. 상해에서 발행되던 〈노스 차이나 헤럴드(North China Herald)〉는 피고에게 충분한 변론의 기회도 주지 않은 채 이와 같이 전횡적인 처벌을 내리는 것은 영국의 국법을 완전히 침해한 것이라고 홉킨스를 비난했다("The Freeborn Englishman", The N-C Herald, 25 Mar. 1904, p.600). 일본의 〈재팬 크로니클〉은 이 추방령으로 인해서 코웬이 몇 년 동안 쌓아올린 사업을 버리고 중국을 떠나게 되었으니 치외법권을 누리는 극동에서 영국 재판소가 추방령을 내릴 수 있는 권한을 오용하지 못하도록 사전에 방지할 수 있는 조치가 필요하다고 논평했다("Extar-Territoriality and Deportation", *JWC*, 24 Mar. 1904, pp.337~338).

이같은 비판이 일어나고 있는 가운데 상해 고등법원 판사 윌킨슨은 6월 3일 홉킨스가 코웬에게 내렸던 추방령을 파기함으로써 코웬에게 승소판결했다. 한편 외무성 내부에서는 윌킨슨이 판결을 지연시켰기 때문에 여론의 비판이 거세어졌으며 홉킨스의 판결을 파기한 것도 잘못이라 하여 윌킨슨의 태도를 매우 못마땅하게 여겼다. 따라서 윌킨슨은 1905년 1월 이 판결에 대한 자신의 입장을 본국 외무성에 해명하지 않을 수 없었다.

이 사건은 배설 문제를 다룰 때에 외무성과 서울의 코번이 다 같이 신중하게 처리하도록 교훈을 주었을 것이다. 1904년 11월 말에 영국 외무성이 배설에 관한 조단의 보고서를 처음 검토하기 시작했을 때에 데이비드슨은 코웬사건을 먼저 생각했고(FO 17/1660, Jordan이 Lansdowne에게 보낸 1904년 10월 3일자 No.189의 Minute), 코번도 배설 문제 처리 과정에서 코웬 사건을 거론했다.

위에서 살펴본 세 사건을 요약하면 동양에 와서 신문을 발행하던 영국인들에 적용한 법규와 처리 방법이 당시의 상황에 따라 다음과 같이 각각 달랐음을 알 수가 있다.

블랙, 릴리, 코웬 사건의 개요

	장소	연도	법적 근거	처리방법
블랙 사건	동경	1876	Parkes의 Notification과 Regulation 공포	영국인의 일어신문 발행 금지
릴리 사건	방콕	1898	Decree of Expulsion	태국 경찰이 강제추방
코웬 사건	천진	1904	China and Japan Order in Council, 1865	총영사가 영사재판으로 추방령

3. 영국의 선택, 1904년 추밀원령 적용

의회와 언론에 신경 썼던 외무성

앞에서 살펴본 세 사건과 한국에서 있었던 배설 사건은 법적인 차원을 떠나서 생각해 본다면 영국의 제국주의와 자유언론의 사상이 충돌한 사건으로 평가할 수가 있다. 정치적으로는 영국의 제국주의가 팽창한 결과로 영국인들이 동양 여러 나라에서 신문을 발행하게 되자 논조가 때로는 영국의 국가이익에 상반되는 경우도 생기게 되었고 또 국가이익에 이바지하는 측면도 있었다. 이러한 신문을 다루는데 있어서는 영국 안에서 허용되는 언론자유가 동양의 영국인들에게 그대로 적용될 수 없는 경우가 많았기 때문에 이와 같이 사건이 복잡하게 전개된 것이다. 이런 사건을 처리하는 데 있어서 영국 정부가 고려했던 문제는 자칫하다가는 영국인들이 누리고 있던 치외법권을 영국이 스스로 위축시키거나 침해할 우려가 있다는 점이었다. 영국의 고민이 여기에 있었다.

영국 외무성이 정책결정에 언제나 신경을 써야했던 중요한 분야는 의회와 언론이 있었다. 세 사건의 처리 결과에 대해서 외무성은 예외 없이 의회로부터 추궁을 당했다. 국회의원들이 외무성을 추궁할 수 있는 자료를 제공한 것은 신문이었다. 신문과 관련되는 사건이었으므로 신문은 당연히 이를 다루게 되었고, 멀리 떨어진 동양에서 일어난 사건이라 해도 런던까지 알려지게 되었다. 그러므로 영국 외무성은 배설 문제로 일본과 교섭을 벌이는 과정에서도 언제나 의회와 언론이 이를 지켜보고 있다는 전제 하에 사건을 다루었다. 법률고문 데이비드슨이나 외상 그레이, 서울의 총영사 코번 등이 사건 처리 과정에 남긴 기록들이 이를 증명한다. 일본의 독촉에도 불구하고 영국이 배설 문제 처리에 시간을 오래 끌면서 몇 차례나 방침을 바꾼 중요한 원인 가운데 하나가 바로

일본군의 한국인 처형. 영국의 화보 잡지 〈일러스트레이티드 런던 뉴스〉 1904년 6월 15일자.

의회와 언론의 비판이 있을지도 모른다는 우려 때문이었다.

9월 16일, 일본 외상 하야시는 해리 파크스가 블랙에게 적용했던 조치를 선례로 삼아서 배설이 신문을 발행하지 못하도록 해달라는 요지의 공문을 맥도날드에게 보냈다. 하야시는 배설은 자신의 행동이 마치 영국 정부의 찬동을 얻고 있는 듯이 가장하면서 더욱 더 독필(毒筆)을 휘두르기 때문에 폐해가 크다고 주장하고, 경무고문 마루야마(丸山重俊)가 이등박문에게 보낸 비밀 보고를 첨부했다. 배설은 신보사 사원들에게 통감부가 신보사를 탄압하고 있지만 자신은 이에 굴하지 않을 것이며 주한 영국 총영사는 물론이고, 주일 영국대사도 신보의 정의를 용인해서 건필을 희망하고 있다고 말했다는 것이다.

9월 17일 맥도날드는 배설 문제를 협의하기 위해 서울에서 동경에 온 코번과 함께 하야시를 만났다. 하야시는 이 자리에서 사건을 근본적으로 마무리 지을 수 있기를 바라는 일본의 입장을 반영하여 강력한 조치를 취해 달라고 요구했다.

하야시는 일본 정부와 통감부는 한국의 상황을 대단히 위급한 사태로 간주하고 있으며 실지로 '혁명적인 상황'이라고 규정하고 배설과 그의 신문이 한국의 평화를 크게 위협한다고 설명했다. 그렇기 때문에 영국 정부는 태국에서 릴리를 재판 없이 추방했던 사건, 또는 해리 파크스가 일본에서 신문규칙을 선포하여 블랙의 신문발행을 금지시켰던 전례를 적용하여 배설을 추방하거나 신문을 발행하지 못하도록 해서 이 문제를 효과적으로 종결지어 달라고 요청했다. 하야시는 또 새 추밀원령으로 배설을 기소해서는 처벌에 성공하기는 어려울 것이며, 오히려 사태를 더욱 악화시킬 우려가 있을 뿐이라고 말했다.

배설 기소하기로 결정

하야시의 제안 가운데 새 추밀원령으로는 배설을 처벌하는 데 불충분하다는 부분에 대해서는 코번과 맥도날드도 즉시 동의했다. 이 점은 서울과 동경의 영국 공관은 이미 알고 있으면서도 일본 측에 알리지는 못하고 있었던 것인데 일본도 이를 간파했기 때문에 양측이 의견을 같이 한 것이다.

양측의 이러한 의견일치는 사건 처리에 중요한 의미를 지닌다. 일본은 개정된 추밀원령이 배설 문제를 해결해 줄 것으로 믿었지만 그 기대는 완전히 빗나갔음을 확실히 깨달았던 것이다. 이에 따라 추밀원령이 효력을 발생하기를 기다려 왔던 종래의 방침을 바꾸어 완전히 새로운 방법으로 이 문제에 접근하기로 한 것이었다.

하야시는 다음과 같은 대안을 제시했다. 영국이 배설을 효율적으로 처벌할 수가 없다면, 일본은 본의는 아니지만 자위수단으로 배설이 신문을 판매하지 못하도록 하거나, 경찰권을 발동하는 수밖에 없다. 하야시는 더 이상 영국이 일본의 요구에 부응하여 처리하도록 기대하지는 않겠으며, 일본이 독자적으로 처리하겠다는 뜻을 전달한 것이다. 배설 문제의 근본적인 해결을 위해서는 일본이 영국과 상당한 외교적인 마찰도 사양하지 않겠다는 단호한 결의를 표명한 것이다.

코번은 하야시의 새로운 제안은 일본 정부가 배설과 그의 신문이 갖는 영향력을 과대평가하고 있는 것이라고 반박했다. 맥도날드도 일본의 강경책을 환영할 사람은 다른 사람 아닌 배설 한 사람뿐일 것이며, 배설은 손해에 대한 배상을 청구할 것이라고 말했다. 하야시는 이 문제에 대해서는 일본 정부만이 판단을 내릴 수 있는 유일한 당국이라고 강력히 주장했다. 배설 문제가 중대한 정치적 이유 때문에 취해진 외교적 요청이기 때문에 '법적인 수단에 의해 해결될 것이 아니라'는 점을 강조했다. 맥도날드는 일본이 주장하는 강도와 현재의 상황으로 보아서 일본의 요구를 거절하다가는 심각한 마찰을 일으킬 것 같다는 생각이 들었다. 따라서 릴리나 블랙의 선례를 적용하는 조치를 취하는 것이 좋겠다고 본국에 건의했다.

영국 외무성도 이렇게 되자 배설 처리의 방침을 다시 한 번 바꾸었다. 1904년 추밀원령 제83조 1항과 3항에 따라 배설을 기소하기로 한 것이다. 만 4개월 전이었던 5월 27일에는 새 추밀원령으로 배설을 처벌하도록 서울과 동경에 훈령을 내렸었는데, 그동안 코번과 맥도날드가 보내온 자료를 토대로 여러 측면에서 검토하고 법무성에 문의도 해본 다음에 얻은 결론이었다.

외무성이 종래의 방침을 변경하여 1904년 법을 택한 이유는 부작용을 최소한으로 줄이려는 의도였다. 1904년 법을 적용한다면 약식 영사재판에 회부할 수가 있기 때문에 사건 처리가 신속하므로 골치 아픈 문제를 간편하게 해결한다는 이점이 있다. 절차상의 편의성과 함께 재판 결과에 대해서 외무성이 짊어지게 될 부담도 줄어들 수 있었다.

1904년 법에 따라 영국이 배설을 처리한다면 일본이 배설을 추방하도록 허용하는 방법(릴리 사건)에 비해서 한국에서 치외법권을 유지하는 데 보다 일관성을 갖는 조치가 될 것이다. 또한 주일 영국대사가 특별 포고를 공포하여 신보의 발행을 금지시키는 방법(블랙 사건) 보다는 덜 강경한 조치가 될 수 있었다(Grey가 MacDonald에게, 25 Sept. 1907, No.34). 9월 25일, 외무성은 이러한 내용의 훈령을 동경으로 보내면서 코번과 맥도날드가 반대하지 않는다면 즉각 기소조치를 취하라고 훈령했다.

그러나 일본은 이에 대해 강력한 이의(serious objections)를 제기했다. 하야시는 맥도날드에게 영국이 취하겠다는 조치에 도저히 만족할 수가 없으며, 배설의 추방에 동의하거나 신문을 폐간시키는 것이 절대 필요하다고 거듭 주장했다(『日外』 40/1, p.586, No.599). 일본이 이와 같이 강경론을 고집한 것은 그동안 영국과의 교섭과정에서 시간을 허비하고 있는 사이에 배설의 신문은 구독자가 계속 늘어나고 있었고, 더욱 신랄한 논조로 일본을 비판해 왔기 때문에 이 기회에 문제를 근본적으로 해결하지 않으면 안 된다고 판단했던 것이다. 추밀원령에 따라 배설을 기소하겠다는 영국의 방침을 반대한 하야시의 주장을 정리해서 요약하면 다음과 같다.

첫째, 앞서도 지적했지만 추밀원령은 배설 문제를 처리하는 데 효율적이 아니다. 더구나 이 법에 따른 재판은 그 절차가 못마땅하다. 이 법은 일본이 이니시어티브를 취해서 영국 법원에 제소하지 않는 한 그 실효를 발휘할 수가 없다. 일본은 자신의 손으로 배설을 제소하지 않고, 영국이 직접 행동을 취해 주기를 희망했다.

둘째, 일본은 릴리의 경우처럼 배설이 재판받지 않고 추방되기를 희망했다. 배설이 기소되어 재판을 받는다는 사실 그 자체가 일본에게는 결코 이롭지 못한 결과를 초래할 것이라는 점을 충분히 예견할 수 있었다. 가령 어떤 기술적인 근거로 인해서 재판이 연기되어 시간을 끌고 유죄판결을 내리는 데 실패할 가능성도 있을 뿐 아니라 재판이 열리는 동안 신문은 계속해서 발행될 것이며, 배설과 한국인 편집진들은 일본이 불평을 제기한 바로 그 원인이 되는 악폐를 더욱 강조하게 되는 결과를 초래할 뿐이다.

셋째, 앞으로 한국에서 이러한 간행물이 나오지 못하도록 해야 한다. 만일 이번 기회에 결정적인 조치를 취하지 못한다면 한국인들은 앞으로 명의만 내세워서 신문을 발행하고, 한국의 신문지법을 교묘하게 빠져나갈 수 있을 것이다("Memorandum Communicated by Japanese Ambassador", 30 Sept. 1907). 일본에서는 이미 30년 전에 있었던 블랙 사건 때에 이러한 위험성을 내다보았고, 블랙 사건을 해결함으로써 이를 예방하는 데 성공한 셈이었다. 하야시는 이와 같은 이유를 들어 주영 일본대사 고무라에게 외상 그레이를 만나 배설 문제는 맥도날드가 본국 정부에 보고한 것보다 훨씬 심각하다는 것을 설명하고 이의 조속한 처리를 촉구하도록 훈령했다.

맥도날드도 일본의 요구에 동조했다. 추밀원령에 의한 기소로는 배설을 처벌할 수 없을 것이라고 말하고 "최선의 방책은 영국인이 한국어 신문을 소유하거나 발행하는 것을 금지한 해리 파크스의 규칙 가운데 한 조항을 공포하는 것"이라고 본국에 건의했다.

동경에서 협의를 끝내고 서울로 돌아온 코번은 앞으로 자신이 배설의 재판을 진행해야 할 경우에 대비해서 실무적인 문제를 검토했다. 코번은 이 문제 처리의 방향과 함께 제기될 수 있는 문제점들을 다음과 같이 설정했다.

신보의 내용은 코번이 생각하기로는 추밀원령 제83조를 적용시켜서 유죄판결을 내릴 수 있는 확증을 잡기는 어렵다. 그러므로 일본 당국이 신보 기사가 미치는 영향에 관한 증거를 제공해 주는 것이 필요하다. 그러면 코번은 배설에게 앞으로 근신하겠다는 서약서를 쓰도록 할 수 있다. 배설은 아마 그러한 서약서를 쓰는 데는 별다른 어려움을 느끼지 않을 것이다. 배설이 이를 지킬 경우 그를 추방해야 한다는 문제도 일어나지 않을 것이다. 그러나 만약 배설이 일본 당국의 비위를 거스르는 행동을 되풀이한다면 그것은 그가 서약을 무효화한 것이 된다. 그런데 문제는 이것이 고등재판소에 대한 상고사유가 될 수 있는 것인지 코번은 그것을 알 수가 없었다. 또 하나는 일본 당국이 어떤 태도로 나올 것인가도 의문이었다. 일본은 배설의 언론활동이 한국인들에게 미친 영향을 심판할 수 있는 유일한 당국은 일본 정부뿐이라는 고집을 버리지 않고 이 사건을 법률적인 차원에서 다루는 일에 협조하지 않을지도 모르는 일이었다(MacDonald가 Grey에게, 26 Sept. 1970, No.41).

그 다음에 대비해야 할 문제는 배설이 영사재판의 판결에 불복하여 상고하는 경우였다. 만일 배설로부터 치외법권상의 권리를 철회할 경우 배설이 불복 상고할 수 있는지가 의문이었다. 코번은 천진의 코웬 사건을 상기시켰다. 1904년에 있었던 이 사건 때에 재판장이 코웬에게 변론의 기회를 주지 않았다 하여 코웬은 상해 고등재판소에 상고했었다. 코번은 예상되는 이같은 문제점을 상해 고등법원에 문의해 보았으나 상해 고등법원은 배설이 이의신청을 하기도 전에 미리부터 명확한 판단을 내릴 수 없다는 답변을 들었다(Shanghai Supreme Court에서 Cockburn에게, 1 Oct. 1907, No.35).

일본이 강한 불만을 표시했고, 동경과 서울의 영국 공관도 재판의 결과에 대해 의문을 제기했으나 영국 외무성이 이 문제를 1904년 추밀원령을 적용하여 약식 영사재판에 회부하기로 결정한 방침은 변함이 없었다. 외무성의 법률 고문들은 다음과 같은 점을 들어 배설의 신문이 공공의 평화를 교란하는 성향을 띠고 있음이 의심할 여지가 없다고 보았다.

1. 신보 기사 7월 6일자에 나타난 바와 같은 논조의 성격.
2. 서울의 소요사태는 위험한 성향의 기사들을 끈질기고도 체계적으로 게재해 온 배설의 영향력 때문에 발생했다는 일본 정부의 견해.
3. 한국인들의 예민한 감수성과 그 나라의 지방 분위기.

외무성은 재판의 성공적인 결과를 보장하기 위해서는 일본이 재판에 협조해야 한다고 통보했다. 즉, 서울의 일본 통감부 관리나 이 사건에 관한 사실들과 현지의 여론에 정통한 사람이 서울의 지방 영사재판소에 고소를 제기해야 한다는 것이었다("Memorandum Communicated to Baron Komura", 9 Oct. 1907; 『日外』 40/1,

p.589, No.602). 외무성은 또한 배설의 처벌을 꺼리는 것 같은 태도를 보이는 코번에게는 영사재판소의 판사자격으로 그가 해야 할 업무 내용과 재량권의 한계를 제시해 주었다. 일본 당국이 배설을 기소하는 데 필요한 증거를 제출하면 코번은 제출된 증거들을 채택할 수 있는 사법적 재량권을 갖게 되고, 재판 결과에 대해 배설이 상고할 수 있는지 여부는 사건이 고등재판소에 제기되었을 때에 판사가 결정할 문제라는 것이었다.

이와 같이 영국은 일본의 요구를 들어주되 이 사건을 배설 문제에 국한시켜 다룬다는 것과 영국이 선택한 방법에 따라서 처리하기로 방침을 정했다. 이 문제를 사법적 차원이 아니라 정치외교적인 차원에서 처리해 줄 것을 요구했던 일본으로서는 만족스러운 결정이 아니었다. 또 배설이 약식 영사재판에 불복하여 상해 고등법원에 정식재판을 청구할 경우 결코 일본이 바라지 않는 방향으로 사건이 진행될 우려도 있었으나, 일본은 영국의 처리 방법에 따르는 도리 밖에는 달리 대안이 없었다. 일본은 배설을 영국이 영사재판에 회부할 수 있도록 증거를 제출하기로 했다. 이등박문은 지금까지 이 문제의 처리에 있어서 코번을 상대하지 않으려고 노력하였고, 정치적으로 해결할 수 있기를 강력히 희망했지만 배설의 재판은 코번의 손에 맡겨진 것이다.

제 IX장

영국 총영사의 영사재판

제 Ⅸ장 영국 총영사의 영사재판

1. 런던·서울·동경의 견해차이

배설 찾아간 미우라의 협박

영국과 일본의 오랜 교섭 끝에 영국은 배설을 '1904년 추밀원령'을 적용하여 재판하기로 방침을 정하였다. 그러나 이번에는 이 재판의 성격에 관해서 동경과 런던, 이등박문과 코번 사이에는 견해가 대립되었다.

일본은 우선 배설이 재판 결과에 불복하여 상해 고등재판소에 상고하는 일이 일어날지도 모른다는 점을 우려했다. 그럴 가능성에 대해서는 주일 영국대사 맥도날드도 일본에 확실한 대답을 해 줄 수 없었다. 일본은 이 점을 명확히 해두기 위해서 주영 일본대사 고무라(小村壽太郎)에게 영국 정부에 직접 문의해 보라고 훈령했다. 고무라는 영국외무성 극동 담당차관 캠벨(F. A. Campbell)로부터 다음과 같은 답변을 들었다.

영국은 서울의 영국 총영사가 재판을 진행하여 배설에게 근신을 명하고 보증금을 징수한다. 만일 배설이 명령에 따르지 아니하거나 또는 보증금을 납부하지 못할 때에는 퇴거명령(추방)을 내릴 것이다. 총영사의 퇴거명령은 상해 고등법원의 승인을 얻을 필요도 없으며 달리 재판을 거칠 필요도 없다(『日外』, 40/1, No.603, p.590).

고무라가 캠벨을 면담한 뒤에 위와 같은 내용의 전문을 동경에 보냈는데, 이 전문 때문에 영국과 일본은 견해 차이를 나타내었다. 영국은 이 재판을 약식재판이지만 정식재판의 성격을 띠는 것으로 규정하고 있었던 데 비해서, 일본은 문자 그대로의 약식재판으로만 보았던 것이다.*

10월 5일 코번은 상해 고등법원에 배설의 재판절차를 문의했다. 고등법원은 추밀원령 제82조에 의한 재판절차는 배설에게 소환장을 발부해야 하며, 고발자가 제출하는 증거를 채택한 뒤에 피고에게 변호의 기회를 주는 동시에 반대신문을 허용해야 한다고 회답했다. 이렇게 되면 절차상으로 볼 때에 정식재판과 다름이 없는 것이다.

그러나 통감부는 고무라가 일본 외무성에 보낸 전문을 근거로 이 재판은 정식재판이 아니라고 믿었다. 통감부 총무장관 쓰루하라(鶴原定吉)는 10월 9일 재판에 필요한 증거물로 신보와 *KDN*의 기사 세 건을 코번에게 제출하고 배설의 처벌을 요구했다. 쓰루하라가 제출한 기사 세 건은 다음과 같다.

1) "Where is the Master of Ceremonies?"(*KDN*, 9월 21일, 의식의 주인은 어디에 있는가) 일본 황태자의 서울 방문을 핑계 삼아 진실을 왜곡하고 일본 정부기관을 모욕하고 있음.

2) 「지방곤란」(신보, 9월 18일; 한글판 같은 날짜 「디방의 곤난」) 일본군 당국이 한국 남부지방의 폭동을 진압함에 있어서 문명인들의 방법이 아닌 잔인하고 야만적인 수단을 사용했다고 주장하고 있음. 무장 폭동이 일어나고 있는 이 시기에 한국어신문이 이와 같은 성격의 비방을 퍼뜨림으로 인해 발생하는 해로운 영향은 자명함.

3) 「귀중훈쥴을 인(認)ᄒ여야 보수(保守)훌쥴을 인ᄒ지」(신보, 10월 1일; 한글판 10

---

* Grey가 MacDonald에게, 12 Oct. 1907, No.37. 코번은 영·일 양측의 이와 같은 오해는 고무라(小村)가 캠벨로부터 들은 설명을 동경에 잘못 송신했기 때문에 일어난 것이라고 썼다 (Cockburn이 Grey에게, 20 Dec. 1907, No.63.).

월 3일, 「귀중훈쥴을 알아야 보슈훌쥴을 알지」) 다른 나라들에서 얼어난 독립전쟁을 언급한 다음, 그와 같은 독립전쟁은 많은 인명과 재산을 희생시키지 않고서는 성공적인 결실을 맺을 수 없음을 강조하고 있음. 한국의 현 여건 하에서 일본 당국에 대한 무장 폭동을 조장할 목적이 아니라면 이와 같은 기사를 게재했을 리 없었을 것임(鶴原가 Cockburn에게, 9 Oct. 1907, Cockburn이 Grey에게 보낸 24 Oct. 1907, No.44의 첨부물 No.1).

쓰루하라는 배설이 발행하는 신문들은 동양 언론사상 독특한 것으로서 이 나라의 합법적인 기관에 대해 끊임없는 적대행위와 함께 불법적인 수단에 호소함으로써 한국인들 사이에 불만을 조성해 왔으며, 특히 최근 위기에 처해 있는 한국의 정세 아래서는 공공이익에 중대한 해독을 끼친다고 주장했다.

영사재판에 일본 관리 출정 요구

통감부가 증거물을 제출하자 코번은 재판절차의 기본으로서 공적인 지위를 가진 일본인 한 사람이 선서진술서(affidavit)를 제출해야 한다고 요구했다. 영국 외무성도 통감부에 대한 코번의 요구가 타당한 것으로 보았다. 일본이 증거를 제출하는 것만으로는 안 되며 재판정에 출두하여 반대신문에도 응할 수 있는 일본 측 증인을 내세워야 한다고 생각했다.

외무성은 재판을 상해 고등법원에서 하지 않고, 서울의 지방재판소(영사재판소)에서 약식 형사재판을 거치는 것이기는 하지만 재판의 모든 절차는 정식재판의 성격을 띠게 된다고 해석했다. 그렇기 때문에 재판절차는 영국의 법체계와 일치해야 하고, 이러한 원칙에 따라서 피고는 자신을 변호할 수 있는 충분한 기회를 가져야 하며, 불리한 증거는 반대신문에 부칠 수 있어야 된다는 것이었다. 영국은 일본의 요구를 충족시켜주고 있기 때문에 일본 정부로부터 이에 상응한 지원을 받을 자격이 있다는 외무성의 주장이었다(Grey가 MacDonald에게, 12 Oct. 1907, No.37;「日外」 40/1, No.607, pp.592~593).

그러나 이등박문은 이에 강력히 반발했다. 일본 관리가 영국의 영사재판 법정에 출두하여 배설의 반대신문에 응한다는 것은 체면을 크게 손상하는 일이 될 것이기 때문이었다. 통감부는 코번에게 주영 일본대사 고무라가 캠벨로부터 정식재판의 절차가 필요하지 않다는 보장을 받았다고 주장했다. 그리고 영국 정부가 승인한 사실을 코번이 거부하는 것인 양 의심하는 것 같았다.

이와 같은 상황에서 코번은 이등박문이 비상사태임을 내세워 직접 배설에게 과격한 조치를 취할 가능성이 충분히 있다고 보았다. 이등박문은 배설을 체포하여 제물포에 정박 중인 영국 기선에 태우거나 그곳에 있는 일본 순양함 편으로 영국 영토에 실어다 놓을 가능성이 있었다. 만일 그렇게 된다면 영국과 일본 사이에는 정치적으로 곤란한 문제가 일어날 것이다.

반면에 배설은 이러한 위급한 상황은 아랑곳하지 않은 채 앞으로 또 어떤 기사를 실을지 예측할 수가 없는 일이었다. 배설은 일본 황태자가 한국 황실의 불청객으로 방한한다는 기사를 실은데 이어(9월 21일), 한국 내각은 한국의 황제는 가볍게 여기면서도 일본의 황족에 대해서는 지나치게 융숭한 대우를 하려 한다 하여 한국 내각을 공격하는 기사(10월 8일)를 싣고 있었다.

치열한 의병전쟁의 외중에

통감부는 일본 황태자가 서울을 방문하는 동안 그의 신변안전에 소홀했다는 문책을 받는 사태가 발생할 것을 염려해서 여러 방안을 강구하고 있었다. 10월 7일 '한국주차헌병에 관한 건'을 개정하여 지금까지 1천 명이던 헌병 주

대한매일신보 공무국의 모습.

둔군의 숫자를 2천 명으로 증가시키고, 기병 1개 연대(4개 중대)도 증파했다. 기병대의 증파는 방한하는 황태자를 경호한다는 명목이었으나 곧 남한 지구로 파견되었다. 이리하여 일본은 이미 주둔해 있던 주한 1개 사단(북부수비관구)과 증파군 1개 여단 및 기병 1개 연대(남부수비관구)로 의병의 진압을 기도했다. 헌병대의 병력을 늘리고 헌병대장에 아카시 모토지로(明石元二郎)가 임명된 것도 이 무렵이었다. 아카시는 러일전쟁 당시 일본의 대 러시아 첩보와 모략공작에 이름을 떨친 사람이었다. 이등박문은 아카시 한 사람이 10개 사단과 맞먹는 일을 했다고 격찬했을 정도였다.

일본이 한국 주둔 병력을 증강했던 이유는 각지에서 일어나고 있던 의병을 진압하기 위해서였다. 의병들의 무장 항일투쟁은 배설의 제1차 재판 무렵부터 이듬해 제2차 재판이 열리던 때까지 가장 치열하게 전개되었다.

'의병'은 외침으로 나라가 위기에 처했을 때에 자발적으로 봉기하여 구국 투쟁을 벌이는 민중의 무장투쟁이다.* 한국의 역사상 의병의 봉기는 임진왜란 때를 비롯하여 여러 차례 있었다. 근대사에서 일본의 한국침략에 대항한 의병은 1895년의 명성황후 시해사건이 그 직접적인 계기였다. 이 시기의 의병은 정부의 친일·개화 정책에 반대하는 유생들이 주동이었는데 1896년 10월을 고비로 일단 진정되었다. 그러나 1904년 러일전쟁 발발 직후에 일본이 나가모리를 앞세워 황무지 개간권을 요구할 때부터 반일감정이 고조되다가 1905년 11월 을사조약이 체결되자 의병활동은 본격적으로 재개되었다.

가장 대규모의 항일 무장투쟁을 벌인 대표적인 의병대는 민종식(閔宗植)의 홍주(洪州)의병이었다. 민종식은 후에 체포되었는데 배설의 2차 재판 때에 증인으로 출두했다. 이때 의병의 봉기는 고종의 내밀한 지원을 받고 있다는 소문도 널리 퍼졌다(Korea", Mail, 14 Oct. 1905, p.416). 의병 항전은 1907년 8월 일본군이 한국 군대를 강제로 해산한 후, 해산된 군인들 가운데 일부가 가담하여 전력이 강화되고 전국적인 규모의 구국 항일전의 성격을 띠게 되었다. 의병들의 항쟁을 진압하기 위해서 일본은 주한 일본군을 증강시키고 한국 주둔 헌병대를 편성하고 헌병보조원 제도를 신설하는 한편, 한국의 경찰권을 접수하여 경찰력을 증강하는 등의 여러 가지 방안으로 대처했다. 군대해산 직후인 1907년

---

* McKenzie는 그의 책 *The Tragedy of Korea*에서 의병을 영어로 'Righteous Army'라고 번역했으나, *Seoul Press* 등 일본 측은 '폭도'라 하여 insurgents, rebels, riot 또는 insurrection 등으로 표현했다. 한편 배설의 재판 때에 변호인 Crosse는 이를 한국어 발음대로 'Euipyong Society[Organisation]' 또는 'Volunteer Movement'로 부르고 있으며, 피고였던 배설은 'Righteous Army'라는 표현을 쓰고 있다. 주한영국총영사 코번은 이를 'Patriotic Soldiers'라고도 번역했다.(Corea, Annual Report, 1907, p.4, para. 13), Angier A. Gorton, *The Far East Rivisited*(London: Witherby & Co., 1908), p.290, 294 참조.

8월부터 1911년 6월까지 의병과 일본병력과의 충돌은 무려 2,852회나 되었고, 교전 의병의 숫자가 14만 1천815명, 사망 의병 1만7천779명, 부상 3,706명에 이르렀다. 일본 측도 사망자 136명, 부상자 277명이었다(金正明,「朝鮮獨立運動」Ⅰ, 民族主義運動篇(東京, 原書房, 1967), pp.239~247,「暴徒討伐彼我損傷類別表」).

배설의 두 차례 재판은 바로 이러한 의병의 항일전이 가장 치열하게 전개되어 많은 사상자가 나고 있던 때에 열렸다. 전국에서 의병들이 무력으로 항일 저항운동을 벌이는 가운데 일본군 2만여 명이 의병 진압 작전을 펼치고 있었다. 헤이그에 밀사를 파견했다는 책임을 물어 일본이 고종을 강제 퇴위시킨 직후, 군대를 해산하자 의병이 봉기하여 일본군의 치열한 전투가 곳곳에서 전개되던 위급한 상황이었다.

의병의 조직은 산만했다. 정식 훈련을 받은 군인은 극소수에 지나지 않는 민병(民兵)이 대부분이었으며 빈약하고 형편없이 낡은 구식 장비 밖에 지니지 못했다. 그러나 전국 각처에서 일본이 장악한 통신시설을 비롯하여 일본군과 경찰을 산발적으로 습격하여 치안을 교란시키고 있었다. 일본군은 의병을 진압하는 과정에서 민간인과 부녀자, 그리고 어린이들까지 무차별로 살해했다.

신보는 의병활동을 보도하면서 일본군이 자행하는 무자비한 보복과 무고한 민간인들에 대한 잔인한 살상 행위를 폭로했다. 서양인 기자로서는 유일하게 의병들이 숨어 있는 산 속까지 찾아가서 취재를 벌인 맥켄지 기자는 의병들의 실상을 그의 책에 생생하게 기술하면서, 많은 전투를 겪는 동안 일본 측이 발표한 의병들의 전사자는 많은데 부상병이나 포로에 대해서는 아무런 언급이 없는 것은 일본 측이 부상당한 의병들과 포위당한 의병들을 조직적으로 몰살했기 때문이라고 쓰고 있다(F. A. McKenzie, *The Tragedy of Korea*, p.207).

통감부는 의병들의 소요가 배설이 신보를 통해 폭동을 선동 때문에 일어났으며 날이 갈수록 격화되고 있다고 주장했다. 〈재팬 메일〉도 신보가 의병봉기에 직접적인 원인이라고 비난했다. 신보의 논설은 그대로 의병대의 창의문(倡義文: 의병 봉기를 널리 호소하는 글)으로 사용되고 있을 정도로 선동적이라는 것이다.

2. 절박한 사태에 치안판사 자임

총영사 코번, 배설 소환

코번은 배설을 재판에 회부하기로 했다. 불안정한 한국의 치안상태에도 불구하고 일본의 황태자가 방한하기로 되어 있으며, 신보의 일본을 향한 공격은 수그러지지 않고 있다는 여러 사정을 고려한 끝에 내린 결정이었다. 현지 정세를 가장 민감하게 관찰했던 코번은 재판의 절차 문제로 통감부와 더 이상 승강이를 벌이고 있기에는 사태가 절박하다고 판단한 것이다. 코번은 지금까지는 정식재판의 절차를 거쳐야 한다고 주장해 왔는데, 이제는 그 고집을 꺾고 캠벨에게 하나의 편법을 사견(私見)으로 건의했다.

사태의 긴급성에 비추어 주한 영국 총영사관 직원 한 사람을 내세워 '선서진술서'를 제출케 한 뒤, 일본 관리를 재판정에 출두시키지 않고 재판을 진행하는 것이 어떻겠느냐는 내용이었다. 코번은 이와 같은 처리 방안을 캠벨에게 건의한 뒤 본국 정부의 승인을 받지 않은 채 10월 12일(토) 오전, 배설에게 소환장을 발송했다. 이틀 뒤인 10월 14일(월) 오전 11시까지 총영사관(법정)에 출두하라는 내용이었다. 선서진술은 일본관리가 아닌 총영사관의 홈스(Ernest Hamilton Holmes)가 할 예정이었다.

코번은 배설에게 소환장을 발부한 자신의 행동을 정치적인 고려에 좌우되지 않는 치안판사의 역할에 비유했다. 그는 자신이 다루도록 되어있는 배설에 대한 재판시기를 이 시점으로 택함으로써 영·일 간에 일어날지도 모르는 분쟁을 막는 동시에 배설이 한국에서 추방되는 사태도 방지할 수 있을 것으로 보았던 것이다.

하지만 영국 외무성은 코번의 처리 방법에 동의하지 않았다. 영국 총영사관 직원이 선서진술서를 제출해서는 안 되며, 반드시 일본 관리가 법정에 출두해야 한다는 훈령을 코번에게 보냈다. 지금까지는 모든 일을 지나치리만큼 꼼꼼하게 대비해 왔던 코번도 여기서 난처한 입장이 되고 말았다. 이미 영국 총영사관의 홈스를 고소인으로 하여 배설에게 소환장을 발부해 놓았으니 본국 정부가 동의하지 않는다 해서 그 소환장을 취소하기도 어렵게 된 것이다.

다급해진 코번은 하는 수 없이 재판을 하루 앞둔 일요일인 10월 13일 이등박문을 찾아가서 이러한 사정을 설명하고 통감부가 고소인과 증인을 관리의 자격이 아닌 개인자격으로라도 출두시켜 달라고 요청했다. 이등박문은 이에 대해 시일이 절박한 사정에 비추어 고소인과 증인을 '개인자격'으로 재판정에 출두하도록 하겠다고 약속했다. 고소인으로는 경성이사청 이사관 다카세(高瀬)를, 증인으로는 서기관 고마쓰(小松綠)를 각각 내보내기로 했다.

그러나 이등박문은 당초 일본 정부가 이를 정치문제로 다루어 줄 것을 요청했음에도 불구하고 영국 정부가 이를 받아들이지 않은 데 대해서는 정치적인 문제로써 항의할 권리를 유보해 두겠다고 덧붙였다(『日外』 40/1, No.607, pp.591~592). 어쨌건 코번은 본국 정부가 지시한 대로 일본 통감부 관리를 '개인자격'으로나마 고소인과 증인으로 법정에 출두시킬 수는 있게 되었다. 그러나 통감부로부터 돌아온 코번은 법률서적들을 참조해 본 결과 고소인을 일본 관리로 바꾸는 데는 법적인 장애가 있음을 발견했다. 고소인은 이미 홈스가 되어 배설에게 소환장을 발부해 두었는데, 이를 다카세로 바꾸려면 배설에게 발부되어 있는 소환장을 일단 철회하고 새로운 소환장을 발부하지 않으면 안 되었다. 그런데 난점은 똑같은 피의사실에 기초를 둔 또 다른 소환장을 발급할 수가 없게 되는 것이었다. 그러므로 코번은 고소인을 일본관리로 바꾸지 않고 당초의 소환장대로 홈스를 고소인으로 그냥두기로 했다. 그러나 코번에게는 동경과 런던에 자신이 취한 조치를 해명해야 되는 귀찮은 일이 남아 있었다.

주일 영국대사 맥도날드.

코번은 런던에 보낸 보고서에서 신보와 *KDN*의 기사 가운데는 일본군을 악당과 무자비한 약탈자의 집단으로 묘사하고 있으며, 미국·이태리·그리스가 독립투쟁에서 많은 희생자를 냈다는 사실을 상기시키면서, 한국인들에게 이민족의 굴레와 억압으로부터 스스로를 완전 해방시키기 위해 분투노력하라고 충고하는 논설도 있다고 지적했다. 그는 10월 16일로 예정되어 있는 일본 황태자의 방한 때에 반대데모를 선동하는 기사가 게재될지도 모르기 때문에 배설의 재판을 연기할 수가 없다고 설명했다. 코번은 자신의 입장을 다음과 같이 해명했다.

영국에서는 치안판사가 공공평화의 유지를 위해 현상 격투시합에 참가하려는 사람을 서약시킬 수 있는 권한을 갖고 있는데, 본인은 자신이 그와 비슷한 입장에

처해 있다고 생각한다. 만약 본인이 14일(13일은 일요일임)까지 소환장 발부를 늦
춘다면 사전 경고가 없음으로 해서 우려한 바와 같은 위해(危害)가 발생할지도 모
른다. 또한 그에 대한 소환장을 즉각 발부함에 있어서 본인의 의도는 국제정치와
는 무관한 일종의 예방조치를 취하는 치안판사로서 행동하자는 것이었다.

코번은 자신이 소환장을 발부하지 않을 수 없었던 상황을 계속해서 설명
했다. 일본 황태자에게 모종의 불행한 사건이 발생할 가능성이 있는데다가
그의 안전에 대한 책임은 서울의 일본 당국이 져야 하기 때문에 일본 당국
이 공포상태에 빠져 있다는 점을 지적했다. 만일 영국이 재판을 통해 배설
에게 효율적인 제재를 가하지 못한다면 이등박문은 스스로 조치를 취할 것
이라고 경고한 사실이 있다고 말했다.

재판의 증거로 제시된 기사

코번이 런던과 동경에 위와 같은 보고서를 보낸 것은 바로 배설의 재판이 열
리던 그날이었다. 이때 동경에서는 맥도날드가 일본외상 하야시(林董)에게 배
설의 재판에는 일본 측이 증인을 출두시키고 영국 법정에서 선서해야 한다는
내용의 각서를 전달하고 있었다(『日外』, 40/1, No.608, pp.593~594). 서울에서는 이
미 코번이 홈스를 고소인으로 하여 재판을 진행하고 있다는 사실을 알지 못했
던 동경의 맥도날드는 일본 측에 재판에 협조할 것을 요구하는 각서를 전달한
것이다.

배설에 대한 재판은 마침내 10월 14일 오전 11시에 서울 정동에 있는 주한
영국 총영사관에서 열렸다. 코번이 배설에게 전달한 12일자 소환장은 다음 10
건의 기사가 '소요를 일으키거나 조장시켜 공안을 해쳤다'고 적시되어 있었다.

1) *KDN* 9월 3일, 「지방소식과 논평, 지방의 곤란」(Local News and Comment, The Trouble in the Interior)

2) *KDN* 9월 10일, 「지방곤란」(The Trouble in the Interior)

3) *KDN* 9월 12일, 「지방곤란」(신보, 9월 18일자)

4) *KDN* 9월 21일, 「의식의 주인은 어디 있는가」(Where is the Master of Ceremony?)

5) *KDN* 9월 24일, 「시골로부터의 간단한 이야기」(Plain Tales from the Country)

6) *KDN* 9월 26일, "우리는 심한 전투소식을 들었다"로부터 시작해서 "유럽인들로부터"로 끝나는 기사.

7) *KDN* 10월 1일, "남도(南道)에서 온 믿을 만한 소식"으로 시작해서 "말뚝에 기대어 놓고 그를 쏘았다"로 끝나는 기사.

8) 신보 9월 18일, 「지방곤란」(*KDN*의 9월 12일자 번역)

9) 신보 10월 1일, 「귀중한 줄을 알아야 보수(保守)할 줄을 알지」

10) 신보 10월 8일, 「필하춘추(筆下春秋)」(한글판은 「시사평론」)*

코번은 쓰루하라가 제시한 것보다 많은 기사를 추가하여 배설을 기소한 것이다. 재판정에는 총영사 코번이 지방법원의 판사 자격으로 출정했고, 피고 배설, 영국 영사관원 홈스와 제물포주재 영국 영사 레이(Arthur Hyde Lay), 통감

---

* *British Journalism in Korea*(배설의 1차 재판 공판기록), pp.1~2. 코번이 배설에게 보낸 소환장에는 문제된 기사의 내용은 언급하지 않고 기사가 실린 날짜와 제목만 적혀 있다. 그러나 재판 직후인 1907년 10월 19일 코번은 이들 기사의 내용을 요약해서 본국 외무성에 보고했다(Cockburn이 Grey에게, No.43).

부 외사과장 고마쓰(小松綠), 영국교회 주교 터너(Arthur Beresford Turner), 퇴역 소령 휴즈(Major Hughes) 등이 참석했다.

나를 고소한 사람은 누구인가

개정 벽두, 배설은 이 재판의 고소인이 누구인가부터 따져 물었다. 영국 총영사관의 홈스가 원고라고 재판장이 대답하자, 배설은 홈스는 단지 자신을 고소한 형식상의 원고일 따름이고, 실지로 이 고소를 홈스가 하도록 만든 사람이 누구인지를 알고 싶은 것이라고 말했다. 그러나 코번은 이에 대해서는 차후에 답할 것이라고 말하고, 피고는 소환장에 적힌 혐의사실인 민중들에게 봉기하라고 선동했음을 시인할 것인지 또는 부인할 것인지 하나를 택하라고 요구했다. 배설은 혐의사실을 부인했다.

재판은 배설이 신보와 *KDN*의 발행 책임자임을 증명하는 사실 확인부터 시작되었다. 원고인 홈스가 배설이 신문발행 책임자라는 증거를 제시했고, 터너 주교가 이를 뒷받침하는 증언을 했다. 제물포주재 영국 영사 레이는 자신이 대한매일신보 기사를 번역한 영문이 원문과 다름이 없다고 진술했다.

코번은 홈스가 증거로 제출한 논설과 기사 6건을 날짜순으로 모두 낭독한 다음에 증인으로 나온 통감부 외사과장 고마쓰는 신보와 *KDN*이 평화를 해치고, 한국인들의 대일 악감정을 유발했다고 주장했다. 재판장인 코번의 질문에 고마쓰는 대답했다.

> 고마쓰　간단히 말하면 내 소견에는 신보와 *KDN* 두 신문의 논설은 평화를 해쳤고,
> 　　　　또 한국인들의 대일 악감정이 이 신문으로 인해 생긴 것으로 느낀다.
> 코　번　이것은 증거가 못된다. 나는 사실을 원하는 것이지 의견을 묻는 것이 아

니다.

홈　스　고마쓰 씨, 당신은 이 악감정에 대해 아는 바가 있는가.

고마쓰　한국 사람들로부터 일본인을 좋아하지 않는다고 공공연히 말하는 것을 들었다. 일본인과 한국인 관리들, 그리고 한국의 민간인들에게 들은 바로는 이러한 악감정이 이들 두 신문으로 인해 생긴 것이라는 인상을 받았다.

코　번　그대의 느낌은 증거가 못된다. 그러므로 그대의 마지막 말을 증거로 채택할 수는 없다. 나는 사실을 원할 뿐이다.

고마쓰　그렇다하더라도, 내가 들은 모든 악감정에 관한 보고는 이 신문과 관련이 있다.*

터너 주교가 증인으로 나와서 자신은 11년간 한국에서 살았으며, 강화도에서 의병들이 무력으로 강화성을 빼앗는 것을 직접 목격했다고 증언했다.** 피고 측 증인 휴즈 소령은 KDN을 정기 구독한다고 말했다. 배설이 KDN의 기사가 공안을 해치도록 선동했다고 보느냐는 질문에 이렇게 답했다.

아니다. 그와는 반대로 귀하는 항상 한국인들의 일본에 대한 무장 저항운동은 자살적인 정책이니 그만두라고 강조하고 있는 것으로 알고 있다.

---

* *British Journalism in Korea*, pp.11~12; The Seoul Press, 6 Nov. 1907.
** Turner 주교가 강화도에서 직접 목격했다는 강화의병 사건은 배설 공판 2개월 전인 8월 9일에 일어났다. 강화도 진위대원을 중심으로 일어난 의병은 지방민이 가세하여 약 800명에 이르렀다. 8월 10일 이를 진압하러 갔던 일본군 6명이 교전 끝에 사살되고 5명이 부상했다. 이튿날 일본군은 강화성을 점령했으나 의병 600여 명이 무기를 가지고 후퇴하여 경기·황해도 연안 지방에서 의병활동을 계속했다(『高宗時代史』6, 국사편찬위원회, 1972, pp.663~665).

배설은 고소인 측의 증인인 고마쓰에게 한국말을 아는가라고 물었다. 고마쓰가 모른다고 대답하자 그러면 신보를 어떻게 읽을 수 있었느냐고 물었다. 고마쓰는 한자는 읽을 수 있지만 한글은 읽지 못한다고 대답했다. 이로써 공판을 오후 4시 30분에 종결하고 폐정했다.*

3. 재판 결과에 대한 반응

6개월 근신 판결, 배설은 불만

이튿날인 10월 15일, 코번은 배설에게 6개월 동안의 근신(謹愼)을 명하는 유죄판결을 내렸다. 앞으로 6개월 동안 과거와 같은 행동을 하지 않겠다고 서약하고, 이를 위반하는 경우 3백 파운드의 벌금을 납부하겠다는 서약서에 서명하도록 했다. 배설은 이러한 판결에 불복항소(不服抗訴)를 제기할 수 있느냐고 물었는데, 코번은 그럴 수 없다고 대답했다. 여기서 배설이 이의를 제기할 수 있는 길은 1904년에 존 코웬이 취했던 방법을 택하는 수밖에 없게 되어 있었다. 그것은 재판에 불복하여 서약을 거부하는 것이었다. 그렇게 될 경우 배설은 일단 한국에서 추방되는 것을 감수해야 한다. 그리고 상해 고등법원이 서

---

*　공판 기록은 다음 자료 참조.
　British Journalism in Korea, The British Press in Korea, Charges Against Mr. Bethell; JWC, 24 Oct. 1907, pp.532~533; "The Charges Against Mr. E. T. Bethell, Official Summary of the Proceedings", JWC, 7 Nov. 1907, pp.588~589; "British Journalism in Seoul, Summary of Judicial Proceedings Against Mr. Bethell", The Seoul Press, 6 Nov. 1907; 「영국영사재판」, 신보, 1907년 10월 16~19일; F. A. McKenzie, The Tragedy of Korea, pp.221~224; 정진석, 「대한매일신보 사장 배설 공판기록」, 〈월간세대〉, 1976년 8월호, pp.150~161.

울에서 코번이 진행한 판결을 잘못된 것으로 인정하고 번복해 주어야 하는데 배설로서는 그런 판결이 나올 것을 기대하기도 어려웠다. 코웬 사건에서는 지방법원이 행한 재판 절차상 문제가 있었다. 그 사건에서는 코웬에게 변론의 기회와 반대신문의 권리를 주지 않았지만 배설 재판에서는 그러한 요건을 다 갖추었기 때문이다. 배설은 판결에 승복하는 수밖에 없었다.

코번은 배설에게 유죄판결을 내린 것은 그 기사가 발행된 주변 상황을 고려한 것이라고 밝혔다. 서울에는 일본군과 많은 일본인 거류민들이 있으며 한국의 여러 지방에서 한국인들이 무기를 들고 일어났고, 의병들과 일본군 간에 충돌이 일어났었다는 사실, 일본인들에게 적대감을 품은 한국인들이 서울에 많이 있다는 사실, 일본 황태자가 며칠 안에 방한할 것이라는 점 등의 상황을 놓고 볼 때에 배설이 발행한 기사들은 공공의 평화를 파괴할 가능성이 있다고 우려할 만한 상당한 근거가 있는 것으로 결론지을 수밖에 없었다는 것이다. 이리하여 복잡했던 사건은 일차재판이 끝남으로써 일단 매듭이 지어졌다. 코번이 재판결과를 공식으로 통보하자 이등박문은 영국의 처리 결과에 감사의 뜻을 표시했다.

재판은 끝이 났으나 코번의 입장은 난처했다. 그는 재판을 갑자기 서두르게 된 이유와 왜 통감부측이 아닌 자신의 직원인 홈스를 고소인으로 내세우지 않을 수 없었던가를 런던에 장황하게 해명하지 않으면 안 되었다. 재판 결과를 보고받은 영국 외무성은 재판이 만족스러웠다는 전문을 코번에게 보냈다. 재판에 일본 관리가 아닌 영국 총영사관 직원이 외견상의 제안자(ostensible mover)가 된 것은 유감스럽지만, 그러나 일본 측에서 독자적인 증인을 한 명[小松] 내세운 것은 만족스러웠으며, 또한 코번이 재판의 시기를 더 이상 미루지 않은 것도 옳았다고 평가했다. 그러나 런던 외무성은 코번이 취한 조치들에 대해 사후 승인은 해 주었지만 전적으로 동의한 것은 아니었다. 이 재판에 대해 외무성은 두 달 뒤인 12월 16일자 공문에서 코번에게 다음과 같은 문제점들을 열거했다.

외무성의 지적과 코번의 해명

첫째로 코번은 문제된 배설의 기사들을 좀 더 일찍 외무성에 보내줬어야 했다. 영국 외무성이 최종적인 결정을 내리는 데 많은 어려움을 겪은 것은 고소 대상이 된 배설의 기사들을 외무성에서는 볼 수가 없었기 때문이다. 일본 당국이 그의 기사들에 관해 주의를 환기시켰을 때마다 그 기사를 영어로 번역하여 외무성에 보내주었더라면 편리했을 것이다.

둘째, 외무성은 코번의 태도에 이해할 수 없는 점이 있다. 배설을 고소하는 데 있어서 코번이 망설이는 태도를 보였는데, 사건 처리에 있어서 현지 사정의 어려움은 충분히 짐작할 수 있지만, 그러나 외상 그레이가 보기에는 다소 이해하기 힘들었다.

셋째, 주한 영국 총영사관 직원인 홈스가 고소인으로 된 것도 만족할 만한 조치는 아니었다. 일본 당국이 고소를 제기했어야 하는 것인데도, 홈스가 고소인이 되었기 때문에 총영사 자신이 고소인이 되어 증거를 제시하고, 자신이 재판관이 되어 판결을 내린 것과 같은 결과를 가져왔기 때문이다.

이 공문은 외무성이 코번의 처리 태도에 납득할 수 없는 점이 있으며, 그 절차에 대해 끝까지 불만을 털어 버리지 않고 있음을 나타낸 것이다. 재판에 대해서 외무성이 이런 평가를 내렸다는 사실은 공무원인 코번의 장래에 결코 이로울 수가 없을 것이었다. 코번도 이에 대해서는 적지 않은 심리적인 부담을 느꼈을 것이다. 이는 그가 여러 차례 외무성에 보낸 해명의 보고에서도 드러난다. 그는 재판 직후인 10월 19일 배설에 대한 재판이 시급했으며, 정치적 상황을 고려할 때에 시기를 놓칠 수가 없었다고 외무성에 설명하는 편지를 보냈다. 이어서 10월 24일에는 홈스를 고소인으로 내세울 수밖에 없었던 경위를 장황하게 해명했다. 그리고도 11월 22일에는 법률 조항을 따지면서 외무성의 법률고문들이 법조문을 잘못 해석했다고 지적하기도 했고, 이듬해 1월이 될 때까지 몇 차례나 이 문제를 해명하고 있다.

한편 동경의 맥도날드도 코번이 택한 기소의 시기와 절차가 적절하고 불가피했음을 인정했다. 만일 그때 코번이 배설을 기소하지 않았다면, 이등박문은 분명히 배설을 추방했거나 경찰력을 동원하려 들었을 것이기 때문이라는 것이다. 이등박문과 하야시 곤스케는 사적으로 맥도날드에게 그런 말을 했던 것이다(MacDonald가 Grey에게, "Japan, Annual Report, 1907", p.9). 이와 같이 코번은 본국 외무성과 동경의 맥도날드로부터 재판절차상의 문제점을 승인 받기는 했으나 재판 이후에는 신보와 *KDN*의 기사 가운데 문제가 될 만하다고 판단되는 것을 자진해서 본국 정부에 보고하게 되었다. 런던 외무성으로부터 자신이 배설 재판을 망설였고, 기사를 제때에 본국에 송부하지 않았음을 지적받았기 때문이었다.

재판 내용이 공개되자 〈재팬 크로니클〉은 재판 결과를 비판했고, 〈서울 프레스〉와 〈재팬 메일〉은 실망의 태도를 보였다. 신보와 *KDN*은 이 재판에 대해 처음에는 아무 논평이 없었다. 다만 근신판결이 난 이튿날인 10월 16일부터 신보와 *KDN*은 3회에 걸쳐서 공판기록을 게재한 다음에 이 공판기록을 다시 팸플릿으로 인쇄하여 배포했다.* 신보와 *KDN*의 이와 같은 보도

---

* Cockburn이 Grey에게, 21 Nov. 1907, No.52. 코번은 이 보고에서 신보와 *KDN*의 공판 기사는 사실과 다른 점이 많다고 지적했다. 공판 시에 속기사나 필기사를 대동하지 않았던 배설은 대부분 기억에 의존해서 기사를 썼다는 것이다. 코번은 11월 2일자 *Japan Chronicle*에 실린 공

는 이 재판이 배설에게 효과적인 제재를 가하지 못했음을 간접적으로 드러내 보인 것이었다. 그러나 일본 신문들은 재판의 결과로 배설이 많은 벌금을 물게 되었고, 장차도 이와 같은 행동을 되풀이한다면 그는 추방되고 말 것이라는 기사들을 실었다. 이 소문을 들은 한국인들 가운데는 배설이 납부해야 할 벌금을 자기들이 대신 내겠다고 성금을 거두어 가지고 온 사람들도 있었다. 그 성금은 총액이 300파운드를 초과할 정도였다(Cockburn이 Grey에게, 14 Feb. 1908, No.11).

일본 언론의 상반된 보도

배설도 일본 언론의 과장된 보고를 그냥 두고 볼 수는 없었으므로 10월 22일자 *KDN*에 판결문을 게재했다. 요지는 배설에게 6개월 동안의 근신을 명하고 보증금 300파운드를 징수하되 근신기간이 만료되면 되돌려 준다는 내용이었다. 〈서울 프레스〉는 재판이 진행되는 동안이나 그 이후에도 한동안 이 사건에 대해 아무런 보도나 논평을 하지 않았다. 이와 같은 침묵은 서울 프레스가 재판의 결과에 실망했음을 간접적으로 나타낸 셈이었다. 그러나 재판이 끝난 지 3주일이 지난 뒤인 11월 6일자에 논평 없이 공판기록과 판결내용을 게재했을 뿐이었다.

〈재팬 크로니클〉은 이 재판을 정면으로 비판하는 논설을 실었다. 재팬 크로니클은 재판이 대단히 산만했음을 지적했다. 재판관이었던 코번과 고소인이었던 홈스가 다 같이 재판에 경험이 없었던 사람들이고, 피고 배설은 법적인 도움을 받을 변호사를 구할 수 없었던 것을 재판의 문제점이었다는 것이다.

판기사(*JWC*에는 11월 7일자에 실림)는 '공식' 기록은 아니지만 자신이 보낸 것이었다고 했다.

—XIV—

Mr. Bethell—In your opinion are the articles in that paper calculated to excite to a breach of the public peace.

Major Hughes—No. And I will go further and say that I have always remarked that you go out of your way to lay stress upon the suicidal policy of the Koreans in offering armed opposition to the Japanese.

Mr. Bethell's request to put further questions to Mr. Komatz was then acceded to by the Court.

Mr. Bethell.—You have said that you read the Dai Han Mai Il Shimpo. Do you understand Korean?

Mr. Komatz. No.

Mr. Bethell.—Then how can you read the Dai Han Mai Il Shimpo?

Mr. Komatz. I can understand the Chinese characters.

Mr. Bethell.—But not the rest?

Mr. Komatz—No.

The court was then adjourned and upon reopening the judge gave his finding. It was to the effect that E.T. Bethell had published in the Korea Daily News and Dai Han Mai Il Shimpo matter calculated to excite to or produce a breach of the public peace.

The Court was then closed.

THE JUDGE'S SUMMING UP.

The Finding in full was as follows:—

The Judge stated that a complaint has been laid before the court alleging that the conduct of the defendant in publishing on causing to be published articles in the two newspapers "The Korea Daily News" and the "Dai Han Mai Il Shin Po" was likely to produce or excite to a breach of the public peace : that the newspapers containing the articles in question had been produced in evidence, with affidavits by Mr. Lay of true translation of the articles which had appeared in the "Dai Han Mai Il Shin Po" that evidence had been given to prove that Ernest Thomas Bethell was the proprie or and publisher of the "Korea Daily News" and the editor and publisher of the "Dai Han Mai Il Shin Po": that evidence had been given to prove the following facts:—that an armed movement is in existence in the interior for the purpose of producing political changes; that conflicts have taken place between Koreans and the Japanese troops; that there are a number of Japanese troops in Seoul; that there is a considerable number of Japanese residents in Seoul; that there is in Seoul a feeling of dislike and hatred on the part of Koreans against the Japanese; that the Crown Prince of Japan is expected to visit Seoul in the course of the next few days.

The fact of publication having been established, it is necessary to take into consideration the circumstances under which publication is made in order to determine whether publication of such articles as those mentioned in the complaint constitute conduct likely to excite to a breach of the public peace, and, having read the articles and paragraphs submitted in evidence and upon consideration of the other evidence laid before it, the Court is of opinion that the conclusion is irresistible that the conduct of the defendant in publishing

—XV—

articles of the nature of those adduced in the complaint creates a likelihood of a breach of the public peace.

The Court finds it proved that there is reasonable ground to apprehend that the conduct of Ernest Thomas Bethell, a British subject, is likely to produce or excite to a breach of the public peace.

FROM THE KOREA DAILY NEWS, OCTOBER 22, 1907.

We had not intended to make any comment upon this case which concluded so suddenly and unexpectedly on Tuesday of last week. We felt that no remarks which we might make would be of benefit to anybody and silence seemed to us to be the simplest resort. However, as we find that the result of this trial and the proper meaning of the charges on which this trial was based have been greatly distorted at the hands of the Japanese contemporaries in Seoul, who surely the world with the greater part of 'news' of Korea, we owe it to ourselves to correct the erroneous impressions which have already obtained publicity.

The Foreign newspapers published in Japan have published translations from their vernacular contemporaries wherein it is alleged that the proprietor of the Korea Daily News was reprimanded by the British Consular Court in Seoul, was heavily fined, and was told that a repetition of his offence would lead to his deportation. And so now we give the text of the judgment of the Court. It is as follows:—

"Tuesday, the fifteenth day of October, 1907.

Ernest Thomas Bethell of Seoul comes personally before this Court and acknowledges himself to owe to our Sovereign Lord King Edward the sum of three hundred pounds sterling to be levied on his goods if he fails in the condition herein indorsed.

E. T. Bethell

Before me
Henry Cockburn, Judge.

The condition of the within-written recognisance is such that if the within named Ernest Thomas Bethell be of good behaviour for the term of six calendar months now next ensuing then the said recognisance shall be void but otherwise shall remain in full force."

At law, this judgement is incontrovertible; but we may remark "en passant" that it is rendered in accordance with Orders in Council whose antiquity, in comparison with the rapid developments in the Far East during the past forty years, command respect. It will be remembered that as recently as February of this year, some new Orders in Council were promulgated dealing particularly with the conduct of newspapers published under the privilege of extra territoriality in the Far East. A very conservative contemporary, the Hongkong Telegraph, in publishing this Order, described it as aimed directly at the Korea Daily News. After many months the "Japan Mail" and the "Seoul

배설 공판 기록. 〈코리아 데일리 뉴스〉는 공판기록과 재판에 증거로 제시되었던 신보의 기사를 팸플렛으로 발행했다.

두 번째로는 배설에게 유죄판결을 내리게 되었던 증거들이 모두 사건 자체와는 거리가 먼 것들이었다고 지적했다. 원고 측 증인 고마쓰가 "배설의 출판물들이 평화를 해쳤고, 한국인들의 일본에 대한 악감정이 이 신문으로 인해 생긴 것으로 느낀다"고 증언했을 때에 판사는 '느낌'은 '증거'가 아니라고 잘라 말했다. 그러면 무엇이 판사로 하여금 피고를 유죄로 인정하게 했는가. 셋째로 배설에게 판사가 진짜 고소인을 알려주지 않은 것도 매우 불공평한 처사다. 고소인이 누구인지를 아는 것은 피고가 자신을 변호하는 데 매우 중요한 사항이기 때문이다. 넷째 재판이 상해 고등법원이 아닌 서울에서 영사재판으로 진행된 것도 이해하기 어려운 일이다. 추밀원령은 분명히 선동·치안방해에 관한 재판은 고등법원이 아니고는 진행할 수 없다고 명시하고 있기 때문이다. 이상이 이 재판에 대한 크로니클의 논평이었다("Sedition in Seoul", JWC, 31 Oct. 1907, pp.549~550).

재판이 끝난 뒤 코번은 한국에서 영국인이 신문을 발행할 때에는 주한 영국 총영사관에 등록하도록 규정할 필요가 있다고 생각했다. 신문의 발행 및 편집 책임자를 명백히 해두어야 법적인 책임을 물을 수 있는 것이고, 신문 제작에도 신중해질 것이기 때문이다. 배설이 신보의 책임자라는 사실은 다툼의 여지가 없는 것인데도 배설 재판에서는 이를 입증하는 데 약간의 어려움이 있었다. 배설은 자신이 신보의 책임자라는 증거가 어떤 것인가 하고 반문했다.

배설을 재판에 회부할지를 논의하던 초기부터 코번은 추밀원령을 개정해야 한다고 주장했음은 앞에서 살펴본 바와 같다. 코번이 추밀원령 개정을 주장한 의도는 1904년과 1907년 추밀원령으로는 배설의 행위를 처벌할 수 있는 근거가 희박하다는 것이 일차적인 이유였다. 그러나 또 하나의 목적은 법조항에다 배설이 지켜야 할 법적 한계가 있다는 사실을 명문화해 둠으로써 배설이 신문을 제작하는 데 신중을 기하도록 제동장치를 마련하려는 뜻이 담겨 있었던 것이다. 코번이 배설의 재판이 끝난 뒤에 신문 등록에 관한 규칙을 공포할 것을 런던 외무성에 건의한 것도 같은 의도였다. 외무성은 코번의 건의를 받아들었다.

그러나 정작 외무성이 신문등록 규칙 공포를 승인하고 그 초안을 만들어 보라고 지시하자 코번은 이 규칙 제정의 어려움을 외무성에 지적한 다음에, 마침내는 이 규칙을 성안할 자신이 없다 하여 스스로 건의했던 제안을 철회하고 말았다. 이러한 코번의 태도는 그가 지닌 고민을 말해 주는 것이라 할 수 있다.

총영사 코번의 심적 갈등

주한 영국 총영사로서 외무성의 방침과 지시에 따라 움직여야 하는 입장인 공무원으로서의 코번과 배설이 한국인들의 주장을 대변하는 신문을 만들고 있다는 사실을 직접 눈으로 보면서 배설에게 동정심을 지닌 한 사람의 자연인 코번이 느끼는 갈등이라 할 수 있다. 코번이 배설 문제를 정치적인 차원이 아니라 사법적 차원에서 다루려고 노력했다는 사실도 코번의 미묘한 입장을 말해 준다. 드러내놓고 배설을 두둔할 수는 없었으나 그렇다고 조단처럼 일본의 주장을 그대로 받아들이지도 않았다. 그렇기 때문에 그는 통감부로부터도 환영을 받지 못했고, 본국 외무성도 그가 지나치게 따지기를 잘하면서 왜 배설 문제 처리는 망설이는지 이해할 수가 없었다.

신문등록 규칙 제정을 건의했던 코번이 스스로 그 제안을 철회해 버리자 외무성은 원래 코번이 제안했던 내용을 골자로 신문규칙을 만들었다. 외무성은 이를 코번에게 보내면서, "적절하다고 판단되면 이를 공포하라"고 지시했다. 코번이 이 규칙 사본을 받은 것은 1908년 5월 31일이었다. 이때는 배설의 2차 재판 날짜가 6월 15일로 확정되어 있는 때였으므로 코번은 그 공포를 잠시 미루었다. 재판을 앞두고, 공판에 영향을 주기 위해서 때맞추어 공포했다는 오해를 불러일으킬 우려가 있었던 것이다. 이리하여 공판 3일 전인 6월 12일 코번은 이를 공포해서 한 달 뒤인 7월 12일부터 효력을 발생하게 되었다.

전문 9조로 된 이 신문규칙(British Newspaper Regulation)은 한국에서 신문을 발행하는 영국인은 매년 1월 총영사관에 신문에 관한 상세한 항목을 등록해야 하며 등록된 사항에 변동이 생길 때에도 이를 신고하도록 했다. 등록하지 않은 영국인 소유의 신문은 영국의 보호를 받지 못하게 될 것이므로 이 신문규칙은 영국인 소유의 신문에 대한 통제의 효과를 거둘 수 있는 것이었다. 등록해서 발행하는 신문은 반드시 발행책임자를 영어로 명시해야 하며, 이행하지 않을 때에는 3개월 이내의 징역이나 50파운드 이하의 벌금 또는 두 가지 형을 병과할 수도 있도록 했다. 코번은 이 규칙이 시행되기 직전인 7월 초에 등록사항을 상세히 규정한 고시(Notification)를 공포했다.

　재판이 끝난 뒤 신보와 *KDN*의 일본에 대한 직접적인 공격은 약간 완화되었지만 주로 친일신문을 비판하는 우회적인 방법으로 항일 논조를 지속했다. 〈서울 프레스〉에 대한 비판을 비롯해서 친일신문 〈국민신보〉와 〈대한신문〉에 대한 연속 5회에 걸친 논박이 그러한 예이다.*

　코번은 신보와 *KDN*의 논조를 지켜보다가 1908년 1월 22일자 논설이 한국 정부의 내각을 공격했다고 런던에 보고했다. 이 논설은 한국 정부와 국민 사이에 불화를 조장할 수 있는 내용이라고 본 것이다.** 코번은 지난번에 런던 외무성이 번역된 배설의 신문기사를 그때그때 보내주지 않은 점을 지적했기 때문에 비록 통감부가 아무런 항의를 하지 않았지만 적시에 본국 정부에 필요한 자료를 제공해 주어야 할 필요를 느꼈던 것이다. 런던 외무성은 만일 그 논설이 배설의 근신 서약을 위반한 것이라면 코번의 재량으로 보증금을 몰수해도 좋다고 훈령했다. 그러나 배설에게도 해명의 기회를 주는 것이 좋으며, 문제의 기사가 단일한 것이 아니라고 확신할 때까지는 이러한 조치를 취하지 말라는 단서를 달았다.

---

* 「答我同業者」, 신보, 1907년 12월 13일; 「爲 國民 大韓兩新聞招魂」, 신보, 1907년 12월 17일 (한글판, 「국민 대한 두 신문을 위ᄒᆞᆫ야 쵸혼ᄒᆞ셰」); 「大韓新聞 魔記者야 一覽」, 신보, 12월 18일～22일(한글판, 「대한신문 긔쟈의 마귀ᄂᆞᆫ ᄒᆞᆫ번보라」, 12월 19일～25일). 국민신보는 1906년 1월 6일에 일진회의 기관지로 창간되었는데, 1907년 7월 19일에는 친일 논조에 불만을 품은 시민들이 신문사를 습격하여 건물을 파괴하고 사원들을 구타한 일도 있었다. 대한신문은 1907년 7월 18일 이완용 내각의 기관지로 창간되어 이듬해 6월 30일까지 발행되었다.

** Cockburn이 Grey에게, 31 Jan. 1908, No.1. 신보의 1월 22일자 논설 제목은 「內閣諸氏退去矣」(한글판, 1월 23일, 「닉각대신을 물너가오」); 14 Feb., No.11.

친일 외교고문 스티븐스 암살. 〈샌프란시스코 크로니클〉에 실린 스티븐스 인터뷰(왼쪽)와 1908년 3월 24일자에 실린 스티븐스 암살 기사(오른쪽).

한국인들의 지지 논조 유지

'해명의 기회'를 주기 위해 코번은 홈스를 시켜 배설을 만나 충고하도록 했지만 배설의 태도는 달라지지 않았다. 배설은 편집권을 만함(萬咸)에게 넘겨주었기 때문에 자기는 신문에 대한 책임을 더 이상 지고 있지 않을 뿐 아니라 설사 보증금이 몰수당한다 하더라도 자기를 지지하는 한국인들이 돈을 마련해 줄 것이라고 말했다. 그렇기 때문에 보증금을 몰수해도 배설은 별다른 타격을 입지도 않을 것이고, 보증금을 몰수한다는 위협이 거둘 수 있는 억제효과는 아주 작다고 홈스는 판단했다.

배설은 신보의 논조를 온건하게 해서는 수지를 맞출 수가 없다고도 털어놓았다. 그는 작년 10월 재판 이후 논조를 바꾸어 본 결과 불과 며칠 사이에 발행부수가 크게 떨어졌고, 광고 건수도 많이 줄어들었다고 말했다. 그러므로 신문의 논조를 어느 정도 강력하게 하지 않으면 신문발행으로 상당한 손실을 입어야 할 처지에 놓여 있다는 것이었다. 이에 대해 홈스는 300파운드의 보증금을 잃을 위험을 무릅쓰면서 신문 발행부수를 유지해야 할 만한 가치가 있느냐고 물었다. 배설은 어떤 사태가 오더라도 300파운드의 손실을 입을 사람은 자기 자신이 아니라고 대답했다. 필요한 경우에 그만한 기부금은 어렵지 않게 손에 쥘 수 있을 것이라고 대답했다. 배설은 신보와 *KDN*이 강력한 항일 논조를 견지하는 한 한국 국민들의 열렬한 지지를 받을 것이라는 확신을 갖고 있었다. 홈스는 배설이 단순히 돈벌이를 위한 욕망에서 항일 논조를 견지하는 것은 아니라는 사실을 배설과 가진 솔직한 대화를 통해 분명히 느낄 수 있었다.

코번은 이러한 사실들을 런던 외무성에 보고하면서 아직 배설에 대해서 어떤 법적인 조치를 취할 단계는 아니라고 건의했다. 그는 배설의 기사가 공공의 평화를 파괴하는 원인이 된다고 생각하지는 않으며 이런 기사들을 근거로 보증금을 강제 징수하는 것도 온당치 않다고 결론지었다.

〈공립신보〉의 스티븐스 암살 기사. 장인환과 전명운을 '애국의사'로 찬양했다.

4. 논조가 더욱 날카로워진 신보

스티븐스 저격사건 보도

배설을 두 번째로 기소하기로 영국과 일본이 합의한 것은 3월 23일에 샌프란시스코에서 일어난 스티븐스 암살 사건이 계기가 되었다. 스티븐스(Durham White Stevens)는 1904년 12월 27일 한국 정부와 체결한 계약에 따라 한국 외교고문으로 취임했던 미국인이다. 그는 일본이 추천하는 재무고문과 외교고문을 한국 정부가 채용한다는 제1차 한일협약(1904년 8월 22일)에 따라 일본 정부의 추천에 의해 한국 정부에 고용되었다. 그는 원래 주일 미국 공사관의 서기관이었는데 1882년부터 일본 정부를 위해 일하기 시작한 후 일본외무경 이노우에(井上馨)가 1884년 12월 특파전권대사 자격으로 한국에 왔을 때에 그 비서관으로 수행했다. 스티븐스는 일본 정부의 훈장을 두 번이나 받은 친일적인 사람이었다. 일본은 그를 내세워 한국의 외교상 중요한 관계가 있는 사항을 소상히 파악하는 동시에 한국의 대외업무를 일본의 뜻대로 관장하려 했다(『日外』 37/1, No.426의 부속서 2, p.376).

한국 정부는 스티븐스와 맺은 계약에 따라 스티븐스에게 매월 일본 금화 800엔을 지급하고 거주할 주택과 일본이나 미국에 여행할 수 있는 경비 등을 전액 지급하도록 되어 있었다. 그는 한국의 외교고문이라는 직책으로 한국 정부가 주는 월급을 받으면서 일본인을 상전으로 삼고 일본의 앞잡이 노릇을 하는 사람이었다.

스티븐스는 미국과 일본의 현안이었던 일본인의 미국 이민문제 등의 공작을 위해 1908년 3월 3일 일본 동양기선회사의 일본환(日本丸, Nippon Maru) 편으로 출항하여 3월 20일에 샌프란시스코에 도착하여 페어몬트호텔 (Fairmont

Hotel)에 투숙했다. 그는 현지 신문과의 인터뷰를 통해 일본의 한국 정책을 찬양했다. 일본은 한국을 문명과 진보의 길로 인도하려고 노력하고 있으며, 일본이 한국 국민을 다스리는 법이 미국이 필리핀을 다스리는 것과 비슷하다는 등의 발언을 했다.* 기사를 읽고 격분한 샌프란시스코 거주 한국인들은 공립회관에서 공동회(共同會)를 개최하고 대표를 선정하여 스티븐스의 해명을 요구하기로 했다. 공동회는 한국 거류민 단체였다.

대표로 선출된 최유섭, 문양목, 정재관, 이학현 네 명은 호텔(Fairmount Hotel)로 스티븐스를 찾아가 해명을 요구했다. 스티븐스는 한국은 독립할 자격이 없기 때문에 일본이 지배하지 아니하면 벌써 러시아가 점령했을 것이라는 등의 발언을 하자 격분한 정재관 등이 주먹과 의자로 스티븐스를 구타했으나 큰 상처는 입히지 않고 돌아갔다. 이튿날인 3월 23일 아침 스티븐스는 워싱턴으로 가는 기차를 타기 위해 샌프란시스코 주재 일본 총영사 고이케(小池張造)와 함께 자동차를 타고 오클랜드의 페리부두로 갔다. 여기서 그는 장인환이 쏜 피스톨 총탄 두 발을 맞아 이틀 뒤에 사망했다. 장인환이 스티븐스를 저격하기 전에 전명운도 총을 쏘았으나 불발이 되자 스티븐스와 격투하던 중에 장인환이 쏜 총알이 스티븐스에게 명중한 것이다. 장인환과 전명운은 전날 호텔로 스티븐스를 찾아갔던 한국인 대표들이 아니었고, 두 사람이 스티븐스를 저격을 사전에 상의한 것도 아니었다. 이처럼 샌프란시스코 거주 한국인들은 일제히 스티븐스의 인터뷰 기사에 크게 격분해 있었던 것이다. 공동회의 기관지 공립신보(〈*The United Korean*〉 · 발행인 鄭在寬)는 스티븐스의 암살 사건을 거의 지면 전체에 대서특필하고 장인환과 전명운을 '애국의사'로 찬양하면서 스티븐스를

---

* "Japan's Control a Benefit to Corea", *SanFrancisco Chronicle*, 21 Mar., 1907.

'한국의 공적(公敵)'으로 규정했다. 공동회는 체포된 장인환과 전명운을 변호하기 위한 모금운동을 전개했다.

스티븐스가 병원에서 죽었다는 전문이 동경에 도착한 날인 3월 26일, 이등박문은 맥도날드를 방문하여 배설 문제를 다시 제기했다. 이등박문은 일본 정부가 아직도 배설 문제를 심각한 위협으로 생각하고 있다고 말하고, 영국 정부가 배설과 그의 신문에 대해 적절한 조치를 취해 달라고 요청했다. 그는 스티븐스 암살 사건도 배설이 쓴 글들과 헐버트의 연설에 그 책임이 있다고 주장했다. 이등박문의 이 말은 배설 1차 재판의 결과로는 문제가 근본적으로 해결되지 않았기 때문에 이 문제를 영국이 정치적인 차원에서 다루어 달라는 뜻을 공식적으로 표명한 것이었다. 이등박문이 맥도날드를 만나던 바로 그 무렵에 일본의 언론들도 스티븐스의 암살이 배설과 헐버트의 영향 때문이라고 주장했다. 〈조일신문(朝日新聞)〉은 샌프란시스코의 한국인들은 신보를 복사하여 스티븐스 암살의 동기를 설명하고 그들의 행위를 정당화하려 한다고 보도했다("Death of Mr. D. W. Stevens", *Mail*, 4 April 1908, pp.374~375).

'암살자를 찬양'한 〈대한매일신보〉

신보는 당분간 신중한 제작태도를 유지했다. 스티븐스의 암살에 대해서도 사건 직후에는 아무런 논평 없이 외신기사를 두 번 전재했을 뿐이었다(「知分者當守口(쾌 혼쟈의 쾌혼일)」, 신보, 1908년 3월 25일; 「韓人射擊原因(슈지분을 해흔 근인)」, 신보, 1908년 3월 27일) 이와 함께 신보는 「언론의 극난(言論之難)」(신보, 1908년 3월 26~27일, 한글판, 28~29일)이라는 논설로 자유로운 언론을 펴지 못하는 한국의 실정을 개탄했다. 그러나 배설의 6개월 근신 만기일인 4월 15일이 지나면서부터 신보의 논조는 강경으로 급선회하기 시작했다. 4월 16일자부터는 스티븐스의 암살 사건을 대대적으로 다루었고, 재판 이전의 강경한 반일논조로 되돌아갔다. 이 날짜 신보는 전명운과 장인환이 스스로 밝힌 스티븐스 암살동기를 게재했고 17일자에는 1면 톱에 암살 사건의 전후 경위를 크게 보도했다. 17일자 기사 가운데 특히 자극적인 내용은 다음 부분이었다.

경고 첨동포

이와갓혼 쳐디에 당ㅎ야 우리가 냥씨와 갓치 죽을짜에는 가지 못ㅎ얏스나 엇지 그 이국열성을 위로ㅎ지 안이 흘이오 우리의 억울흔 사정을 세계에 반포흘 긔회가 업셔 항상 기탄이더니 오날 량씨의 틍의로 쇼기ㅎ야 반일 동안에 각쳐 호외신문과 세계면보가 사람의 이목을 경동케 ㅎ얏스니 만일 량씨의 혈이 안이면 우리의 원통흔 것을 세계만국에 공표ㅎ여슬잇가 오호—라 한국 독립은 곳 금일이오 한국 자유는 곳 오날이니 우리의 큰 뜻을 일울날이오 우리의 억울흔 것을 지판ㅎ는 날이니 우리가 각각 줌치를 기울여 독립을 위ㅎ야 지판ㅎ기를 힘쓰야 될지니 이 지판은 세계에 공기지판이오 이 지판은 우리의 독립 지판이니 우리가 이 지판을 익이야 우리 二千萬의 독립이 될지니 서호시호—여 천지의 일시로다.

신보의 이러한 보도는 한국의 독자들을 흥분시켰다. 원래 이 글은 〈공립신보〉 3월 25일자에 실렸었다. 신보는 국한문판에 이 기사를 전재하면서 한자를 섞어 썼고, 신보 한글판과(4월 22일자)은 국한문판에 실린 기사를 다시 한글 전용으로 고쳐 썼다. 그러므로 세 개의 기사는 약간씩 차이가 있다. 위의 인용문은 신보에 실린 것이 아니라 공립신보의 원문이다. 공립신보의 원문에는 신보가 전재한 위의 기사에 이어 다음과 같은 구절이 더 있었다.

황텬이 한국의 독립홀 긔회를 주셧스니 일치말고 일ᄒ여 봅세다. 우리가 각히 춍 혼잘우식 가지고 일본놈과 전징ᄒᄂ 것보다 이 씨를 당ᄒ야 일본놈의 간흘ᄒ 졍칙 을 임의 반만침 세계로 ᄒ야금 알게한 것슨 량씨가 ᄒ얏거니와 그 확실ᄒ 결과ᄂ 우리 모든 동포에게 잇슨즉 우리의 독립 긔회룰 일심병력ᄒ야 사천 여년 력사상에 싱광이 되게 ᄒ옵세다.

코번은 암살자(장인환·전명운)를 찬양하는 이 글을 읽고 많은 한국인들이 그들을 선망할 것이 분명하다고 보았다. 그는 신보가 이 사건을 대서특필함으로써 국민들에게 어떤 반응을 불러일으켰는지에 대해서 아래와 같이 본국에 보고했다.

이 사건은 처음에는 때때로 서울에서 발생하는 한국 정부의 대신들에 대한 암살 또는 암살기도에 대한 것보다도 더 적은 관심을 한국인들에게 불러일으켰을 뿐이었다. 그러나 이 소식이 샌프란시스코에서 우편으로 도착한 뒤 배설의 대한매일신보가 암살자의 애국적인 행동이 세계의 관심을 한국에 집중시켰다는 따뜻한 찬사와 함께 이 소식을 보도하자 이 기사가 널리 읽혔다. 기사를 읽은 한국인들은 이 사건이 해외에 중대한 결과를 가져왔다는 사실을 알고 이 암살이 이전의 정치적 살인과는 다르다는 것을 인식했으며 암살자들은 크게 존경을 받았다. 코번은 이어서 "한국인들 간에는 집권세력도 그들에게 불명예스러운 발행물을 금지시키거나 저지할 수 없는 것을 보고 만족해하고 있으며 이 기사를 읽고는 통쾌감을 맛보고 있다."

코번은 신보의 기사에 대해 이와 같이 보고하면서, 그러나 그러한 기사를 보도한 행위가 추밀원령의 규정을 위반한 것으로 보이지는 않는다는 견해를 덧붙였다. 맥도날드는 코번에게 만일 배설이 치외법권의 특혜를 남용한다면

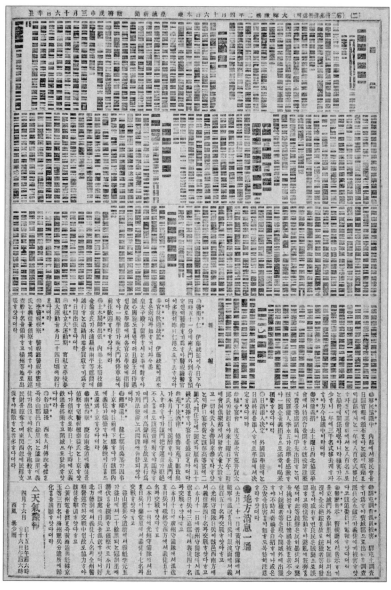

벽돌신문. 일제의 검열에 기사가 깎인 자리가 검은 벽돌 쌓은 모습으로 보이기 때문에 붙인 이름이다. 〈황성신문〉 1908년 4월 16일자.

그에 대한 영국의 보호조치가 완전히 철회되고 말 것이라고 경고함으로써 압력을 가하라고 지시했다.

신문지법 개정으로 신문 압수

한편 통감부는 스티븐스의 암살 직후 해외의 한국인 발행 신문이 국내로 들어와 배포되는 것을 막을 수 있도록 효과적인 조치를 취할 필요성을 느꼈다. 외국에서 발행되어 국내로 유입되는 대표적인 한국어 신문은 샌프란시스코의 〈공립신보〉와 블라디보스토크의 〈해조신문〉이 있었다. 〈해조신문〉은 〈황성신문〉 사장이었던 장지연이 형무소에서 나온 뒤에 블라디보스토크로 가서 주필을 맡아 발행하던 신문이다. 공립신보는 서울과 지방 여러 곳에 출장소까지 두고 있어서 적지 않은 부수가 국내에 배포되는 형편이었다.

주한 일본군은 1904년 러일전쟁이 일어난 후부터 한국 언론에 대해서 사전 검열을 실시하여 기사의 삭제, 신문의 정간 등을 명했으나 이를 법적으로 뒷받침하기 위해 통감부는 1907년 7월 24일 한국 정부로 하여금 신문지법을 공포하게 했다. '광무신문지법'으로도 불리는 이 법은 신문에 대한 엄격한 통제와 벌칙을 골자로 하고 있어서 일제 강점기에도 신문 탄압에 사용된 악법이었다.

그러나 이 법이 처음 제정 공포되던 때에는 한국에서 외국인들이 발행하는 신문과 해외에서 교포들이 발행하여 국내에 배포되는 한국어 신문에 대한 규제조항이 없었다. 통감부는 이를 보완하기 위해 1908년 4월 29일 신문지법의 일부를 개정하여 '외국에서 발행된 한국어 신문과 한국에서 외국인이 발행하는 한국어 신문'도 발매·반포를 금지하고 압수할 수 있다는 조항을 삽입케 했다. 외국에서 발행된 한국어 신문이란 공립신보와 해조신문 등 한국교포들이 발행하는 신문을 지칭하는 것이었고, 국내에서 외국인이 발행하는 신문의 대표적인 것은 말할 것도 없이 배설의 대한매일신보였다. 통감부는 이와 함께 일인들이 한국에서 발행하는 신문은 신문지규칙을 공포하여 통제를 가할 수 있는 근거를 마련했다. 이는 개정된 신문지법에 의해 일본인 이외의 외국인 발행신문을 판매금지 또는 압수할 수 있도록 만든 것에 상응하기 위한 조치였다.

통감부는 개정된 신문지법을 공포하면서 그 내용을 코번에게 통보했다. 그런데 이튿날인 4월 30일자 〈서울 프레스〉는 신문지법이 개정되었기 때문에 법의 미비점이 보완되었으며, 한국 정부는 영국인이 발행하는 신문의 판매와 배포를 금지할 수 있는 완벽한 권리를 가졌다고 말하고 그 근거로써 1883년 11월 26일에 체결된 한영수호통상조약 제4조 6항을 들었다("The Press in Korea", *The Seoul Press*, 30 April 1908). 이 조항은 영국인들이 무역을 위해 모든 종류의 물품을 운반 및 판매할 수가 있지만, 단 한국 정부가 승인하지 않는 서적이나 인쇄물은 여기서 제외된다는 구절이 들어 있었다. 코번은 런던 외무성에 이에 대한 해석을 내려 달라고 요청했다(Cockburn이 Grey에게, 30 April 1908, No. 6). 외무성은 한국인들이 배설의 신문을 매매함으로써 국법을 위반하는 행위가 있을 때에는 한국 정부가 한국인을 처벌할 수는 있지만, 그러나 한국인이 배설을 위해 일했다는 이유만으로 처벌하게 내버려 둘 수는 없다고 회신했다. 외무성은 배설이 한국의 개정된 신문지법의 적용은 받지 않는 것이지만 이와는 별개의 문제로서 영국은 영국인에 의한 치안문란의 신문을 막기 위해 보다 엄중한 조치를 취할 것임을 통감부에 통보하라고 훈령했다.

코번은 영국 정부의 이러한 취지를 통감부 외무부장 나베시마(鍋島桂次郞)에게 통보했다. 그러나 이등박문은 영국이 배설의 신문을 발행하지 못하도록 하지 않는 것은 심히 유감이라고 불만을 표시했다. 이등박문은 배설이 최근에는 더욱 더 기세를 높이고 한인을 교사하여 총검을 들고 일어나 국적(國賊)을 내쫓으라고 말하는가 하면 암살을 종용하고, 인심을 선동시키는 등 조금도 방치해 두기 어려운 정황에 놓여 있다고 말했다. 따라서 한국 정부로 하여금 신문지법을 개정케 하여 신보를 한국 내에서 배포하는 것을 방지하는 방법을 마련했지만 이는 어디까지나 일시적이고 고식적인 수단이므로 근본적인 해독을 제거하려면 배설을 국외로 추방하여 신문의 발행을 정지시켜야 한다고 강조했다. 그리고 일본 외무성이 영국에 대해 빠른 시일 내에 이러한 조치를 취하도록 노력하라고 강력히 요청했다. 일본 외무성은 이에 따라 5월 4일 동경의 맥도날드에게 배설을 사법적인 재판절차가 아니라 항정처분으로 추방할 것을 요구하는 구상서(口上書)를 전달하는 한편, 주영 일본대사 고무라(小村)에게는 배설의 추방을 영국 정부와 직접 교섭하라고 훈령했다.

배설, 경찰의 신보 탄압 항의

통감부는 이와 같이 적극적인 외교공세를 전개하면서 개정된 신문지법을 근거로 신보를 압수하는 강경조치를 취하기 시작했다. 배설의 근신기간이 만료된 직후부터 신보의 논조는 이전보다 훨씬 고조되었다. 「복판신문지의 독법」(覆板新聞紙의 讀法; 4. 23), 「백매특날이 부족이압 일이태리」(百梅特捏이 不足以壓一伊太利; 4. 29), 「정부당국자의 기량」(政府當局者의 伎倆; 4. 30), 「불필낭경」(不必浪驚; 5. 1) 등 일본 당국과 한국 정부를 공격하는 논설을 연달아 실었다. 이중 4월 29일자 논설은 제 2차 재판 때에 통감부가 증거물로 제시한 것이다. 통감부는 신문지법이 개정된 직후부터 행동을 개시했다.

5월 1일 오후 3시, 서울 남부경찰서의 일인 경부 아키요시(秋吉榮)는 순사 2명을 데리고 신보사로 갔다. 배설은 출타 중이었고 총무 양기탁이 있었는데 아키요시는 배포가 끝난 그 날짜 신문 중 신문사에 보관 중이던 국한문판(37장)

과 한글판(33장)을 압수해 갔다. 배설은 이러한 사실을 즉시 코번에게 알렸고, 코번은 통감부에 해명을 요구했다. 통감부 외사과장 고마쓰(小松)는 코번에게 일본 경찰이 신보사에 들어갔을 때에 양기탁이 적극적으로 제지하지 않았다고 말했다. 조약을 보면 관련 외국대표들의 허가가 있으면 한국 관리들이 외국인의 관할 구역에 들어갈 수 있도록 되어 있는데, 어떤 의미에서 볼 때에는 일본 경찰은 조약에 언급된 소유주의 동의를 얻었다고 볼 수 있다는 것이었다. 하지만 고마쓰는 다시는 그런 일이 일어나지 않도록 하겠다고 덧붙였다.

그러나 배설은 이 사건을 그대로 묵과할 수는 없다고 말했다. 그는 경찰이 신보의 독자들을 협박하여 이미 200명의 독자가 구독을 중단했다고 주장하고, 보상책을 강구해 달라고 코번에게 요구했다. 신보는 4월 30일자 논설에서 경찰이 신보 구독자의 명단을 조사하고 있다는 사실을 폭로했고, 5월 15일자에는 신보 구독자를 조사하던 일본 순사가 서울에서 서점을 경영하던 이명혁(李明赫)을 신보 구독자인 줄 알고 구타한 사건이 있었던 사실을 보도한 것을 보면(「日巡査蠻行」 신보, 1908년 5월 16일 잡보) 통감부는 이때 신보의 구독을 방해하려 했던 것이 사실인 듯하다. 이명혁은 캐나다 선교사 게일(James Gale)의 연동교회 장로였다.

코번은 이등박문을 만나 일본 경찰이 신보사에 들어간 경위를 따졌다. 이등은 일본 경찰의 잘못을 시인하면서 필요하다면 신보사에 들어갔던 경부 아키요시가 징계처분을 받았음을 코번에게 통보해 줄 수도 있다고 말했다. 신보는 이 사건으로 경찰서장이 파면될 것이라고 보도했다(「본보압수와 藤原 경찰」 신보, 1908년 5월 17일). 이등박문은 이때 배설 문제를 정치적으로 해결하도록 영국에 압력을 가하고 있었는데, 이러한 사건으로 영국을 자극하여 교섭에 차질이 있을 것을 우려했을 것이다. 통감부는 이 사건 직후인 5월 5일 '신문지 압수처분에 관한 내규'와

'신문지 압수에 관한 집행요령'을 제정했는데, 외국인이 소지한 신문은 압수하지 못하도록 하고, 외국인의 주택이나 교회, 영업소 등에 침입하여 압수치 못하게 한 것을 보면 통감부가 외국인을 자극하지 않으려고 신경을 썼음을 알 수 있다. 일본 경찰의 신보사 침입은 통감부가 코번에게 재발방지를 다짐하는 「비망록」을 전달하고 관련자 4명을 인사조치하겠다고 약속하는 것으로 종결되었다.

〈서울 프레스〉의 신보 공격

통감부는 신문지법을 개정하여 신보에 압수처분을 강행하는 한편으로 〈서울 프레스〉를 활용하여 신보의 논설과 기사를 비판하는 강력한 공세를 취하기 시작했다. 서울 프레스는 4월 30일자에서 개정된 신문지법이 이전 신문지법의 명백한 결점을 바로 잡는 것(to remedy a glaring defect in the Press Law in this country) 이라고 규정했다. 서울 프레스는 신문지법의 개정으로 신보와 〈공립신보〉를 배포 또는 판매하지 못하도록 할 수 있게 된 것은 잘한 일이라고 주장했다. 그러나 같은 날짜 신보는 신문지법이 신보의 배포와 판매에 아무런 영향도 줄 수가 없는 것이라고 선언했다. 신보의 소유주는 영국인이므로 한 · 영 양국의 조약에 위배됨이 없으면 언제까지든지 어떤 간섭도 받지 않고 영업을 자유로이 할 수 있는 권한이 있다는 것이다. 그런데도 경찰이 신보 구독자의 실태를 조사하기 시작한 것은 부당한 일이라고 비난하면서 구독자에게 경찰이 압력을 가하는 사례가 있으면 신보사에 알릴 것을 당부했다. 또 신문을 배포 · 판매하는 사람들도 부당한 처벌을 당한다면 법률적인 구제책을 강구하여 이들을 보호하겠다고 밝혔다.* 신보는 5월 8일에도 신문발행의 방침에 변함이 없

---

* 「政府當局者의 伎倆」, 신보, 1908년 4월 30일. 한글판, 「정부당국쟈의 힝식」, 5월 1일.

을 것을 천명했고,* 이튿날은 개정된 신문지법을 조목조목 따지면서 신보가
이 법의 영향을 받지 않을 것임을 강조했다.**

서울 프레스의 신보와 *KDN*에 대한 공격도 더욱 치열해졌다. 5월부터는 신
보의 논설 가운데 일본 당국과 한국 정부를 비판하거나 한국의 독립을 주장하
는 내용이 있으면 이를 영문으로 번역하여 이러한 내용이 공공의 평화를 해
치는 것이 아니냐면서 공격을 가했다. 주목되는 것은 서울 프레스가 이 무렵
부터는 *KDN*보다는 신보에 대한 공격에 더욱 열을 올리기 시작했다는 점이
었다. 처음부터 통감부는 신보가 한국인 독자들에게 미치는 영향력이 컸기 때
문에 영문판 *KDN*보다 훨씬 더 위험시했다. 그러나 신보의 논설은 대개 *KDN*
에 실렸던 것을 번역 게재하는 경우가 많았으므로 특별히 신보기사만을 문제
삼지는 않았다. 그런데 신보가 영문판 *KDN*으로부터 분리되어 독립된 두 개
의 신문으로 발행될 때부터는 *KDN*의 논설을 번역하여 게재하는 경우는 줄어
들고 그 대신 신보의 독자적인 논설을 싣는 경우가 많아졌다. 특히 배설의 근
신기간이 만료된 1908년 4월 이후에는 통감부가 문제시한 논설이나 기사는
모두 *KDN*에는 실리지 않았는데도 신보에만 게재된 것들이었다. 이는 신보의
제작이 거의 전적으로 양기탁을 중심으로 한국인 편집진들에 의해 이루어지
고 있음을 의미했다. 통감부도 이러한 사실을 알고 있기 때문에 신보사에는 몇
몇 '한국인 선동자들'이 치외법권의 면책특권을 누리면서 정부를 전복하도록
선동하고 있다고 주장했다(Editor, *Incendiary Journalism in Korea*(*The Seoul Press*, May
1908), "Preface"; *Mail*, 9 Mar. 1908, p.507).

---

* 「敬告本報愛讀君子」, 신보, 1908년 5월 8일; 한글판, 「본신보를 이독ᄒ시ᄂ 졔군ᄌ에게 경고
ᄒ음」, 5월 9일.

** 「本報와 新聞紙法의 關係」, 신보, 1908년 5월 9일; 한글판, 5월 10일.

제 X 장

상해고등법원의 배설 재판

제 X 장 상해고등법원의 배설 재판

1. 런던 · 서울 · 동경의 견해 조율

위험성 있지만 암살 조장은 아니다

일본이 외교교섭과 병행하여 신문지법에 의한 신보의 압수, 구독자 조사, 〈서울 프레스〉를 이용한 선전공세 등 총력을 기울이면서 다양하고 적극적인 전략을 끈질기게 펼쳐나가자 영국도 동조하지 않을 수 없었다.

5월 7일 맥도날드는 일본 외무성으로부터 3일 전에 받은 '구상서'의 내용을 본국에 보고했다. 일본은 현재와 같은 상황에서는 어떤 조건 아래서든지 배설을 한국에 계속 거주하도록 내버려 둘 수 없다고 주장한다는 것과, 배설의 신문은 현재 공공연히 폭동과 암살을 선동하고 있으므로 영국이 스스로 경찰권을 발동하여 그를 추방시키거나 일본 당국이 그를 추방할 수 있도록 묵인해 달라고 요구하고 있다는 요지였다.

외무성은 코번에게 배설의 신문이 폭동과 암살을 공공연히 조장하고 있다는 일본의 주장이 사실과 어느 정도로 부합되는지 즉시 알려 달라고 지시했다. 코번의 회답은 이전에 그가 외무성에 보냈던 보고와 비슷했다. 배설의 신문이 기사의 표현방법에 있어서 단지 직접적인 충고의 뜻을 담고 있는 것일 뿐이고 암살을 공공연히 조장했다고 비난 받을 정도의 내용으로 되어있지는 않다는 것이었다. 코번은 언제나 이와 같이 양면성을 지닌 보고를 본국에 보냈다. 배설의 신문이 지닌 위험성을 지적하면서도 결론 부분에서는 배설을 처벌할 만큼 심각한 정도는 아니라고 건의했다. 그는 이번에도 스티븐스 암살에 관한 신보

기사에 대해 설명하면서 은연중에 배설을 두둔하는 인상을 풍긴다.

> 본인은 전문 제4호에서 배설이 4월 17일자 신문에 보도한 기사를 요약해서 보
> 고한 바 있지만 그 기사는 일본 정부를 위해 근무한 관리(스티븐스)를 정치적인
> 이유로 살해한 행위를 찬양했기 때문에 그와 같은 행위가 한국에서 재연될 위
> 험성이 크게 증가되었으므로 암살 선동이나 다름없는 것으로 볼 수도 있을 것
> 이다. 그러나 그 기사에는 스티븐스를 저격한 사람들을 본받으라고 직접 권고
> 하는 내용은 없었다.

코번은 계속했다. "현실에 비추어 볼 때 그와 같은 기사는 극히 큰 위험성을
내포한 것이기는 하지만 현 시점에서 한국의 애국자들이 취해야 할 행동방향
에 대해서는 명백한 권고를 제시하지 않았다. 아마도 그 기사를 쓴 사람들은
앞으로 언젠가 일격을 가할 가능성이 있다는 사실을 표현함과 동시에 현재 그
들의 목적은 그 같은 장래의 기회에 대비하여 민족정기를 보존하는 일 뿐이라
는 것을 표현했다고 생각할 수 있다."

코번은 기사의 위험성을 지적하면서도 배설을 옹호하는 보고서를 보낸 것
이다. 보고에서 코번은 일본 정부의 배설에 대한 불평은 반드시 그가 발행하는
신문에 국한된 것이 아니라, 배설이라는 인물을 못마땅하게 여기고 있기 때문
이라고 덧붙였다. 배설은 현재 불평불만에 가득 찬 한국인들과 모종의 관계를
유지하면서 국채보상운동에 깊이 간여하고 있는데 일본은 장차 이 국채보상의
연금이 어떤 정치적인 목적에 사용될지도 모른다는 의구심을 품고 있다는
것이다. 코번은 앞으로 일본 당국이 양기탁을 국채보상금 횡령혐의로 구속하
게 되는 사태를 미리 예견한 것이라 할 수 있다. 어쨌건 이 보고는 코번이 배설

을 어떤 관점에서 바라보는지를 짐작케 한다.

코번은 배설의 신문을 한국에서 일어나고 있는 반일감정 및 항일의병이 봉기하는 원인으로 본 것이 아니라, 한국민들의 반일의식을 반영하는 것으로 보았다. 그러나 또 한편으로는 신보가 항일저항운동의 근본 원인은 아니라 하더라도 이 신문이 한국민들의 반일감정을 일깨우고 있으며, 이로 인해서 반일감정은 더욱 고조되고 의병투쟁도 훨씬 널리 확산되고 있다는 엄연한 현실을 부인할 수도 없었다. 그렇기 때문에 코번은 추밀원령을 개정해서 배설이 신문제작에 좀 더 신중을 기하도록 법적 장치를 마련해 두는 것이 필요하다고 본국정부에 건의했다. 그러면서도 그는 번번이 본국 정부가 배설에게 어떤 단호한 조치를 취하지는 못하도록 방지하려는 의도를 동시에 드러낸다.

영국, 일본의 요구 수용

정도의 차이는 있지만 동경의 맥도날드에게서도 비슷한 양면성이 나타난다. 배설을 릴리(Lillie) 사건의 선례에 따라 추방하라고 일본이 계속해서 요구하자 맥도날드는 다음과 같이 쓰고 있다.

> 일본 정부의 주장에도 상당한 타당성이 있는 것 같지만 배설과 릴리 사건의 근본적인 차이는 배설은 한국 국내와 해외의 많은 사람들이 옳은 일이라고 믿는 대의(大義)를 주장하는 데 반해서, 릴리의 선동에 대해서는 소수의 사람들만이 동정했다는 사실인 것 같다(MacDonald가 Grey에게, 13 Mar. 1908, No.111).

맥도날드는 이와 같이 배설의 행동이 '대의'에 입각한 것이라고 평가한다. 그러면서도 그는 특수상황에 처해 있는 한국에서는 영국의 언론자유 이론이 적용될 수 없다는 말을 덧붙인 보고를 런던 외무성에 보냈다. 영국 시민의 치외법권은 그들의 합법적인 영업행위를 보호하기 위한 것인데, 그 영업행위가 그 지역의 정부를 교란시키고 권위를 추락시키는 경우에도 보호받아야 할 것인가, 라고 의문을 제기한다. 그러므로 배설 문제는 언론의 자유가 어느 한계까지 허용되어야 하느냐가 아니라, 어느 정도로 제한되어야 할 것이냐는 입장에서 다루어야 한다는 것이다(MacDonald가 Grey에게, 15 April 1908, No.88). 맥도날드의 이와 같은 건의는 5월 11일에 런던 외무성에 접수되었다.

마침내 영국은 일본의 요구를 다시 한 번 들어주기로 방침을 정했다. 일본이 다급하게 배설 처리를 요구하면서 독자적으로라도 배설을 추방할 듯이 강경한 태도로 나온 것도 영국이 이 귀찮은 문제를 시급히 종결지어야 되겠다고 판단하도록 만든 요인이었다. 5월 12일, 외상 그레이는 코번에게 배설을 1907년 추밀원령 제5조에 따른 소송절차를 밟아 재판에 회부할 것이라고 통보했다.

영국 외무성이 배설을 두 번째로 재판에 회부하기로 결정한 사실을 알자 코번은 이 사건을 또다시 자신이 처리해야 하는지 상해 고등법원이 담당해야 할 사항인지 궁금했다. 코번은 지방재판소인 서울의 총영사관이 배설을 기소해서 예비심리를 진행해야 할지, 아니면 원고의 고소를 접수만 해서 상해 고등법원으로 넘겨주어야 하는 것인지 긴급히 알려 달려고 영국 외무성과 상해 고등법원에 문의했다. 상해 고등법원은 1907년의 추밀원령에 따르면 지방법원은 사건을 담당할 수 없고, 고등법원이 영장을 발부하거나 또는 원고가 고등법원에 제소한 다음에 고등법원이 재판을 진행해야 한다는 회답을 보내 왔다. 5월 15일, 외상 그레이는 북경주재 영국공사 조단에게 상해 고등법원의 검사를 즉시 서울로 보내어 배설을 기소하도록 지시하고 서울의 코번에게도 알렸다.

영국과 통감부의 재판 준비

영국은 지난해의 영사재판 때와는 달리 이번에는 배설을 기소할 준비를 대단히 신속하게 진행했다. 그러나 그러한 사실을 아직 모르고 있던 서울의 이등박문은 5월 15일 외상 하야시에게 배설 문제가 어떻게 진행되고 있느냐고 따지면서 강한 불만을 토로했다. 이등박문은 영국이 이 사건을 법률문제로 다루려 하지만, 한국의 사정은 사건 처리를 하루라도 늦출 수가 없으니 영국 정부로부터 빨리 만족스런 답변을 얻어내라고 독촉했다. 이등박문의 독촉을 받은 하야시는 동경의 맥도날드와 런던의 고무라에게 이 문제의 신속한 처리를 또한 번 요청했다. 이틀 뒤인 5월 18일, 맥도날드는 영국 정부가 배설 문제를 처리하기 위해 상해에 있는 검사를 서울로 보내기로 했다는 사실을 하야시에게 알려주었다.

그러나 하야시는 영국이 사법적인 처리를 고집하여 재판 절차를 통해 사건을 다루려 하는 데 대해 불만을 표시했다. 그는 이 사건이 사법적인 성격이 아니라 정치적이고 행정적인 성격이라는 종전의 주장을 되풀이했다. 맥도날드는 머지않아 일본이 배설에게 어떤 행정조치를 취할 가능성이 있을지도 모른다고 생각했다. 이 사건이 영·일 두 나라의 관심사로 부각된 이래 재판도 있었고, 배설에게 수차례 경고를 주었음에도 불구하고 일본은 신보가 심각한 위험성을 내포한 원천이 되고 있는 것으로 판단하고 있는 것을 알기 때문이었다.

코번도 맥도날드와 같은 판단이었다. 이등박문은 처음부터 배설 문제를 서울에서 왈가왈부하거나 사법절차에 따라 처리하는 것에 반대했다. 이 문제는 영일 양국이 정치적으로 해결해야 할 문제라는 것이다. 그러므로 이등박문이 만일 배설을 강제로 추방해 버린다면 코번으로서는 아무런 대응책을 강구할 수가 없을 것이라고 우려했다.

외상 그레이는 이미 검사가 5월 19일 상해에서 서울로 떠났으며, 그가 배설에 관한 어려운 문제들에 대해 가장 효과적인 해결책을 검토할 것이라고 말하고 다음과 같은 전문을 맥도날드에게 보냈다.

> 본국 정부는 배설의 행동으로 야기된 어려운 문제들을 즉각적이고 항구적으로 해결하는 방안을 강구하는 것이 바람직하다는 점을 충분히 인식하고 있다. 귀하는 이를 하야시 외상에게 확신시켜 주어도 좋다. 그러나 이와 동시에 만약 한국에 있는 일본 관리들이 영국의 조약상의 권리에 위배되는 행위를 취할 경우 영국의 여론이 크게 들끓을 것이 확실하며, 우리의 노력에 지장이 많을 것이라는 점도 지적해 두는 것이 좋을 것이다(Grey가 MacDonald에게, 21 May 1908, No.34; 『日外』, 41/1, No.797, p.787).

이등박문도 영국으로부터 이번에는 "배설에 의해 야기된 어려운 문제들을 즉각적이고 항구적으로 해결한다"는 보장을 받아낸 이상 영국의 재판절차에 다시 한 번 협조하기로 했다. 그러나 이등박문은 이러한 협조가 문제를 정치적으로 처리해 줄 것을 요구해 왔던 종래의 입장을 '유보'하는 것이지 결코 '포기'한 것은 아니라는 점을 강조했다.

이로써 영·일 양국의 합의 아래 배설의 2차 재판을 위한 준비절차는 급속도로 진행되었다. 5월 19일에 상해를 떠난 검사 윌킨슨(Hiram Parker Wilkinson)은 5월 22일 서울에 도착했다. 〈서울 프레스〉의 배설에 대한 공격 캠페인은 최고조에 달했다. 무엇 때문에 배설의 추방을 주저하는가라고 선동하는 논설을 싣고 있었고, 경찰은 새로 개정된 신문지법을 근거로 벌써 세 차례나 신보의 압수처분을 내린 상황이었다. 검사 윌킨슨이 서울에 도착하던 때의 분위기를 이해하기 위해 여기서 서울 프레스의 배설과 신보─KDN에 대한 공격 캠페인을 살펴보아야 할 것 같다.

공공의 평화 해치고 폭동 선동 기사

〈서울 프레스〉는 통감부가 인수한 직후부터 배설을 공격하는 데 온갖 노력을 다 기울였음은 앞서 살펴보았다. 통감부가 하지로부터 서울 프레스를 인수하여 일간으로 발행한 목적이 배설과 헐버트 등의 반일언론을 봉쇄하고, 일본의 침략정책을 널리 선전하려는 것이었기 때문이다. 그런데 서울 프레스는 배설의 근신기간이 만료된 직후부터 신보가 한국의 안정유지에 얼마나 큰 해독을 끼치고 있는가를 대외적으로 널리 선전하는 캠페인을 집중적으로 전개했다. 특히 4월 29일 신문지법이 개정된 때를 맞추어 서울 프레스는 신보의 기사와 논설들을 번역 게재하면서 이를 '공공의 평화를 해치고 폭동을 선동한' 증거라고 주장했다. 서울 프레스가 배설의 재판 직전에 벌인 캠페인 기사들은 다음과 같다.

> 4월 30일. "The Press in Korea", 신문지법 개정조항을 소개하면서 이 법이 신보와
> 〈공립신보〉 등 국내의 외국인 발행신문과 해외에서 발행된 교포신문은
> 통제할 것이라는 내용.
> 5월 1일 "A Canard", 4월 28일자 신보 기사 「六條宣言」 비난. *KDN*은 5월 1일자
> 'In Reference to "A Canard"'로 반박.
> 5월 2일 "What Next?" 5월 1일자 신보 논설 「不必浪驚」이 공공평화를 해친 것이라
> 고 주장. 신보는 이 논설로 인해 압수당했었다. *KDN*은 5월 2일자 "The
> Ethics of Translation"으로 반박.
> 5월 3일 "The *Korea Daily News*"

5월 5일 "The *Korea Daily News* Once More; Prince Metternich", 신보의 압수를 좀더 강력히 집행할 필요성을 지적함. 신보 4월 29일자(한글판 5월 2일 자)「일빅 미특날이가 능히 이태리를 압제치 못흠」번역 게재.

5월 7일 "Abuse Attack upon the Korean Cabinet", 신보 4월 26일자(한글판 5월 3일) 칼럼기사 「政界觀瀾」 비난.

5월 9일 "Broker Like Practices", 5월 6일자 2면 칼럼기사 비난.

5월 12일 "Journalistic Responsibility", 신보-*KDN*이 신문지법개정을 비판한 데 대한 반박.

5월 16일 "Song of Appeal", 5월 13일자 2면 신보의 칼럼기사 비난(압수당함).

5월 16일 "Why Hesitate?" 신보의 배포와 판매를 금지하는 정도의 비효율적인 절차에 의존할 것이 아니라 이러한 선동적인 신문의 발행을 중단해야 한다고 주장.

5월 17일 "The Murder of Mr. Stevens", 4월 17일자 스티븐스 암살 사건 기사 번역 비난.

5월 19일 "Flowers of Education", 5월 16일자 신보 논설 「學界의 花」 번역 비난.

서울 프레스는 이러한 논설들을 묶어 배설의 공판이 열리기 직전인 5월 하순에 *Incendiary Journalism in Korea*라는 제목의 영문과 일문(「韓國ニ於ケル排日新聞紙」) 팸플릿으로 인쇄해서 배포했다. 서울 프레스가 번역한 신보의 논설들은 검사가 배설을 기소하는 데 참고 자료로도 사용되었다(*JWC*, Supplement, 25 June 1908, p.827; *Foreign Journalism in Korea*, p.25). 서울 프레스의 이같은 캠페인은 서울과 일본에 있는 서양 사람들이 배설에 대해 품고 있던 동정적인 감정을 나쁜 방향으로 유도하려는 의도였다. 이와 동시에 배설을 추방하라고 영국에 압

력을 가하고 있던 통감부의 주장을 정당화시키려는 여론조작 캠페인이기도 했다. 번역 기사들 가운데서도 신보가 4월 17일자에 실었던 스티븐스 암살 보도는 한 달 뒤인 5월 17일에 서울 프레스가 번역 게재했던 것을 보더라도 영·일 간의 외교교섭에서 배설이 폭동과 암살을 선동했다는 일본의 주장을 뒷받침하는 객관적인 증거를 제시하려는 속셈이었음을 알 수가 있다.

서울 프레스의 캠페인에는 일본의 〈재팬 메일〉과 〈재팬 타임스〉가 공동으로 가세했다. 신보를 공격하는 서울 프레스의 기사들은 이들 두 신문이 다시 전재하는 경우가 많았다. 그러나 배설에 대한 이와 같은 집중공격은 오히려 역효과를 내는 경우도 있었다. 〈재팬 헤럴드〉는 일본 정부의 주장을 반영하는 이들 3개 신문의 논조를 정면에서 비판했다. 그리고 일본이 영국인 소유의 신문을 탄압하려고 획책하는 행위는 일본에 대한 영국인들의 감정을 나쁘게 만들 것이라고도 경고했다. 배설에게 늘 동정적인 입장이었던 〈재팬 크로니클〉은 서울 프레스가 신보의 논설과 기사를 영문으로 번역할 때에 원래의 문장과 다른 의미를 전달하도록 손질한 부분이 있다는 점도 지적했다. 크로니클은 서울 프레스가 번역한 신보의 기사들을 다시 독자적으로 번역(independent translation)하여 서울 프레스의 번역문과 대조해서 게재하기까지 했다. 크로니클의 '독자적인 번역'기사는 스티븐스 암살 기사와 5월 1일자 논설 「불필낭경(不必浪驚)」이었다("The *Korea Daily News* & Mr. Stevens's Murder"; "The *Korea Daily News* and the Press Law", *JWC*, 4 June 1908, pp.714~715). 크로니클의 이러한 편집은 일본의 다각적인 추방공작에 시달리던 배설에게는 커다란 위로가 되었을 것이다.

통감부는 신보의 압수를 계속 강행했다. 5월 1일자(不必浪驚) 압수를 시발로 5월 13일자(2면 칼럼 「시ᄉ평론」), 5월 16일자(學界의 花) 등을 연달아 압수했다. 5월 1일자를 압수했을 때에는 일본인 경찰이 신보사 안에 들어갔다가 영국의

December 21st, 1905.] THE JAPAN WEEKLY CHRONICLE. 811

THE SUPPRESSION OF A KOREAN NEWSPAPER.

TEXT OF THE INCRIMINATING ARTICLE.

In a supplement to a recent issue of the *Korea Daily News* is published a translation of the article which led to the suppression of the *Whang Sung Shimbun*, the Korean newspaper, which has been referred to by the Japanese newspapers under the title of the *Kanjo Shimbun*.

The following is the article in question:—

"When it was recently made known that Marquis Ito would come to Korea, our deluded people all said with one voice that he is the man who will be responsible for the maintenance of friendship between the three countries of the Far East (Japan, China, and Korea), and, believing that his visit to Korea was for the sole purpose of devising good plans for strictly maintaining the promised integrity and independence of Korea, our people, from the sea-coast to the capital, united in extending to him a hearty welcome.

"But oh! How difficult is it to anticipate affairs in this world. Without warning, a proposal containing five clauses was laid before the Emperor, and we then saw how mistaken we were about the object of Marquis Ito's visit. However, the Emperor firmly refused to have anything to do with these proposals, and Marquis Ito should then, properly, have abandoned his attempt and returned to his own country.

"But the Ministers of our Government, who are worse than pigs or dogs, coveting honours and advantages for themselves, and frightened by empty threats, were trembling in every limb, were willing to become traitors to their country, and betray to Japan the integrity of a nation which has stood for 4,000 years, the foundation and honour of a dynasty 500 years old, and the rights and freedom of twenty million people.

"We do not wish too deeply to blame two men the following proposals were submitted to the Emperor:—

"1. To abolish the Foreign Office and place Korean diplomatic affairs in the hands of Japan.

"2. To alter the functions of the Japanese Minister to Korea to those of Tongkam (Supreme Administrator).

"3. To alter the functions of the Japanese consuls to those of Isa (Superintendents).

"His Majesty the Emperor replied as follows:—

"'Although I have seen in the newspapers various rumours that Japan proposed to assume a protectorate over Korea, I did not believe them, as I placed faith in Japan's adherence to the promise which was made by the Emperor of Japan at the beginning of the war, and embodied in a Treaty between Korea and Japan. When I heard you were coming to my country I was glad, as I believed your mission was to increase the friendship between our countries, and your demands have therefore taken me entirely by surprise.'

"To which Marquis Ito rejoined:—

"'These demands are not my own, I am only acting in accordance with a mandate from my Government, and if your Majesty will agree to the demands which I have presented it will be to the benefit of both nations, and peace in the East will be assured for ever. Please therefore consent quickly.'

"The Emperor replied:—

"'From time immemorial it has been the custom of the rulers of Korea, when confronted with questions so momentous as this, to come to no decision until all the Ministers, high and low, who hold or have held office have been consulted, and the opinions of the scholars and common people have been obtained, so that I cannot now settle this matter myself.'

"Said Marquis Ito again:—

"'Protests from the people can easily be disposed of, and for the sake of the friendship between the two countries your Majesty should come to a decision at once.'

"To this the Emperor replied:—

"'Assent to your proposals would mean Cabinet meeting should be reopened, but in spite of Marquis Ito's repeated requests the President of the Cabinet remained, for the time, firm in his refusal.

"Then Marquis Ito requested Mr. Yi Che-kak, the Household Minister, to ask the Emperor to receive him in audience. This request the Emperor refused, saying that he was in great pain with a severe throat affection. Marquis Ito then approached the apartments of the Emperor, and personally asked for an audience, but the Emperor refused him, saying 'You need not see me. Please go away and discuss the matter with the Cabinet Ministers.'

"Marquis Ito then returned to the council room, and told the Ministers that the Emperor had commanded them to reopen the Cabinet meeting to discuss with him, and at the same time the Clerk to the Cabinet was set to copy out Japanese proposals. A vote was then taken, and all the Ministers with the exception of the President of the Cabinet were found to be in favour of yielding. The Minister for Foreign Affairs voted against the proposals, but qualified his refusal with the statement that he would assent if certain minor alterations were made in the text. Marquis Ito immediately had these alterations made, but the President of the Cabinet and the Ministers for Law and Finance still refused their assent.

"The President of the Cabinet, driven into a corner by the persistence of the Japanese, made an attempt to escape into the Emperor's apartments, but was followed by Japanese officials and locked up in a room adjoining the Imperial apartment.

"Hither Marquis Ito followed him, and again earnestly urged him to agree to his proposals; cajolery and threats were alternately employed, and General Hasegawa trifled with his sword. Mr. Han Kiu-Sul still held out, and said 'I shall never consent, I prefer to die.'

"Marquis Ito was then very angry, and asked him:—'Will you not sign even if your Imperial master orders you to do so?' The President of the Cabinet replied that in such a matter he would disobey the orders even of the Emperor.

"Marquis Ito's anger increased, and

일본의 영어신문이 보도한 「시일야방성대곡」. 〈재팬 위클리 크로니클〉은 영어로 번역된 「시일야방성대곡」을 실었다.(1909년 12월 21일)

항의에 부딪쳐 사건이 복잡해졌으므로, 그 이후부터는 신보사에 경찰이 들어가지는 않고 우체국, 철도역 그리고 신문 보급소 등에서 압수하여 신문이 독자들의 손에 들어가는 것을 봉쇄했다.

통감부 증거수집, 영국은 소환장 발부

윌킨슨은 신보 기사들을 검토해 본 끝에, 기사의 일부가 소요와 혼란을 야

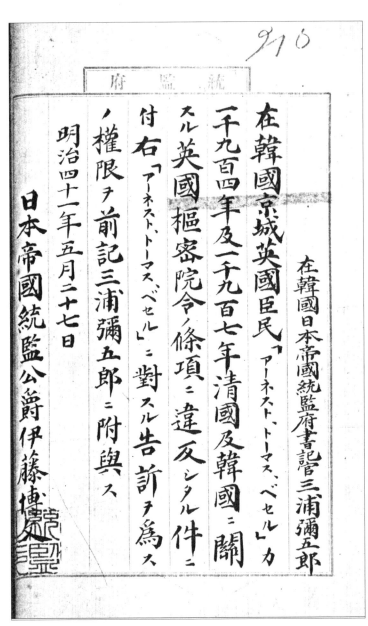

統監府

在韓國日本帝國統監府書記官三浦彌五郎

在韓國京城英國臣民「アーネスト、トーマス、ベセル」カ

一千九百四年及一千九百七年清國及韓國ニ關

スル英國樞密院令ノ條項ニ違反シタル件ニ

付右「アーネスト、トーマス、ベセル」ニ對スル告訴ヲ為ス

ノ權限ヲ前記三浦彌五郎ニ附與ス

明治四十一年五月二十七日

日本帝國統監公爵伊藤博文

통감 이등박문은 통감부 서기관 미우라 야고로에게 배설을 고소할 수 있는 권한을 부여했다.

기한 것으로 판단되며 추밀원령에 저촉(1904년 제83조, 1907년 제5조) 된다고 보고 통감부 외무부장 나베시마(鍋島)를 만나 기소절차를 협의했다. 양측은 고발장의 초안은 윌킨슨이 작성하되 책임 있는 일본의 관리가 선서하고, 그 고발장 내용을 법원에서 뒷받침할 증거를 제시해야 한다는 데 합의했다. 또한 한국이 사실상 일본의 보호국이고 한국의 정세가 불안하다는 사실, 그리고 배설의 신문이 소요나 폭동을 선동한 것으로 간주된다는 사실 등을 증거로 보완하기로 했다. 재판이 열릴 장소는 상해가 아니라 서울이 적합하다는 데 대해서도 양측의 의견이 일치되었다. 만일 재판을 상해에서 열 경우에는 배설과 그가 신청할 피고 측 증인들이 상해까지 가야 한다는 어려움이 생길 뿐 아니라, 그렇게 될 경우 재판기간 동안 신문을 발행할 수 없기 때문에 배설은 재판이 있기 전에 이미 실질적인 처벌을 받는 결과가 생긴다는 것이 검사의 생각이었다. 외상 그레이는 재판을 서울에서 여는 것을 즉각 승인했고, 상해 고등법원의 판사 보온 (F. S. A. Bourne)에게도 이런 사실을 통보했다.

양측의 재판 준비는 신속히 진행되었다. 5월 27일, 이등박문은 통감부 서기관 미우라 야고로(三浦彌五郎)에게 배설에 대한 고소의 권한을 부여했다. 같은 날 미우라의 고발선서(Summary of Complaint on Oath)가 있은 다음에 미우라와 윌킨슨이 연서(連書)로 배설에 대한 고소장을 작성했다. 고소 사유가 된 기사는 3건으로 ① 4월 17일자 스티븐스 암살 기사, ② 4월 29일자 논설 「百梅特捏이 不足以壓一伊太利」, ③ 5월 16일자 논설 「學界의 花」였다.

6월 1일, 상해 고등법원은 배설에게 소환장을 발급했다. 그러나 상해에서 발급된 소환장이 배설에게 송달되기까지에는 시간이 걸릴 것이기 때문에 윌킨슨은 상해 고등법원의 승인을 받아 소환장이 발급되었다는 사실을 소환장 발급과 동시에 배설에게 알려 주었다. 배설이 변호인을 선임할 수 있는 시간을 주어야 하기 때문이었다. 상해에서 보낸 소환장이 서울의 주한 영국 총영사관에 도착한 날은 6월 8일이었고, 배설에게는 이 날짜로 전달되었다. 공판은 6월 15일부터 서울에서 열리기로 되었다.

통감부는 이제 이 재판에서 배설에게 최대한의 타격을 줄 수 있도록 증거 수집에 분망했다. 5월 28일, 경무총감 마루야마(丸山重俊)가 통감부 외무부장 나베시마에게 신보의 사원명단, 구독자의 수, 경영상태 등을 상세히 기록한 보고서를 보냈고, 6월 4일부터는 지방 각지 경찰이 조사한 의병들의 진술을 수집하기 시작했다. 일본 경찰은 「대한매일신보와 폭도」라는 제목이 붙은 전남 이병채(李秉採; 의병장 許蔿의 참모)의 진술조서를 비롯해서 6건의 진술서를 수집했다. 이들은 모두 신보를 읽고 비분강개하여 의병에 가담했거나 무력으로 일본에 저항했다고 진술한 내용이었다. 신보가 의병을 선동했다는 증언은 다음과 같다.

李秉埰(유생 · 전남 樂安人) 의병장 허위(許蔿)의 참모. 의병들이 〈대한매일신보〉를 통해 격문을 보도했고, 폭도(의병)의 다수가 이 신문을 보고 분개해서 일어났다고 말했다.

李重鳳(충남 청풍군 동면 도화동 · 38세) 의병장 이강년(李康年)의 소모대장(召募大將). 신문을 보고 분격하여 의병을 모집했는데 그 신문 이름은 잊었으나 일경에 생포된 후 경찰이 제시하는 신문을 보니 그것은 대한매일신보였다.

姜永學(충주군 주류면 망청포 · 45세) 전 참봉 · 농업 · 의병에 가담하기 전에 경북 풍기군 임실면에서 동민 여럿이 신문 읽는 것을 들었는데 태황제가 황태자께 선위한다는 소식에 원통한 마음을 품었고, 이강년 휘하 의병에 가담한 후에도 이강년이 대한매일신보의 내용을 들어 매일 훈시했었다.

배설 기소장. 상해 주재 영국 고등법원 검사 윌킨슨과 통감부 서기관 미우라가 공동으로 작성한 기소장에는 신보 기사 3건이 증거물로 제시되었다.

崔翰龍(경북 청도군 내서면 일곡동·60세) 양반. 농업. 때로로 황성신문과 대한매일신보를 보아왔다. 작년(1907년) 음력 8월 중, 대한매일신보를 읽고 비분강개하여 격문을 만들어 김현진(金賢鎭)에게 주었다.

金賢鎭(전남 남평군 두산면 내정리·32세) 원래는 무안 출생으로 6년 전 하와이에 인부로 건너갔었다. 미국에 있는 동안 본국 신문을 보니 본국의 정세가 점차 쇠잔한다는 소식을 듣고 나라를 구할 방법을 강구하기 위해 귀국했다.

작년 11월 상순 하와이를 떠나 상해를 거쳐 12월 21일경 인천으로 귀국했는데, 전기 최한룡(崔翰龍)이 만든 격문을 돌렸다. 하와이에서 보던 신문은 대한매일신보였는데 특히 한일신협약은 일본이 한국 황제를 강제로 조약문에 압날(押捺)케 한 것이며, 일인들이 한국에 와서 토지를 강탈한다는 등의 기사에 분격했다.

(그 외에 춘천경찰서에서도 대한매일신보 기사를 읽고 의병에 가담했다는 의병 3명의 진술조서를 받았으나 그 상세한 신원은 남아 있지 않다)*

발행인 명의 만함으로

배설도 사태의 심각함을 인식하고 대책을 세우지 않을 수 없었다. 그는 5월 27일부터 신보 발행인의 명의를 만함으로 바꾸었다. 아무런 사고도 없이 제4면 맨 귀퉁이에 있던 판권란에 기재되어 있던 자신의 이름 대신에 만함으로 명의를 조용히 바꾼 것이다. 그러나 신보의 기사를 샅샅이 조사하여 공격의 자료로 삼고 있던 〈서울 프레스〉가 이를 그대로 두고 볼 리 없었다. 서울 프레스는 이제 배설의 재판이 눈앞에 다가왔는데, 이와 같이 신보의 발행인 겸 편집인을 소리 없이 바꾸어서 법망을 피하려는 것이라고 지적했다. 재판 결과 배설이 유죄판결을 받는다 하더라도 새로운 발행인은 이에 구애받을 필요가 없기 때문에 배설이 이전까지 해오던 대로 신문을 만들 수 있을 것이고 또 새로운 발행인이 기소된다면 같은 방법을 써서 한국 안에서 영국인들이 만드는 신문은 용

---

* 內部 경무국장 松井茂가 鍋島와 伊藤博文에게, 1908년 6월 4일~11일, pp.21~47. 이 보고는 6월 6일까지는 松井茂가 鍋島에게 보냈으나 6월 8일부터 11일까지는 松井이 伊藤에게 직접 보낸 것으로 되어 있다. 이는 이등박문이 배설 재판에 대비하여 그 증거수집에 큰 관심을 가졌음을 보여 주는 것이다.

이하게 법망을 피할 수 있을 것이라는 논리였다("The *Korea Daily News*", *The Seoul Press*, 3 June 1908).

배설은 신보의 발행인 명의를 만함에게 넘기고 6월 1일부터는 *KDN*의 발행을 중단했다. 배설은 독자들에게 배포한 社告(Notice)에서 *KDN*이 재정상 이유로 당분간 휴간한다고 밝히고 빠른 시일 안에 속간할 수 있기를 희망한다고 말했다. *KDN*의 휴간은 이등박문과 즈모토(頭本)에게는 매우 기쁜 소식이었다. 그들은 *KDN*과 헐버트의 코리아 리뷰를 억누르기 위해 많은 돈을 들여 서울 프레스를 발행해 왔는데, 이제 두 개의 항일언론이 모두 없어졌으니 서울 프레스의 독무대가 된 것이고, 그들의 목적은 성공을 거둔 것이다.

영어로 발행된 *KDN*은 구독자가 겨우 400부를 넘는 정도였으므로 계속 발간이 어려웠기 때문에 원래 4월 30일까지만 발행하고 폐간하려 했지만 신문지법이 개정되자 신보가 어떤 압력을 받는지 지켜보기 위해 5월 한 달 동안 더 발행하다가 이제 발행을 중단한 것이다. 배설은 휴간에 앞서 주한 영국 총영사관의 홈스(Holmes)에게 이 신문을 유지시켜 온 한국인 독지가들의 지원을 받을 수가 없기 때문에 *KDN*의 발행을 중단할 수밖에 없을 것 같다고 말한 바 있었다(Cockburn이 Grey에게, 3 June 1908, No.39).

*KDN*은 적은 발행부수였지만 서울 주재 각국 영사관과 국외의 언론기관들에도 보냈으므로 한국의 실정을 외국인들에게 알리는 단 하나의 독립된 영어 신문이었다. 배설은 원래 *KDN*을 모체로 하고 국한문과 한글판을 시작했다. 배설은 한국어를 몰랐기 때문에 그가 영문으로 쓴 논설이 *KDN*에 실리면 이를 한국어로 번역하여 신보의 국한문판과 한글판에 실리는 경우가 많았다. 그러나 1907년과 1908년 무렵에는 *KDN*의 논설과는 별도로 양기탁, 박은식, 신채호 등 한국인 제작진들이 논설을 썼기 때문에 통감부도 이들 한국인 '선동자들'

을 더 위험시했던 것이다. 그렇지만 신보의 국한문판과 한글판이 강경한 항일 논조를 견지하는 데는 영문판 *KDN*의 역할이 컸던 것도 사실이다. 재판이 끝난 이듬해인 1909년 1월 30일 *KDN*을 다시 속간한 것도 배설이 *KDN*의 중요성을 절실히 느끼고 있었기 때문이다.

배설은 재판에 대비해서 자신의 변호인으로 고베에 있을 때부터 잘 알고 있던 크로스(C. N. Crosse)를 선임했다.*

2. 세 나라가 관련된 국제재판

영-한, 일-영 통역으로 진행

재판은 1907년 6월 15일 서울의 영국 총영사관 구내의 이전 영국 경비대가 쓰던 건물에서 열렸다. 이 재판은 영국과 일본 양측이 다 같이 큰 관심을 가졌지만, 누구보다도 재판을 주시하고 불만을 품은 쪽은 한국인들이었다. 동경의 맥도날드는 재판이 열리기 하루 전에 코번의 신변을 보호해 달라는 편지를 일본외상 하야시에게 보내기까지 했다. 현재 한국인들의 감정이 격앙되어 있으며 스티븐스를 암살한 사례를 보더라도 한국인 가운데는 그들이 신뢰하는 배설을 재판에 회부한다 하여 코번이나 주한 영국 총영사관 직원을 습격할 가능

---

* C. N. Crosse는 『日本紳士錄』(*The Directory for Yokohama and Kobe Foreign Firms*, 交詢社, 1897)의 『橫濱神戶商館之部』를 보면 고베의 The Oriental Hotel의 사장으로 되어 있다 (p.50). 이때 배설은 Priest Marians Bethell Moss & Co.의 고베 지사장으로 있었다. 1902년 1월 20일에는 고베지역 영국인들의 체스 토너먼트가 열렸을 때에 배설과 크로스도 참가했다. 이들은 이때부터 잘 아는 사이였을 것이다. 그는 배설 재판 때부터는 고베에서 변호사 사무소를 차리고 있었다(日公記, 『申베』, 1206, 兵庫縣知事 服部一三이 鶴原에게, 1908년 9월 16일, pp.166~167)

성이 있다고 예상했다. 그러므로 만일의 사태에 대비해서 이를 방지할 수 있는 방안을 강구해 달라고 일본 측에 요청한 것이다.

15일 오전 10시 정각에 판사 보온(F. S. A. Bourne)이 착석했다. 보온은 전날 저녁 늦게 사법 비서관인 로서(T. E. W. Rosser)와 함께 서울에 도착했다. 그는 6월 11일 상해에서 출발하여 일본 나가사키 경유 4일 만에 서울에 온 것이다(Bourne이 Cockburn에게, 10 June 1908). 영국 총영사관의 부영사 홈스가 법정 등록관(Registrar)을 맡았고, 판사의 오른쪽에는 검사 윌킨슨(Hiram Parker Wilkinson), 통감부 서기관 미우라(三浦)가 정장 차림으로 앉았다. 배설은 건강한 모습으로 방청석에 모인 아는 얼굴들을 향해 웃음을 지어 보였다. 공식 통역관은 일-영어 통역을 히시다(菱田) 박사가, 한-영어 통역은 마에마(前間恭作)가 각각 맡았다. 마에마는 한문에도 조예가 깊었는데 『조선의 판본(板本)』이라는 책을 쓴 사람이다.

〈재팬 크로니클〉이 '동양의 역사상 처음'이라고 표현했던 이 진기한 재판은 법정에 모인 사람들의 겉모습만 보아도 매우 기이하고 이색적이었다. 법관과 변호사는 영국 법정의 격식대로 가발을 썼으며, 미우라는 금실로 수놓은 제복의 정장이었다. 나중에 증인으로 나오는 한국인들은 흰 두루마기에 상투 틀고 갓 쓴 사람도 있고, 머리를 깎은 사람도 있었다. 통역으로 나오는 김규식(金奎植)은 서양 예복인 프록코트 차림이었다. 지방에 있던 영국인 선교사들도 상경했고, 재팬 크로니클은 재판 취재를 위해 더글러스 영(Douglas Young) 기자를 서울로 특파했으며, 미국 AP통신도 취재했을 정도로 이 재판에 대한 국내외의 관심은 컸다.* 재판 도중에는 배설의 아내 마리모드를 비롯한 서양여자들

* 「裁判傍聽」, 皇城新聞, 1908년 6월 17일; 「外國通信員饗應」, 京城新報, 1908년 6월 20일;

과 각국 영사관에서도 여러 사람들이 방청했다.

홈스가 배설에 대한 기소장과 상해 고등법원이 발급한 소환장을 낭독했다. 변호사 크로스는 우선 이 재판의 절차가 잘못되었다고 이의를 제기했다. 크로스는 피고가 영국인들로 구성된 배심원단에 의해서 재판을 받아야 한다고 주장했다. 재판장은 변호사의 이의 신청을 받아들이지 않았다. 그는 배심원단 구성의 타당성은 인정하지만 이번 사건은 영국인 거주자가 적어 배심원단 구성이 어렵고, 또 1907년 추밀원령 제5조 맨 마지막 문장에서 명백히 규정된 대로 이 재판은 고등법원이 다룰 수 있는 것이라고 말했다. 그러나 재판이 끝난 뒤 판사 보온과 코번은 다 같이 배심원단 없이 고등법원의 판사 한 사람이 사건을 다룬 것은 논란의 여지가 있다는 점을 인정했다(Bourne이 Grey에게, 5 July 1908; Cockburn이 Grey에게, 6 July, No.48; 13 July, No.52).

언론자유의 상황논리

크로스는 두 번째로 피고에 대한 혐의가 한 가지인지 두 가지인지 알고 싶다고 말했다. 소환장에는 피고가 신보를 통해서 "소요와 무질서를 조장시키고, 더 나아가 한국 정부와 그 국민 사이에 적대감을 조장시키려는 의도로 치안방해 기사를 게재"한 것으로 되어 있는데 그 혐의가 두 가지인지 한 가지인기를 물은 것이다. 재판장은 명확한 답변을 하지 않았으나 크로스는 이를 두 가지 혐의로 간주했다.

이어서 검사 윌킨슨의 논고가 시작되었다. 윌킨슨은 신문기사가 그 사회에 해독을 끼치느냐 그렇지 않느냐는 신문이 출판된 주변 상황에 의해 판단되어야 한다는 논리를 폈다. 그는 몇 가지 예를 든 가운데, 신문기사의 유·무죄를

"The Japanese in Korea", *The Seoul Press*, 12 July 1908.

가리는 기준과 성냥불을 켜는 행위를 비유해서 설명했다. 성냥을 켜는 단순한 행위도 어떤 때에는 매우 유용한 행동이라 할 수 있지만, 또 어떤 경우에는 대단히 위험한 일이 될 수 있다. 성냥을 인화(引火) 물질이 없는 곳에서 켰을 때에는 아무런 위험도 없는 것이지만, 만약 화약고 안에서 켰다면 그것은 위험할 뿐 아니라 범죄행위가 될 수도 있다. 이와 같이 신문기사도 주변 상황에 따라 유죄 또는 무죄를 판가름해야 한다는 것이 윌킨슨의 주장이었다. 한국은 현재 불안한 상황에 처해 있으며, 무장한 폭도들이 정부에 대항하고 있다. 그런데 배설은 치외법권의 보호 아래 이러한 소요와 무질서를 조장하고 치안방해의 기사를 실었으므로 처벌받아야 한다고 윌킨슨은 논고했다.[*]

검사의 논고가 있은 다음에 첫 번째 증인으로 미우라 야고로가 나왔다. 그는 윌킨슨의 질문에 자신은 통감부의 서기관이며, 경성이사청의 이사관을 겸하고 있다고 대답했다. 그는 1905년의 을사조약과 1907년의 한일협약 등본을 증거로 제시하면서 한국 정부가 일본 통감부의 지휘 아래에 있다고 주장했다. 한국은 현재 무력 소요상태에 있으며 그러한 소요가 일어나는 지역은 전국의 절반이나 된다고 답변했다.

미우라의 증언과 증거 제시는 윌킨슨과 통감부 외무부장 나베시마가 5월 23일에 합의한 사항에 따른 것이었다. 검사의 질문은 오전에 끝이 나고 오후에는 변호사의 반대신문이 시작되었다. 오후에는 오전보다 훨씬 많은 방청객들이 모여들었다. 좌석이 만원이었으므로 자리를 잡지 못한 사람들은 복도와 재판정 바깥에까지 모여서 재판을 지켜보았다. 크로스의 질문에 미우라는 이

* *Foreign Journalism in Korea*, pp.5~6; "The Prosecution of Mr. Bethell, Full Report of the Trial", *JWC*, Supplement, 25 June 1908, pp.822~823.

고소를 제기한 사람은 통감 이등박문이며 자신은 통감으로부터 권한을 위임받아 고소를 대행한다고 대답했다.

크로스는 한국이 주권을 지닌 독립국인가 일본의 속국인가, 그리고 미우라는 일본의 관리인가 한국의 관리인가 하는 문제를 물고 늘어져서 미우라의 답변을 궁색하게 만들었다. 윌킨슨의 질문에 미우라는 자기는 일본 관리이며 한국과 일본은 별개의 두 정부라는 사실을 시인했다.

방청석 폭소로 통감부 체면 손상

크로스는 한국과 일본에는 각기 다른 정부가 있으며 미우라는 일본 정부의 관리라는 점을 명백히 했다. 배설이 한국 정부와 국민 사이에 적대감을 조장했다는 혐의로 일본 정부가 고소를 제기하는 것은 타당하지 않다는 점을 부각시키고자 했던 것이다. 크로스가 한국 정부와 일본 통감부의 관계를 따져 물을 때에 방청석에서 폭소가 터졌다. 통감부 최고위 관리인 미우라의 체면은 크게 손상당했다. 이등박문이 통감부 관리를 재판정에 출두시키지 않으려 했던 이유도 이같은 사태를 예상했기 때문이었다. 피고 측이 공개재판을 이용해서 이 사건을 정치적으로 이끌지도 모른다는 점을 통감부는 처음부터 우려했던 것이다. 재판장은 변호사에게 정치상의 의견을 묻지 말고 사실에 관한 것만 물으라고 주의를 주었다.

크로스의 다음 목표는 신보의 기사가 한국의 소요사태에 직접적인 원인이 아니라는 것을 밝히려는 데 있었다. 크로스는 미우라에게 어느 때부터 한국에 폭동과 소요가 일어나기 시작했는가, 그리고 그 원인은 무엇인가를 물었다. 미우라는 소요는 1907년 군대해산 때부터 일어나기 시작했으며, 그때 해산당한 군대와 한국의 현실에 불평을 품은 국민 가운데 일부가 폭도(의병)가 된 것이라고 답변했다. 미우라의 답변은 군대해산 당시에 신보가 폭동을 선동했다는 통감부의 종래 주장을 되풀이한 것이다. 크로스는 다음과 같이 물었다.

크로스   그러면 작년 여름 이전에는 불온함과 무질서가 아주 없었다는 말인가.

미우라   그런 말은 하지 않았다.

크로스   내가 묻는 말은 지난해 여름 이전에는 불온 소요 또는 무질서가 없었느냐는 것이다.

미우라   지난해 여름에도 더러 있었다.

크로스   1905년 11월 17일(을사보호조약 체결)에도 그대가 이 나라에 있었는가.

미우라   있었다.

크로스   어디에 있었는가.

미우라   마산에 있었다.(미우라는 1902년 12월에 마산 주재 일본영사로 부임했었다)

크로스   그때에도 이 나라가 무질서한 상황이었는가.

미우라   몇몇 지방이 그랬다.

크로스   그것은 무슨 이유였는가.

미우라   한일 간에 을사보호조약이 체결된 뒤 한국의 현재 상황에 불만을 품은 때문인 것으로 안다.

크로스   1905년 11월 17일에 체결된 을사보호조약 때문에 이 나라에 소요가 일어났다는 말이지.

미우라   그것이 전적인 원인은 아니지만, 그 조약이 계기가 된 것 같다.

크로스   이것이 그 까닭의 일부인가.

미우라	그렇다.
크로스	여보 미우라, 그러면 대한매일신보를 현 상황의 원인이라 할 수 있겠는가.
미우라	부분적인 원인이다. 전적인 원인은 아니지만 부분적으로는 방조한 것으로 본다.
크로스	지금의 소요가 야기된 또 다른 원인을 말할 수 있겠는가.
미우라	대한매일신보가 이번에 고소한 것과 같은 논설을 항상 게재한 때문이다.
크로스	신보에 게재된 기사 외에 소요와 무질서를 일으킨 다른 원인은 무엇인가.
미우라	현실에 반대하는 한국인들 가운데 일부가 불만을 품었기 때문이다.
크로스	누구를 반대하는가. 그리고 무엇을 반대하는가.
미우라	한국 정부가 일본의 지시를 받고 있으므로 일본과 한국 정부를 반대하는 것이다.
크로스	그러므로 그러한 불만은 일본을 향한 반대라는 말이지?
미우라	그렇게 말할 수는 없다.
크로스	재판장님, 나는 미우라가 그렇게 말한 것으로 이해하겠다.

3. 한국은 독립국인가, 일본의 속국인가

항일 무장투쟁의 원인은 일본

크로스는 여기서 한국의 소요와 무질서 그리고 한국 정부와 그 국민 사이에 적대감이 조장된 것은 배설을 기소한 증거물인 3건의 기사가 게재되기 훨씬 전부터 있었다는 사실을 증명하려 했다. 크로스는 한국에서 반일운동이 일어난 것은 군대해산 이전인 을사늑약 때부터였다는 사실을 미우라에게서 확인한 셈이다. 크로스는 또한 1907년의 군대해산 이후에 더욱 과격한 무장봉기가 일어난 것도 일본에 그 책임이 있는 것이 아닌가라고 따졌다.

크로스	한국 군대의 해산을 명령한 사람은 누구인가.
미우라	늘 그렇듯이 통감의 지휘 아래 한국 정부가 행한 것이다.
크로스	일본 정부의 지휘 아래란 말인가.
미우라	그렇다.
크로스	그런즉 군대를 해산한 자는 일본 정부라는 말인가.
미우라	간접적으로 일본 정부가 행하였다.
크로스	내가 묻는 것은 이런 소요와 무질서가 일어난 책임이 일본 정부에게 돌려져야 하지 않느냐는 것이다. 한국 군대해산에 뒤따라 일어난 소요와 무질서는 일본 정부의 책임이 아닌가.
미우라	책임을 묻는 것인가.
크로스	그렇다.
미우라	한국 정부에는 책임이 없다는 뜻인가.
크로스	한국 정부가 아니라 일본 정부의 책임을 묻는 것이다.
미우라	양측 모두에 책임이 있다.

크로스는 한국과 일본에는 각기 다른 정부가 있으며, 한국은 엄연한 독립국인데도 일본이 한국의 독립을 부인했기 때문에 한국에서 항일 무장봉기가 있

는 것이며, 한국인들이 원하지 않는데도 불구하고 일본이 들어와서 한국을 지도하겠다는 것이 문제의 발단이라고 주장했다. 청하지 않은 친구가 와서 간섭을 하면 반드시 재난이 생기는 것은 당연한 이치인데, 이러한 재난의 책임을 배설과 그가 발행하는 신문에 지우는 것은 부당하다고 말했다. 이와 같이 변호인은 한국 사태의 근본 원인은 한국에 대해 잘못된 정책을 쓴 일본 측에 있다는 논리를 펴서 이 재판을 이등박문이 우려했던 대로 정치재판으로 몰고 가려 했다. 증인으로 나온 미우라가 영국 법정에서 피고 측 변호인의 신랄한 질문에 시달린 것만으로도 통감부의 위신이 크게 손상당한 것이다.

미우라의 증언이 끝난 다음에는 통감부 통신관리국 통신서기관 하토리(服部)가 증언대에 섰다. 그는 한국 지도를 들고 나와서 전국각지에 소요가 일어난 지역 여덟 곳을 표시하고 그 지역에 배포되는 신보의 부수를 적어 두었다. 이로써 신보가 의병봉기에 직접적인 원인이 된다는 사실을 객관적으로 증명하려 한 것이다.

의병봉기는 자발적인 저항운동

공판 이틀째인 16일에는 배설이 검사와 변호인의 신문을 받았다. 원래 예정은 피고 측이 신청한 한국인 증인들의 증언을 듣기로 되어 있었으나 증인들이 나오지 않았으므로 피고의 신문을 시작한 것이다. 배설은 선서를 마친 다음에 지난 5월 26일까지는 신보와 *KDN*의 편집인 겸 소유주였으나 지금은 신문을 만함에게 팔았기 때문에 이제는 신문과 아무런 관계가 없다고 말했다. 그는 1904년 런던의 〈데일리 크로니클〉 특별통신원으로 한국에 온 뒤 신보와 *KDN*을 창간했는데, 이때는 일본 측의 견해를 받아들일 용의가 충분히 있었으며 그들에게 열광적인 호의를 가지고 있었다고 말했다. 또 일본 공사관도 그를 지원해 줄 것을 약속하고, 많은 부수를 구독해 주었으나 나가모리의 한국 황무지 개간권 요구를 비판한 일로 인해 일본 공사관 서기관이었던 하기와라와 사이가 나빠지자 일본 공사관은 자신에 대한 지원을 철회해 버렸다고 말했다.

배설은 한국인들의 항일폭동과 지방 각지의 의병봉기는 일본의 강압에 한국인들이 자발적으로 벌이는 저항운동이지 신보의 선동 때문이 아니라고 주장했다. 그는 1907년 7월 헤이그 밀사사건의 책임을 지고 고종이 양위했을 때에도 신보의 호외기사 때문에 폭동이 일어났다고 일본은 주장하고 있지만 그것도 사실이 아니라고 말했다. 밀사사건 후 일본은 한국 황제가 친히 일본에 가서 사과하거나 황제의 자리를 물려주거나 둘 중에 하나를 택하라고 요구하고 있다는 소식을 듣고 신보가 이를 보도했는데, 황제가 퇴위했으므로 그 기사는 사실임이 증명되었으며, 또 그 기사는 신보가 단독으로 보도한 것이 아니라 일본의 여러 신문들도 게재했던 것이라고 말했다. 고종의 퇴위 때에도 군중들이 평화롭고 질서 있는 방법으로 퇴위를 저지하려 했으나 일본군이 이들을 강제로 해산시켰기 때문에 소요가 일어나는 것을 직접 목격했다고 당시의 상황을 생생히 진술했다.

군대 해산에 희생된 구한국 병정들

배설은 군대해산 당시에는 자신이 서소문의 한국군 병영에 들어가서 부상병을 병원으로 보낸 일을 증언했다.

작년 8월 1일에 서소문 안에 있는 한국 병영을 일인들이 졸지에 습격하여 점령하였을 때에 외국인 중에서 본인이 제일 먼저 들어가 미국인 의사 애비슨(Avison)과 함께 부상당한 사람을 병원으로 담아 보냈는데 이미 많은 병정은 도망했고, 죽은 자도 허다했다. 그 가운데 한 사람은 총검에 열여덟 곳이나 찔린 상처가 있었다. 이때 도망한 병정들이 현재 의병에 가담해 있으니, 이것을 내가 선동한 사람들이라 하겠는가(신보, 1907년 9월 5일자「地方에 爭鬪」참조).

그는 한국인들은 일본이 억압하는 것을 통분히 여겨 폭동에 가세하는 것이라고 말하면서, 전국 각지에서 신문사에 들어온 항일 격문들을 제시했다. 그리고 이 격문들은 내용이 너무 과격해서 신보에 싣지 않은 것들이라고 말했다. 그는 또한 고종이 1906년 2월 10일자로 자신에게 주었다는 다음과 같은 특허장을 낭독했다.

대한매일신보 사장 배설로
신문급통신에 전권자로 특히 위임할 사
광무십년 이월 십일

검사 윌킨슨은 신보의 발행인을 만함으로 바꾼 이유를 배설에게 추궁했다. 배설은 만함에게 주어야 할 급료가 밀렸기 때문에 신문사를 양도한 것이라고 말했으나 답변은 애매했다. 그러나 그는 신문을 통해서 한국인들의 애국심을 고취하려는 것이 아니냐는 질문에는 그렇다고 명확히 대답했다. 배설에 대한 검사와 변호사의 신문을 끝으로 2일째 오전 공판은 끝이 났다.

오후에는 양기탁의 증언이 있었다. 피고를 위해 증언을 해야 될 한국인 증인들이 후환이 두려워 재판정에 나오려 하지 않았으므로 변호인을 난처하게 만들었다. 피고에게 유리한 증언을 하려면 일본이 한국을 지배하는 정당성을 재판정에서 부인해야 했는데 그랬다가는 일본의 보복이 있을 가능성이 크다는 두려움 때문이었다. 이러한 분위기는 영국인 재판장이나 검사, 변호사가 모두 알고 있었다. 재판장은 재판 진행 도중에 증인들에게 후환을 가져올 우려가 있는 질문은 삼가라고 검사에게 주의까지 주었을 정도였다.

한복 차림의 양기탁과 연미복 통역 김규식

양기탁은 흰 두루마기에 갓을 쓴 한복차림으로 재판정에 나타났다. 양기탁의 통역은 김규식(金奎植)이었다.* 양기탁은 영문에는 능숙했지만 회화는 다소 불편을 느꼈으므로 통역이 필요했다. 통역을 맡은 김규식은 단정한 프록코트에 모자를 썼으며, 통역 실력은 탁월했고, 대단히 지성적인 매너를 보였다고 〈재팬 크로니클〉은 전했다. 양기탁의 증언에 커다란 관심을 품은

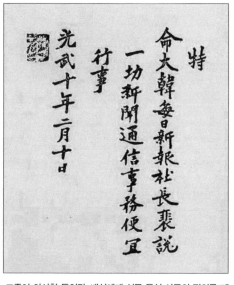

고종이 하사한 특허장. 배설에게 신문 통신 사무의 편의를 제공하라는 특허장을 주었다. 1906년 2월 10일.

---

* 金奎植은 1897년에 도미하여 1903년 Roanoke대학을 졸업한 뒤 1904년 초에 귀국했다. 그는 YMCA 총무, 경신학교 교감, 연희전문 교수 등을 역임했다. 1913년 중국으로 망명하여 1919년 상해 임시정부가 수립되자 외무총장에 임명되었다. 1919년 파리로 가서 한국대사관을 설립했고, 파리의 만국평화회의에 전권대사로 참가했다. 그 후 만주와 중국 등지에서 독립운동을 하다가 1944년에는 임시정부 부주석이 되었다. 광복 후 귀국하여 남조선 과도정부 입법의원 의장을 지냈다.

〈대한매일신보〉편집실. 왼쪽에서 두 번째 인물이 양기탁.

한국인들이 많이 모여들었으나 겨우 몇 사람을 제외하고는 법정에 들어가 방청할 엄두를 못 내고 문 밖에 몰려서서 법정 안을 들여다보는 바람에 출입구와 창문이 막혀 방안은 숨이 막힐 지경으로 답답했다.

양기탁은 문제가 된 세 건의 기사 가운데 스티븐스 암살사건은 샌프란시스코에서 발행되는 〈공립신보〉의 기사를 그대로 전재한 것이며, 나머지 두 건은 자신이 집필했다고 대답했다. 이같은 그의 증언은 국한문판과 한글판 신보의 제작은 거의 전적으로 자신의 지휘 아래 제작되고 있다고 시인한 것이었다. 논설과 기사를 게재할 때에 특별히 중요한 것은 배설과 상의해서 결정했지만, 그렇지 않은 것은 스스로 판단해서 실었다고도 말했다. 양기탁은 일본 경찰의 감시가 심해지자 체포당할 것을 우려하여 신문사 안에서 기거하면서 바깥출입을 하지 않고 신문을 만들었다고 진술했다. 검사 윌킨슨의 질문에 다음과 같이 대답했다.

윌킨슨	그대가 신문사 안에서 유숙하는 것은 체포당할 것을 두려워함인가, 재판받을까봐 두려워함인가, 또 다른 무엇이 있는가.
양기탁	한 가지 이유는 사무에 편리하기 때문이고, 또 다른 한 가지는 두려워하기 때문이다.
윌킨슨	누구를 두려워하는가.
양기탁	일인들이다.
윌킨슨	그대는 자신을 위해서나 또는 업무를 위해서나 배설의 고용인으로서 보호를 요청한 적이 있는가, 그대는 배설이 영국인이라는 사실 때문에 일본인들로부터 보호받고 있다는 사실을 즐기고 있는가.
양기탁	배설은 영국 사람이요, 나는 그에게 고용되었으니 보호를 받을 줄은 알지만 일인들은 더러 배설의 집에까지 멋대로 들어가는 일이 있으니 배설이 없을 때에는 본인의 보호를 기필치 못할 터인즉 그의 특권을 전적으로 누린다 하기는 어렵다.

윌킨슨은 논설 「일백 매특날……」은 이태리의 독립운동을 한국에 비유하여 한국 인민을 선동하고 한국 안에 있는 일본 관리들을 몰아내라는 뜻이 아닌가, 그리고 메테르니히는 이등박문을 지칭한 것이 아닌가 하고 따져 물었으나 양기탁은 이를 부인했다. 그는 또한 「학계의 화(花)」는 단순히 학문에 관한 논설이며, 정치적인 목적을 지닌 것이 아니라고 주장했다. 윌킨슨은 고소의 증거물로는 채택되지 않은 5월 1일자 「불필낭경」도 양기탁이 쓴 것이 아니냐고 물었지만 재판장이 이 논설은 물어볼 필요가 없다고 제지했다.

양기탁의 증언이 끝난 다음에 측량 사무원으로 근무하는 노병희(盧秉熙)가 출두하여 신보가 질서를 문란케 하도록 선동한 일이 없었고, 그가 아는 사람들 가운데도 이 신문을 읽고 질서를 문란케 하는 사람은 보지 못했다고 증언했다. 그러나 피고를 위해 증언하기로 되어 있는 한국인들이 더 이상 나오지 않았기 때문에 이들의 증언은 이튿날로 미루고 크로스가 변론을 시작했다.

크로스는 무장 항일의병이 한국 각지에서 소요를 일으키는 것은 신보의 선동 때문이 아니라는 주장을 다시 되풀이했다. 이러한 소요는 신보의 4월 17일자, 29일자 그리고 5월 16일자가 발행되기 훨씬 전부터 일어나고 있었으므로 신보의 기사가 폭동과 문란을 선동했다는 것은 이치에 맞지 않는다는 것이었다. 이 나라가 소란에 빠진 것은 일본이 명성황후(閔妃)를 시해한 1895년부터이므로 소요는 배설이 신문을 창간하기 훨씬 전부터 일어난 것이며, 그 책임은 일본에게 있다고 강조했다. 명성황후 시해 후 일본이 현재까지 한국인들의 반대를 무릅쓰고 남의 나라 주권을 탈취하려는 데서 이러한 소요의 근본적인 원인이 있다는 것이었다. 크로스의 변론 가운데는 다음과 같은 구절도 있었다.

이제 배설의 증언으로 보더라도 그가 한국에 왔을 때에는 일본에 호의적이었으며, 그의 신문을 가지고 자기가 할 수 있는 한 일본 당국을 도우려 했다. 그러나 얼마 후 사태를 바로 인식하게 되자 일본이 제의하는 지원을 비웃으며 거절하고 다른 노선을 걷기 시작했다. 이로써 그가 앞서 말한바 이미 이 나라는 소요스러운 상황에 놓여있었다는 말과 부합이 되는 것이다. 그렇지 않다면 무엇 때문에 일본 당국은 무슨 연고로 세계의 공안(公眼)에 놓일 문제를 가지고 배설을 저희 편으로 만들려고 접근했겠는가. 이는 그때에 이미 소요스러운 상황이 있었기에 한국에 있는 외국인의 신문을 저희 편으로 만드는 것이 유익할 것으로 생각했기 때문이었음은 가히 속이지 못할 것이다.

2일째 오후 공판에 피고 측 증인으로 출두하도록 요청했던 증인들이 나오지 않았기 때문에, 크로스는 미우라에게 피고 측이 필요로 하는 증인들이 다음날에는 출두할 수 있도록 보증해 달라고 요구했다.

4. 영국의 극동정책과 치외법권의 한계

의병장 민종식의 증언

공판 3일째인 6월 17일에도 재판은 오전 10시부터 시작되었다. 피고 측은 증인으로 의병장이었던 민종식(閔宗植)과 궁내부 전무과 기사였던 김철영(金澈榮), 심우택(沈雨澤)을 출석시킬 예정이었으나 민종식과 김철영은 나오고, 심우택은 나오지 않았다. 크로스는 통감부가 심우택을 왜 불러오지 못했느냐고 그 이유를 추궁했다. 의병장 민종식 등이 증인으로 나올 것이라는 소문이 퍼졌기 때문인지 재판정 바깥에는 많은 한국인 방청객들이 몰려들었다. 상류층 또는 중류층으로 보이는 이들 한국인 방청객들은 어제처럼 극소수만이 법정 안에 들어왔고, 나머지 대다수는 법정 바깥에서 창문으로 들여다보거나 문밖에 떼지어 몰려서서 깊은 관심을 갖고 재판 진행을 지켜보았다.

민종식이 증언대에 섰다. 그는 민씨 가문의 종손으로 벼슬이 참판에 이르렀으나 사임하고 충남 정산에 가서 살았으며 조야에 덕망이 높았다. 을사늑약이 체결된 뒤 이를 반대하여 동지를 규합하고 격문과 각국 사신에게 보낼 호소문을 기안했다. 1906년 3월 17일 동지 340명을 거느리고 충남 정산으로부터 홍주로 들어가려다가 일본 헌병대의 기습을 받아 일단 피신했다가 5월 14일 다시 봉기하여 19일에는 250명의 의병을 지휘하여 홍주성을 점거했다. 그의 휘하 의병이 500여 명으로 늘어나자 일본군대가 출동하여 같은 달 30일 치열한

격전 끝에 일본군에게 성이 함락되었다. 의병 82명이 전사하고 145명이 포로가 되었다. 그는 부하 몇 명과 함께 도피했다가 그해 11월에 체포되어 사형언도를 받았으나 감형되어 진도에 유배되었다가 이듬해 2월 특사로 석방되었다.

크로스는 민종식에게 왜 항일의병 항쟁의 주동인물이 되었었는지 설명해 보라고 요구했다. 이때 재판장은 크로스에게 주의를 환기시켰다. 배설에게 유리한 증언을 했다가 증인이 희생당하는 일이 일어나서는 안 된다고 말하고 증인이 스스로 하고자 하는 것 외에는 묻지 말라고 말했다. 크로스는 민종식이 투옥되었다가 사면으로 석방되었기 때문에 재차 처벌당하는 일은 없을 것이라고 말했지만 재판장은 증인에게 해가 돌아올 증언을 억지로 시키지는 말라고 재차 경고했다. 윌킨슨은 미우라가 민종식을 다시 처벌하지는 않을 것을 보장했다고 말했다. 민종식은 자신이 명성황후가 속했던 민씨 가문의 서열상 두 번째 항렬이라고 말하고 을사늑약이 체결된 후 황실의 위엄과 정부의 권리가 점점 일본의 보호 밑으로 들어가는 고로 일인을 축출하고 빼앗긴 본국의 독립권을 회복하는 것이 자신의 의무인 것으로 알았기 때문에 의병을 일으켰다고 대답했다(Foreign Journalism, pp.33~34; JWC, 2 July 1908, pp.34~35).

다음에는 김철영이 증언했다. 그는 궁내부 전무과 기사였는데, 1907년 7월 고종이 양위하던 무렵에 일본 경찰에 체포되어 심한 고문을 당했던 사실을 진술했다. 김철영은 구한국 체신업무 개척자의 한 사람이었다. 그는 1887년 6월 1일에 조선전보총국(朝鮮電報總局)의 위원으로 임명되었다가 1894년 갑오경장 후 공무아문(工務衙門)이 개설되면서 주사로 임명되었다. 러일전쟁이 일어나던 때에는 통신원의 체신과장으로 있으면서 일본군이 한국의 전신망을 불법으로 무력 점거하여 사용하는 데 항의했던 사람이다. 제2일째 공판까지의 엄숙했던 분위기와는 달리 민종식이 증언하던 때부터는 재판정에는 때때로 폭소가 터지는 일이 있었다. 증인들은 주저하면서도 한국인에 대한 일본의 탄압을 증언했다. 김철영에 대한 신문이 끝난 뒤까지도 피고를 위해 중요한 증언을 해 주어야 할 심우택은 끝내 출두하지를 않았기 때문에 그의 증언은 들을 수가 없었다. 고종이 양위할 무렵에 김철영과 함께 일경에 체포되어 호된 고문을 당했던 심우택은 어디로 숨어 버리고 나타나지 않았는지, 일본 당국이 그를 일부러 법정에 출두시키지 않았는지는 알 수 없다. 다음에는 신보 구독자들인 김택훈(학생), 김두해(한문교사), 김창한(전직 순검) 등이 출두하여 신보에서 폭동을 선동하는 내용은 보지 못했다고 증언했다.

증인 신문도 모두 끝이 나고 변호사의 변론이 시작되었다. 크로스는 스티븐스가 한국 정부의 외교고문이며, 한국 정부의 월급을 받는 사람이면서도 한국의 황제와 그 국민을 모독하는 발언을 했고, 일본을 칭찬했으니 한국 사람들의 격분은 당연하며, 신보가 〈공립신보〉의 기사를 그대로 전재한 것도 하등 잘못이 아니라고 변론했다. 메테르니히에 관한 논설과 「학계의 화」도 과장된 수식어를 쓴 것은 있지만 결코 소요나 무질서를 선동하려고 의도하지는 않았으며 고소인인 미우라도 그러한 증거를 전혀 제시하지 못했다고 말했다.

한국의 입장 대변한 명 변론

크로스의 변론은 한국인들의 입장을 잘 대변해 주는 내용이었으며 합리적이고도 조리 있는 명연설이었다. 그는 이 재판이 "일본 당국의 고소에 따라 영국 왕의 이름으로 아무런 죄도 없는 그의 국민을 처벌하려 하는 것"이라고 말했다. 크로스는 이 법정을 '일본 정부의 앞잡이'로 규정한 것이다. 그는 또한 개정된 1907년 추밀원령의 "선동을 의도한다"는 구절은 상당한 재량권을 가진 말이므로 재판장이 관대히 해석해 줄 것을 바랐다. 크로스는 장황한 변론의 마

COREA.

NOTIOE.

The following King's Regulations made by His Majesty's Consul-General, and approved by the Secretary of State, are published for general information.

HENRY COCKBURN,
Consul-General.

Seoul, June 12, 1908.

KING'S REGULATIONS UNDER ARTICLE 155 OF "THE CHINA AND COREA ORDER IN COUNCIL, 1904," AS AMENDED BY ARTICLE 13 OF "THE CHINA AND COREA (AMENDMENT) ORDER IN COUNCIL, 1907," AND ARTICLE 1 OF "THE COREA ORDER IN COUNCIL, 1907."

No. 1 of 1908.

Control of British Newspapers.

1.—(1.) A REGISTER of newspapers entitled to British protection in Corea shall be maintained at the Consulate-General in Seoul.
(2.) The register shall contain such particulars, and shall be in such form, as the Consul-General shall by notification direct.
(3.) The registration shall be renewed annually, in the month of January.
(4.) If any alteration takes place with regard to any particulars entered in the register, the register shall be corrected forthwith by the person responsible for the publication of the newspaper.

2. A newspaper shall not be registered in the register of newspapers unless it is the property of a British subject, or of a joint stock Company registered in the United Kingdom or in a British possession.

3. If the owner of a registered newspaper is not ordinarily resident in Corea, the name of some responsible British subject resident within the jurisdiction shall be registered as his agent for all purposes relating to these Regulations.

4. The owner or agent, as the case may be, shall be deemed to be responsible for the publication of the newspaper and for all matters appearing therein.

5. In every copy of a registered newspaper there shall be legibly printed, in English, the name of the owner or agent who is responsible for the publication.

6. A newspaper which is not registered shall not be deemed to be entitled to British protection as the property of a British subject.
Provided that nothing in this Article shall exempt the owners, printers, or publishers of such newspaper from liability to any criminal or civil proceedings to which they would have been liable if these Regulations had not been passed.

[448]

신문규칙(Control of British Newspaper) 공포, 영국인이 한국에서 발행하는 신문에 대한 규제법령.

지막을 다음과 같이 종결했다.

> 나는 결론적으로 이것이 신문에 재갈을 물리는 것이라고 말하고 싶다. 이것은 영국
> 과 영제국의 모든 영토에 오랫동안 존재해 온 언론자유에 간섭하는 것이다. 내가
> 1840년 이래 형사 사건이 없었다고 말했을 때 존경하는 검사는 펄쩍 뛰고 재판장
> 각하께서는 1868년 더블린에서의 재판사건을 내놓았으나 그곳은 영제국 영토 가운
> 데서도 기존 당국에 대한 불평이 늘 존재해 오던 곳이다.

크로스는 이 소송은 한국에서 일본의 이익을 보호하기 위해서일 뿐, 한국인
을 화평하게 하자는 뜻은 아니라고 말했다. 일본 친구들에게 한 마디 충고하도
록 허용된다면 스스로가 전쟁기술의 달인임을 증명해 보인 일본인들이 평화의
기술도 좀 연마해서 한국인들의 주장대로 그들을 억압만 할 것이 아니라 손을
잡고 바른 길로 친절하게 이끌라고 말했다.

> 억압과 전제로부터 소요와 불협화음이 생기는 것이며, 좋은 정부의 최후 목표는
> 만족이다. 재판장께서도 김철영의 증언을 들었듯이 이 나라에서 이 나라 국민들
> 의 어깨를 때리고 이런 종류의 처벌을 내리고 그들을 마구 학대하는 제도가 없
> 었더라면 지금 이런 자리가 열리지도 않았을 것이다. 이것은 일본인들 자신과 -
> 나는 최고위 당국자를 말하지는 않겠다 - 이 나라에 주둔한 2만 명의 그들 군대
> 가 이 소요와 무질서를 일으켰음에도 불구하고 일본인들은 배설이 이 논설들을
> 발간함으로써 저지른 - 만약 죄가 있다 하더라도 - 사소한 죄 뒤에다 그들의 위세
> 잃은 머리를 감추고자 하는 데서 나온 것이다.

크로스는 재판에 증거물로 내놓은 논설들은 이 나라의 그 어떤 소요에도 책임이 없으며, 그 주요한 원인이 되지도 않았다고 주장했다.

> 존경하는 검사는 아무런 증거도 제출하지 않은 반면에 재판장의 앞에는 그 반대로 이 논설들이 소요와 무질서를 조장하려 의도하지 않았으며, 또 실제로 소요와 무질서를 일으키지도 않았다는 사실을 말해주는 나 자신과 배설과 그 밖의 여러 증인들의 증언이 있는 것이다. 따라서 나는 재판장께서 이 기소가 제기된 까닭을 양찰하시어 사건을 각하하고 배설을 석방할 것을 요청하는 바이다(*Foreign Journalism*, p.46).

검사는 '가혹하지만 적절한 처벌' 요구

검사 윌킨슨은, 크로스의 변론은 스티븐스 암살범들에 대한 변호나 다름이 없는 것으로서 변론의 초점이 빗나간 것이라고 주장했다. 배설은 신보에 스티븐스 암살 기사를 전재함으로써 한국인들로 하여금 외국인을 살해하는 것이 한국의 친일파를 제거하는 것보다는 더 주의를 끌 수가 있고 정치적 게임에서 이득을 볼 수 있는 방법이라고 선동했다고 말했다.

그는 재판 벽두의 논고 때와 마찬가지로 기사의 유죄 또는 무죄 여부는 그 기사가 발행된 주변 상황에 따라 판정해야 한다는 상황 논리를 폈다. 이 재판은 결코 일본의 앞잡이 역할을 하기 위해 열리지는 않았으며, 배설이 영국의 법률을 위반했기 때문에 열린 것이라고 말했다. 윌킨슨도 배설이 신문을 단지 비열한 동기에서 발행한 것은 아니라는 점은 인정했다. 이 논설들이 게재되자 신문은 동정을 받았으며, 또 재판정에 나와 방청하고 있는 영국인들도 피고를 동정하고 있음을 안다고 말했다.

그러나 이러한 기사들이 발행되기 전부터 소요와 무질서가 있었다는 말도 추밀원령의 치안방해 조항을 위반하지 않았다는 핑계는 될 수 없다고 주장하고 '가혹하다는 것은 사실이지만' 적절히 처벌되어야 한다고 논고했다. 이로써 3일간에 걸친 재판절차는 모두 끝이 났다. 재판장은 이튿날 오후 4시에 선고 공판을 열겠다고 선언했다.

3주일간의 금고형

이튿날인 6월 18일 판사 보온은 배설을 제1급 경범죄인(輕犯罪人, first class misdemeanour)으로 선고하여 3주일간의 금고(禁錮, three weeks imprisonment)에 처하고 복역이 끝난 뒤에는 6개월간 근신할 것을 서약해야 하며 그렇지 않을 경우 추방될 것이라고 판결했다. 또한 앞으로도 피고가 계속하여 반란을 선동한다면 추방령을 내리게 될 것이라는 경고를 덧붙였다.

판결문은 먼저 재판절차의 적법 여부를 언급했다. 변호인은 이 재판을 약식재판이 아니라 배심원단의 배석 하에 재판받아야 한다고 주장했지만, 1907년 추밀원령은 재판 방식에 관한 규정이 없기 때문에 1904년 추밀원령 제45조와 48조를 적용시킨다면 이 사건은 약식재판에 회부해도 지장이 없다고 설명했다. 다만 앞으로 검사가 "비슷한 범죄로 계속 유죄판결을 받을 경우의 추방"(제5조 1항)을 주장하는 때에는 이 사건은 배심원단의 배석 하에 정식재판으로 처리되어야 할 것이라고 유권해석 했다.

문제된 3건의 논설에 대해서는 한국민들로 하여금 일본에 대항해서 봉기하라고 선동한 것이 의심할 나위가 없다고 단정했다. 보온은 자신이 영국 영토 안에서 영국의 법관 자격으로 영토고권(領土高權, territorial sovereignty)에 따른 재판을 하는 것이 아니라, 한국이 영국에 허용한 제한된 권한을 행사하여 한국

법관을 대리해서 판결한다고 밝혔다. 그렇기 때문에 자신은 영국의 추밀원령을 적용해서 판결을 내리지만 동시에 한국의 법률과 한국의 정치 상태를 고려하고 이 기사들이 게재되었을 당시의 국내 사정과 여론을 참작해서 판결을 내린 것이라고 말했다.

만일 한국에 정치적 소요나 불평이 없고, 평화롭게 상공업 발전에 종사하고 있다면 미국에서 발행된 〈공립신보〉에 실린 기사를 발췌해서 전재한 것은 위험스러울 것도 없으며 무죄라고 볼 수 있다. 그러나 한국은 현재 지방의 절반 정도가 항일 무장 소요상태에 있으며, 그 목표는 일본인을 쫓아내고 보호령을 철폐하라는 것이다. 나라의 형편이 이와 같은데도 문제된 기사가 한국 정부와 그 국민 사이에 적대감을 조장하려고 의도했다는 사실을 누가 의심할 수 있겠는가. 변호인은 일본 정부와 한국 정부는 별개라고 주장했다. 그러나 한국 정부는 일본의 보호 아래서 현재의 황제가 한국 정부를 통치하기 때문에 한국인들과 일본 보호령 사이에 적대감을 선동하는 이런 종류의 기사들이 추밀원령 제5조의 범위에 든다는 것은 의심할 여지가 없다.

피고는 반란분자들의 지상(紙上) 지도자 노릇을 하면서 위험한 경우에는 치외법권을 도피의 성역으로 삼았다. 피고는 일본인의 검열도 받지 않고, 부하 직원들은 일본인들의 법망을 벗어날 수 있게 되었으므로 피고의 신문은 한국 불평분자들의 공인된 대변인 역할을 하게 되었다. 보온의 판결문은 배설의 행동이 정의로운 동기에서 출발했음을 인정하고 다음과 같이 끝을 맺었다.

어떤 점에서 피고는 생명과 가족과 재산 위험을 무릅쓰고 전투의 최전방에 선 지도자가 될 수 있는가. 가령 그들이 그대의 편집인(梁起鐸)의 충고를 따라 칼을 집어 들었다고 했을 때 그들의 피가 흐르는 경우 그대는 어디에 있겠는가. 그대의 용기와 비이기적인 동기는 여기서 문제 삼을 바가 아니나 그대는 곤란한 입장에 빠질 것이며, 기껏해야 도우려 했던 사람들에게 대단히 중대한 해를 끼치게 되는 결과밖에 가져올 것이 없을 것이다. 만일 그대가 계속해서 반란을 권장한다면 추방될 것이 틀림없다는 사실을 경고해 두는 것이 나의 의무이다. 나는 그대가 심한 처벌을 받는 것보다는 이 말들을 새겨 두어서 그대의 행동을 자제하도록 만드는 데 더욱 관심이 깊다.

배설에 대한 판결을 내리기 전에 코번은 배설을 어디에 구금할 것인가를 본국 정부와 상의해야 했다. 서울에는 영국인을 구금할 수 있는 시설이 없기 때문이었다. 편법으로 만일 그를 호텔이나 집을 세 얻어서 감금한다면 일본 당국이 불만을 제기할 것이고, 그렇다고 해서 일본인의 관할 하에 있는 한국 안의 형무소에서 복역케 한다면 영국이 배설을 적의 손에 넘겨주었다는 인상을 주게 될 것이었다.

상해로 보내어 거기에 있는 영국 형무소에서 복역케 하는 방법이 있겠는데 이 방법을 택할 경우에는 배설을 어떻게 상해까지 보내느냐 하는 것이 문제였다. 당시에는 인천과 상해 간에 정기적으로 운항하는 배편이 없었기 때문에 서울−상해 간을 내왕할 때에는 일본을 경유하도록 되어 있었다. 배설이 그런 경로를 거쳐 상해로 가는 경우에는 일시적으로 일본의 사법권 관할에 놓이게 된다는 문제점이 있었다. 그러므로 가장 합리적인 해결책은 배설을 인천에서 상해나 홍콩으로 직접 보내는 것이었다.

코번은 이러한 문제점들을 지적하면서 배설을 인천에서 상해로 직접 싣고 갈 수 있도록 요코하마에 정박 중인 영국 군함을 인천에 보내달라고 본국 정부에 건의했다. 외무성은 코번의 건의를 즉각 받아들였다. 이리하여 요코하마에 있던 영국 군함 클리오(Clio)호는 단 한 사람의 죄인을 상해로 호송하기 위해 인천으로 떠났다. 이와 함께 상해 고등법원은 서울에서 유죄선고를 받은 배설이 상해로 이송되어 형기를 마치도록 명하는 일반명령(General Order)을 내렸다.

배설은 6월 18일 오후에 금고형을 언도받았으나 그를 상해로 싣고 갈 군함이 올 때까지는 일단 석방되었다가, 이틀 뒤인 6월 20일 출두명령을 받고 총영사관에 들러 거기서 곧바로 인천으로 떠났다. 그는 오후 4시에 총영사관에 들렀는데 곧장 서울역으로 가서 5시 20분발 인천행 기차를 타야 했다. 배설이 서울역을 떠난다는 소문이 퍼지면 많은 군중이 몰려와 한바탕 데모를 벌일 것을 우려했던 총영사관은 그에게 가족과 인사를 나눌 여유도 주지 않고 인천으로 보낸 것이다.*

〈서울 프레스〉의 공판기사 보도

배설의 재판에 대한 평가와 반응은 어떠했는가. 이 재판에 가장 관심이 깊었던 〈서울 프레스〉는 공판이 시작된 이튿날인 6월 16일 조간부터 공판내용을 상세히 보도하는 기민성을 보였다. 공판이 3일 동안에 걸쳐 진행되었기 때문에 공판기록의 분량이 많았으므로 18일자부터 23일자까지는 매일 부록을 발행하면서까지 공판기록을 보도했다. 공판내용을 전문 게재한 다음에는 문제가 되었던 신보의 논설 3건을 번역 게재했고(6월 24일), 이러한 공판기록을 모아『한국의 외국 신문(*Foreign Journalism in Korea*, Proceedings Against Mr. E. T.

---

* "Mr. Bethell's Departure For Shanghai", *JWC*, 2 July 1908, p..40. 배설이 서울을 떠나 상해로 가서 형기를 마치기까지의 상황은 다음 그의 手記에 자세히 나와 있다. "My Sentence of Three Weeks' Imprisonment", *JWC*, 3 Sept.~24 Sept. 1908, pp.358, 394, 437, 469.

Bethell)』라는 2단 조판 55쪽짜리 단행본으로 출판해서 일반에 판매하기까지 했다.

서울 프레스는 재판 내용을 널리 공개함으로써 배설이 영국의 법에 의해서 유죄판결을 받았다는 사실을 부각시키려는 의도였다. 이리하여 배설에게 동정적이었던 당시 한국거주 외국인들의 여론을 자신들에게 유리하도록 유도하려 했을 것이다. 그러나 같은 재판내용에 대해서 신보는 서울 프레스와는 다른 해석을 내렸다. 신보는 배설에게 3주일간의 금고형이 선고된 뒤인 6월 20일자부터 공판기록을 한국어로 번역하여 연재하기 시작하여 신보 국한문판과 한글판에 다같이 한 달 반이 넘는 동안에 41회(1904. 6. 20~8. 7)에 걸쳐 보도되었다.

배설은 자신의 공판내용을 한국민들에게 알리는 것이 여러 가지로 이롭다고 판단한 것이다. 공판기록은 배설이 상해로 가서 형기를 마치고 돌아온 뒤인 8월 7일까지 실렸다. 중간에 조금씩 생략된 부분도 있어서 공판 속기록이 전문 그대로 번역 게재된 것은 아니지만 거의 완벽에 가까운 긴 분량이었다. 크로스의 변론 내용 가운데 일본이 한국을 억압했기 때문에 전국 각지에서 의병의 봉기가 일고 있다는 부분이 특히 강조되었음은 물론이다.＊

배설에게 유죄판결 언도가 났을 때에 재판정 바깥에 몰려 있던 많은 한국인들의 격분하는 모습은 역력했다. 군중 가운데 어떤 사람은 자진해서 돈 4천 환을 가지고 와서는 배설에게 부과된 벌금을 자신이 갚겠다고 말했고, 변호인 크로스의 노고를 치하해서 연회를 베풀겠다는 사람도 있었다. 배설이 상해에 도착하자 그곳에 거주하던 한국인들이 그를 면회하려고 몰려왔으나 면회가 금지

＊ 鄭晉錫,「大韓每日申報 社長 裵說 公判記錄」,〈月刊世代〉, 1976년 8월호, pp.150~185; 9월호 pp.300~332 참조.

되자 위문품을 전달하려 했다.

블랙 사건을 비롯해서 릴리 사건, 그리고 코웬 사건 때에 모두 그러했듯이 재판이 끝난 뒤에도 영국 하원에서는 외상을 상대로 세 차례의 질의가 있었다. 두 의원이 배설을 기소하게 된 상황과 일본 통감부가 한국에서 영국 국민을 기소할 권한이 있는지 여부 등을 따져 물었다. 외상 그레이는 이 사건은 한국 정부가 일본에 의해 통제되고 있는지의 여부와는 관계가 없는 것이라고 답변했다.*

---

* *The Parliamentary Debates,* Fourth Series, Vol. 190, 1908, pp.1309~1310, 1491; Vol.191 pp.952~953; "The Case of Bethell", *The Times,* 6 July, 1908.

제 XI장

양기탁 구속과 영·일 간의 대립

제 XI장 양기탁 구속과 영 · 일 간의 대립

1. 상해에서 배설이 돌아오기 전에

양기탁의 갑작스러운 구속

배설이 상해로 가서 복역하고 있는 3주일 동안에 통감부는 신보와 그 관련자들을 향해서 또 하나의 새로운 탄압계획을 실천에 옮겼다. 신보사의 총무 양기탁(梁起鐸)을 국채보상의연금을 횡령한 혐의로 구속한 사건이다. 1908년 7월 12밤 경시총감 마루야마(丸山重俊)는 신보사 안에 있는 양기탁에게 물어 볼 말이 있다 하여 불러낸 뒤에 경시청에 가두어 버렸다.[*] 영국과 일본이 복잡한 외교적 갈등을 빚는 사건은 이렇게 시작되었다. 양기탁의 구속은 통감부가 치밀한 사전계획 아래 가장 적절하다고 판단되는 시기를 택하려 했던 것이다.

첫째 이때는 배설이 상해에서 돌아오기 직전이라는 시점을 포착했다. 배설은 양기탁이 구속되기 전날인 7월 11일에 상해에서 3주일간의 금고형을 마쳤다. 그리고 양기탁이 구속된 지 5일 후인 7월 17일에 서울로 돌아왔다. 통감부는 양기탁의 구속이 배설 사건의 연장이라는 비난을 면하기 위해 배설의 재판이 끝난 뒤 어느 정도의 시간 간격을 두었다가 사건을 표면화시켰다. 그러나 사건 처리를 용이하게 하기 위해서는 배설이 한국에 돌아오기 이전이 좋다는 판단에서 양의 구속 시기를 이렇게 잡은 것이다.

---

[*] 양기탁을 신보사에서 불러낸 사람은 경시총감 마루야마(丸山)라는 기록과 경시 와다나베(渡邊) 였다는 기록이 있다. 신보, 1908년 7월 16일자 「事必歸正」; 日公記, 『申베』, 1205, 伊藤이 林董에게, 1908년 7월 13일, pp.106~108 참조.

LISH JOURNALIST IN KOREA PROTECTS A NATIVE EDITOR.

양기탁과 배설. 양기탁 구속으로 영일 간에 갈등이 고조되던 때에 영국 신문에 실린 사진. 〈데일리 미러〉, 1908년 8월 8일자.

둘째는 양이 구속된 직후에 이등박문이 한국을 떠나버렸다는 점도 미리 계산된 행동이었던 것으로 볼 수 있었다. 이등은 7월 14일 서울에서 출발하여 일본의 몇 군데 휴양지에서 머물다가 7월 말 동경에 도착했다. 동경에서는 제2차 가쓰라(桂太郎) 내각이 성립된 때였다. 이등은 서울을 떠나기 전에 경시총감 마루야마에게 사건처리에 관한 지침을 상세히 지시해 두었으면서도(日公記, 「申베」 1205, 伊藤이 曾禰에게, 1908년 7월 22일, 제379/4호, pp.89-90) 표면상으로는 직접 관여하지 않은 것처럼 용의주도하게 처신했다. 이등은 일본에서 사건의 진행 상황을 통보 받고 그때마다 적절한 지시를 내리기도 했지만 사건 처리를 부통감과 하위 관리들에게 맡겨둠으로써 이 미묘한 문제에 직접 손을 대지 않을 수 있었다.

만함(萬咸, Mamham)으로부터 양기탁이 구속되었다는 소식을 들은 코번은 통감부가 저지른 '비겁한 행위'(foul play)로 규정했다. 일본경찰이 양기탁을 구속한 방법과, 구속한 사실 자체, 두 가지 점이 모두 잘못된 것으로 보았다. 체포의 방법에 있어서는 경찰이 양기탁을 기만적인 수단을 써서 영국인이 소유한 건물 밖으로 꾀어내었기 때문에 한영조약 제3조를 위반한 것이나 다름이 없다는 것이었다. 또 구속 자체도 배설 재판에 대한 통감부의 보복으로 볼 수밖에 없다는 것이다. 재판이 열리기 전에 일본은 배설을 위해 증언한 사람들을 보복하지 않기로 분명히 약속했음에도 불구하고 이를 위반한 것으로 판단했다.

일본을 한국에서 쫓아내기 위해 모금한 돈을 횡령했다는 혐의로 통감부가 자신들에게 돌아올 악평을 기꺼이 감수하면서까지 양기탁을 체포했을 리는 없다고 단정했다. 통감부는 국채보상금 운영 횡령 혐의를 조사해 달라고 한국인들이 당국에 진정서를 냈기 때문에 수사를 시작한 것이라고 말했지만 진정서를 낸 사람들이 누군지 코번에게는 밝히지 않았다.

통감부는 신보의 제작을 실질적으로 총괄하고 있던 양기탁을 구속함으로써 신보의 제작에 치명적인 타격을 주는 한편, 국채보상운동의 중심 기관을 와해시켜 버린다는 이중효과를 노렸다.

신보 탄압 국채보상운동 와해

통감부는 배설 문제를 일단락 지은 후 양기탁을 구속하되, 그 시기는 배설이 상해에서 서울로 돌아오기 이전이 좋다고 보았다. 배설문제는 영국과의 까다롭고도 힘겨운 교섭 끝에 이루어졌지만 양기탁은 한국인이므로 영국과 사전에 협의할 필요는 없을 것으로 판단했다. 여기서 통감부는 주한 영국 총영사 헨리 코번의 강력한 반발을 예상하지 못했다. 일본은 코번의 비위를 크게 상하는 실수를 저질렀다. 양기탁을 구속하는 과정에서부터 이 사건은 배설 사건의 연장이라는 인상을 줄 수밖에 없었기 때문이다.

양기탁을 구속한 뒤에도 이등박문은 코번의 상대역으로 경성이사청 이사관 미우라 야고로(三浦彌五郎)를 지명해서 사태를 더욱 복잡하게 하고 원만한 수습이 어려워지게 만들었다. 한편 코번도 이 사건으로 인해 통감부 당국과 심각한 마찰을 일으켰기 때문에 동경의 맥도날드와도 불화가 생겼고, 외교관으로서의 체면을 손상당한 가운데 본국으로 돌아가 조기 사임하는 불운을 감수하지 않을 수 없었다.

통감부는 배설의 재판이 끝난 뒤에도 신보를 향한 감시를 게을리 하지 않았다. 7월 2일에는 논설 「확실한 언론」이 치안방해라 하여 이 날짜 신보를 발매금지 처분했다. 일본 경찰은 발매 금지당한 신문을 행여나 비밀리에 반출하여 배포할는지도 모른다고 의심하여 일인 순사를 신보사 바깥에 배치하여 감시했다(日公記, 『申베』, 1205, 丸山重俊이 鍋島에게, 1908년 7월 3일, 警秘第2754의 1호, pp.125~127).

〈대한매일신보〉에 걸었던 영국기. 등록문화재 제 483호.

경찰은 배설과 양기탁이 국채보상금을 다른 목적에 사용했을지도 모른다는 혐의를 두고 은밀히 내사를 진행했다(丸山이 鍋島에게, 제248호, 7월 4일, pp.114~120).

코번은 13일 통감부에 항의하고 양기탁의 석방을 요구했다. 그러나 통감부는 이 사건은 양기탁이 배설 재판에 증언한 것과는 관계가 없으며, 단지 국채보상금의 횡령혐의에 대해서 조사하고 있을 뿐이라는 대답했다. 그러나 코번은 일본 경찰의 주장은 믿을 수가 없으며 "만일 증인들이 처벌된다는 사실이 알려지면 참으로 유감스러운 결과를 가져올 것"이라고 경고했다.

동경의 맥도날드도 이 사건이 심상치 않은 방향으로 발전될 가능성이 있음을 예측했다. 맥도날드가 일본 외무성에 코번과 같은 내용의 항의를 하자 일본 외무성도 서울의 통감부와 똑같은 대답을 했다. 그리고 "양기탁은 죄인으로 체포한 것이 아니고 다만 조사하기 위해서 임의 출두를 명하였던바, 그가 응하기에 한 형사가 쓰던 방에 그대로 유치하고 있을 뿐"이라고 대답했다.

사건이 간단히 해결될 수 없는 성질임을 깨달은 코번은 항의의 뜻이 담긴 질의서를 미우라에게 보냈다. 첫째 한국인을 형사범으로 고소하는 경우 한국경찰을 대리해서 활동하고 있는 일본경찰은 피소당한 사람에게 사전 통고나 소환장 또는 구속 영장 없이 체포해서 친지들과의 모든 연락을 막은 채 구금해 두는 것이 통상적인 절차인가, 둘째 만약 그것이 통상적인 절차라면 어떤 법적 근거가 있는가, 셋째 이와 같은 구금상태는 얼마 동안이나 계속될 것인지 그리고 경찰관의 재량에 맡겨두는 것인가 등을 조속히 알려달라고 요구했다.

미우라는 한국에는 민사 및 형사소송법의 성문법전 편찬을 위한 예비작업이 진행 중이지만 현재로서는 한국법률에 형사소송법이 없다고 대답했다. 그리고 만약 어떤 한국인이 형사범죄를 저지른 혐의로 기소되거나 용의자로 지목되는 경우, 그는 아무런 특별한 공식절차 없이 경찰에 체포되어 조사가 끝날 때까지 구금된다. 신분이 높은 사람을 체포하기 위해서는 황제의 칙령이나 법부대신의 허가가 필요하다. 이렇게 해서 구금된 사람은 담당관리의 허가를 받아 가족이나 친지에게 편지를 보낼 수 있지만 검열을 받아야 한다. 또한 그는 담당관의 입회 아래 친지와 면회할 수도 있다. 양기탁은 감방이 아니라 한 형사가 쓰던 방에 구금돼 있으며 그는 경찰 당국에 의해 관대한 대접을 받고 있다. 필요한 수사가 끝나고 증거인멸의 위험이 없다는 사실이 인정된다면 곧 석방될 것이다. 다만 무죄로 판명되어 법원으로 송치되지 않는 경우라야 석방이 되는 것이다.

면회는 5분, 한국어 대화만 허용

미우라의 회답이 있은 다음날인 7월 17일 아침에 만함은 경시총감 마루야마의 허가를 받아 잠시 동안 양기탁을 면회할 수 있었다. 마루야마는 면회를 위해서는 다음과 같은 규정을 지켜야 한다고 전제했다. 대화는 전적으로 한국어로만 행해야 하며 통역을 사용할 수는 있다. 대화 내용은 국채보상금 문제와는 관련이 없는 것이라야 한다. 대화 도중이라도 입회한 관리가 허용할 수 없는 내용이 있다고 판단하면 면회를 중단시킬 수 있으며, 면회 시간은 5분간으로 제한한다는 것이다. 만함은 이 같은 조건에 따라 양을 만나 본 결과 수감된 동안에 놀랄 정도로 수척해졌으므로 의사를 들여보내겠다고 말하고 돌아왔다.

코번은 사건이 일어난 직후부터 일본 당국을 불신하는 태도를 보였다. 그는 일본 경찰이 탄압을 가함으로써 앞으로 양기탁이 신보에 종사하지 못하게 하려는 소행이며, 배설에게 유리한 증언을 했던 데 대한 일본 당국의 보복이기 때문에 영국은 일본 경찰이 양기탁의 자백을 얻어내기 위해 과도하게 부당한 취급을 하지 못하도록 경고해야 한다고 런던 외무성에 건의했다(Cockburn이 Grey 에게, 15 July 1908, No.21; 16 July, No.22).

외상 그레이도 같은 견해였다. 그레이는 일본의 주장대로 양기탁의 체포가 설사 배설의 재판과 관련이 없다 하더라도 이를 믿을 사람은 없을 것이라고 말했다. 그는 양기탁이 공개재판을 받아야 하며, 보석으로 석방될 수 있어야 하고, 친지와의 면회를 허용해야 한다는 영국 정부의 희망을 일본 정부에 전달하라고 동경의 맥도날드에게 훈령했다. 만약 이러한 영국의 희망이 이루어지지 않았다는 사실이 알려질 경우 매우 불쾌한 인상이 생겨날 것이며, 장차 배설의 신문에 대한 일본의 소송을 불가능하게 할 것임을 지적하라고 덧붙였다. 맥도날드는 이 훈령의 내용을 외상 데라우치(寺內正毅)에게 전달했고, 이 사건은 수상 가쓰라(桂太郎)에게도 보고되었다. 육군대신 데라우치는 짧은 기간 (1908.7.14~8.27) 외무대신을 겸했다.

영, 미, 프랑스 3국 영사관에 문의

그러나 통감부는 영국의 경고를 아랑곳하지 않았다. 7월 17일, 경성이사청

이사관 미우라는 경시총감 마루야마에게 양기탁을 취조한 결과 어떤 증거를 수집하였으면 우선 당자를 소추(訴追)해 놓고, 동시에 조약상의 규정에 따라서 관련 외국인의 문초를 개시하는 것도 좋다고 지시했다. 관련 외국인이란 미국인 콜브란과 프랑스인 마르땡을 말하는 것으로 통감부는 사건 수사를 이들에게까지 확대하기로 한 것이다. 수사를 지휘하고 있던 마루야마는 양기탁 기소를 위한 증거 수집을 계속했다. 그는 1907년 5월 이후 신보가 매월 광고로 밝힌 국채보상금 수금 실적을 근거로 보상금의 행방을 조사해 본 결과 의혹이 있으며, 신보사에 설치되어 있는 국채보상지원금총합소가 보관했던 돈과 수형 (手形) 등 중요 서류는 양이 구속된 후 만함이 어디론지 가지고 가버렸다고 보고했다.

마루야마는 지금까지 신보가 접수한 보상금 총액은 6만 1,131원 50전 5리인데, 이 가운데 3만 원을 인천에 있는 회풍은행(匯豊銀行, Hongkong & Shanghai Bank)에 예입했다고 하지만, 은행을 조사해본 결과 1908년 2월에 3만 원을 일단 예입했다가 곧 인출해 버렸기 때문에 현재는 한 푼도 없다는 것이었다(丸山 가 鍋島에게, 1908년 7월 18일, 제260호, pp.101~102).

이등박문은 만함이 국채보상금에 관한 장부와 금고 등을 딴 곳으로 옮겼으면 증거인멸의 우려가 있으니 영국 총영사에게 이를 조사할 수 있도록 청구하는 동시에 후일의 증거로 남기도록 공문을 받아두라고 지시했다. 이에 따라 미우라는 7월 20일 영, 미, 프랑스 세 나라의 주한 영사관에 이 사건 조사를 위한 협조를 의뢰했다.

영국에 대해서는 배설이 인천의 회풍은행에 예입했다가 3회에 걸쳐 인출한 돈으로 무엇을 했는가와 예금 중 남은 부분이 국내의 미국은행에 예치되어 있는가, 그리고 만함이 국채보상총합소에서 가져간 금고 및 장부 2권 등에 관해

조사해 줄 것을 요청했다. 미국 영사관에는 콜브란 보스트위크 회사에 배설이 보상금을 예입 또는 인출했는지의 여부를 문의했고, 프랑스 영사관에는 서울 아스토 하우스 호텔의 주인 마르뗑이 배설로부터 보상금을 빌린 내용을 알려 달라고 요청했다. 통감부는 이와 같이 외국 영사관에 사건 수사의 협조를 요청하기 전이었던 7월 18일 양기탁과 또 다른 혐의자로 지목한 박용규(朴容奎)에 대한 일건 서류를 경성지방재판소 검사에게 송치했다. 박용규는 원래 고종의 측근인 비서승이었는데, 고종의 지원금을 배설에게 전달하기도 했던 사람이다. 그는 고종이 양위할 때에 심우택, 김철영 등과 함께 일본 경찰이 체포하려 했으나 배설의 집으로 피신해 버렸다.

통감부는 배설과 양기탁, 그리고 신보와 연관이 있는 사람이 유죄임을 어떻게 해서든지 증명하려고 결심한 것 같았다. 경무총감 마루야마는 한국인 3명이 〈황성신문〉, 〈뎨국신문〉, 〈대한신문〉도 조사해 달라고 청원했다는 이유로 황성신문과 뎨국신문에 간단한 조사를 실시했지만 심각한 문제로 삼지 않았다. 목표는 신보사였다.

2. 정반대 입장에 선 영국과 일본

코번의 상대역 미우라

이제 영일 두 나라는 바로 한 달 전에 열렸던 배설의 재판 때와는 정반대의 위치에 서게 되었다. 배설 사건은 사법처분의 주도권을 영국이 쥐고 있었으며, 영국의 재판 절차에 따라 진행했다. 그러나 이번 사건의 주도권은 일본이 쥐고 있었다. 배설 사건은 서울, 동경, 런던의 영국 외교관들이 각자의 위치에서 제시하는 의견을 지루할 정도로 오랜 기간 검토했고, 복잡한 결정과정을 거쳤던 데 비해서, 양기탁 사건은 일본 당국이 대단히 신속하고도 단순한 방법으로 처리하고 있었다.

일본 외무성도 옆으로 비켜섰고 이등박문과 통감부가 거의 독자적인 판단에 따라 결정해서 밀어붙였다. 그러나 실질적인 결정은 미우라와 경시총감 마루야마의 선에서 이루어졌으며, 통감 이등박문은 신중을 기하라고 여러 차례 훈시했을 정도였다. 코번은 서울에 있는 일본 관리들은 한국에 살고 있던 대규모의 일인 거주 집단의 마음에 들도록 노력하려는 강한 유혹을 받고 있다고 지적했다. 이들 한국 거주 일본인들은 외국 여론을 조금도 존중하지 않을 뿐 아니라 그에 맞서는 어떤 조치에 대해서도 갈채를 보내는데, 이등박문이나 통감부 외무부장 나베시마(鍋島桂次郎) 같은 강한 개성과 경험을 가진 사람들은 이런 영향력에 저항할 수가 있지만 보다 약한 관리들은 외국 여론에 충격을 주는 행위를 서슴지 않고 저지른다는 것이다(Cockburn이 Grey에게, 1 Sept. 1908, No.60).

7월 20일 통감부 총무장관대리 이시스카(石塚英藏)는 양기탁 사건은 미우라가 한국 당국(통감부)을 대표할 것이라고 코번에게 통보했다. 이제까지 코번은 통감부 총무장관이나 외무부장을 상대로 모든 공문을 주고받았는데, 양기탁 사건은 외교관 출신의 미우라가 맡아 코번과 미우라가 정면 대결을 벌이게 된 것이다.

미우라는 1872년 1월 지바현(千葉縣)에서 태어났다. 그는 배설과 사이가 나빴던 하기와라(萩原守一)와 비슷한 타입의 외교관이었다. 두 사람은 동경제국대학 출신으로 문관고등시험 외교과에 합격했다는 공통점이 있다. 일본정부의 외교관 임용 시험은 1894년 9월의 제 1회 시험부터 시작되었다. 초기에는 동경제대 법학과 출신 합격자가 거의 전부를 차지했다. 자부심이 강할 수밖에 없었다. 하기와라는 동경제대 법학과 1895년 졸업이었는데 같은 해(제 2회) 합격자 5명 가운데 하나였고, 첫 임지가 인천이었다. 미우라는 한 해 뒤에 동경 법대를 졸업하여 1897년 4월 제 5회 시험에 합격한 3명 가운데 하나였다. 합격하던 해에 브라질 근무를 시작으로 스웨덴, 프랑스, 미국, 스위스 등 여러 지역에서 외교관으로 근무한 뒤 1904년에는 마산 영사로 근무하다가 1906년에 통감부가 설치되면서 서울 이사청 이사관으로 근무하고 있었다.

양기탁 사건의 원인이 되는 국채보상운동에 대해서 살펴볼 필요가 있다. 이 운동은 대한제국이 일본으로부터 빌린 나라 빚(國債) 1천300만 원을 국민들이 성금을 거두어 갚자는 자발적인 민중운동이었다.*

국채 1천 300만 원이란 일본인 재정고문 메가다 슈타로(目賀田種太郞)가 한국의 재정고문에 취임한 뒤 시정개선을 추진한다 하여 필요한 자금으로 들여온 것이다. 이 돈은 1905년 6월부터 이듬해 3월 사이에 네 차례 차관한 금액이었다. 일본 흥업은행(興業銀行)과 체결한 마지막 1천만 원은 이자율 6.6%의 고리로 5년 거치 5년 상환이었는데 100만 원을 일본이 미리 가로채어 실수금(實收金)은 900만 원에 지나지 않았다. 담보는 한국의 관세수입이었다. 차관의 사용도 통감부가 임의로 하는 것이어서 한국정부는 돈을 만져볼 수도 없었다. 1906년도의 대한제국 정부예산은 세입총액이 1천318만 9천336원이었고, 세출총액이 1천395만 523원이었던 것과 비교하면 국채 1천300만 원은 당시의 국가예산에 거의 맞먹는 엄청난 금액이었다.

통감부는 금융기관의 구제, 도로의 개수, 일본인 관리 고용 등 일본인을 위하여 필요한 사업에 소요된 자금을 일본으로부터 빌려 와서 한국 정부가 지출

---

* 국채보상운동과 언론의 역할은 정진석, 『언론과 한국현대사』, 커뮤니케이션북스, 2001, pp.93 이하 참조.

하게 만들었던 것이다. 한일 강제합방 이전까지 일본의 차관을 계속 더 들여와서 1910년에는 대일차관 총액이 4천400만 원을 넘어서게 되었다(『總督府統計年報』, 1910, pp.956~957. 第512表, 「舊韓國國債現在額」). 이러한 국채의 부담은 한국 정부의 일본 의존도를 더욱 높게 만들었다. 국채보상운동은 이같은 위기를 타개하려는 절박한 상황에서 일어났다.

이 운동은 광문사(廣文社)라는 출판사를 설립했던 김광제(金光濟)와 서상돈(徐相敦)이 1907년 2월에 대구에서 발기하여 전국적인 호응을 얻었다. 일본으로부터 차관한 국채 1천300만 원은 나라의 재정으로는 도저히 상환할 수 없으니 차관에 차관을 더하다가 한국의 강토는 장차 한국 민족의 소유가 되지 못할 것이므로 국민들의 성금으로써 나라의 빚을 갚자는 것이었다. 그 방법은 한국의 2천만 동포들이 지금부터 흡연을 전폐하고, 한 사람의 한 달 담뱃값을 20전으로 하여 3개월만 모으면 1천300만 원의 차관을 무난히 갚을 수 있다는 계산이었다. 이같은 취지로 대구에서 시작된 운동이 전국적인 일대 구국운동으로 확산되었다.

국채보상운동의 허점

이 운동이 단시일에 전국 규모로 확산된 것은 물론 국민들이 열성적으로 호응했기 때문이었다. 그러나 이 운동의 취지를 널리 전파한 것은 신문이었고, 의연금을 거두는 역할도 신문사가 중심이 되었다. 〈황성신문〉과 〈뎨국신문〉은 이 운동을 널리 알리고 자발적으로 기탁하는 의연금을 접수하기 시작했다. 신보는 2월 21일자에 김광제와 서상돈의 「국채보상취지서」를 실었고, 이어서 27일과 28일자에도 이 운동에 참여하라는 취지서를 실었다. 마침내는 고종도 호응하여 담배를 끊었다는 신문 보도가 있자, 이에 자극을 받은 지도급 인사들이 다투어 성금을 내놓았다. 부녀자들도 참여하여 반지와 패물 등을 자진해서 내놓았다. 신보사 사원들도 일제히 담배를 끊어 의연금을 내기로 했다.

이렇게 되자 많은 사람들이 신보사로 의연금을 가지고 오거나 지방에서 우송해 보내는 일이 많았다. 그러나 신보는 이 운동의 취지에는 찬동하고, 국민들의 애국심은 높이 사면서도 가난한 백성들의 모금으로 엄청난 국채를 갚는 것은 현실적으로 불가능하다고 판단했다. 냉정히 따져보면 전 국민이 담배를 끊어서 의연금을 낸다는 계획은 처음부터 실현되기 어려운 허점을 내포하고 있었다. 2천만 인구 가운데는 어린이를 포함한 미성년자도 있고, 성인 가운데 담배를 피우는 경우도 연초를 재배하여 피우는 사람이 더 많았다. 담배를 국가에서 전매(專賣)하던 시기가 아니었다. 수입 담배는 특수한 부유층이 아니면 피울 수 없는 사치품이었다.

'담배를 끊은 돈'으로 국채를 갚자는 구호는 상징적인 의미를 지니는 말이기는 했다. 부인들은 소중히 간직했던 귀한 패물을 내놓거나 밥을 굶어 절약한 돈으로 참여한 경우도 있었듯이 '담배'는 국민의 '애국심'과 정성을 상징하는 말이었던 것이다. 전 국민의 관심과 참여를 유도하면서 그 열기를 이용해서 여러 방법으로 모금운동을 전개한다는 방안도 고려했다. 그렇더라도 모든 국민의 성금으로 국채를 갚는다는 계획은 실현성이 없었다. 더구나 당시 인구는 2천만이 못되었다. 1천200만, 또는 많아야 1천500만에 불과했다.

그러므로 2천만 인구가 담배 끊은 돈을 모아서 국가 예산에 맞먹는 1천300만원이라는 거액을 모은다는 발상은 치밀하고 냉정한 전략이 결여된 구상이었다. 초기의 전국적인 호응과 상하귀천의 성원에도 불구하고 모금된 돈은 겨우 20만원 남짓이었던 것이 이 운동의 허점을 말해준다.

양기탁은 재판 받을 때에 판사의 심문에 대답하면서 신보사가 처음에는 이 계획이 실현성이 없다고 판단하였다고 대답하였다(*The Seoul Press*, Sept. 5th, 1908). 신보는 3월 8일자 논설 「국채보상」에서도 이 운동이 성공하기 어렵다는 점을 냉정히 지적했다. 첫째 국채가 1천500만원 미만이라 하더라도 이를 국민들이 헌금으로 거두어 낸다는 것은 불가능하며, 둘째 일인 재정고문 메가다(目賀田種太郞)가 화폐를 개혁하는 방식을 이미 보았듯이 어떤 술책으로든지 이를 저지할 것이라고 경고하였다.

이와 같은 이유로 신보사는 확실한 선후책을 강구하기까지는 의연금을 접수하지 않겠다는 뜻을 명확히 선언하고 처음에는 의연금 접수를 사절하였다. 이미 황성신문이 의연금을 적극적으로 접수하여 은행에 예치하기 시작한 이후에도 신보는 의연금 접수를 사절했다. 신보사는 3월 5일자부터 24일까지 20여 일에 걸쳐 의연금을 신보사로 가지고 오지 말라는 「본사광고」를 매일 게재하였다. 신보사로 우송되어 온 의연금은 '국채보상기성회'로 넘겨주었다.

그러나 신보도 이 전국적인 애국운동을 소극적인 태도로 방관할 수만은 없었다. 3월 16일자에는 지금까지 국채보상 기성회에 의연금을 낸 사람의 명단을 부록으로 발행했고, 이어서 기성회에 접수된 의연금과 그 출연자의 명단을 광고란에 매일 게재하기 시작했다. 이리하여 마침내 신보사는 이 운동의 전국적인 중심기관이 되었다.

처음부터 전국적인 조직체를 가지고 시작한 운동은 아니었으므로 여러 개의 결사가 각지에서 조직되어 의연금을 거두는 형편이었다. 각처에서 제각기 거두는 의연금을 통합된 조직에 일원화해서 적립해야 한다는 논의가 일어나면서 결성된 단체가 '국채보상지원금총합소'였다. 3월 하순에 설립된 총합소는 임시 사무소를 신보사에 두기로 했다. 또한 양기탁이 재무를 담당하여, 신보사는 자연스럽게 이 운동의 실질적인 본부 역할을 맡게 되었다.

국채보상의연금총합소 설치

신보는 3월 31일자부터 게재한 「특별사고」를 통해서 신보사에서도 의연금을 직접 접수한다고 밝혔다. 접수된 의연금은 신문에 광고하고 당일로 은행에 예치하였다가 액수가 많아지면 세계적으로 신용이 있는 회사나 은행과 결탁하여 기금의 운영방안을 마련할 것이라고도 약속했다. 이 무렵에 신보의 발행부수는 점차 빠른 속도로 늘어나기 시작했다. 신보는 이때 국한문판의 전면크기를 넓혀서 종래 1면이 6단으로 타블로이드판 정도였던 판형을 7단으로 늘려 오늘의 대판 크기로 만들었다. 국한문판의 판형을 키운 것은 1907년 4월 7일이었고, 곧이어 5월 23일에는 새로 한글판을 창간해서 배설은 국한문판, 한글판, 영문판 3개의 신문을 발행하게 되었다(신보의 발행부수는 배설 재판 참조).

신보사가 국채보상운동의 중심기관이 된 것은 타 신문의 추종을 불허할 정도로 많은 부수를 발행하는 가장 영향력 있는 신문이라는 사실이 크게 작용했다. 또한 영국인 배설이 소유주였기 때문에 일본 통감부가 신보를 탄압할 수 없었던 것처럼 국채보상지원금총합소를 이 신문사에 설치해 둠으로써 이 운동이 일본의 간섭을 피할 수 있다는 점도 고려되었을 것이다. 배설은 상해에서 있었던 〈노스 차이나 데일리 뉴스(North China Daily News)〉를 상대로 명예훼손 재판정에서 신보가 의연금을 보관한 이유를 다음과 같이 말하였다.

> 그 당시 일본경찰이 부당하게 나를 다룰 수 없고, 나에게 맡겨진 돈은 일본 경찰에 빼앗기지 않는다는 사실이 알려져 있었다. 한국인들은 돈을 한국인들이 보관하는 것을 두려워했다. 이는 한국인들이 부정직해서가 아니라 그들이 그 돈을 누군가[일본]에게 빼앗기게 될까 두려웠기 때문이다.

大韓每日申報 第四百六十四號附錄 (一)

國債報償期成會義金

廣告 第一號

〈대한매일신보〉 1907년 3월 16일자 부록. 국채보상운동 의연금을 낸 사람의 명단과 액수를 밝힌 부록이다.

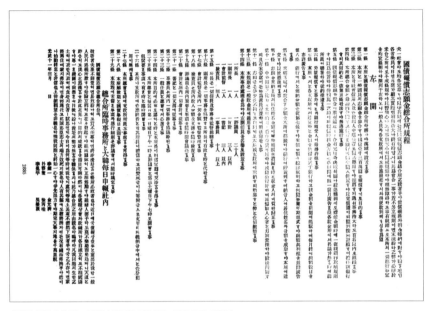

〈대한매일신보〉사는 국채보상금을 접수하는 총합소가 되었다.

신보는 매일 전국에서 답지하는 의연금의 액수와 이를 기탁한 출연자의 명
단을 광고했다. 그 명단이 너무 많아서 광고란에 모두 게재할 수가 없을 정도
였으므로 명단을 싣기 위한 부록을 발행해야 할 때도 여러 차례 있었다.

통감부가 국채보상운동을 통한 실천적인 반일운동을 좋아할 리는 없었다.
통감부 기관지 서울 프레스는 시작 단계부터 국채보상운동을 비난하고, '펜과
혀를 놀려' 이 운동을 격려하고 돕는 '한국의 친구들' 공격했음은 제 Ⅵ장에서
살펴본 바와 같다. 친일신문 국민신보도 배설이 머지않아 영국으로 돌아갈 것
이라는 기사를 실어서 의연금 처리에 의혹을 품도록 만들었다(「曲中山水」, 신보,
1907년 5월 12일, 2면 칼럼). 한편 이 운동을 추진하던 사람들도 한국민들의 자발
적인 애국심에 호소하는 방법만 가지고 목표를 달성하기에는 너무도 벅차다는

사실을 차츰 깨닫게 되었다.

운동이 시작된 지 1년 6개월이 지났을 시점인 1908년 7월 27일자로 주한 일본 헌병대가 집계한 자료를 보면 전국에서 걷힌 의연금 총액이 18만 7천 842원 78전에 불과했다.* 헌병대는 신보사와 총합소가 접수한 의연금 7만 8천308원 가운데 배설이 1만 5천원을 유용하였다는 내용의 다음과 같은 계산서를 작성하였다.

황해도의 수안 금광 주식	15,000원
가옥 건축비	5,000원
박용규 유용	386원 08전
마르땡 호텔 대여금	10,000원(9리 이자로 대여)
잔금	37,921원 02전(憲秘, 제 407호, 1908.7.27, 1205/66~67)

1907년에 운동이 시작되던 초기와는 달리 1908년에는 의연금을 기탁하는 열의도 차츰 식어갔고, 이미 걷힌 의연금의 행방에 관해 의구심을 품는 사람도 생기게 되었다. 통감부는 이 기금이 장차 어떤 반일 목적에 사용될는지도 모른다는 의구심을 갖고 있었다. 통감부가 양기탁을 구속한 것은 이런 상황에서였다.

---

* 그런데 『한국독립운동사』, 제1권, 국사편찬위원회, 1983, pp.175~176에는 이 운동의 시초부터 5월중까지(1907년 2월~5월중) 약 3개월간 모금된 의연금 총계가 231만 989원 13전에 달했다고 쓰여 있다. 그러나 어떤 자료를 근거로 하였는지 명확하지 않다. 전국에서 접수된 의연금 총액에 대해서는 위의 주한 일본헌병대의 자료가 정확했을 것으로 생각된다. 1908년 8월 현재 "義捐金の總額が豫期の百分の一にも達せざるは當然とするも……"라는 기록도 참고가 된다. 〈外交時報〉, 제131호(東京: 1908, p.31).

그러나 코번이 지적했듯이 한국에서 일본의 영향력을 몰아내기 위해 거둔 기금에 의혹이 있다 하여 통감부가 양기탁을 구속했다는 것은 아무래도 믿을 수 없는 말이었다. 누가 보더라도 그것은 신보에 대한 탄압이 아닐 수 없었다. 맥도날드도 일본의 양기탁 구속이 정말로 일본이 주장하는 이유 때문이라면 이는 "애타주의(愛他主義)의 표본이요 기념비적인 바보행위일 것"이라고 표현 했다(MacDonald가 Grey에게, 1 Aug. 1908, No.200).

통감부, 양기탁이 '유죄'라는 공문

양기탁 사건에서 통감부를 대표하기로 된 미우라는 7월 20일 하루에 세 차례나 코번에게 공문을 보냈다. 첫 번째는 "양기탁이 의연금을 횡령한 것 이 유죄로 판명되어"(he was found to be guilty of embezzlement of the Korean Foreign Loan Redemption Fund) 18일자로 검사에게 송치되었다는 통보였다(三浦가 Cockburn에게, 20 July 1908, No.109, Cockburn의 No.53 첨부서류). 이어서 미우라는 만함 이 국채보상지원금총합소의 요청을 무시하고, 총합소 소유물인 금고와 장 부 2권을 빼내 갔다는 정보가 있다는 두 번째 공문을 코번에게 보냈다. 미 우라는 코번에게 만함이 금고와 장부를 가져간 것이 사실인지의 여부와, 사 실이라면 어떤 권한에 의해 가져갔으며, 또 무슨 목적에서 그런 일을 했는 지 알려달라고 요구했다. 통감부는 7월 17일에 만함이 장부 2권과 금고를 어디론지 옮겼다는 정보를 입수하고 있었다(통감부문서, 丸山이 이등박문 비서관 古 谷에게, 7월 17일).

미우라는 같은 날 세 번째 공문을 보냈다. 그것은 배설이 신보에 광고된 것 과는 달리 지난해 7월이나 8월에 의연금 1만 엔을 인출하여 아스토 하우스호 텔의 지배인 마르뗑에게 빌려준 뒤 매달 이자 80엔씩을 받고 있다는 것, 더욱

이 배설은 한국인 몇 명과 함께 콜브란 보츠윅 회사(Collbran Bostwick & Co)에 예치해 두었던 위의 기금 가운데 또다시 3만 엔을 인출하여 금년 2월께 회풍은행(匯豊銀行)의 대리점인 인천의 홈링거 회사(Holme Ringer & Co)에 예금했다가 그 전액을 찾아간 것으로 알려졌다는 내용이었다.

미우라는 배설이 의연금과 관련을 맺은 경위, 마르뗑에게 빌려준 돈의 대부 조건과 이자율, 인천 홈링거 회사에서 인출한 돈의 행방 등을 알려달라고 코번에게 요청했다. 이날 미우라가 보낸 세 통의 공문은 각각 양기탁, 만함, 배설에 관한 것으로서 통감부는 이미 검찰로 송치한 양과 배설의 집에 피신해 있는 박용규는 물론이고 배설에게까지 수사를 확대할 의도임을 드러내었다.

코번은 미우라의 첫 번째 편지에서 양기탁이 "유죄로 판명되었다"는 표현은 잘못된 것이라는 데 유의했다. 이 용어는 재판이 끝난 뒤라야 쓸 수 있는 말인데 아직 양기탁에 대한 정확한 기소 내용조차 알려져 있지 않았기 때문이었다. 코번은 미우라의 편지에 답변하는 대신에 미우라의 질문이 어디에 근거를 두고 있는 것이며, 질문한 정보를 무슨 목적에 쓰려는 것인지 알려달라고 되받아 요청했다. 미우라는 그것은 양기탁에 관해 더 상세한 증거를 얻고, 배설이 의연금과 관련하여 어떤 범죄를 저질렀는지를 조사하기 위한 것이며, 질문의 근거는 경찰이 양을 심문하는 과정에서 얻어낸 것이라고 말했다. 미우라의 이러한 공문들은 코번이 볼 때에 대단히 저돌적인 것으로 느껴졌다.

미우라는 만함과도 감정이 섞인 편지를 주고받았다. 만함은 미우라에게 양기탁의 면회를 요청하면서 영어로 대화할 수 있도록 허용할 것과 국채보상의 연금에 관해서도 이야기를 나눌 수 있어야 한다고 요구했다. 양기탁이 혐의를 받고 있는 문제에 관해서 말할 수가 없다면 어떻게 양의 변호를 도와줄 수 있겠는가 라는 것이 만함의 주장이었다. 미우라는 만함의 요청을 거절했다. 그러면서 만함은 의연금과는 아무런 관련이 없다고 주장하면서도 왜 그처럼 열성적으로 양기탁의 변호를 추진하는지 이해할 수가 없다고 비꼬는 투로 반문했다. 만함도 지지 않고 응수했다. 즉 양기탁은 만함의 가장 귀중한 직원으로서 그가 신문사에 못나오게 됨으로써 막대한 불편을 겪고 있다고 답변했다. 만함은 영국인 고용주는 자기가 고용한 사람을 돌봐 주고 그들의 이익을 보호하기 위해 최선을 다하는 것이 관습이라고 말하고, "내가 이처럼 간단하고 공정한 요구를 하는데도 귀하가 그처럼 많은 방해를 하고 있는 것은 화나는 일"이라고 쏘아붙였다.

3. 코번과 미우라의 갈등

미국과 프랑스는 정보 제공

사건은 코번과 미우라 사이에 감정이 대립된 상태에서 양측이 타협보다는 대결의 양상을 띠면서 교섭이 진행되었다. 미우라가 영, 미, 불 세 나라의 주한 영사관에 질의한 가운데서 미국과 프랑스 측으로부터는 각각 회답을 받았다. 미국 총영사는 배설이 2만 5,000원 어치의 광산 주식을 샀다는 사실을 통보했고, 프랑스 총영사는 아스토 하우스 호텔(Astor House Hotel) 지배인 마르뗑(Martin)이 배설로부터 2만 7,500 원을 빌렸다는 정보를 주었다(『日外』, 41/1, No.808, p.792).

그러나 코번은 "영국의 사법행정 원칙과 정면으로 어긋나는 절차에 대해서는 도움을 줄 수 없다"는 이유로 미우라가 요청한 질문에 협조를 거부했다. 코번이 미우라의 요청을 거절하자 통감부는 배설에 대한 고소를 제기할 태세를 갖추었다. 통감 대리 소네 아라쓰케(曾禰荒助)는 7월 30일 일본에 있는 이등박문에게 배설이 국채보상의연금을 횡령했다는 증거를 찾아내었으므로 그에 대한 고소장을 기초 중이라고 보고했다. 소네는 배설의 혐의사실을 다음과 같이 들었다.

첫째, 신보사와 동사 안에 있는 국채보상의연금총합소가 모금한 금액은 7만 1,610원이며 신보의 광고에 의하면 콜브란 은행에 예치한 것 같다. 그리고 이 모금액을 취급하는 사람은 총합소 소장 윤응렬(尹雄烈)과 임원인 양기탁, 박용규 그리고 배설인데, 사실상 배설이 이를 처리하고 있다.

둘째, 모금액 가운데서 3만 원은 신보 광고와는 달리 콜브란 은행으로부터 인출하여 2월 7일 인천에 있는 회풍은행(홍콩상해은행; Holme Ringer은행)에 예금했다가 4월중에 3회에 걸쳐서 모두 인출했다.

셋째, 전기 모금액 중 2만 7,500원은 작년 9월에 9%의 이자로 아스토 하우스 호텔(Astor House Hotel) 주인 프랑스인 마르땡(Martin)에게 대여했는데, 금년 8월 21일부터 매월 500원씩 갚기로 되어 있다.

넷째, 위 모금액 중에서 2만 4,000원은 콜브란으로부터 미국 하트포드 한성금광회사의 주식을 매입했는데, 이는 배설 단독 명의인지, 임원의 명의인지는 아직 판명되지 않았다. 그리고 5,000 원은 배설 자신이 소지하고 있다는 것이다.

다섯째, 현재 콜브란 은행에는 약 1만 500원이 예입되어 있다는 것인데, 앞에서 찾아낸 금액과 합산해도 총계는 6만 8,000원인데 모금액 7만 1,600원에 비하면 3,000원이 부족하다(日公記, 『申베』, 1205, 曾禰가 伊藤에게, 1908년 7월 30일, No. 24, pp.37~46). 이상이 통감부가 파악한 배설의 혐의 사실이었다. 그러나 코번은 절대로 배설이 의연금을 횡령하지 않았다고 확신했다. 그는 런던 외무성에 다음과 같이 보고했다.

통감 대리 소네 아라쓰케.

나는 배설이 정직하지 않거나 믿을 수 없는 사람이란 말을 결코 들어본 적이 없다. 기금의 일부가 미국 은행에[콜브란 보스트위크 회사] 예치돼 있다는 사실로 해서 불가피하게 이 문제를 검토해 본 한 미국인 외교관은 배설이 자신이 받은 금액 전부를 설명할 수 있을 것으로 확신한다고 내게 말해 주었다. 어려운 것은 도대체 누구에게 이를 설명해 주어야 하는지를 모른다는 것이다(Cockburn이 Grey에게, 18 Aug. 1908, No. 55)

배설을 신뢰하는 코번

코번은 9월 1일 배설과 만나 기금에 관한 설명을 들은 뒤에도 일본 통감부가 주장하는 혐의 사실은 엉뚱한 내용이라는 배설의 말은 신빙성이 있다고 판단했다. 배설이 이미 두 번이나 감사를 받은 것이라면서 코번에게 밝힌 의연금 접수 총액과 기금의 운영상황은 다음과 같다.

수입금 내역

신보사 접수총액 ····························· 61,500원

국채보상지원금 총합소에 교부* ·········· 32,000원

마르뗑에게 대부 ···························· 22,500원

현금 잔고 ································· 7,000원

국채보상지원금 총합소 ····················· 42,500원

총합소에서 직접 접수한 돈 ················ 10,500원

신보사에서 교부받은 돈* ··················· 32,000원

수입금 운용 내역

회풍은행 예치 ····························· 30,000원

예치금 수안금광주 매입···················· 25,000원

마르뗑에게 대부 ························· 5,000원

현금 잔고 ··································· 12,500원

일본에 가 있던 이등박문은 영국이 강한 불만을 표시하자 사건이 확대되어 외교상의 마찰이 일어날 것을 우려하는 기색을 보이기 시작했다. 이등은 7월 22일에 부통감 소네에게 사건을 신중히 다루도록 주의하라고 다음과 같은 지시사항을 시달했다.

1. 본관이 경성 출발 전에 마루야마 경시총감에게 본건에 관하여 상세한 훈시를 하여 두었는데 양기탁의 취조는 과연 그 훈시대로 실행되고 있는가. 말하자면 보상금의 취조와 신문의 재판사건[배설 재판사건]과는 전혀 별개 문제라는 뜻.
2. 보상금 취조건은 한인으로서 이에 관계있는 자로부터 취조할 것을 경찰에 청구함에 기인하는 것이다. 이 청구자의 성명 및 그 요구가 어떠한 것인지 명확히 공언할 수 있게 되어 있는가.
3. 국채보상금은 다른 신문사에서도 모집하였는데 이들의 취조도 동시에 착수하였는가.(日公記,『申베』, 1205, 伊藤이 曾彌에게, 1908년 7월 22일, 제379/4호, pp.89~90)

이등은 같은 날 양기탁을 심문할 때에 주의할 점을 또 다시 훈시했다. 즉 배설 사건 때에 일본은 재판에 증인으로 출두한 사람을 처벌하지 않겠다고 영국에 약속한 바 있는데, 이를 위배한다는 인상을 주지 않도록 하라는 것이었다. 소네도 양기탁 사건은 배설 사건과는 전혀 별개 문제이며 오로지 보상금의 소재 불명에 대해서만 수사하도록 조치했다고 보고했다. 그러나 서울에서는 코번과 미우라의 대립이 오히려 격화되고 있었다.

동경의 해결방안 모색

8월 1일 동경에서는 맥도날드와 이등박문이 만나 격앙된 쌍방의 감정을 완화하고 사건을 원만하게 처리할 수 있는 방안을 모색했다. 이날 아침, 맥도날드는 동경 교외 오모리(大森)에 있는 이등의 별장으로 찾아가 문제 해결을 논의했다. 이 자리에는 외무성 차관 이시이 기쿠지로(石井菊次郞)도 동석했다. 여기서 이등은 네 가지 사항을 약속했다. 첫째 양은 가급적 빠른 시일 안에 재판에 회부하겠다. 둘째 재판은 공개로 하겠다. 셋째 면회는 해당관리의 입회 아래 가능하다. 단 피의사실을 발설해서는 안 된다. 그리고 변호사를 위임할 수도 있다. 넷째 양의 보석은 한국의 법률에 이에 관한 규정이 없으므로 불가능하다.

이등은 이러한 약속과 함께 영국의 협조를 당부했다. 이등은 상해에서 서울로 돌아온 배설도 태도를 바꾸어 앞으로 일본 측에 협조하기로 약속했다고 맥도날드에게 말했다. 배설이 협조하기로 했다는 말은 7월 27일 통감부 외사과장 고마쓰를 만났을 때의 약속이라는 것이었다. 배설은 이때 일본의 대한정책을 비판해왔던 종래의 태도를 바꿀 것이며 코리아 데일리 뉴스를 속간할 계획이 있다는 것 등을 밝히고 의연금 문제에 관해서도 자신의 결백함을 증명할 수 있다고 말한 것으로 되어 있다(『日外』, 41/1, No.809, pp.792~793).

맥도날드는 이등과 만난 뒤 일본이 양기탁을 보석하는 것만을 제외하고는 영국 정부의 요구를 모두 받아들일 용의가 있는 것으로 해석하고 영국도 이에 상응해서 일본의 요청을 들어주는 것이 좋다고 판단했다. 맥도날드는 본국 외무성이 코번으로 하여금 일본의 요청에 협조하도록 지시해 줄 것을 건의했다. 이등박문도 자신이 맥도날드에게 약속한 바를 차질 없이 시행하도록 서울에 지시하면서, 경찰은 처음부터 양기탁을 죄인시한 감이 있는데, 특히 주의하라고 덧붙였다. 이등박문은 그 뒤로도 서울의 통감부가 양기탁을 조사하는 데 있어 주의할 사항을 재차 지시했다. 이등박문은 8월 3일에 보낸 전문에서 미우라가 코번에게 보낸 편지는 외교관으로서는 온당치 않을뿐더러 오히려 코번의 감정을 해칠 뿐이라고 지적하고 있으며, 이틀 뒤에는 마루야마의 수사 방법에 강한 불만을 표시했다.

이등박문은 처음부터 죄인을 찾아내려는 것이 아니라 주로 보상금의 취급 진상을 명료히 하기를 희망했던 고로 서울을 떠나기 전에도 마루야마에게 양기탁을 죄인 취급하지 말도록 엄중히 훈계해 두었는데, 마루야마는 충분한 조사도 없이 모두 탐정 보고만을 기초로 죄상이 확실치 않은데도 양기탁을 경성 재판소로 넘긴 것은 심히 유감이라고 말했다. 또 의연금은 신보만이 아니라 타 신문에서도 모집했는데 신보에 대해서만 조사를 하기 때문에 세상이 배설을 추궁하기 위한 목적으로 알지 않겠는가 등을 지적하고 외국 관헌과의 교섭에 있어 일본의 한국 보호 통치에 대한 인상이 나빠질 것을 우려했다.

동경의 맥도날드가 사건을 무마하려는 태도로, 일본의 요구에 코번이 협조하기를 바랐던 것과는 달리, 코번은 통감부의 처사나 이등박문의 약속은 하나도 믿을 것이 없다는 반응을 나타내었다. 코번은 이등박문이 양기탁을 빠른 시

Memo. Conversation with Bethell. September 1.1908.

=== ====

Mr. Bethell stated that the charge was ridiculous, and founded
on the fact that the deposits were credited twice over. He
noted on a piece of paper the actual state Of the fund as follo|
follows :-

Korea Daily News.

Cash received :	61,500	(in round figures)
Transferred to Central Office	32,000	" " " " "
Loan to Martin.	22,500	
Cash in hand	7,000	
Total	61,500	

Central Office.

Collected direct.	10,500	
Received from K.D.N.	32,000	
Total rece pts.	42,500	
Deposit in H.K.& S. Bank.	30,000	
Cash in hand.	12,500	
	42,500	

Of the H.K.& S. Bank deposit the following disposition has
   been made:-

Suan Mine shares.	25,000	
Loan to Martin.	5,000	
	30,000	

국채보상금 접수 총액과 운용내역. 배설은 코번에게 보상금을 유용하지 않았다고 밝혔다.

일 안에 재판하겠다고 약속한 것은 경찰이 그동안 양기탁의 심문을 마쳤다는
것을 드러내는 것이고, 보석 문제도 이등박문과 맥도날드가 회견하던 당일인
8월 1일자로 보석에 의한 석방 규정이 마련된 법령이 공포되었음에도 불구하

고 일본은 양기탁의 석방을 거부한 것이며 양기탁의 변호인 문제는 만약 일본이 영일조약 제8조의 규정을 적용하는 데 동의한다면 양이 공정한 재판을 받을 기회가 개선될 것이나, 일본은 틀림없이 이를 거부할 것이라고 내다보았다. 그러므로 양은 앞으로 유죄판결을 받을 것이 거의 확실하다는 것이었다.

코번은 배설이 태도를 바꾸어 일본 측에 협조하겠다고 제의했다는 것도 일본 당국에 속아서 한 말이라고 주장했다. 배설은 기금 문제에 관해 증언할 용의가 있지만 다음과 같은 조건하에서만 그렇게 할 것이라고 강조했다는 것이다. 즉 ① 그의 진술은 아무런 조건 없이 받아들여야 한다. ② 진술이 끝나면 양이 즉각 석방돼야 한다. ③ 양은 앞으로의 모든 소추 절차에서 면책되어야 한다. ④ 일본 당국은 이것을 보증해야 한다. 코번은 통감부가 배설을 속였을 뿐이라는 사실은 그들이 배설의 제안을 이용하고 있는 것만 보더라도 명백하다고 단정했다(Cockburn이 Grey에게, 3 Aug. 1908, No.29). 코번은 또한 양기탁이 구속된 상태에서 통감부로부터 부당하고 비인도적인 학대를 당하고 있으며 현재 상태대로 두었다가는 죽게 될지도 모른다고 미우라에게 항의하는 동시에 런던 외무성과 동경의 맥도날드에게 알렸다. 양기탁이 부당한 처우를 받고 있다는 사실은 만함이 양을 만난 다음에 알려진 사실이었다. 8월 1일 오후 양기탁을 면회하고 온 만함은 코번에게 다음과 같은 편지를 보냈다.

나는 오늘 오후 종로 감옥에 가서 양기탁을 면회하고 왔다. 그는 거의 뼈와 가죽만 남아 해골 같은 모습이었다. 그는 신경쇠약 상태였고, 말하기를 두려워했으며, 금방이라도 쓰러질 것처럼 보였다. 귀하는 아마도 이것이 그가 현재 받고 있는 심한 정신적 긴장 때문이라고 말할지도 모른다. 나도 오늘 오후 감옥에서 들은 것이 없었더라면 그렇게 생각했을 것이다. 나는 그가 다른 19명의 죄수와 함께 가로 14피트

(48.72㎝), 세로 12피트(41.76㎝)의 조그만 감방에 밤이나 낮이나 갇혀 있다는 것을 알았다. 이건 사람을 서서히 말려 죽이는 것이다. 나는 감옥에서 돌아오는 즉시 미우라에게 편지를 보내어 내가 본 것을 알려 주었다. 나는 그에게 매우 강력하게 다음과 같이 썼다. "이런 날씨에 더구나 양기탁이 아직 미결수로 구류상태인 점을 생각할 때 이런 처우는 완전히 언어도단인 것이다. 이것은 모든 인도적 법률에 어긋나는 것이다."

4. 실수로 내보낸 양기탁 신병 인도

치외법권 지역에 돌아온 양기탁

이제 양기탁에 대한 처우와 그의 건강 문제는 새로운 이슈로 등장했다. 양기탁의 건강이 위험한 지경에까지 이르렀다는 코번의 전보를 받은 맥도날드는 8월 5일 이등박문에게 즉시 사신(Private and Personal)을 보내어 양기탁을 치료하도록 조치를 취해달라고 요구했다. 이등백문도 맥도날드의 요구를 심각하게 받아들였다. 그는 부통감 소네에게 양기탁을 빨리 입원시키라고 황급히 지시를 내렸다. 이에 대해 통감부는 감옥의 전속 의사가 양기탁을 진찰해 본 결과 육체적 상태가 약해지고, 위장에 문제가 있기는 해도 건강에 이상이 없으며, 양기탁이 갇힌 감방은 죄수가 많이 수감되었던 것은 사실이나, 죄수들을 많이 내보냈기 때문에 현재는 5~6명만 수감되어 있다고 코번에게 통보했다. 그러나 이등박문이 양기탁을 빨리 입원시키라고 세 차례나 지시하자, 통감부는 8월 11일에야 양기탁을 대한의원에 입원시키려는 조치를 취했다.

그런데 양기탁을 감옥에서 데리고 나와 병원에 입원시키려던 과정에서 기이한 일이 벌어지고 말았다. 그것은 양기탁을 호송하려던 감옥관리가 감옥 바깥에서 양기탁을 석방한다고 외치면서 놓아주어 버린 것이다(「梁起鐸氏 入獄 顚末」, 신보, 1908년 8월 22일(한글판, 「량긔탁씨의 피슈흔 일의 면말」); 「梁氏事實」, 皇城新聞, 1908 년 8월 14일). 양기탁은 곧바로 신보사로 피신해 버렸다. 양기탁은 또다시 영국 인 소유의 치외법권 지역으로 돌아온 것이다. 이로써 사건은 새로운 단계로 접어들었다.

미우라는 이날 저녁 코번에게 이등의 지시로 양을 입원시키려다 실수로 석 방하고 말았으니 양기탁을 다시 일본 측에 넘겨달라고 요구했다. 그러나 코번 은 본국 정부 훈령 없이는 양기탁을 인도할 수 없다면서 미우라의 요구를 거절 했다. 미우라는 코번의 태도가 '비우호적인 것'이라고 규정하고 항의했다. 미 우라는 양기탁의 용태가 해골 같았다는 만함의 표현도 크게 과장된 것이라고 반박했다. 양의 재판날짜를 8월 15일로 잡아두었던 통감부는 이 사건으로 크 게 당황했다. 그의 난감한 입장을 반영하듯이 미우라의 편지는 다급하고도 더 욱 거친 내용이었다.

예기치 않은 일본 측의 실수에 대해서 영국 외무성은 고단수의 해석을 내 려보기도 했다. 양기탁이 배설에게로 피신하도록 기회를 줌으로써 영·일 간 의 건전한 조약의 토대에 따라 사건을 바로 잡으려는 일본의 고의적 처사일 지도 모른다는 추리였다(Cockburn이 Grey에게 보낸 No.53[27 Aug. 1908]에 대한 외무성의 Minute). 어쨌건 새로운 이슈로 등장한 양기탁의 인도는 외교 문제라기보다는 코번과 미우라가 감정 대립으로 갈등의 골이 깊어지면서 증폭된 분쟁의 양상 으로 발전하였다. 두 사람은 동맹국 외교관들이 주고받는 문서라고 말하기가 어려울 정도로 적대적인 감정을 노골적으로 드러내는 편지를 하루에도 몇 차 례씩 주고받았다.

코번은 양기탁의 인도를 거부하면서도 통감부가 혹시 궐석재판으로라도 양기탁에게 형을 언도할지도 모른다고 생각하고 미우라에게 재판을 잠시 연기해 달라고 요구했다. 이번에는 미우라가 코번의 요구를 거절했다. 미우라의 편지는 다음과 같다.

> 그 회답으로 나는 유감스럽게도 귀하[코번]의 요청을 들어줄 수 없다고 말해야겠다. 솔직히 말해서 양을 한국 관계당국[통감부]에 인도해 달라는 내 요청에 즉각 응해 주지 않고 있는 귀하의 태도는 비우호적인 행동일 뿐만 아니라 내가 이미 오늘 오후 1시 반경에 귀하에게 보낸 편지에서도 언급했듯이 이런 행동은 조약규정의 위반이라고 나는 확신하는 바이다. 귀하는 지금부터[13일 오후 4시] 15일 오전 9시까지 아직도 40시간을 가지고 있으며, 이 시한 동안에 귀하가 이 문제를 처리하기를 나는 진심으로 희망한다. 더욱이 만함의 말에 따르면 해골이나 다름없다는 양기탁이 그 사이 죽어 버리지만 않는다면 그는 종로 감옥에서 신문사로 갔던 것과 마찬가지로 지정된 날짜에 법원까지 출두할 수 있을 것이며 이 피고인의 재판을 잠시라도 연기할 필요는 없을 것이다(三浦가 Cockburn에게, 13 Aug).

코번은 미우라의 편지에 몹시 기분이 상했다. 이 편지가 자신을 위협한 것이라고 주장했다. 코번과 미우라 사이에는 양기탁의 인도문제를 놓고 격렬한 논쟁이 계속되었다. 코번은 본국 정부의 지시를 받을 때까지는 인도할 수 없다고 버티었고, 미우라는 코번이 양을 인도하지 않으려는 데는 무슨 속배짱(arrière pensée)이 있는 것 같다고 비난했다. 코번이 양의 인도를 거부한 이유는 무엇보다도 양에 대한 일본 당국의 부당한 대우였다. 코번은 양이 15일로 예정된 재판에 견딜 만한 건강상태가 아니며 사실상 가죽과 뼈만 남은 해골과 다름없다는 만함의 주장을 여러 가지 증거를 들어 뒷받침했다. 양이 신보사로 피신한 후 코번은 부영사 홈스(Holmes)를 보내어 양을 만나게도 했고, 총영사관의 전속 의사이고 세브란스 병원 의사인 미국인 히스트(J. W. Hirst)를 보내어 진찰도 시켰다. 그런 결과 양과 다른 19명의 죄수가 갇혀 있던 감방은 이와 벼룩이 득실거렸었고, 천정이 워낙 낮아서 일어설 수도 없을 정도였던 것을 알았다. 양은 신선한 공기 부족으로 인한 탄산가스 중독 증후를 나타내었고, 이 중독증은 모든 조직에 영향을 미쳐 치료에는 상당한 시간이 걸릴 것 같았다. 그런 비위생적 장소에 갇혀 있었던 결과로 폐렴의 증세도 있었다. 코번은 양을 또다시 이와 같은 고문 상태로 되돌려 보낼 수는 없기 때문에 양의 인도를 거부하고 있는 것이라고 본국 외무성에 보고했다.

코번, 미우라를 기피선언

코번은 외무성에 하나의 타협안을 건의했다. 만약 일본 정부가 양을 인도받을 경우, 기소를 중지하고 그를 석방하겠다는 비밀약속을 해준다면 양을 넘겨주어도 좋다는 것이었다. 일본이 이렇게 해준다면 대중들에 의해 기품 있는 행동으로 찬양받을 것이며, 나아가서 인도주의에 대한 그들의 명예를 회복시킬 수도 있을 것이라는 코번의 주장이었다. 그러나 코번은 한국 내의 일본 당국의 태도로 보아 이러한 해결방안은 결코 받아들이지 않을 것 같다고 예측했다.

공판예정 시간이 가까워올수록 미우라의 독촉은 성화같았다. 미우라는 8월 15일 아침 일찍 코번에게 보낸 편지에서도 오전 9시까지 양이 종로에 소재한 서울지방법원에 출두해서 재판을 받도록 하라고 요구했다. 재판은

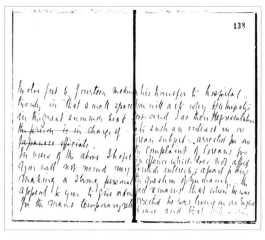

맥도날드가 이등박문에게 보낸 사신(私信). 주일 영국대사 맥도날드는 양기탁의 치료를 요구하는 서한을 보냈다.

예정된 시간에 열려야 하며, 잠시라도 연기될 수 없다는 단호한 태도였다. 미우라의 이 편지는 8월 14일 저녁 11시 30분에 작성한 것으로, 이튿날 아침 7시에 발송해서 코번에게는 7시 30분에 전달된 것을 보더라도 재판 예정 시간을 불과 1시간 30분밖에 남기지 않은 때까지도 두 사람이 한 치도 물러서지 않고 숨 막힐 정도로 팽팽한 대결을 벌였음을 알 수가 있다. 그러나 코번이 끝까지 미우라의 요구를 들어주지 않았기 때문에 재판은 열릴 수 없었다.

미우라는 코번의 비우호적이고 조약규정에 위배되는 태도로 말미암아 예정된 재판을 진행할 수가 없었으며, 이는 전적으로 코번의 책임이라고 비난했다. 같은 날 보낸 다른 편지에서는 미우라는 재판의 연기로 말미암아 새로 신축된 법원 안의 한국인들 앞에서 망신을 당하게 된 데 대해서도 유감스럽다고 말했다.

미우라의 공격에 대한 코번의 대응은 기피선언(忌避宣言)이었다. 코번은 미우라로부터 재판이 연기되었음을 통보받자 앞으로 미우라를 상대로 해서는 더이상 외교교섭을 벌이지 않겠다고 선언했다. 코번이 아침 7시 30분에 받은 미우라의 편지에서는 "법원이 잠시라도 재판을 연기하는 것은 불가능하다"고 해놓고서 바로 다음 편지에서는 재판이 무기한 연기되었다고 통보해 왔는데, 이는 미우라가 코번의 공식 행동에 영향을 미치기 위해 거짓말을 한 것이라고 코번은 주장했다.

코번은 통감부 총무장관 대리 이시스카 에이조(石塚英藏)에게 사건의 취급을 미우라 이외의 다른 사람이 맡도록 하라고 요구했다. 이시쓰카는 코번의 요구를 거절했다. 이번 사건 처리에 있어서 미우라는 어떤 부적절한 행동도 한 일이 없으므로 이 사건은 미우라가 계속 담당해야 한다는 것이었다. 미우라도 코번을 비난하는 장문의 공문을 통해서 "이 사건과 관련하여 일어났던 모든 불유쾌한 일들은 코번이 양기탁의 체포와 배설 재판을 분리하지 않으려 했던 편견 때문에 일어났고, 그가 끊임없이 취해온 강압적인 태도에 기인한다"고 주장했다. 8월 15일 하루 동안에 코번은 통감부에 네 번의 편지를 보냈고, 미우라는 코번에게 다섯 차례나 보냈다.

서울에서 코번과 미우라의 교섭이 결렬 상태까지 치닫게 되었던 8월 15일, 일본은 동경과 런던에서 동시에 항의 각서를 전달했다. 양기탁의 체포가 영국의 권리와는 아무 관련도 없으며, 양기탁이 중태라는 소문은 사실이 아닌데도 일본은 가능한 영국의 요구를 들어주려고 노력했다고 전제하고, "코번의 행동과 양기탁의 인도 지체는 일본 국민들 사이에 매우 불행한 인상을 주고 있다"고 항의했다. 또 양기탁의 건강 문제는 그의 인도 여부와 관계가 없으며, 그의 건강이 재판을 감당할 수 있는지의 여부는 영국이 아니라 한국관헌[통감부]이 판단할 사항이라고 주장했다. 일본의 강력한 항의에 대해서 영국 외무성은 코번이 건의했던 타협안을 내놓았다. 코번이 양을 일본에 넘겨주는 대신, 일본은 양을 석방하고 기소를 중지하라는 내용이었다(MacDonald가 일본외무성에 보낸 Memorandum, 16 Aug. 1908, MacDonald의 No.219 첨부서류; 『日外』, 41/1, No.825, pp.802~803). 그러나 일본은 영국의 타협안을 받아들이지 않았다. 양을 인도하는 데는 어떤 전제조건을 붙이는 것도 반대한다는 것이었다. 다만 양기탁이 신보사로 도망간 행위에 대해서만은 영국과의 우호관계를 고려해서 처벌하지 않겠다고 약속했다.

코번의 외교상 굴욕

영국 외무성도 일본의 강력한 요구를 거절할 명분을 더 이상 찾을 수가 없었다. 8월 17일, 외상 그레이는 양기탁이 움직일 수 없을 정도로 중태가 아니라면 인도를 거부할 수는 없다는 전문을 코번에게 보냈다. 동경의 맥도날드도 코번에게 다음과 같이 타전했다.

"나는 한영조약의 규정에 따라 양이 즉각적이고 무조건으로 인도되어야 한다는 강력한 의견이다. 양이 정말로 중태라면 그는 병원으로 보내질 것이다." 이제 코번도 더는 버틸 수 없는 입장이었다. 본국 외무성과 맥도날드가 그를 지지하지 않음이 명백해지자 코번은 미우라와의 교섭경위를 런던 외무성에 설명하는 긴 편지를 썼다. 그는 담담한 어조로 일본 당국을 불신하는 태도를 명확히 하고, 현지의 상황을 설명했다. 그는 미우라를 "공식 교섭의 통상적인 에티켓도 이해 못하는 인물"로 묘사하고 일인들은 양기탁이 학대받는데 대해 무감각하다고 말했다. 코번은 이 긴 편지를 우편으로 보냈기 때문에 편지가 런던에 도착했을 때(9월 19일)에는 이미 코번도 서울을 떠난 뒤였다.

21

Paraphrase

of

Telegram.

Mr. Cockburn to Sir Edward Grey.
(Repeated to His Majesty's Ambassador at Tokio)
=============

No. 42.

Seoul,
August 17th. 1908.

Yang case: my immediately preceding telegram.

I arranged for Yang to be examined by Dr. Hirst, the medical attendant of this Consulate General, the day before yesterday, in obedience to the instructions conveyed in your telegram No. 17. Dr. Hirst has visited Yang daily since the 12th. instant, and his opinion, based on his observations at these visits, is to the effect that in his present condition he is in no sense fit to undergo the severe mental strain of a trial. His statement to the above effect is very decided.

I communicated this opinion to the Residency General on the 15th. and stated my willingness to arrange for a joint examination of Yang by a Japanese doctor and Dr. Hirst. This suggestion has not yet been acted upon, for reasons which appear in my immediately following telegram.

I also intimated to the Residency General the desire of His Majesty's Government that assurances may be given of Yang's immunity from punishment for accepting the liberty offered to him.

I have bound over both Bethell and Marnham in heavy recognizances for the production of Yang when instructed by me to do so.

Yang would probably not suffer from removal to the Japanese hospital were he not in a state of extreme nervousness and terror of the Japanese officials.

Henry Cockburn

1908 : 1

양기탁의 구금상태는 열악하다. 코번은 일본이 양기탁에게 부당한 대우를 하고 있다고 보고했다.

코번은 같은 날 이와는 별도로 자신이 미우라와의 교섭을 단절한 사실을 전문으로 본국에 보고했다. 미우라는 양기탁의 인도를 되풀이해서 요구하면서 단호한 공식 통보를 보냄으로써 코번이 본국의 공식 지시도 기다리지 않은 상태에서 양기탁을 인도하게끔 거짓 술책을 부렸고, 그의 편지는 무례한 어조가 많다고 지적했다. 그러나 외상 그레이는 어떤 경우가 있더라도 양기탁 사건의 해결을 지체시키지 말라고 지시했다. 다만 양기탁이 병원으로 옮기는 도중에 신보사로 피신해버린 것은 양기탁에게 주어진 자유를(도주한 것이 아니다) 받아들인 행위라 할 수 있으므로 이는 문책당하지 않아야 하며, 그가 재판을 감당할 수 있을 정도로 건강이 회복될 때까지는 계속 입원시켜 줄 것만을 일본에 대한 희망 사항으로 제시토록 했다. 코번은 양기탁을 인도해 주려면 일본에 대해 영국은 조건을 내걸어야 한다고 주장했다. 코번의 이러한 주장은 동경의 영국대사 맥도날드에 대한 강한 불만의 표시였다.

8월 20일 코번은 마침내 통감부 총무장관 대리 이시스카에게 이날 오후 6시 30분에 신보사에서 양기탁을 직접 인도하겠다고 통보했다. 이시스카는 코번이 양기탁을 인도하겠다고 제안한 시간에 인수하는 것을 거절하고, 그 대신 이튿날 오전에 양기탁의 신병을 인수하겠다고 회답했다. 코번과 일본 통감부가 한국의 가장 무더운 계절에 벌였던 뜨거운 대결은 이와 같이 마지막 순간까지 신경전을 벌인 끝에 8월 21일 오전 10시 30분 통감부가 양기탁을 인도받는 것으로서 일단락을 지었다. 그러나 이 사건 진행과정에서 야기된 문제들을 처리해야 하는 일은 아직 따로 남아 있었다. 그것은 코번의 미우라 기피선언에 대한 종결 문제와 그동안에 표면화한 맥도날드와 코번의 의견 불일치를 해결하는 일이었다.

5. 코번과 맥도날드의 불화

서울과 동경 외교관의 견해 차이

을사늑약 후 서울의 영국공사관이 철수하고 이를 총영사관으로 대치했을 때부터 코번은 동경의 맥도날드 지휘 아래 들어가게 되어 있었다. 그러나 코번은 모든 문제를 맥도날드에게 보고하는 형식만 취했을 뿐 실지로는 런던 외무성의 지시를 직접 받았다. 일본 통감부도 배설 사건 때부터 가능하면 서울의 총영사관보다는 동경의 영국 대사관을 상대하려 했지만 언제나 코번이 전면에 나서는 것을 피할 도리가 없었다. 양기탁 사건에 있어서는 더구나 코번이 독자적으로 판단하여 강경노선으로 대처했고, 맥도날드는 코번에게 끌려 다닌다는 인상을 주는 경우도 자주 일어나게 되었다.

코번의 강경노선에 대해서 맥도날드는 될 수 있는 대로 사건이 확대되지 않기를 바랐고 영일 간에 외교마찰이 일어나는 것을 방지하려는 태도를 견지했다. 이것은 두 사람의 성격 차이 때문일 수도 있지만, 그보다는 두 사람의 경력과 처한 입장이 달랐기 때문에 사태를 보는 관점도 크게 차이가 났던 데 기인하는 면이 더 컸던 것으로 볼 수 있다. 중국에서만 외교관 생활을 해왔던 코번은 한국과 일본을 각기 다른 두 개의 국가라는 전제하에 한국의 모든 사태를 판단하려 했던 것 같다. 그러나 코번보다 훨씬 다양한 경력을 지녔고, 동경에서 한국 사태를 바라보던 맥도날드는 그렇지 않았다. 그에게는 영일 우호라는 대원칙이 우선했고, 일본의 입장에서 한국 사태를 평가했다. 코번이 일본의 한국 정책을 비판적으로 수용했다면, 맥도날드는 일본을 우호적으로 지지했다 할 수 있다. 양기탁 사건에서 두 사람의 불화가 표면에 나타나는 것은 이러한 견해 차이에서 기인했던 것이다.

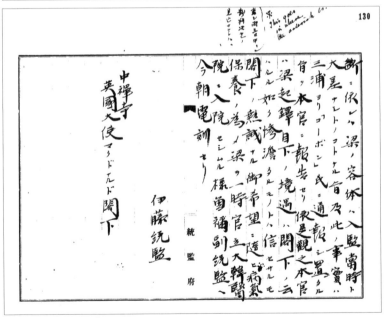

이등박문이 맥도날드에게 보낸 전보. 양기탁을 병원에 입원시키도록 부통감 소네에게 지시했다고 말했다.

서울과 동경의 영국 외교관들이 견해 차이를 보인 것과 비슷한 현상은 일본 측에도 있었다. 맥도날드는 일본 외무성과 서울의 통감부가 항상 같은 견해를 보이지는 않는다고 지적한 일이 있었다. 실지로 통감부는 일본 외무성의 지휘 아래 놓인 기구라고 볼 수 없었다. 통감 이등박문은 오히려 동경의 외무성에 지시를 내리는 자세였다. 통감부는 영ㆍ일 관계에 있어서 늘 동경 외무성보다 강경노선이었다. 통감부 내에서도 온건파와 강경파가 있었지만 그러나 일본의 경우는 관료체계의 상하관계가 엄격하기 때문에 서울과 일본, 통감부 내의 강경-온건이 표면적으로까지 대립하는 일은 없었다. 일본은 서울과 동경의 이원조직인데 비해서, 영국은 서울, 동경, 런던의 삼각조직이었으므로 좀 더 복잡한 결정 과정을 거쳐야 했다.

런던 외무성은 사건의 경과를 맥도날드와 코번이 각각 보내는 보고를 통해서 파악할 수밖에 없었다. 그러므로 때로는 코번의 주장을 채택했고 어떤 때는 맥도날드의 보고를 그대로 승인하는 일도 있었다. 그런데 객관적인 하나의 사실에 대해서도 코번과 맥도날드는 각기 다른 해석을 내리는 경우가 많았다. 양기탁 수감에 대한 두 사람의 대조적인 견해를 예로 들어 본다. 코번은 양이 수감된 감방이 사람을 질식시킬 정도로 좁으며 수감된 상태만으로도 사람을 말려 죽이는 고문과 같다고 묘사했다. 코번은 이러한 상태를 이보다 150년 전에 있었던 악명 높은 캘커타의 블랙 홀 감옥에 비유했다. 그러나 맥도날드는 양이 받고 있는 감옥에서의 처우가 다른 죄수에 비해 나쁘지 않았으며 한국의 감옥은 영국이 이집트를 점령한 지 3년 뒤인 1885년에 자신이 조사해 본 바 있던 그곳의 수준과 비슷하다고 반박했다. 또 코번은 아직 혐의 사실조차 공개되지 않은 피의자를 "유죄로 판명되었다"고 말한 미우라를 신랄하게 비난했다. 그러나 맥도날드는 여기에 대해서도 일본을 옹호했다. 일본은 대륙법 체제를 따르기 때문에 피고가 자신의 무죄를 증명할 때까지는 유죄인 것으로 보는 반면에, 영국은 피고가 유죄로 판명될 때까지는 무죄로 보는 차이가 있기 때문에 통감부가 양기탁을 죄인 취급하는 것은 특별히 잘못된 것이 아니라는 투였다.

통감부에 협조를 거부하는 이유

두 사람의 의견 불일치가 처음 드러나기 시작한 것은 맥도날드가 이등박문과 만났던 8월 1일 이후였다. 맥도날드는 이등을 만나기 전 까지는 본국 정부의 훈령에 따라 일본 외무성과 접촉하고 있었다. 영국 외무성은 서울에서 코번이 보내오는 보고를 토대로 그의 건의를 거의 그대로 승인하는 태도였으므로 맥도날드는 코번이 서울에서 일본 당국과 벌이는 교섭을 지켜보면서 코번의 입장을 추인하는 수밖에 없었다. 그런데 맥도날드는 이등을 만난 뒤 일본이 양기탁을 보석으로 석방하는 조건을 제외하고는 영국의 제안을 모두 받아들였으므로 영국도 이에 상응해서 코번으로 하여금 통감부의 요청에 협조하도록 하는 것이 좋겠다고 런던 외무성에 건의했음은 앞에서 살펴본 바와 같다.

맥도날드는 또 배설도 통감부 외사과장 고마쓰에게 〈코리아 데일리 뉴스〉를 속간하여 친일적 논조로 만들겠으며, 국채보상금에 관해 일본의 어떤 질문에라도 기꺼이 답변하겠다고 말했다는 점을 지적했다. 그러나 코번은 맥도날드의 건의를 즉각 반박했다. 맥도날드는 이등과의 면담 후 양측의 적당한 양보와 협조로써 사건이 악화되지 않고 해결될 수 있을 것으로 보았으나, 코번은 일본 당국을 전적으로 불신했고, 협조를 거부했다.

코번은 일본 당국에 협조할 수 없는 근거를 다음과 같이 열거했다. ① 양기탁이 배설 재판 때에 증언한 데 대해 일본 당국이 처벌하기로 결정한 것 외에는 양의 죄목은 아무것도 없다. ② 경찰이 감옥에서 그를 학대함으로써 그의 건강을 해치도록 용인되고 있다. ③ 그를 보석으로 석방해 달라는 신청은 거부되었다. ④ 그는 감방에 스무 명이나 함께 갇혀 모든 죄수가 누울 공간조차 없으며, 밤낮을 가리지 않고 계속 갇혀 있다. ⑤ 그는 변호사에 접근하도록 허가받지 못하고 있으며 건강이 너무나 악화되어 변호와 관련된 지시조차 할 수 없을 지경이다.

코번은 일본 당국이 한국에서 정치상의 이유 때문에 이런 조치를 취한 결과로 상당한 위신 추락을 감수할 각오를 한 것 같지만 그러나 영국도 이로 인해 비난을 면치 못하게 되었다고 주장했다. 그것은 일본 당국에 의해 면책특권을 공식 보장받고 영국법정에서 증언한 사람이 처벌받게 된 것을 영국 당국이 보호하지 못하기 때문이라는 것이다. 그러므로 영국은 이 사건에 관해 일본에 일체 협조하지 말아야 한다고 런던에 건의했다. 그는 또 일본이 이 사건으로 정보를 수집하고 있는 방법은 모든 영국의 사법개념에 위배되는 방식을 자행하고 있다고 말했다. 이와 같이 코번은 맥도날드의 건의를 정면으로 반대했다. 외무성도 코번의 편을 들었으므로 맥도날드의 체면은 손상되었던 것이다.

코번의 강력한 반발에 대해서 맥도날드는 일본 당국의 주장을 빌어 코번을 간접적으로 반박했다. 일본 당국은 사실이 일반적으로 과장되고 있다고 해명하고 있으며 양의 체포가 속임수에 의해 행해지지도 않았고, 배설 재판과도 관련이 없다고 주장하고 있다는 것이다. 더구나 양은 감옥에서 학대받고 있지 않으며 체포 당시와 현재의 건강에는 별 차이가 없다는 의학적 증거를 내놓았다고 말했다. 코번은 여기 대해서도 즉각적으로 반론을 제기했다. 양의 학대는 사실이며, 양은 외견상으로만 보더라도 뼈와 가죽만 남았다는 것이다.

둘째, 양기탁을 일본 당국에 인도해 주는 문제에 대해서도 코번과 맥도날드는 견해가 달랐다. 맥도날드는 8월 17일 한영조약의 규정에 때라 "양기탁이 즉각적이고 무조건으로 일본 측에 인도되어야 한다는 강력한 의견"을 코번에게 보냈다. 그러나 코번은 양을 인도하는 데는 그를 입원시키는 것이 전제조건이 되어야 한다는 이유를 내세우면서 이를 지연시킴으로써 맥도날드의 지시를 실질적으로 거부했다.

셋째, 코번이 미우라를 상대하지 않겠다고 선언하고 사건을 미우라 아닌 다른 사람에게 맡기라고 요구한 데 대해서는 맥도날드가 코번을 지지하지 않았다. 맥도날드는 미우라가 재판이 연기될 수 없다고 주장함으로써 코번에게 위협을 가했다는 데 대해서 미우라의 행위는 외교상 용인될 수 있는 일이며, 반면에 코번의 주장이 지나친 것이라고 말했다. 맥도날드는 다음과 같이 쓰고 있다.

> 나는 이 같은 상황 하에서 이런 잘못이 외교상 전혀 없었던 일도 아니고, 또 이 위협이 실제로 시행되지도 않았던 점에 비추어 양사건을 이사관[미우라]의 손으로부터 다른 사람에게 넘기라고 코번이 총무장관[이시스카]에게 요구한 것을 계속 추진할 수는 없다는 의견이다(MacDonald가 Grey에게, 21 Aug. 1908, No.59).

코번은 이에 대해 분개한 어조로 다음과 같이 답변했다.

> 지난 25년 동안 중국 관리들과 상대하면서 나는 결코 최근과 같은 이런 경험을 당한 적이 없으며, 이런 전례를 알고 있을 만큼 외교경력을 풍부히 가지지 못한 것을 조금도 유감으로 생각하지도 않는다. 나의 유일한 고려점은 만약 내가 이 2류관리[minor official: 미우라]로부터 확약을 받을 경우, 안심하고 그의 말을 믿을 수 있느냐의 여부이다(Cockburn이 Grey에게, 22 Aug. 1908, No.49).

기피선언 철회로 코번의 체면 손상

결과적으로 코번은 미우라 기피선언을 철회함으로써 외교관으로서는 쓰라린 체면 손상을 당하게 되었다. 양기탁이 통감부의 손에 넘어간 후 코번의 미우라 기피선언은 영·일 양측의 새로운 현안 문제로 대두되었다. 맥도날드는 코번의 미우라 기피를 지지하지 않았고, 런던 외무성도 미우라 기피가 실현성이 없는 것으로 보았다. 일본은 미우라가 외교문서 교환기술에 다소의 결점이 있다 하더라도 이는 외국어 지식이 부족한 때문인 반면에, 코번의 미우라에 대한 공격은 허위라 하여 코번을 신랄히 비난했다. 맥도날드는 8월 22일 일본 외무성에서 코번의 미우라 기피 주장은 마치 어린애 장난 같은 짓이라고 내밀히 말해서, 상대국에다 코번에 대한 불평을 토로하기까지 했다. 맥도날드는 본국 정부에 대해서도 일본의 입장을 옹호하는 보고서를 보냈다. 맥도날드의 이와 같은 태도는 이 사건으로 인해서 야기된 영·일 양국 외교 실무자들의 긴장상태가 빨리 종식되어야 한다는 기본 입장에서 출발한 것이었다. 그는 이러한 긴장된 갈등이 "영일동맹의 적들에게 기쁨을 자아내게 하고 있으므로" 양기탁을 무조건 인도해야 한다는 생각이었다.

영국 외무성도 이때는 서울에서 두 나라 실무자들이 사건을 지나치게 확대했다고 판단했다. 그리고 코번의 태도에 불만을 나타내기 시작했다. 극동국장 알스톤(Beilby F. Alston)은 "코번이 조금만 더 우호를 보이고 덜 흥분했더라면 이와 같이 미우라와 파국상태에까지 이를 필요가 없었을 것이라는 생각을 금할 수 없다"고 말했다. 극동담당 차관 캠벨(F. A. Campbell)은 코번이 사건을 문제시한 것은 혐의가 조작되었기 때문이 아니라, 단지 일본 당국이 조약에 따라 영국 총영사에게 요청하지 않고 속임수에 의해 양을 체포했기 때문이었다고 보았다. 그는 "일본이 적절한 방법으로 총영사에게 체포를 요구했더라면 문제는 전혀 일어나지도 않았을 것이고, 이점 외에는 일본 측의 처사에 조리가 서지 않는 점은 없다"고 평가하고 이런 조그만 불법행위가 두 동맹국간에 이처럼 큰 트러블을 일으킨 데 대해 유감을 표했다.

일본도 사건의 확대를 바라지 않았다. 처음부터 사건을 신중히 다루라고 누차 지시해 왔던 이등박문은 사건이 더 확대되지 않게 하라고 서울의 통감부에 지시했다. 이리하여 코번은 미우라 기피를 선언한 지 열흘만인 8월 24일 이를 철회한다고 통감부측에 통보했다. 대영제국 외교관인 코번의 패배나 마찬가지였다. 이 사건 후 미우라가 코번에게 보내는 공문은 영문이 아닌 일문을 쓰도록 양측이 합의했다.

6. 일본 언론의 선동과 명예훼손

서울과 동경 외교관의 견해 차이

코번은 양기탁 사건 이후 일본 통감부와 대결하는 과정에서 맥도날드와 의견차이로 다투는 한편에서는 일본 언론의 공격에도 시달리고 있었다. 통감부가 배설의 재판을 앞두고 집중적인 프레스 캠페인을 전개했음은 앞에서 살펴본 바가 있었다. 그런데 양기탁 사건에 이르러서는 일본에서 발행되는 신문들과 서울 프레스를 비롯한 한국의 친일 신문들이 양기탁과 배설, 코번 세 사람을 공격하는 갖가지 기사를 실었다. 이러한 언론의 공격은 일본 언론이 자발적으로 행하는 경우도 있었지만 통감부와 일본 외무성의 조작에 의한 것도 많았다.

외상 그레이와 주일 대사 맥도날드에게 보낸 보고서에서 코번은 통감부 당국이 고의적으로 악감을 부채질 하고 있다는 사실을 알렸다(Cockburn이 Grey에게,

THE INDEPENDENT

Date **06 December 2007**

Page **1,2,3,4,5**

clipShare
newspaper licensing agency

'If it became known that we had handed over a prisoner to the Japanese... the worst impression would be created'

Strain on relations: Sir Claude MacDonald, left, the British ambassador to Tokyo, and Prince Ito, the senior Japanese administrator in Korea
HULTON ARCHIVE/GETTY IMAGES;
W & D DOWNEY/GETTY IMAGES

even before Yang was released, privately claiming that the Foreign Office had not given him sufficient support.

In resigning the following July he does not mention this but says: "It is with some sense of humiliation that one admits oneself to have broken down at an earlier age than usual." Probably he was being circumspect about his motives because he was applying for a full pension and he lived for another 20 years.

Henry's protests against rendition read as fresh today as when they were written, as does his half-spoken suspicion that the torture chamber might be an essential foundation of foreign occupation and not one of its excesses.

100년 후의 신문기사. 런던의 〈인디펜던트〉가 기획기사로 다룬 양기탁 사건. 2007년 12월 6일.

22 Aug. 1908, No.50, 52). 통감부는 때때로 신문사 사람들을 불러 모아서 그들의 견해를 밝히고 나면 일본 특파원들을 악감을 불러일으키는 논조의 해설기사를 보냈다는 것이다. 지금 자신을 공격하는 데 사용된 방법이 언젠가는 나보다 더 높은 지위의 영국 공무원을 향해서 중요한 순간에 사용될 가능성도 있다고 주의를 환기시켰다(MacDnald와 Grey에게, 30 Aug. 1908, No.66).

8월 14일에 일본 외상 하야시가 주영 일본 임시 대리대사 무쓰(陸奧宗光)에게 보낸 훈령이 일본의 홍보정책을 보여준다. 하야시는 일본의 입장을 대외적으로 선전하기 위해서 브링클리를 시켜 런던의 〈더 타임스〉에 기사를 보내는 것이 좋다고 인정되면 그렇게 하겠다는 내용을 타전했다. 브링클리는 일본 정부의 보조를 받으면서 재팬 메일을 발행하는 한편으로 더 타임스의 일본 특파원을 겸하고 있던 사람이다.

양기탁이 구속되자 서울 프레스와 일본의 신문들은 양기탁이 국채보상의 연금을 횡령했을 것이라는 '혐의'사실을 크게 취급하여 일반여론이 양기탁을 의혹의 눈으로 바라보게 만들었다. 일본 신문들은 처음에는 신보사에서 지금까지 접수한 의연금 총액 6만여 원의 행방에 대해 의문이 많다고 썼다가, 조금 지나자 그 혐의를 배설에게로 돌리는 기사를 게재하기 시작했다(Mail, 1 Aug. 1908, p.123; 8 Aug., p.151). 이들 기사는 '소문'을 근거로 쓴 것이거나 일본 당국의 주장에 살을 보탠 것이 대부분이었지만 양기탁과 배설의 명예훼손은 물론이고, 신보의 구독자까지 감소시키는 결과를 가져왔다. 배설의 재판 이후에 신보의 구독자는 이미 줄어들었고(日公記, 『申베』, 1206, 松井가 曾彌에게, 1908년 9월 2일, pp.129~133 참조), 양기탁이 구속된 후에는 더욱 큰 타격을 입었을 것이다.

일본 언론이 코번에게 비난의 화살을 퍼부은 것은 양기탁이 신보사로 피신

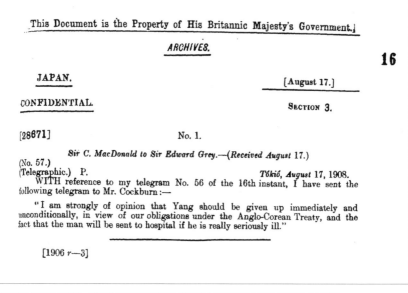

양기탁을 일본에 넘기라. 영국은 코번의 반대에도 불구하고 양기탁의 신병을 인도하도록 했다.

한 이후였다. 코번이 신병인도를 거부한 사건은 양기탁이 처음 구속되었을 때 보다도 일본 언론의 구미를 훨씬 더 돋우는 기삿거리였다. 그리고 서울 프레스와 일본 언론은 코번을 비난하기 시작했다. 코번이 양의 건강상태가 재판을 감당하기 어려울 정도임을 증명하기 위해 세브란스병원 원장 히스트(Hirst)의 진단서를 미우라에게 보낸 데 대해서, 통감부는 공립병원인 대한의원 원장 사토 수수무(佐藤進)의 진단서를 첨부하여 양기탁은 별다른 큰 병이 없으며 재판을 받을 수 있다고 주장하는 증거를 제시하면서 코번을 반박했다.

서울 프레스는 사토가 발급한 양기탁의 건강진단서까지 보도하면서 코번의 주장이 틀렸다고 비난했다. 일본의 재팬 타임스와 재팬 메일이 서울 프레스의 기사를 다시 전재했음은 물론이다. 일본 신문들은 코번이 양기탁과 배설을 돕

고 있는 저의(arrièer pensée)는 코번과 그 부하 직원이 의연금 횡령 사건에 관련
돼 있기 때문이라고까지 썼다. 미우라가 코번에게 보낸 공문에도 일본 신문들
이 쓴 '저의'라는 용어가 들어있다.

코번은 여러 차례 통감부가 벌이는 여론조작 행위와 일본 언론의 횡포를 개
탄했다. 그는 일본 당국이 고의로 자신에 대한 악감정을 조장하고 있다고 단정
했다.

외로운 투쟁의 종말 코번 퇴장

코번은 25년에 걸친 외교관 경력을 명예롭게 끝내지 못한 채 9월 15일
아침 서울을 떠나야 했다. 〈서울 프레스〉가 "우리 특파원들이 코번의 태도
에 관해 그토록 많은 잘못된 보도와, 심지어 심한 모욕적 기사를 본국에 송
고한 데 대해 심심한 유감을 표한다"고 썼을 정도로 그는 일본 언론의 공
격에 많은 상처를 입었던 것이다("The British Consul-General", The Seoul Press, 29 Aug.
1908). 코번이 떠나던 날은 양기탁의 재판에 배설이 증인으로 출두하기로 되
어 있었다.

코번이 본국으로 떠난 데 대해서 일본 신문들은 그가 양기탁의 인도를 거부
했기 때문에 본국으로 소환된 것이라고 보도했으므로(JWC, 24 Sept. 1908, p.457;
『日外』 41/1, No.844, p.813) 맥도날드는 일본 외상 고무라에게 이의 시정을 요청했
다. 그러나 일본은 코번이 떠나기 전에 그의 교체를 요구했기 때문에 코번의
귀국을 '소환'이라고 했던 일본 신문의 보도가 근거 없는 것만은 아니었던 것이
라 할 수가 있다. 8월 20일 부통감 소네가 데라우치에게 보낸 공문에서 충분
한 이유도 없이 지나치게 미우라를 탄핵하는 코번의 조치는 불문에 부칠 수가
없으니 일본주재 영국대사에게 "코번의 처분을 강구하도록[경질을 요구]"하라고

요청하고 있다(『日外』, 41/1, No.834, p.809). 맥도날드도 일본의 코번 비난에 동조하고, 코번이 일단 휴가로 본국에 돌아가는 것이지만 본인 스스로 귀국 후에는 사임할 결심을 갖고 있다고 알려주었다. 코번은 영국으로 돌아가서 1909년 7월 16일자로 조기은퇴하고 말았다. 나이는 50세였다.* 그는 서울을 떠나면서 맥도날드에게 불만을 토로하는 편지를 보냈다. 그는 또한 일본의 한국정책을 다음과 같이 신랄히 비난했다.

> 나의 8월 28일자 전문 53호에서 나는 한국 내 일본 당국의 영국 여론에 대한 태도를 변화시킬 수 있는 방법이 발견되지 못하는 한 그들은 결국 영국 본국 여론에 폭탄폭발과 같은 충격을 줄 그런 행동을 취할 중대한 위험이 있다고 믿는다고 말한 바 있다. 그런 행동이 어떤 것이 될지는 내다볼 수 없지만, 그러나 위험이 있으리라고 강력하게 믿으면서도 내가 거기에 대해 경보를 발하지 않는다면 나는 무거운 책임을 져야만 될 것이다(Cockburn이 Grey에게, 1 Sept. 1908. No.60).

코번의 이같은 경고는 20여년 뒤에 중국 대륙에서 현실로 나타나서 영일 양국의 충돌로 증명되었다. 100년의 세월이 흐른 후에 런던의 〈인디펜던트〉(6 Dec., 2007)는 「헨리의 전쟁-강제인도를 거부한 외로운 투쟁(Henry's War, One man's fight against rendition)」이라는 제목으로 5 페이지에 걸치는 특집 기사를 실었다. 인디펜던트의 외교담당 대기자였던 코번의 손자 패트릭 코번(Patrik Cockburn)이 할아버지가 일본 통감부와 벌였던 외로운 투쟁을 조명하는 기사

---

* *The Foreign Office List and Diplomatic and Consular Year Book*, 1910. 코번의 성격에 관해서는 William Jacobus Oudendijk, *Ways and By-Ways in Diplomacy*(London: Peter Davis, 1939), pp.33~35.

를 썼던 것이다. 그는 이 기사를 쓴 후에 해외문화홍보원 초청으로 2008년 11월에 서울을 방문했다(조선일보, 2008.11.18, 20). 코번과 한국의 인연은 100년 후까지 지속된 것이다.

배설을 향한 언론의 공격

배설도 일본 언론의 집중공격에 시달렸다. 배설은 양기탁이 구속되기 하루 전인 7월 11일 상해에서 3주일간의 금고형을 마쳤다. 금고형이 끝나는 동시에 6개월간의 근신을 보증해야 되었으므로 350파운드(본인이 200파운드, 보증인이 150파운드)를 공탁한 뒤 서울로 돌아온 날은 7월 17일이었다. 그가 돌아오자 한국의 친일신문과 일본 언론들은 양기탁과 배설이 의연금을 횡령했다는 기사를 무차별적으로 썼다. 배설은 신보를 통해 무고함을 해명도 하고(「國民妄報」, 신보, 1908년 7월 25일; 「魔報妄筆」, 8월 8일), 국채보상금 총합소에서도 의연금의 내역을 밝혔다.

그러나 배설은 난처한 입장이 되었다. 8월 10일에 열린 국채보상금총합소 특별위원회에서는 회계감독 이강호(李康鎬)가 의연금 운영방식에 불만을 토로하면서 만일 배설이 의연금 운영방식을 시정하지 않으면 한국인의 손에 죽을지도 모른다고 공언했다. 배설은 8월 27일에 열린 의연금총합소 평의회에 출석하여 의연금의 현황을 설명했다.

배설이 최대의 굴욕감을 느꼈던 것은 이 평의회 의장자리에 국민신보 사장 한석진(韓錫振)이 앉아 있었기 때문이었다. 국민신보는 친일단체 일진회의 기관지로서 고종이 양위하던 때에는 친일논조에 불만을 품은 시위군중이 신문사를 습격하여 사옥과 인쇄시설이 파괴당한 일도 있는 신문이었다. 신보를 비롯한 민족지들은 여러 차례 국민신보의 친일논조를 성토했고, 논전을 벌이기도

했다.* 배설은 그러한 친일파 한석진의 앞에서까지 의연금의 운영상황을 설명한 것이다. 배설의 명예를 가장 치명적으로 훼손한 것은 8월 30일 일본 특파원이 서울에서 동경으로 보낸 다음과 같은 짧은 기사였다.

한국의 국채보상금 횡령설 나돌아

일본 소식통들에 따르면 서울에서는 국채보상금을 둘러싸고 한국인들 사이에 계속 열띤 논의가 일어나고 있다. 일본인들의 전보는 베델이 어제 있었던 질책성 감사에서 횡령사실을 자백했다는 것이다. ─서울주재 본사 특파원.**

서울에서 흘린 사실무근의 기사는 일본을 거쳐 중국 및 동남아 여러 나라에서 발행되는 신문이 널리 퍼뜨렸다. 상해에서 발행되던 대표적인 영어신문 〈노스 차이나 데일리 뉴스(North China Daily News)〉가 동경발 기사로 양기탁 재판이 열리기 하루 전날인 8월 31일자에 게재했다. 같은 신문이 발행하는 자매지 〈노스 차이나 헤럴드(North China Herald)〉는 주간이었으므로 똑같은 기사를 9월 5일자에 게재했다.

명예회복과 손해배상 소송

---

* 신보가 친일지 國民新報를 성토하거나 논전을 벌인 논설들은 다음 날짜 참조. 신보, 1907년 9월 10일, 9월 11일, 10월 9일, 12월 17일, 1908년 8월 8일, 1909년 5월 21일, 5월 23일. 한편 일진회의 신보 비난은 李寅燮, 『元韓國一進會歷史』, 제4권(서울: 明文社, 1911), pp.14~15, 57~58 참조.

** *N-C Daily News*에 실린 문제의 기사원문은 다음과 같다.
"Korea's National Fund, The Alleged Misappropriation. It is reported from Japanese sources that there is continued native agitation in Seoul against Mr. Bethell in connection with the national debts redemption funds. The Japanese telegrams state that Mr. Bethell confessed to misappropriation in reply to remonstrative inquiries which were made yesterday."

배설은 이 기사에 대해 두 가지 방법으로 대처했다. 신문을 통해서 공개적인 명예회복을 하는 노력과 법적 절차를 밟아 자신의 결백을 객관적으로 입증하는 동시에 금전적인 보상을 받아 내는 것이었다. 우선 배설은 우선 고베에서 발행되는 영어신문 〈재팬 크로니클〉에 자신을 중상하는 일본 신문들의 기사가 허위라는 글을 보냈다. 9월 10일자 재팬 크로니클에 실린 배설의 편지는 보상금을 횡령하지 않았음을 강조하고 자신은 일본 언론에 의한 피해자라고 해명했다. 8월 27일 서울 상업회의소에서 열린 국채보상지원금총합소 평의회는 악의적으로 자신을 중상하는 소문을 퍼뜨려온 사람들 앞에서 배설이 논박한 첫 모임이었는데, 의장이었던 한석진은 정치적으로 반대 입장이었음에도 배설의 설명에 만족을 표했다고 주장했다. 배설은 의연금에 관련해서 숨길 것이 하나도 없었기에 이 모임에 자진 참석하여 설명했던 것이고, 지금 기소 상태에 있는 양기탁도 같은 입장이라면서 재팬 크로니클 편집자에게 다음과 같이 호소했다.

> 귀하께서 확증을 얻을 때까지 서울에 상주하는 일본 특파원들이 보내는 기사의 게재를 유보해 주실 수는 없을까요. 그들의 자격조차 없는 출판물들은 내게 엄청난 피해를 주고 있습니다. 그러나 귀하가 아시다시피 나는 이에 대해 아무런 자구책이 없습니다("Mr. Bethell and the Japanese Press", *JWC*, 10 Sept. 1908, p.400).

일본 언론의 배설을 향한 비방은 동양 여러 나라의 신문에 그대로 전재되었을 뿐 아니라 영국의 언론에도 많은 영향을 미치고 있었다. 로이터(Reuter) 같은 국제적인 통신사도 이 사건에 관해서는 대부분 일본 신문을 취재원으로 삼기 때문에 무의식중에 근본적인 편향보도를 하게 되는 것이었다. 배설에게 호의적인 입장이었던 재팬 크로니클은 배설이 일본 신문만이 아니라 영국과 미국의 언론으로부터도 피해를 입고 있다고 지적하면서 영국의 법률에 의한다면 로이터나 영국 신문들이 배설의 명예를 훼손한 것이 확실하다고 주장했다 (*JWC*, 17 Sept. 1908, pp.417~419).

배설은 자신의 결백을 밝히는 글을 기고하는 동시에 상해 옥중기 「내게 내려진 3주일간의 금고형(禁錮刑; My Sentence of Three Weeks' Imprisonment)」을 같은 신문에 연재하여(9월 3일부터 24일까지 4회) 자신의 명예손상을 막아보려는 노력을 기울였다. 그는 6월 1일부터는 〈코리아 데일리 뉴스〉의 발행을 중단했기 때문에 영문으로 쓴 옥중기를 일본에서 발행되는 신문에 게재한 것이다. 배설은 또한 주한 영국총영사 코번에게도 일본 특파원들이 모욕과 명예를 훼손하는 허위보도를 중지하도록 통감부가 통제권을 행사할 것을 요청해달라고 호소했다. 자신도 일본 언론의 공격에 시달리고 있었던 코번은 배설의 입장을 변호하는 이례적인 공개편지를 썼다. 코번은 배설에게 보낸 편지에서 일본 특파원들이 송고하는 기사로 말미암아 심각한 명예훼손을 당하고 있다는 사실을 코번의 견해로써 배설이 공개해도 좋다고 말하면서 다음과 같이 끝을 맺었다.

이 같은 상황 아래서 나는 이러한 기사가 일본 특파원이 진실에 조그마한 근거라도 두고 송고했다고는 추측할 수가 없다는 나의 견해를 귀하가 공식으로 표명할 권리가 있다고 생각한다("Japanese Correspondents in Korea, Letter from Mr. Cockburn", *JWC*. 24 Sept. 1908, p.478).

코번이 배설에게 준 편지는 여러 의미를 함축하고 있었다. 그는 배설을 동정하면서 이러한 일본 언론의 보도가 일본 당국의 조작에 기인한다고 믿고 있었기 때문에 배설에게 준 편지를 통해서 자신을 공격하는 일본 언론에 반격을 가했다. 그리고 영·일 외교에 적지 않은 파장을 불러일으킨 장본인 배설을 공개적으로 옹호함으로써 일본 통감부에 불만을 토로하는 동시에 동경의 맥도날드와 런던 외무성에도 반발하는 태도를 우회적으로 드러낸 것이다.

배설의 입장에서는 주한 영국총영사가 자신을 지지하고 있음을 명백히 했으며, 공개될 것을 전제로 밝힌 견해라는 점이 중요했다. 배설은 이 편지를 게재해 주도록 재팬 크로니클에 보냈고, 크로니클은 9월 24일자에 게재했다. 이를 되받아 통감부 기관지 서울 프레스도 9월 27일자에 편지 전문을 게재했다. 상해의 노스 차이나 헤럴드가 이 편지를 전재한 것은 10월 3일이었다. 배설에게 불리한 기사가 그랬던 것처럼 배설을 옹호한 코번의 편지도 일본, 한국, 중국에서 발행되는 신문에까지 연쇄적으로 전재된 것이다. 코번이 지적한 일본 언론의 무책임성에 대해서는 서울 프레스조차도 일본 특파원들이 "엉터리없는 오보를 본국에 보내는 유감스러운 경향"이 있음을 지적하고, "이런 식의 언론 활동이 계속된다는 것은 진심으로 일본 언론의 명예를 아끼는 사람들에게는 크게 한탄스러운 일"이라고 쓸 정도였다(*The Seoul Press*, 27 Sept. 1908; *JWC*, 8 Oct., p.557).

7. 네 나라가 관련된 양기탁 재판

한국 사법권 탈취 후의 첫 재판

코번과 한치 양보 없는 줄다리기 끝에 양기탁을 인수받은 통감부는 재판을 서둘렀다. 통감부는 재판에 앞서 국채보상지원금총합소 소장 윤웅렬로 하여금

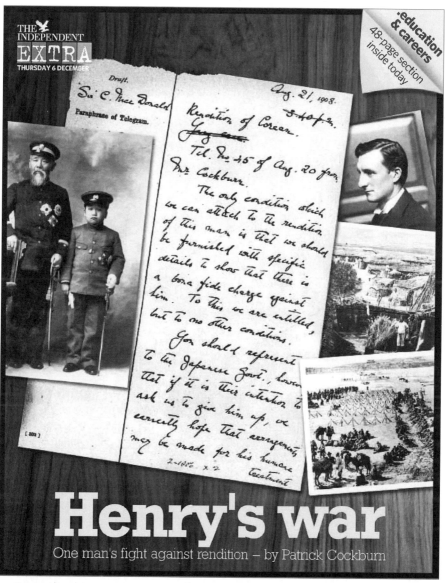

THE
INDEPENDENT
EXTRA
THURSDAY 6 DECEMBER

Draft.
Sir C. MacDonald
Paraphrase of Telegram.

Aug. 21, 1908.

Rendition of Corean.

Tel. No. 45 of Aug. 20 from
Mr. Cockburn.

The only condition which we can attach to the rendition of this man is that we should be furnished with specific details to show that there is a bona fide charge against him. To this we are entitled, but to no other conditions.

You should represent to the Japanese Govt., however, that if it is their intention to ask us to give him up, we earnestly hope that arrangements may be made for his humane treatment.

Henry's war

One man's fight against rendition – by Patrick Cockburn

런던의 〈인디펜던트〉 2007년 12월 6일자. 「헨리의 전쟁—강제인도를 거부한 외로운 투쟁」을 쓴 기자는 코번의 손자였다.

배설을 상대로 보상금 가운데 사취(詐取)한 3만원의 반환을 요구하는 청원서를 8월 17일자로 내부대신에게 제출케 하였다. 이는 일본인 경무국장 마쓰이 시게루(松井茂)가 윤웅렬에게 요구하여 제출한 것이다.

일본은 전년도에 체결한 한일협약(1907. 7. 24) 및 '한일협약 규정 실행에 관한 각서'를 교환하여 한국의 사법권을 탈취하였다. 이에 따라 1908년 8월 1일부터 3심제로 된 새로운 재판제도를 시행하게 되었으므로 통감부는 양기탁 재판을 통해서 한국의 사법제도를 개선했음을 대외적으로 과시하려 하였다.

양기탁의 신병이 인도된 지 열흘 후인 8월 31일에 첫 공판이 시작되어 9월 29일까지 다섯 차례의 공판이 열렸다.* 재판은 일본인 판사 2명과 한국인 판사 1명이 공동으로 진행했고, 한국인 변호사 2명이 변론을 맡았다. 재판장 요코다(橫田定雄), 판사 후카자와(深澤新一郎), 한국인 판사 유동작(柳東作), 일본인 검사 이토(伊藤德純), 그리고 한국인 변호사 2명(玉東奎, 李容相)이 참여했다. 이 재판도 배설 재판처럼 한국 재판사상 하나의 특이한 기록을 남겼다. 피고는 한국인이었으나 증인으로 출두한 사람은 영국인(배설과 만함), 프랑스인(마르뗑), 재판에 출두하지는 않았지만 미국인 콜브란이 선서구술서를 제출했기 때문에 모두 다섯 나라 국적을 가진 사람들이 재판에 관련되었다. 재판은 8월 31일, 9월 3일, 15일 그리고 25일 네 차례에 걸쳐 열렸다.**

---

* 정진석, 『언론과 한국현대사』, 커뮤니케이션북스, 2001, p.142 이하 참조.
** "The Yang Kitaik Case", *The Seoul Press*, 1, 4, 5, 6, 16, 17, 18, 19, 26, 30, Sept. 1908; "Mr. Yang Ki-Tak and His Return to Jail", "The Yang Ki-Tak Case", *JWC*, 10 Sept. 1908, pp.391~393; "The Trial of Mr. Yang Ki-Tak", 24 Sept. pp.476~478; 1 Oct. pp.498~499; 8 Oct. pp.548~551; "The Korean National Debt Redemption Fund", *Mail*, 26 Sept. 1909, pp.380~383; 3 Oct., pp.413~414; 10 Oct. p.426. (이 공판의 내용은 국채보상운동 연구에 대단히 중요하다. 전문은 정진석, 「국채보상운동 의연금에 관한 양기탁 재판」, 『한민족 독립운동사 연구』(한민족독립운동사연구회, 1993, pp.245-288)에 게재되어 있다)

9월 25일 재판에서 일본인 검사는 양기탁에 대한 공소를 취하한다고 말하고 무죄석방을 요청했다. 검사는 공소 취하의 이유로서 양기탁이 신보사가 접수한 의연금을 횡령한 증거가 없으며, 그 처분에 관한 책임은 전적으로 배설에게 있었기 때문이라고 밝혔다. 검사가 공소를 취하하자 재판부는 양기탁을 즉시 석방했다.*

양기탁은 9월 29일에 열릴 공판에 출두하겠다고 서약하고 이날 오후에 출감했다. 그는 감옥에서 곧장 남대문 밖 제중병원(세브란스병원)에 입원했다. 양기탁의 전격적인 구속부터 그의 신병인도 문제에 따른 영·일 외교분쟁 등 갖가지 문제를 불러일으켰고, 한국, 일본, 중국 그리고 영국의 신문에까지 오르내렸던 이 사건은 결국 9월 29일 양기탁의 무죄판결로 끝이 났다.

일본은 이 사건에서 양기탁은 의연금을 유용하지 않았음이 확실했지만, 배설이 의연금을 운영한 방식에는 문제가 있다고 생각했으면서도** 더 이상 추궁하지는 않았다. 또 하나의 새로운 분쟁꺼리를 만들어내고 싶지는 않았던 것이다. 통감부는 양기탁 수사를 진행하는 과정에서 재판을 받으면 그가 무죄일 수밖에 없다는 사실을 알고 있었다. 그러므로 미우라는 코번이 떠난 이튿날인 9월 16일 총영사대리 레이(Lay)에게 양기탁이 무죄 석방될 것이라고 암시했다. 통감부는 크게 벌여 놓은 일을 그만 둘 수가 없었기 때문에 재판 절차를 통해 마무리 지음으로써 일본의 사법절차가 공정하다는 것을 증명하려 했던 것이다.

---

* *Seoul Press*가 보도했던 양기탁 공판 내용 전문은 「雩崗 梁起鐸 全集」 3권(동방미디어, 2002), pp. 87-158에 번역 수록되었다.
** "The Yang Kitaik Case", *The Seoul Press*. 1 Oct. 1908.

모두에게 상처 남긴 사건

양기탁 사건은 1908년 7월 12일 밤에 일본 경찰이 양기탁을 구속하던 때로 부터 9월 29일 경성재판소가 무죄판결을 내림으로써 종결되었다. 2개월 반 정도의 기간이었으나 영일 두 동맹국의 외교관들이 서울에서 긴장된 대결을 벌였던 사건이다. 걸린 시간은 짧았지만 여러 의미를 지닌다. 표면상으로 본다면 이 사건은 서울의 영일 양 당국과 양기탁, 배설 등 관련자 모두에게 상처만을 안겨 준 셈이었다. 코번은 사건이 마무리되기 전에 본국으로 돌아가서 조기 사임해 버렸고, 경시총감 마루야마도 일본으로 돌아갔다.

마루야마는 8월 27일 시마네현(島根縣) 지사로 전보발령을 받았고, 후임 경시총감은 시마네현 지사였던 와카바야시 라이조(若林賚藏)가 임명되었다. 마루야마의 경질이유는 확실치 않으나 양기탁 사건 처리에 이등이 불만을 표시한 적이 있으므로 이 사건을 미숙하게 처리한 데 대한 문책인사의 성격도 있지 않았을까 추측된다. 이등이 8월 5일 소네에게 보낸 공문은 마루야마의 양기탁 사건 수사 방법에 강한 불만을 표시하였다. 이등은 처음 수사를 시작하려 했을 때에는 죄인을 찾아내려는 것이 아니라 주로 의연금의 취급 진상을 명료히 하기를 희망했던 것이라고 전제하고 양기탁에 대해 충분한 조사도 없이 마루야마가 탐정 보고만을 기초로 양기탁의 죄상이 확실치 않은데도 그를 경성 재판소로 넘긴 것은 심히 유감이라고 말했다.

외무부장 나베시마도 양기탁 사건이 마무리 단계였던 9월 말 이등박문과 같은 취지의 말을 했다. 나베시마는 주한 영국총영사 대리 레이에게 이 사건은 당초에 통감부가 양기탁을 처벌하려 했던 것이 아니라, 국채보상금의 실제 상태가 어떤 것인가를 알아보려고 시작했던 것일 뿐이라고 말했다. 이는 외교 문제에 경험이 많은 이등과 나베시마는 영국을 자극하지 않는 범위 내에서 양기

한국에 왔던 일본 신문과 통신사 특파원들.

탁 문제를 처리하려 했던 것인데 미우라와 마루야마가 서투른 방법으로 사건을 확대시킨 것으로 볼 수 있으며, 마루야마가 한국을 떠난 것도 사건처리에 대한 문책이 아닌가 하는 추측을 낳게 한다.

　양기탁은 무죄판결을 받았지만 국채보상금을 횡령했다는 혐의로 구속 기소되었다는 사실 자체가 결코 명예롭지 못했다. 배설도 의연금 관리에 문제가 있었다는 의혹을 남겼다. 신보는 발행부수가 떨어졌다. 통감부도 코번과의 대결에서 위신이 손상당했고 양기탁에게 무죄를 언도함으로써 혐의를 조작하여 사건을 만들어 내었다는 인상을 남겼다. 이와 같이 단기적으로 볼 때 통감부는 이 사건에서 아무런 소득도 얻은 것이 없었다. 그러나 다른 각도에서 본다면 통감부는 두 가지 커다란 성과를 올렸다고 평가할 수가 있

상해 옥중기. 배설은 「내게 내려진 3주일간의 금고형」을 〈재팬 크로니클〉에 4회 연재했다.

다. 하나는 한국 내부의 문제였고, 다른 하나는 한국과 관련된 대외 정책상의 성과였다.

한국 내부의 문제로는 이 사건으로 통감부는 국채보상운동을 완전히 붕괴시키는 성과를 거두었다. 국채보상운동은 이 사건이 아니었더라도 목표한 금액을 달성하기에는 벅찬 운동이었다. 그러나 운동의 참된 의미는 의연금의 모금 액수보다는 민족진영이 이러한 운동을 통해 응집력을 과시하고 민족의식을 고취한다는 데 있었다. 그런데 통감부는 이 사건을 통해서 이 운동의 추진세력을 분산시키고, 한국 일반 민중에게 좌절감을 안겨 주는 성과를 올린 것이다. 통감부는 한국민들의 의병활동을 무력으로 억누르는 한편으로 평화적인 자주독립 운동의 중심세력을 분열시키고 와해시켜 버린 것이다.

한반도 침략의 대외적 결의

일본은 이 사건을 통해서 대외적인 결의를 보여주었다. 한반도의 지배권을 확보하기 위해 일본이 추진하는 정책에 대해서 어떤 나라의 간여도 용납하지 않겠다는 결의였다. 영국이 일본의 한반도 정책에 제동을 걸 목적으로 코번이 미우라와 충돌한 것은 아니었다. 한국에 근무하는 총영사인 코번이 본국 외교 정책에 어긋나는 행동을 취할 재량권은 없다.

하지만 코번과 미우라가 순전히 개인적인 감정 때문에 긴장이 고조되었고, 사건이 확대되어 정면충돌까지 일으켰다고 평가한다는 것도 온당치 못하다. 양측에 분쟁이 생긴 것은 두 사람의 성격, 사태판단의 능력, 외교실무의 기교 등에 연유하는 측면도 강한 것은 사실이다. 그러나 두 사람은 어디까지나 영국 과 일본의 공무원으로서 본국의 외교노선에 따라 움직였다. 그러나 코번이 아 니고 전임자 조단(Jordan)이 그대로 서울에 있었다면 양측이 이런 정도로 심각 한 마찰을 일으키는 사태까지 가지는 않았을 것이다. 일본 측에서도 미우라와 마루야마가 사건을 담당하지 않고 이등박문과 통감부 외무부장 나베시마처럼 외교문제에 노련한 경험을 가진 사람들이 처음부터 사건을 다루었더라면 분규 는 훨씬 완화되었을 것이다.

코번이 일본 당국을 불신하는 태도는 한국 거주 영국인들의 감정을 어느 정 도는 반영한 것으로 해석할 수 있다. 배설도 마찬가지였다. 신보의 논조는 한 국의 반일감정을 반영 했지만, 한국거주 서구인들 가운데는 일본의 침략정책 에 불만을 품은 사람들이 많았던 사실도 염두에 두어야 한다. 배설 재판에 대 다수의 주한 외국인들이 배설에게 동정적인 눈으로 재판을 지켜보고 있었음은 검사 윌킨슨이나 판사 보온이 모두 인정한 바 있었다. 코번은 영국의 외교정책 을 수행하는 공무원의 입장과, 주한 영국인을 대표하는 총영사의 위치에서 고

민했을 것이다. 그러나 그의 행동과 건의는 런던 외무성이나 동경의 맥도날드가 이해하기는 힘들었다.

미우라는 한국이 이미 일본의 식민지라고 생각하던 한국 거주 일인집단의 압력을 받았을 것이고, 자신도 그와 같은 생각이었을 것이다. 한국인 양기탁을 구속하는데 어째서 영국 총영사가 간섭하느냐는 것이 그의 기본 입장이었다. 영국인 소유의 신보에 대한 탄압이라거나, 배설 재판 때의 증인을 처벌하려 한다는 것 따위로 결코 영국이 항의할 성질이 아니라는 태도였다. 코번도 이러한 미우라를 상대로 해서 상당히 감정적으로 일을 처리했음을 부인할 수 없다. 그는 동경의 맥도날드와도 불편한 관계가 되어 마침내 조기 사임하는 결과를 가져왔다.

코번과 미우라의 갈등은 앞으로 극동에서의 영일 관계를 예견케 하는 사건이었다. 일본은 이미 이 무렵에 만주에 대한 정치적 팽창정책을 추진하고 있었다. 1900년대의 영일동맹 관계는 1910년대로 넘어가면서 점차 냉각되다가 중국 대륙에서 이해관계가 충돌하면서 중국 거주 영국인들의 반일감정이 고조되기 시작했다. 한국에서 일본의 정책에 적극적으로 협조하던 조단도 이 시기에는 반일적인 태도로 돌아서게 된다. 코번이 동경의 맥도날드와 본국 외무성의 지지를 받지 못한 것은 한국에 거주하는 소수의 영국인들이 지닌 반일감정이 영국의 여론을 환기시키고, 의회에 압력을 줄 만큼 강력하지를 못했던 때문이다. 코번은 외무성과 맥도날드에게 영국 내에서 한국 사태가 여론화할 것이라고 경고했지만 영국 언론의 관심은 극히 냉담했고, 진상이 제대로 전달되지도 않는 형편이었다.

제 XII장

통감부의 대한매일신보 매수

제 XII장 통감부의 대한매일신보 매수

1. N-C 데일리 뉴스를 고소한 배설

상해 발행의 최고 권위 신문

배설은 여론을 통한 명예회복의 노력과 함께 법적인 절차를 밟아 〈노스 차이나 데일리 뉴스〉(이하 N-C 데일리 뉴스)와 〈노스 차이나 헤럴드〉(이하 N-C 헤럴드)를 명예훼손으로 상해 고등법원에 명예훼손으로 고소했다. N-C 데일리 뉴스는 상해에서 발행되는 가장 권위 있는 영어신문이었다. 1850년 8월 3일 N-C 헤럴드라는 주간신문으로 출발했다가 1864년에는 *Daily Shipping List*를 합병하는 등으로 사세를 키웠고, 상해의 고등법원과 영사관의 공식 관보를 겸하는 신문의 권위를 지녔다. 그래서 1870년에는 *North China Herald and Supreme Court & Consular Gazette*라는 긴 제호가 되었다. N-C 데일리 뉴스가 창간되던 해는 상해가 외국인에게 개방된 지 7년 뒤였고 배설이 신문을 고소하던 1908년에는 58년의 역사를 지닌 신문이었다. 이같은 신문의 전통과 권위로 말미암아 극동과 동남아 각국에서 발행되는 신문에 보이지 않는 영향을 미치고 있었다. 배설은 자신의 명예를 훼손한 기사를 다음 여러 신문이 전재했다고 주장했다(*The N-C Herald*, 12 Dec. 1908, p,662).

The Hankow Daily News, *The S-C Morning Post*, *The China Mail*, *The Hongkong Telegraph*, *The Manila Times*.

배설은 양기탁의 결심공판이 있기 전인 9월말에 고베로 가서 자신의 변호를

배설 가족. 부인과 아들 집.

맡았던 크로스와 소송문제를 상의했다. 그가 고베로 갔다 온 데 대해서 일본 신문들은 온갖 추측기사들을 마음대로 써 제꼈다. 배설이 고베로 갈 때에는 양기탁의 공판에 소환되는 것을 두려워 피신해서 도망가는 것이라고 썼다가 급히 서울로 돌아오자 양기탁의 재판에 증인으로 출두하기 위해 변호사와 협의하고 온 것이라고 상반되는 기사를 실었다. 마치 배설이 혁명을 일으키기 위해 불평에 가득 찬 군국주의 군대라도 이끌고 와서 일본 정부에 대항하려는 것으로 착각하게 만들 정도라도 *JWC*는 꼬집었다.

양기탁의 재판이 무죄로 종결된 후에 배설은 일본을 거쳐 상해로 출발했다. 그의 일거일동은 일본 당국이 세밀히 추적하여 서울로 보고했다. 배설의 재판에 이은 양기탁의 체포와 영일간의 분규 등으로 인해서 배설은 일본 언론의 관심이 집중된 주목의 대상이었다. 〈재팬 위클리 크로니클〉은 이렇게 썼다. 배설은 마치 국무장관이기나 한 것처럼 신문은 그의 일동을 날자 순으로 샅샅이 보도했고, 그가 하고자 하는 일이 무엇인가를 놓고 증권시장에 진출한 인물처럼 억측이 만발했다고 비유했다.

이제 배설은 어떤 타협에도 응하지 않고 N-C 데일리 뉴스와 법정에서 맞설 태세였다. 통감부의 탄압과 일본 언론의 집중공격에 잔뜩 화가 난 상태였다. 더구나 일본의 재판관이 양기탁에게 무죄 판결을 내린 이상 배설이 국채보상금을 횡령했을 것이라는 한국의 친일지와 일본 언론의 기사는 근거 없는 것으로 판명된 셈이었다.

N-C 데일리 뉴스의 해명과 사과

배설이 소송을 준비하고 있는 동안에 〈N-C 데일리 뉴스〉도 그대로 버티고 있을 수 없는 입장이었다. 9월 19일자 지면에 동경의 특파원이 보내온 문제의 기사는 특파원이 현장 취재를 한 것이 아니라 일본인들의 주장을 그대로 보도했기 때문에 정확하지 못했다면서 진심으로 사과한다는 정정기사를 실었다. 10월 1일에는 이사회의 결정에 따라 이사회 회장 명의로 배설에게 사과 함께 타협을 요청하는 편지를 서울로 보냈다.

그러나 배설은 편지를 받기 전에 이미 서울을 떠났고, 정정기사도 만족스러운 것이 아니었다. 배설이 상해에 도착한 날은 10월 8일이었다. 그는 예정대로 소송절차를 밟아놓고 재판 날자를 기다릴 수가 없었던지 공판이 열리기 전인 10월 16일 상해를 떠나 23일 서울로 돌아왔다. 배설이 서울로 돌아온 뒤인 10월 26일 상해고등법원에서는 첫 공판을 열었으나 원고가 부재중이라는 이유로 연기되었다.

배설은 다시 한번 상해로 건너가야 했다. 1908년에 세 번째 상해 행이었다. 모지(門司)에서 11월 30일에 출항하는 홍제환(弘濟丸)을 타고 나가사키를 거쳐 상해에 도착한 날은 12월 2일이었다. 그의 동향에 대해서 통감부는 깊은 관심을 갖고 감시를 게을리 하지 않았다. 모지에서는 일인 경찰이 항시 뒤따르면서 일거일동을 감시하자 배설은 매우 불쾌한 감을 가지는 것 같았다고 일본 경찰이 통감부 외무부장 나베시마에게 보고했다(警秘第4144號의 1, 若林賚藏이 鍋島桂次郎에게). N-C 데일리 뉴스는 배설의 소송에 대비하여 서울 프레스 사장 즈모토(頭本元貞)를 상해로 불러들였다. 즈모토는 나가사키를 거쳐 상해로 갔다.

재판은 12월 9일과 10일 이틀 동안 상해의 고등법원에서 열렸다. 재판장은 6개월 전에 배설을 재판하기 위해 서울에 갔던 판사 보온(F. S. Bourne)이었다. 그러나 이번에는 배설이 피고가 아니라 원고였다는 차이가 있었다. 피고측 변호인은 배설을 끈질기게 공격했다. 이틀째 공판에서는 2시간 반에 걸친 모질고도 신랄한 반대신문으로 배설을 거의 넋이 가난 사람처럼 보였을 정도였다.

변호사는 배설이 돈을 받아낼 목적으로 소송을 제기한 것이 아니냐는 쪽으로
몰고 가려 했다.

그러나 판결은 배설의 승소였다. 원고와 피고의 주장을 들은 5명의 배심원
들은 배설이 영국의 평균적인 선량한 성격을 지닌 사람으로 평가하고 N-C 데
일리 뉴스가 그의 명예훼손에 대해서 응분의 보상을 해야 한다고 평결했다. 배
설이 N-C 데일리 뉴스로부터 받아낸 보상금은 3,000달러(멕시코 은화)였다.*
재판에 승리한 배설은 12월 17일 상해를 떠나 일본을 거쳐 21일 저녁 8시 30
분 서대문에 도착했다.

N-C 데일리 뉴스를 상대로 벌인 재판은 배설이 어떤 성격을 가진 인물이었
는지 짐작할 수 있게 한다. 이 해에는 자신이 피고가 된 재판과 양기탁 재판에
이어, N-C 데일리 뉴스를 상대로 자신이 제기한 소송까지 3개의 재판이 있었
다. N-C 데일리 뉴스라는 큰 신문을 상대로 상해까지 두 차례나 오고 가면서
재판을 벌인 것을 보면 물불을 가리지 않는 그의 투지에 찬 모습이 떠오른다.

2. 항일 언론투사의 사망

코리아 데일리 뉴스 속간

1908년은 신보와 배설, 양기탁이 가장 큰 수난을 겪은 한 해였다. 그러나 배
설은 5월 말에 발행을 중단했던 영문판 *KDN*을 8개월 만인 1909년 1월 30일

---

* 배설의 *N-C Daily News*에 대한 명예훼손 재판사건은 The N-C Herald, 31 Oct. 1908,
pp.272~273; 12 Dec. 1908, pp.659-673; "The Bethell Libel Case, Full Proceedings",
JWC, 24 Dec. 1908, pp.966~972; 정진석, 「배설과 North China Daily News의 명예훼손 재
판사건」, 〈신문과 방송〉, 1985년 7월, pp.81~91; 8월, pp.100~109.

에 속간했다. 영문판은 많지 않은 서양 사람을 상대로 발행하는 신문이었으므로 이익을 얻기 위해서가 아니라 한국어판 신보의 주장을 외국인에게 알리려는 데 목적이 있었다. 복간된 첫 호에서 배설은 한국에서 영문 일간지가 재정상 존립하기에는 아직 때가 이르다고 말한 것이 영문판은 영업목적이 아니라는 사실을 뒷받침한다.

*KDN*은 월요일부터 금요일까지는 한 장 짜리 뉴스 불레틴을 발행하다가 토요일에는 12 페이지에 논평과 한 주일 동안의 기사를 종합해서 싣는 방식으로 사실상 주간 신문이 된 것이다. 1905년에 하지가 〈서울 프레스〉를 주간으로 발행할 때의 방식이었고, 일본의 영어신문이 대개 일간으로 발행한 기사를 묶어 주간 단위로 발행하고 있었다.

*KDN*의 논조는 휴간 전과 마찬가지로 강한 반일 경향을 띠고 있다고 총영사 대리 레이(Arther Hyde Lay)가 본국 외무성에 보고했다. 배설 문제로 골치를 앓았던 외무성은 만일 이전처럼 신문을 제작했다가는 또 다시 재판에 회부될 것이라고 배설에게 사적(私的)으로 경고해 두라고 훈령했다. 또한 만일 배설의 신문이 일본에 공격적이라고 판단되는 내용이 있으면 본국 정부에 보고하라고 지시했다. 한반도에서 일본의 기득권일 양해한 영국은 배설로 인해서 더 이상 골치 아픈 문제가 일어나는 것을 미리 피하고 싶었다.

통감부 입장에서는 배설을 고소하여 유죄판결을 받아내었고, 양기탁도 구속하여 논란 끝에 재판에 회부하였으나 근본적인 문제가 해결된 것은 아니었다. 신보가 영국인 소유로 남아 발행이 계속되는 한 마음을 놓을 수 없었다. 한국인들의 반일 감정을 고취하고 일본의 침략을 비판하는 논조를 계속할 것이 분명했다.

1909년으로 넘어서면서 일본은 한국을 완전 식민지화를 위한 최종 단계에 진

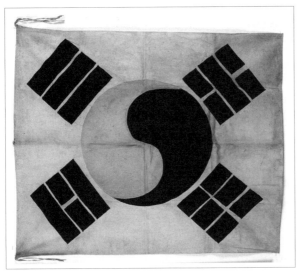
〈대한매일신보〉에 걸었던 태극기. 등록문화재 제 483호.

입하고 있었다. 3월 30일에 외상 고무라는 총리대신 가쓰라에게 '한국병합의 방침안'을 제출했고, 4월 10일에는 이등박문, 가쓰라, 고무라, 세 사람이 모여 한국병합 원칙을 확정했다. 한국이 일본의 식민지가 되는 것은 단지 시간문제에 지나지 않았다. 일진회를 중심으로 친일세력들의 활동이 더욱 활발해졌다.

6월 15일, 초대 통감 이등박문이 물러나 추밀원 의장이 되고, 부통감이었던 소네(曾彌荒助)가 후임 통감 자리를 이어받았다. 이등은 자신의 퇴임은 일본의 한국 통치가 궤도에 올라섰기 때문이며, 일본의 한국에 대한 유화정책은 바뀌지 않을 것이라고 말했으나, 앞으로 일본의 침략정책에 변화가 있을 것을 예견케 했다. 주한 영국 총영사는 코번이 떠난 뒤에 인천주재 영사 레이(Arthur Hyde Lay)가 당분간 총영사를 대리하다가, 1909년 12월에는 일본 고베 주재 총영사였던 보나르(Henry Alfred Constant Bonar)가 서울 주재 총영사로 부임했다. 일본에서 주로 외교관 생활을 보냈던 보나르는 신보로 말미암아 또다시 영·일 간에 외교문제가 일어나지 않도록 만함에게 계속 압력을 가하다가 마침내는 이 신문을 통감부가 인수하도록 교섭을 벌이기까지 한다.

37세 배설의 급작스런 죽음

*KDN*을 창간하여 항일의 의지를 불태우던 배설은 3개월 후에 갑자기 죽고 말았다. 〈워싱턴 포스트〉는 배설이 *KDN*을 속간한 것을 보고 배설의 항일 필봉은 앞으로도 꺾이지 않을 것이라고 예견했다. 배설이 일본과 통감부를 끈덕지게 공격하는 것은 재판 때에 서울에 거주하는 백인들 사이에서 그를 향한 지지의 감정이 너무도 컸으며, 영국의 여론도 총영사를 비난했기 때문에 자신에 대한 재판이 다시 되풀이되지 않을 것이라고 믿기 때문이라고 서울발 기사로 보도했다.

영문판 속간은 〈N-C 데일리 뉴스〉로부터 받은 보상금이 그 밑천이라고 보도하면서 보상금의 액수는 배설이 신보를 경영해서 벌자면 5년 분에 해당될 정도로 큰 액수라고 워싱턴 포스트는 보도했다.

> 그렇기 때문에 배설은 주한 일본 통감부를 향해서 끈덕진 공격을 즐겁게 가하고 있다. 결국 그를 중지시킬 수 있는 방법은 어두운 밤에 그가 탄 인력거의 포장을 찔러 뚫어버리는 방법 외에는 도리가 없다("Bull in the Korean Shop, Troublesome British Journalist is Again Jawing at Japan", *Washington Post*, 11 Apr. 1909).

그러나 배설은 일본인들의 칼에 찔려 죽기 전인 5월 1일에 37살의 젊은 나이로 짧은 일생을 마친 것이다. 그의 의학적인 사인은 심장확장(dilation of the heart)이었으나, 그 전 해에 있었던 자신에 대한 재판과 상해에서의 금고형(禁錮刑), 양기탁 재판 때의 국채보상의연금 문제로 일본신문의 공격을 받은 일 등으로 긴장이 겹쳐 그의 건강을 크게 해친 것이 복합적인 원인이었다. 평소에 독한 브랜디와 담배를 즐기는 등 약한 심장을 지닌 사람으로서는 적당하지 않은 생활을 해왔던 것도 사실이었다.

〈코리아 데일리 뉴스〉에 실린 배설 사망기사.

배설의 죽음에 대해서 많은 한국 사람들이 애도했다. 만함은 배설의 일생이 투쟁으로 일관되었으며, 한국인들은 가장 믿었던 벗을 잃었다고 애도했다. 큰 사건의 연속으로 인한 긴장으로 심장에 타격을 입었으니 그를 죽게 한 것은 일본이었다. 배설이 죽자 KDN의 발행은 다시 중단되었다. 주간 발행 지령 제 14호가 마지막이었다.

이제 대한매일신보는 완전히 만함의 소유가 되었다. 그런데 만함은 한국말을 몰랐으므로 신보 제작은 전적으로 양기탁에 의존할 수밖에 없었다. 배설이 살아 있을 때에도 제작은 양기탁에게 맡겨 두었지만 원래의 소유주였던 배설이 죽은 뒤에는 양기탁의 역할이 더욱 커진 것이다. 주한 영국 총영사 대리였던 레이와 총영사 보나르는 만함에게 신문제작을 전적으로 한국인들에게 맡겨 두는 위험성을 여러 차례 경고했다.

배설의 사망신고. 1909년 5월 1일 서울에서 사망했다.

보나르의 이와 같은 경고는 만함에게 무거운 부담이 되었다. 앞으로 이 신문으로 말미암아 문제가 생겼을 때에는 영국이 만함에 대한 보호를 철회할 것임을 뜻하기 때문이었다. 만함도 자신의 입장이 마치 화산의 끝에 서 있는 것같다고 보나르에게 고백했다. 만함은 성격이 약한 사람이었고, 육체적으로도 강한 사람이 못 되었다. 그는 보나르의 충고를 받아들이면서 문제가 일어나는 것을 진심으로 피하고 싶어 했다. 보나르는 만함에게 몇 번이나 양기탁을 조심하라고 말하면서, 1910년 2월 25일부터는 새로 개정된 추밀원령이 효력을 발생하므로, 만함도 배설처럼 영국 법정에 서야 할지도 모르며, 마침내 추방당하게 될 것이라고 꾸준히 경고했다. 더구나 일본의 한국 강제합병이 목전에 닥치고 있다는 사실은 보나르가 너무나 잘 알고 있었다. 그가 1910년 초부터 본국에 보낸 많은 정세 보고에서 확인되는 내용이다.

통감부와 신보 매도 협상

보나르는 신보가 한국민을 일본에 대항하도록 선동하는 것은 바보 같고 배

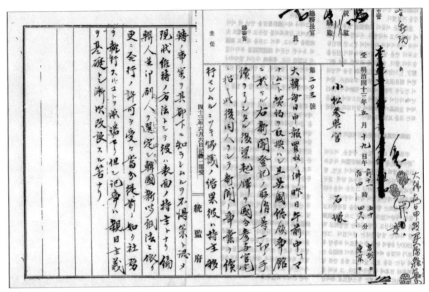

통감부의 대한매일신보 매수. 일본은 당분간 매수 사실을 비밀에 붙였다.

은망덕한 짓(the silly and thankless task of exciting the Coreans against the Japanese government)이라고 생각했다. 그가 한국 사태를 보는 눈은 전임자 코번과는 근본적으로 달랐다. 보나르는 만함에게 한국을 위한 순교자가 될 준비가 되어있지 않다면 신문을 처분해 버리는 게 좋을 것이라고 충고했다. 만함도 동의했다. 보나르는 통감부 당국과도 신보의 처분 문제를 협의했다. 보나르는 통감부에 항상 괴로움을 주는 목에 가시 같은 존재인 신보를 매수하라고 제의했다. 그는 이러한 영속적인 공안방해(perpetuate nuisance)요, 귀찮은 문제(vexatious question)를 해결하는 데는 이 방법이 가장 실용적이라고 말했다. 보나르는 이러한 자신의 소견을 동경 주재 대사 맥도날드에게 보고하면서 통감부가 신보를 매수하는 문제를 일본 외무성과 협의할 것이고, 그렇게 되면 일본 외무성은 주일 영국 대사관과 이 문제를 협의할 것이므로 그때는 맥도날드도 이를 지지해 달라고 건의했다. 보나르가 맥도날드에게 이러한 전보문을 보낸 날은 1910년 3월 25일이었다.

보나르가 통감부에 제안한 신보 처분의 조건은 신보를 통감부가 인수하고 나면 만함은 앞으로 한국에서 신문 사업에는 손대지 않겠다는 조건이었다. 또한 통감부의 신보 매수 이후에는 한국에는 영국인 소유의 신문이 존재하지 않게 되는데 앞으로는 영국인이 한국에서 새로 신문을 발행하는 경우 한국의 신문지법을 적용할 수 있다는 내용이 포함되어 있었다. 앞으로 영국인이 발행하는 신문은 치외법권의 보호를 누릴 수 없도록 하겠다는 것이었다. 보나르는 이러한 내용들을 상세히 작성하여 '각서' 형식으로 통감부에 전달했다.

맥도날드는 보나르의 이와 같은 "실용적"인 처리 방법에 찬동하지 않았다. 맥도날드는 영국 총영사관이 이런 문제에 공식적으로 개입하는 것이 바람직하지 않다는 견해였다. 만일 통감부가 신보를 만함으로부터 사겠다면 그것은 일본 당국과 신문 소유주인 만함이 직접 교섭할 사안이지 보나르가 공식적으로 개입하지는 말아야 하며, 더구나 영국 외무성을 이 문제에 끌어들여서는 안 된다는 것이 맥도날드의 판단이었다. 맥도날드는 보나르가 사적(私的)으로, 비공식적으로 그리고 구두로 이러한 흥정을 중개할 수는 있지만, 이를 문서화하는 것은 잘못이라고 지적했다. 그러나 보나르는 이 문제에 이미 깊이 개입되어 있었다. 그는 당초 자신이 제안했던 대로 신보 처분을 통감부와 절충했다.

이리하여 5월 21일, 마침내 통감부는 만함에게 7,000엔(영국 화폐 환산 700 파운드 이상)을 지불하고 신보를 인수했다. 당초에 예상했던 금액은 500 파운드였으므로 만함은 이 흥정에 만족했고, 통감부도 몇 년 동안 골칫거리였던 이 문제가 영원히 해결되었다는 데 대해서 크게 기뻐했다. 맥도날드의 경고에도 불구하고 신보의 인수절차는 주한 영국 총영사관에서 일본 당국과 만함이 정식으로 약정서를 교환하는 형식으로 이루어졌다. 보나르는 이제 이 골칫거리 신문이 영국인의 손에서 완전히 떠나 일본 당국의 소유가 되었기 때문에 앞으로 영국 외무성이 이 문제로 난처한 입장에 빠질 일을 절대로 없을 것이라고 본국에 보고했다.

3. 통감부의 손에 들어간 항일 민족지

제호를 매일신보로 변경

통감부의 신보 매수는 한일 강제합병을 약 3개월 앞둔 시기에 이루어졌다. 통감부는 합병조약이 성립될 때까지 신보의 매수를 비밀에 부쳐둔 채 1910년 6월 14일부터 발행인과 편집인의 명의를 이장훈(李章薰)으로 바꾸었다. 불과 2개월 반 후에는 한일 강제 합방이 공포되는 시점이었다. 이 무렵에 신문이 통감부에 팔린다느니, 박천(博川) 군수였던 재산가 이승용(李承鎔)에게 팔렸다는 등의 기사가 다른 신문에 실렸다. 그러나 신보는 6월 14일자 사설을 통해서 통감부 매수는 근거 없는 낭설이라고 해명하면서 발행인 만함이 무슨 사단이 있었는지 신문을 철폐하고 본국으로 돌아가려 하므로 사원들이 "거대한 자금을 아끼지 않고 활자와 기계 등 제반집물을 매수하였다"고 말하고, 외국인이 한국인으로 발행인만 바뀌었을 뿐이고, 편집인이나 기자가 모두 그대로 있으니 논조도 달라질 리가 없다고 주장했다.

신보가 일제의 손에 들어간 것은 틀림없는 사실이었다. 이장훈은 당분간 통감부가 내세운 가짜 발행인으로 판권에 이름이 올라 있을 뿐이었다. 1910년 8월 29일 한일합방이 공포된 이튿날부터는 〈대한매일신보〉는 '대한' 두 글자를 떼어내고 〈매일신보(每日申報)〉로 제호를 바꾸고 총독부의 공식적인 기관지가 되었다. 그로부터 2개월 채 지나지 않은 10월 22일부터는 형식상의 발행인 이장훈의 이름도 사라졌다.

통감부가 신보를 매수하자 신문을 둘러싼 영·일 간의 외교문제는 완전히 마무리가 되었다. 일본은 한일 강제합병 후 불과 5개월도 지나지 않았던 1911년 1월에 양기탁, 임치정, 옥관빈 등 신보

신보를 매도했다는 보고. 주한 영국 총영사는 신보 매도 사실을 본국에 알렸다.

사를 이끌던 핵심 인물들을 중심으로 38명의 민족진영 인사들을 구속했다가 이중 17명을 보안법 위반혐의로 기소했다. 7월 22일 경성지방법원에서 열린 공판에서 양기탁, 안태국, 임치정 등에게 징역 2년, 옥관빈 등에게 징역 1년을 각각 선고했다. 양기탁 등이 한국에서 일본의 세력을 몰아내려는 목적으로 한일합병 이전에는 대한매일신보를 통해 배일사상을 고취했고, 합병 이후에는 국권회복을 위해 서간도에 한국인들을 이주케 하여 무관학교를 설립하고 독립운동을 일으키려 했다는 이유였다.

총독부는 여기서 그치지 않았다. 이들이 복역 중이던 이해 9월에 다시 신민회사건(105인 사건)으로 수백 명의 민족진영 인사들을 구속했는데, 그때 양기탁 등 신보사 관련자들이 주동 인물로 기소되었다. 신민회는 원래 1907년경 신보사를 본거지로 결성된 항일 비밀 단체였다. 신민회사건에 핵심 인물로 기소된 사람 가운데는 통감부에 매수되기 전까지 신보사에 근무했던 사람들이 많았으나, 그 밖에 구속된 피의자는 기독교도들이 대부분이었으므로 서방의 여론은 이 사건이 일본 당국의 기독교 탄압으로도 보았다. 그러나 이제는 일본의 한국 민족주의자들에 대한 탄압이 외교문제로 제기될 수는 없는 상황이었다.

지금까지 살펴본 내용을 요약해 보자. 신보−KDN은 1904년 7월 18일에 창간되어 1910년 8월 29일까지 발행되었다. 러일전쟁이 일어난 직후 일본이 한국의 황무지 개간권을 요구하고 있는 때에 창간된 것이다. 그리고 한일합병이 발표된 이튿날부터는 총독부의 기관지가 되었다. 신문이 발행된 기간은 국제적으로는 동아시아의 새로운 세력으로 등장한 일본이 한국의 지배권을 열강으로부터 승인받으면서, 한국을 실질적으로 장악했던 시기였다.

한국 국내의 정세는 일본의 한국지배를 반대하는 민족주의 운동이 여러 갈래로 전개되던 때었다. 일본의 황무지 개간권 요구를 반대하는 민중운동을 비롯하여 의병들의 무장투쟁, 국채보상운동, 애국계몽운동과 같은 여러 갈래의 항일운동이 활발히 전개되고 있었다. 신보가 이같은 항일 민족주의운동을 고무 지원하자 일본의 외교공세로 영·일 간에는 외교문제가 일어났다.

신보는 비록 배설이라는 영국의 일개 민간인 소유였지만, 영국은 한국에서 영국인이 누릴 수 있는 치외법권을 양보하려 하지 않았다. 일본은 이에 대해 영·일 두 나라는 동맹국임을 내세워, 일본이 한국을 통치하는데 커다란 방해물이 되고 있는 이 신문을 발행하지 못하게 하거나 배설을 추방하라고 영국 측에 끈질기게 요구했다. 실질적으로는 일본의 통치하에 있었으나 독립된 정부가 존재하는 한국의 미묘한 위치, 영국의 치외법권, 일본의 한국 침략정책 등 여러 요인들이 이 신문에 관련된 영·일 간의 교섭을 복잡하게 만들었다. 거기에 배설, 양기탁 그리고 코번 등의 성격과 항일적인 자세도 문제해결을 어렵게 만든 요인으로 작용했다.

치외법권 누렸던 신보의 발행인

신문을 창간한 배설은 1872년 브리스톨에서 태어나 그곳의 Merchant Venturers School을 졸업한 뒤 1888년에 일본 고베로 건너가 무역업에 종사했다. 그는 이곳에서 16년 동안 살면서 한때는 돈도 벌어서 베셀 브라더스(Bethell Brothers)라는 무역상을 경영하면서 러그(rug)공장도 설립해 보았으나 실패했다. 활동적이고 외향적인 성격을 지닌 그는 KR&AC(Kobe Regatta & Athletic Club) 사무국장을 지내기도 하다가 러일전쟁이 일어나자 런던의 〈데일리 크로니클〉 특별 통신원 자격으로 한국에 왔다. 그는 여기서 같은 신문의 특별 통신원이었던 토마스 코웬과 함께 신문 창간에 착수하여 1904년 7월 18일 영문판 〈코리아 데일리 뉴스〉와 한국어 신문 〈대한매일신보〉를 창간했다. 배설과 코웬이 처음 신문 창간을 준비했을 때에는 한국, 일본 그리고 러시아 세 나라로부터 가능한 한 많은 지원을 받으면서 신문을 경영할 계획이었다.

그러나 창간 직후 일본의 황무지 개간권 요구를 반대하는 한국인들의 주장을 반영하는 논조로 나가자 주한 일본 공사관과의 갈등이 일어났다. 마침내는 배설과 주한 일본 공사관의 서기관 하기와라(萩原守一)는 관계가 악화되어 신보는 완전히 반일 논조로 돌아섰다. 이렇게 되자 일본 공사관은 배설에게 여러 가지 탄압을 가했던 반면에 한국 정부는 배설을 신뢰하게 되었고, 고종은 그를 비밀리에 지원하기 시작했다. 신보가 강력한 반일적인 논조로 제작되는 데도 일본이 이를 제지하지 못하자 신보의 발행부수는 계속 늘어나서 당시 한국에서 발행되던 신문 가운데 최고의 부수를 자랑하게 되었다.

을사늑약, 런던의 〈트리뷴〉지 특파원에게 수교했던 고종의 밀서사건, 한국 군대의 해산, 헤이그 밀사 사건과 고종의 퇴위, 의병들의 무장항쟁, 샌프란시스코에서의 스티븐스 암살 사건 등 커다란 정치적인 사건이 일어날 때마다 일본은 신보−KDN이 한국의 소요와 폭동을 선동했다고 주장했다.

일본은 이 신문에 대한 탄압의 방안을 여러 모로 강구했다. 첫째는 외교 교섭을 통해서 배설의 추방 또는 신보의 발행금지를 영국 측에 요구했고, 둘째는 신보에 대항하기 위한 대응선전의 프레스 캠페인이었다. 셋째는 한국 정부로 하여금 신문지법을 공포케 하여 이 법규에 따라 신보를 압수하는 방법, 넷째는 한국인 편집장 양기탁을 구속하여 재판에 회부하는 방법 등이었다.

신보의 처리를 위한 일본과 영국의 외교교섭은 1904년에 시작되어 1910년에 마무리되었다. 일본의 요구에 따라 영국은 1907년과 1908년 두 차례에 걸쳐서 배설을 재판에 회부했다. 영국은 배설에게 1차 재판에서 6개월간의 근신형을 선고했고, 2차 재판에서는 3주일간의 금고형과 함께 6개월의 근신을 선고했다. 일본은 이에 만족하지 않고, 한국인 총무 양기탁을 국채보상금 횡령 혐의로 구속하여 주한 영국 총영사 코번과 통감부 이사관 미우라(三浦) 사이에 심각한 분쟁이 일어났다. 양기탁 사건으로 말미암아 코번은 동경대사 맥도날드와도 불화하게 되어 한국을 떠났고, 마침내는 조기 사임하고 말았다. 통감부는 기관지 〈서울 프레스〉를 이용해서 배설과 양기탁 그리고 코번에게도 맹렬한 공격을 가하는 캠페인을 벌였다. 일본의 이러한 프레스 캠페인에는 일본의 〈재팬 메일〉과 〈재팬 타임스〉가 공동으로 가세했다.

208

20693

10 JUN 1910

No. 30.

Confidential.

Copy to Tokyo.

SEOUL,

May 21st, 1910.

Sir,

I had the honour to report to you to-day by telegraph that the Japanese Residency-General had purchased Mr Marnham's British Newspaper - which, as such, has now ceased to exist - that temporarily the Corean Editor would remain on, the Residency-General continuing to publish the newspaper in his (the Corean Editor's) name. I added that Mr Marnham was a willing seller and the terms agreed upon generous on the side of the Japanese: further that the Japanese Authorities had expressed themselves - privately of course - as greatly pleased with this solution of a long-standing and vexatious grievance.

The formalities of the transfer had of course to be completed at this Consulate-General, an exchange of formal agreements duly witnessed in the Consular Office having taken place and Mr Marnham having formally cancelled in the

The Right Honourable   Register

Sir Edward Grey Bart. M.P.,

etc.,   etc.,   etc.

신보의 양도 조건. 만함은 신보를 7,000엔(약 700 파운드)에 매도하고 앞으로 영국은 서울에서 신문을 발행하지 않기로 약속했다.

이 신문으로 인해 일어난 갖가지 사건과 영·일 간의 외교교섭은 여러 측면에서 살펴 볼 수 있다. 영·일 두 나라가 관련된 외교문제였고, 한국은 국가의 운명이 좌우되는 중대한 시기에 일어난 사건들이었으므로 어느 나라의 입장에서 사태를 보느냐에 따라서 평가는 크게 달라질 수 있다. 한국 주재 영국 외교관들도 이를 어떤 시각에서 파악했느냐에 따라 각기 다른 대응자세를 보여 주었다. 한국 문제에 관한 영·일 양국의 입장과 대응자세를 비교해 보면 다음과 같은 차이점이 드러난다.

우선 영·일 두 나라는 한국에 대한 이해관계가 근본적으로 달랐다. 일본에게는 한국이 가장 가까운 인접국이고 정치, 경제, 전략적 가치 등이 절대적으로 큰 나라였다. 반면 영국에서는 한국이 큰 가치를 지니지 못한 나라였다. 영국은 한국에서 상업이나 선교사 보호를 위해 필요한 조치를 취하는 것으로 족한 나라에 지나지 않았다. 경제적인 가치로 보더라도 유익한 개발의 잠재력마저 거의 갖지 못한 나라였다. 다만 국제정치의 관점에서 볼 때에 일본과 러시아가 한반도에 대한 이해관계로 다툴 때에 영국은 일본의 편에 섬으로써 러시아가 극동에서 세력을 확장하지 못하도록 할 필요가 있었다.

제1회 영·일 동맹에서 영국은 일본이 한국에서 가지는 '각별한 이익을 옹호하기 위해 필요 불가결한 조치를 취할 수 있음'을 인정해 주었다. 영국은 이 동맹을 통해서 러시아의 남진을 막고, 중국에서 자국의 이익을 보호하려 했다. 일본은 이 동맹에서 일본이 한국에서 가지는 '각별한 이익'을 확보하고 대륙 진출의 발판을 구축하려 했다. 제2회 영·일 동맹은 '일본은 한국에서 정치상, 군사상 및 경제상 탁월한 이익을 가지는 고로 영국을 일본이 그 이익을 옹호 증진하기 위하여 정당하며 필요로 인정하는 지도, 감리 및 보호의 조치를 한국에서 집행하는 권리를 승인'했다(제3조). 그 대신 일본은 영국이 '인도 국경의 안전에 관계되는 일체의 사항에 관하여 득별 이익을 가지고 있으므로 인도 국경 부근에서 인도 영지를 옹호하기 위하여 필요하다고 인정하는 조치를 취할 권리'를 승인했다. 이와 같이 영국은 더욱 중요한 다른 지역의 이익을 보호하는 흥정의 대상물로써 한국을 일본에 양보할 수 있었다. 그러나 일본에게는 한국은 세계 어느 다른 지역과도 바꿀 수 없는 중요성을 가지고 있었다.

양화진에 잠든 항일 언론 투사

배설은 많은 한국인들이 슬퍼하는 가운데 서울 한강변의 양화진에 있는 외국인 묘지에 묻혔다. 그의 뜻을 영원히 기리는 비석을 세우기 위한 모금은 이듬해인 1910년 4월에 조용히 시작되었다. 모금을 알리는 아무런 광고도 없었다. 그런데 뜻밖에도 멀리 러시아령 블라디보스토크 교포들의 성금 89환 60전이 신문사에 들어오면서 모금이 본격화 되었다(신보, 1910.4.1). 5월 10일에는 양기탁(20환), 박용규(5환), 임치정(5환), 신채호(2환), 장도빈, 옥관빈, 이교담(각 1환) 등 신보사에서 함께 일했던 인물들과 각지의 이름 모를 독자들이 1환, 2환 또는 몇 십전씩을 내놓기 시작했다. 모금은 8월까지 이어졌다. 하와이의 '국민회' 서기 한범태(韓範泰)는 10월에 10전을 황성신문으로 보내기도 했다. 짧지만 정의로웠던 배설의 죽음을 애도하는 사람들이 보내준 성금으로 배설이 죽은 지 1년 뒤인 1910년 6월, 비석이 완성되었다. 앞면에는 한자로 '대한매일신보사장 대영국인 배설의 묘'라 쓰고 뒷면은 당대의 논객 장지연이 지은 비문을 새긴 한국식 비석이었다.

"아! 여기 대한매일신보 사장 배설공(公)의 묘가 있도다. 그는 열혈을 뿜고 주먹을 휘둘러서 이천만 민중의 의기를 고무하며 목숨과 운명을 걸어놓고 싸우기를 여섯 해. 마침내 한을 품고 돌아갔으니, 이것이 곧 공(公)의 공다운 점이요 또

배설의 장례식. 서대문에서 양화진 묘지로 가는 배설의 운구 행렬.

한 뜻있는 사람들이 공을 위하여 비를 세우는 까닭이로다."(원문은 한문)

이렇게 시작된 비문에는 배설의 약력과 그가 재산을 털어 신문의 운영에 보태면서도 "용왕매진하여 감히 기휘(忌諱: 꺼리거나 두려워 피함)에 부딪치는 말을 직필(直筆)하매 이럼으로써 분분한 명성이 널리 세상에 떨치게 되었더라"고 썼다. 장지연이 을사늑약을 반대하는 명논설 「이날에 목을 놓아 통곡하노라(是日也放聲大哭)」를 실은 죄로 형무소에 투옥되었을 때에 신보는 그의 옥중 동정을 보도하고 장지연의 기개를 높이 찬양했던 사실은 앞에서 살펴보았다. 그 장지연이 배설을 위해 비명(碑銘)을 쓴 것이다.

배설이 상해 감옥에서 출옥했을 때에 장지연은 블라디보스토크의 〈해조신문〉 주필로 항일 신문을 편집하다가 여의치 못하여 상해를 거쳐 귀국할 때에 배설은 통감부의 고소로 상해에서 3주일 동안 복역하고 있었다. 두 사람은 이국땅에서 날이 새도록 통음하면서 비분강개했다. 참으로 기구한 인연이었다.

배설은 죽은 후에도 일제의 미움과 두려움의 대상이었다. 일제는 이미 새겨진 비문을 깎아 없애는 옹졸한 짓을 저질렀다. 편집인협회가 전국 언론인들이 성금을 모아 작은 비석 하나를 더 세운 때는 1964년 4월 '신문의 날'이었다. 서예가 김응현의 글씨를 받아 깎인 비문을 복원했다. 상처는 남아 있지만 오히려 후세에 말 없는 교훈을 던지는 비석이 서게 된 내력이다. 장지연은 이렇게 끝맺었다. "이제 명(銘)하여 가로되 드높도다 그 기개여 귀하도다, 그 마음씨여, 아! 이 조각돌은 후세를 비추어 꺼지지 않을 지로다."

참고문헌

拜哭斐公

大英男子大韓衰
一紙光明黑夜中
來不偶然何邊奪
欲將此意問蒼穹

梁起鐸

1. 영국 소재 자료 소장처

1) 국립문서보관소(National Archive) 소장 외교문서. 외교문서 가운데 배설과 신보-*KDN* 관련 자료가 많이 소장되어 있다. 자료는 Corea, Japan 또는 China 파일에 분산 분류되어 있다. 배설 사건은 성격상 주한 영국 총영사관과 주일 영국 대사관이 협의하는 경우가 많기 때문에 양쪽을 대조해야 한다. 배설 재판은 상해의 영국 고등재판소(Supreme Court)가 다룬 사건이므로 그 쪽 기록에도 포함되어 있다. 하나의 사실이 너무도 상세하게 기록되어 있어서 당황하는 수가 많다. 같은 사건을 영국 자료와 일본 측 자료에서 대조해야 한다.

2) 영국 등기소(General Register Office) 소장. 출생, 결혼, 사망 자료. 배설과 그의 부모 형제, Thomas Cowen, J.W.Hodge, A.W.Marnham 등 이 책에 등장하는 사람들과 그 가족들의 출생, 결혼, 사망 등은 모두 여기서 찾았다.

3) 유언장 보관소(Principal Registry of Family Division). 배설의 아버지 토마스 핸콕의 유언장은 배설의 가계와 생활수준 등을 알아볼 수 있는 자료이다.

4) 인구조사(Census Returns) 자료. 1881년도 영국의 인구조사 자료에서 배설 일가의 가족상황과 아버지 Thomas Hancock의 직업 등을 확인했다.

5) 회사 등록(Companies Registration Office) 자료. 배설이 창설한 Bethell Brothers와 그의 아버지가 설립한 Priest, Marians, Bethell, Moss & Co.의 설립과 운영에 관한 자료가 소장되어 있다.

6) 브리스톨 머천트 벤처러스 협회(Society of Merchant Venturers, Bristol). 배설이 다녔던 Merchant Ventures' School 문서 가운데 배설의 등록금 납입대장이 보관되어 있다. 브리스톨 시립도서관에 소장된 19세기의 우편주소록(Bristol Post Office Directory)에는 배설의 아버지가 살던 주소를 확인할 수 있다.

7) 영국 신문도서관(British Newspaper Library). 대영도서관(British Library) 소속으로 런던 북부에 있다(Colindale Avenue, London SE1 8NG). 이곳에는 영국, 일본, 중국, 미국에서 발행된 여러 종류의 신문이 소장되어 있다.

8) 옥스퍼드대학교 로데스 하우스 도서관(Rohodes House Library)의 USPG 문서. 주한 영국 성공회(Church of England Mission in Korea) 문서로 J.W.Hodge가 서울에서 운영하던 인쇄소 관련 내용이 포함되어 있다. 성공회의 인쇄소를 운영하던 하지(Hodge)가 언제부터 개인사업으로 자신의 인쇄소(The Seoul Press-Hodge & Co.)를 운영하기 시작했는지, 영국성공회와는 어떤 관계를 가지고 있었는가를 알아보려면 USPG 문서가 도움이 된다.

9) 영국 외교문서, 런던

National Archive(Ruskin Avenue, Kew Surrey, TW9 4DU UK) 소장 외교문서.

FO 17-General Correspondence, CHINA

/1649, 1682. Chief Justice at Shanghai, Tientsin, etc.(1904, 1905)

/1654, 1655. Various Diplomatic(Igo4)

/1660, 1692, 1693, 1694, Sir J. Jordan, Corea Diplomatic Draft(1904, 1905)

FO 46-GeneralCorrespondence, JAPAN.

/203, 204, 205. Sir H. Parkes(1876)

FO 69-General Correspondence, SIAM.

/149, I50, 151, 152. Captain Jones, Mr Scott, Vice-Consuls at Bankok(1893)

/153. Mr Scott, Mr Beckett, Mr de Bunsen(1894)

/169. Mr de Bunsen, Mr Greville, Diplomatic Correspondence and Telegrams(1896)

/182. Mr Greville, Diplomatic Drafts(I8g8)

FO 228−Embassy and Consular Archives, CHINA

/1626. To and From Amoy, Chefoo and Chiang(1906)

/1654. Corea, Supreme Court, etc.(1907)

FO 262−Embassy and Consular Archives, JAPAN.

/942. To and From Corea(1906)

/978, 979. To and From Seoul(1907)

/992, 993. To Foreign Office(1908)

/1009. From Seoul(1908)

/1065. From Seoul(1910)

/1125. From Seoul(1912)

/1148. Seoul(1913)

/1472. To Japanese(1908)

/1473. From Japanese(1908)

FO 371−General Correspondence, KOREA.

/44. Corea(1906)

/179. Japanese Policy in Corea(1906)

/237, 238, 437, 438, 439, 440, 646, 647, 688, 877. General
Correspondence, Corea(1907, 1908, 1909, 1910)

/274, 275, 278, 474, 475, 477. Japan(1907, 1908)

FO 405−Confidential Print, CHINA.

/150, 158. Further Correspondence, Respecting Affairs of Corea
and Manchuria, Part Ⅶ, Ⅷ(1904, 1905)

FO 410-Confidential Print, JAPAN

　　/47, 50, 51, 52. Further Correspondence, Respecting Affairs of
　　Japan, Part Ⅴ, Ⅳ(1906, 1907, 1908)

FO 422-Confidential Print, SIAM.

　　/35, 36, 37, 49. Further Correspondence Respecting the Affairs of
　　Siam Part Ⅱ, Ⅲ, Ⅸ, Ⅹ(1893, 1897, 1898)

FO 523/7-Correspondence of the Consulate-General at Seoul(1909)

FO 656/244-Shanghai Supreme Court

FO 671-Embassy and Consular Archives, CHINA: SHANGHAI

　　/311. From British Officials

　　/313. To British Officials

FO 800/68-Edward Grey Papers

　　/134. Lansdowne Papers, Japan

FO 881/8477, 8524, 8650. Further Correspondence: Affairs of Corea and
　　Manchuria(1904, 1905)

　　/9107. Memorandum on Bethell Case

　　/9301. Memorandum, Mr Pritchard Morgan's Mining Con-cession in
　　Szechuan

PRO 30/33/9/115. Sir Ernest Satow Papers

10) 영국 성공회 자료(The United Society for the Propagation of the Gospel), The
　　Rhodes House Library, Oxford

　　USPG, D, 170, 177. Original Letters Received(1906, 1907)

　　USPG, CLR, 86.(1894~1906)

　　USPG, CLS, 66.(1906)

2. 일본자료

1) 『日本外交文書』, (外務省編纂, 外務省藏版), 日本國際連合協會 발행(1896년판은 『大日本外交文書』) 특히 대한매일신보와 관련된 사항은 다음과 같다.

1876년 제9권,「事項17, 英國人ブラック發行ノ萬國新聞禁止ニ關スル件」

1904년 제37권 1책,「事項4, 韓國中立聲明關係一件」,「事項5, 日韓議定書締結ノ件」,「事項6, 日韓協約締結ノ件」,「事項7, 日韓議定書締結ノ件」,「事項8, 韓國外交機關撤廢ノ件」,「事項14, 韓國荒蕪地開拓ニ關スル交涉一件」,

1905년 제38권 1책,「事項11, 日韓協約締結竝統監府設置ノ件」,「事項12, 韓國外交機關撤廢ノ件」,「事項13, 韓帝密使發遣ニ關スル件」,「事項17, 韓國警務顧問雇聘竝警察制度改革ノ件」,「事項19, 韓國關係雜纂」(6 コレア,デイリー, ニュス主筆ベセル處分ノ件)

1906년 제39권 2책,「事項23, 韓國外交機關撤廢ニ關スル件」,「事項24, 韓國統監府及理事廳設置ノ件」,「事項25, 在韓外國領事認可狀交付一件」

1907년 제40권 1책,「事項1, 第2回 萬國平和會議ニ關スル件」,「事項11, 海牙平和會議へ韓帝密使派遣一件」,「事項12, 日韓協約締結一件」(韓帝讓位一件), 「事項13, 韓國關係雜纂」

一件」,「事項14, 在韓英人記者ベセル處分一件」

1908년 제41권 1책,「事項19, 在韓英人記者ベセル處分一件」(附 英國人住宅ニ逃込ミタル韓人記者梁起鐸引渡要求一件),「事項20, 韓國外交顧問スチーブンス遭難一件」

1912년 제45권 1책,「事項18, 朝鮮宣川基督敎徒ノ陰謀事件關與一件」

外務省編纂, 『日本外交文書竝主要文書』外務省藏版, 1955, 日本國際連合協會.

外務省編纂,『日本外交文書竝主要文書』明治100年史叢書1, 上, 外務省藏版, 1965, 原書房.

外務省編纂,『日本外交文書竝主要文書』明治100年史叢書2, 下, 外務省藏版, 1965, 原書房.

外務省外交史料館,『日本外交史辭典』, 1979, 大藏省印刷局.

2) アジア歴史資料センター-(Japan Center for Asia Historical Records)

일본의 다양한 기밀문서와 서울 국사편찬위원회에 소장된 주한일본공사관과 통감부 기록이 많이 소장되어 있다.

3) 국사편찬위원회, 서울.

統監府文書2, 大韓每日申報 베델事件(1,2,3), 국사편찬위원회, 1998.

統監府文書4, ①大韓每日申報事件, ②大韓每日申報 관계(1,2,3), 국사편찬위원회, 1999.

統監府文書5, ①國債報償金消費事件(1,2,3), ②스티븐스氏關係書類(1,2), 국사편찬위원회, 1999.

統監府文書6, ①憲兵隊機密報告, ②警視總監機密報告, 국사편찬위원회, 1999.

統監府文書8, ①梁起鐸事件, ②新聞取締에 관한 書類, ③韓官人ノ經歷一般, 국사편찬위원회, 1999.

한민족독립운동사자료집1, 2, 105인사건공판시말서Ⅰ, Ⅱ, 1986, 국사편찬위원회.

한민족독립운동사자료집 3, 4, 105인사건공판신문(訊問)조서Ⅰ, Ⅱ, 1987, 국사편찬위원회.

統監府文書와 駐韓日本公使館記錄(22, 24, 26 등)에는 위의 항목 외에도 신보−배설
에 관한 자료가 분산되어 있다.

3. 신문 · 잡지 정기간행물

1) 영어신문

The *Daily Chronicle,* London, 1904

The *Eastern World,* Yokohama, 1898~1900

The *Independent,* Seoul, 1896~1899

The *Japan Times,* Tokyo, 1896~1910

The *Japan Weekly Chronicle,* Kobe, 1900~1915

The *Japan Weekly Mail,* Yokohama, 1876~1910

The *Korea Daily News,* Seoul, 1904~1905

The *Korean Repository,* Seoul, 1892~1899

The *Korea Review,* Seoul, 1901~1906

The *Morning Calm,* London, 1892~1900

The *North China Herald,* Shanghai, 1904~1910

The *Seoul Press,* Seoul, 1905~1910

The *Siam Free Press,* Bankok, 1893~1894

The *South China Morning Post,* Hongkong, 1903~1908

The *Times,* London, 1904~1910

The *Transactions of the Asiatic Society of Japan,* Tokyo, 1872~1910

Transaction of the Korea Branch of the Royal Asiatic Society, 1900~1914, 5 Vols.

The *Tribune,* London, 1906~1908

2) 기타신문

The *Daily Mirror,* London

The *Daily Mail,* London

The *New York Herald,* Paris and New York

The *South Bucks Standard,* Wycombe, England

The *Washington Post,* Washington

3) 한국어신문

大韓每日申報, 국한문판·한글판, 1904~1910.

共立新報·新韓民報, 샌프란시스코, 1907~1910.

皇城新聞, 서울, 1898~1910.

4. 외교문서, 기타자료

1) 영어

British and Foreign State Papers, London, 1883~1910

British Documents on the Origins of the War, 1898~1914, Lon-don, 13 Vols.

Hansard's Parliamentary Debates, London, 1876~1910.

Recent Progress in Korea, Japanese Residency-General, Seoul, 1909.

Papers Relating to the Foreign Relations of the United States, Washington, 1895~1910.

Treaties and Conventions Between Corea and Foreign Powers, Residency-General, Seoul, 1908.

Japan Chronicle, *Korean Conspiracy Trial, Full Report of the Proceedings,* Kobe Japan, 1912.

Seoul Press, *Incendiary Journalism in Korea,* Seoul, 1908

Seoul Press, *Foreign Journalism in Korea,* Seoul, 1908

2) 한국어

고종순종실록, 전3권, 탐구당, 1977.

고종시대사, 전6권, 국사편찬위원회, 1972.

구한국외교문서, 전22권, 고려대 아시아문제연구소, 서울, 1968.

한국독립운동사, 전16권, 국사편찬위원회, 1983.

우강 양기탁전집, 동방미디어, 전4권, 2002.

3) 일본어

金正明, 日韓外交資料集成, 전10권, 東京: 原書房, 1981

金正明, 朝鮮獨立運動, 전5권, 東京: 原書房, 1967

セウルブルス, 朝鮮陰謀事件, Seoul Press, 1912

外務省百年史編纂委員會, 外務省の百年, 東京: 原書房, 1969

統監府, 統監府統計年報, 서울, 1906~1910.

5. 연표, 기타자료

Kang Choo-Chin, *Bibliography of Korea, Publications in the Western Language, 1800 ~1968,* Seoul: The National Assembly Library of Korea, 1967.

Kang Sang-Woon, *A List of Articles of Korea in the Western Languages, 1800~1964,* Seoul: Tamgu-Dang, 1967.

King, Frank H. H. and Prescott Clarke, *A Research Guide to China Coast Newspaper 1822~1911,* East Asian Research Center, Harvard University, 1965.

Iwao Seiichi(ed.), *List of the Foreign Office Records Preserved in the Public Record Office in London Relating to China and Japan,* Tokyo: Toho Gakkai, 1959.

Matthews, Noel and M. Doreen Wainwright, *A Guide to Manuscripts and Documents in the British Isles Relating to the Far East,* Oxford University Press, 1977.

The Foreign Office List and Diplomatic and Consular Year Book, London: Harrison and Sons, 1876~1910.

Comparative Chronology of Protestantism in Asia, Tokyo: Institute of Asian Cultural Studies, International Christian University, 1983.

Allen, Horace N., *A Chronological Index, Some of the Chief Events in the Foreign Intercourse of Korea,* Seoul: Press of Methodist Publishing House, 1901.

Bristol and Clifton Directory, J. Wright & Co., 1870~1888.

The British Imperial Calendar and Civil Service List, London: Washington & Co., 1904~1910

The City of London Directory, London, 1889~1910.

The Directory & Chronicle for China, Japan, Corea, etc. London: The Hongkong Daily Press Ltd., 1887, 1917.

The Directory for Yokohama and Kobe Foreign Firms, Yokohama, 1897.

Directory of Foreign Residents in Chosen, 1907~1942, Seoul: Young—shin Academy, Chungang University, 1981.

The Post Office London Directory, Kelly & Co., 1889~1910.

Who's Who in the Far East, The China Mail, Hongkong, 1907~1908.

Who's Who in Japan, Tokyo: Who's Who in Japan Publishing Office, 1937.

Newspaper Press Directory, London, 1904~1910.

Sell's Dictionary of the World's Press, London, 1903~1910.

An Official Guide to Eastern Asia, Vol. II, South Western Japan. Tokyo: The Imperial Japanese Government Railway, 1914.

General View of Commerce in the Empire of Japan, Tokyo; The Bureau of Commerce Department of Agriculture and Com—merce, 1897.